YEAH

Berlin – Denkmal oder Denkmodell?
Architektonische Entwürfe für den Aufbruch
in das 21. Jahrhundert

Berlin – Monument ou modèle de pensée?
Projets architecturaux pour l'entrée
dans de 21ème siècle

Berlin – Denkmal oder Denkmodell?
Architektonische Entwürfe für den Aufbruch
in das 21. Jahrhundert
herausgegeben von Kristin Feireiss
mit Beiträgen von Julius Posener,
Wolfgang Pehnt, Kurt W. Forster
und John Hejduk

Berlin – Monument ou modèle de pensée?
Projets architecturaux pour l'entrée
dans de 21ème siècle
édité par Kristin Feireiss
avec contributions de Julius Posener,
Wolfgang Pehnt, Kurt W. Forster
et John Hejduk

Ernst & Sohn

Die Ausstellung wird vom Senator für Bau- und Wohnungswesen, Berlin, veranstaltet. Sie ist Teil der Aktivitäten Berlins als »Kulturstadt Europas 1988«.

Für ihre Unterstützung danken wir der Deutschen Lufthansa, dem »Official Carrier« für »Berlin – Kulturhauptstadt Europas 1988«, sowie den Firmen IKEA Deutschland, LUXO-Leuchten GmbH und E. Hasenkamp Internationale Transporte.

Ausstellungsort: Staatliche Kunsthalle Berlin
Konzeption und Realisation: Kristin Feireiss
Ausstellungsgestaltung: Gernot und Johanne Nalbach-Design GmbH
und Kristin Feireiss (Mitarbeiter: Thomas Stahl, Sebastian Legge,
Christian Huntgeburth, Andreas Bach und Jorinde Behrens)

© 1988 Wilhelm Ernst & Sohn Verlag für Architektur
und technische Wissenschaften, Berlin
ISBN 3-433-02285-2 (Katalogausgabe)
ISBN 3-433-02282-8 (Buchhandelsausgabe)

Reproduktionen: Reprographische Anstalt F. Winster GmbH, Berlin
Satz und Druck: Druckerei Ludwig Vogt, Berlin
Bindearbeiten: Buchbinderei Bruno Helm, Berlin

Übersetzungen ins Französische: Geneviève Blondy-Mauchand,
Birgit Kirchner-Martraix, Annie Beaudonnet, François Rey und
Jean-Claude Walfisz
Übersetzungen ins Deutsche: Angelika Uebel, Thomas Fischer, Uta Eberwein

Gestaltung: Kristin Feireiss und Axel Menges
Herstellerische Betreuung: Fred Willer

Die Zukunft der Metropolen
Jacques Chirac
Le Maire de Paris

Die durch einen Freundschafts- und Kooperationsvertrag verbundenen Städte Berlin und Paris sind 1988 und 1989 nacheinander „Kulturstadt Europas" und richten jeweils eine große Zahl von kulturellen Veranstaltungen aus.

Im Bereich der Architektur und Stadtplanung wollen die beiden Städte die Öffentlichkeit auf die Zukunft der Metropolen aufmerksam machen und veranstalten Ausstellungen über Berlin und über Paris an der Schwelle zum 21. Jahrhundert. 1988 werden in Berlin zahlreiche Berlinprojekte von Architekten aus vielen Ländern ausgestellt, im Herbst 1989 wird in Paris im „Pavillon de l'Arsenal", dem neuen Informationszentrum über die Pariser Stadtplanung, eine gleich konzipierte Ausstellung von Parisprojekten, ergänzt durch die Berliner Ausstellung, gezeigt.

Als Bürgermeister von Paris befürworte ich lebhaft den Aufruf an bereits international renommierte Architekten wie auch an Architekten der jungen Generation, die Stadt von morgen zu entwerfen.

Schon früher war Paris Schauplatz der Planungen berühmter visionärer Architekten wie Claude-Nicolas Ledoux, Henri Sauvage oder Le Corbusier. Auch heute ist die französische Hauptstadt mit ehrgeizigen Stadterneuerungen befaßt, so z. B. mit Großbauten wie dem Palais Omnisports in Paris-Bercy und der Umgestaltung des Markthallenviertels, aber auch mit den Bauprogrammen für den Pariser Osten und dem neuen Gesamtplan.

Ich freue mich darüber, daß die freundschaftlichen Beziehungen zwischen Berlin und Paris Anlaß dazu geben, über die bauliche Zukunft der beiden Städte nachzudenken. Zweifellos werden die Ergebnisse der Reflexionen einen wichtigen Beitrag zur Definition der Stadtplanung für das 21. Jahrhundert leisten.

Meine besten Wünsche für viel Erfolg begleiten diese Ausstellungen, die meiner Überzeugung nach den Architekten ermöglichen, ihre Sensibilität und ihr Talent zum Ausdruck zu bringen, und den Besuchern zu einer besseren Vorstellung von den großen Metropolen der Zukunft verhelfen.

L'avenir des métropoles
Jacques Chirac
Le Maire de Paris

Unies par un accord d'amitié et de coopération et tour à tour «Villes Européennes de la Culture» en 1988 et en 1989, Berlin et Paris ont de nombreuses manifestations culturelles en commun.

Dans le domaine de l'architecture et de l'urbanisme, elles ont choisi de sensibiliser le grand public à l'avenir des métropoles, en présentant une exposition sur Berlin, puis sur Paris, à l'entrée du 21ème siècle. Dès 1988, l'exposition consacrée à Berlin illustrera les différentes conceptions proposées par des architectes de nombreux pays. L'année suivante, la même démarche sera adoptée pour Paris, aboutissant à une double exposition qui sera présentée à l'automne 1989 au «Pavillon de l'Arsenal», le nouveau centre d'information sur l'urbanisme parisien.

C'est avec enthousiasme qu'en ma qualité de Maire de Paris, je soutiens cet appel lancé tant auprès d'architectes de renommée internationale qu'auprès de concepteurs de la jeune génération pour construire la cité de demain.

Déjà par le passé, Paris fut le théâtre des recherches d'illustres architectes visionnaires, tels Claude-Nicolas Ledoux, Henri Sauvage, ou Le Corbusier. Aujourd'hui la capitale française connaît toujours des restructurations ambitieuses avec notamment de «grands travaux» comme l'édification du Palais Omnisports de Paris-Bercy ou l'aménagement du quartier des Halles, et avec également le Plan Programme de l'Est parisien et l'étude du nouveau Plan d'occupation des sols.

Je me réjouis que les relations privilégiées entre Berlin et Paris soient l'occasion d'une réflexion sur le futur architectural des deux villes. Ses conclusions représenteront certainement une contribution importante à la définition de l'urbanisme du 21ème siècle.

Je souhaite un très vif succès à ces expositions, qui permettront, j'en suis persuadé, aux hommes de l'art d'exprimer leur sensibilité et leur talent, et aux visiteurs de découvrir ou de mieux comprendre les grandes métropoles de demain.

Denkmodell Berlin
Eberhard Diepgen
Regierender Bürgermeister von Berlin

Europa sei kein geographischer, sondern ein kultureller Weltteil. Dieses Wort, das Oskar Kokoschka zugeschrieben wird, sollte man im Hinterkopf behalten, wenn es darum geht, die Ernennung einer europäischen Stadt zur »Kulturstadt Europas« zu bewerten.
Ein »kultureller Weltteil« – wer stolpert nicht über diesen Begriff? Doch ist er treffend. Denn es ist richtig, daß die Kultur für Europas Selbstverständnis bis heute prägend ist. Europas Kultur war dabei immer grenzüberschreitend.
Dies deutlich zu machen, ist eines der großen Anliegen Berlins in diesem Jahr, wenn Berlin Kulturstadt Europas ist. Die Bewegung, die gegenwärtig das Ost-West-Verhältnis kennzeichnet, muß genutzt werden, um politische Handlungsräume für mehr kulturelles Miteinander zu erweitern. Wenn es ein »gemeinsames Haus Europa« gibt, dann ist die Kultur ein Fundament dieses Gebäudes. Die gemeinsame Kultur Europas bedarf der uneingeschränkten Aufmerksamkeit, damit Europa nicht zum verlorenen Traum wird.
Mit der Auswahl der vorangegangenen Kulturstädte Athen, Florenz und Amsterdam besann man sich auf entscheidende Epochen der früheren europäischen Geschichte. Mehr noch: Die Auswahl der Städte hat auch verdeutlicht, daß Europas Kultur im besonderen durch Metropolen, das heißt Zentren des Denkens und Handelns geprägt worden ist. Gegenwärtig kann Berlin wegen seiner Lage, seines Status und seiner Geschichte als eine Klammer zwischen Ost und West wirken. In Berlin ist die Gegenwart der Vergangenheit handlungsbestimmender als anderenorts. Gerade deshalb verstehen wir uns nicht als Denkmal, sondern als Denkmodell.
Diese Ausstellung, an der sich rund 80 Architekten aus zehn Ländern mit ihren Vorstellungen von Architektur und Stadtplanung an der Schwelle zum 21. Jahrhundert beteiligen, wird nicht von ungefähr 1989, wenn Paris »Kulturstadt Europas« sein wird, an der Seine gezeigt. Zwar ist sie auf Berlin »zugeschnitten«, doch kann gesagt werden, daß die hier vorgestellten Konzeptionen auch auf viele andere Städte zutreffen könnten. Es geht nicht darum, bestehende Projekte zu präsentieren, sondern Entwürfe für die Zukunft vorzustellen. Dabei finde ich es bemerkenswert, daß diese Entwürfe in vielen Fällen beide Teile Berlins umfassen.
Neben international anerkannten Architekten konnten auch weniger bekannte, jüngere Leute ihre Ideen vorstellen. Denn sie gestalten die Städte von morgen.
Mein Dank gilt allen Teilnehmern, ohne deren Engagement und Idealismus diese Ausstellung nicht zustande gekommen wäre. Sie ist ein Beispiel dafür, wie der Freundschaftsvertrag zwischen Paris und Berlin mit Leben erfüllt werden kann. Möge sie deshalb die ungeteilte Aufmerksamkeit und den verdienten Erfolg finden – in Berlin wie in Paris.

Berlin – modèle de pensée
Eberhard Diepgen
Regierender Bürgermeister von Berlin

L'Europe est un continent au sens non pas géographique mais culturel du terme. Ce mot, que l'on attribue à Oskar Kokoschka, devrait nous rester en tête lorsqu'il s'agit d'apprécier la désignation d'une ville d'Europe au titre de «Ville européenne de la Culture».
Un «continent culturel» – qui ne trébucherait sur cette notion? Et pourtant, elle est juste. Car il est exact que la culture marque, jusqu'aujourd'hui, l'idée que l'Europe se fait d'elle-même – et que la culture européenne a toujours franchi les frontières.
En cette année où Berlin est Ville européenne de la Culture, l'un de ses grands desseins est de mettre ce point en lumière. Le mouvement qui caractérise actuellement les relations Est-Ouest doit être utilisé pour élargir les espaces d'action politique afin d'y œuvrer plus ensemble sur le plan culturel. Si cette «Maison commune qu'est l'Europe» existe, la culture est l'un des fondements de cet édifice. La culture commune de l'Europe nécessite toute l'attention, sans limite aucune, afin que l'Europe ne soit pas un rêve perdu.
Le choix des précédentes Villes de la Culture, Athènes, Florence et Amsterdam, était une réflexion sur des époques décisives de l'histoire ancienne de l'Europe. Plus encore: le choix de ces villes a aussi souligné que la culture européenne a été particulièrement marquée par des métropoles, c'est-à-dire des centres de pensée et d'action. En raison de sa situation, de son statut et de son histoire, Berlin peut présentement jouer le rôle d'une agrafe entre l'Est et l'Ouest. L'actualité du passé est à Berlin plus déterminante pour l'action que nulle part ailleurs. C'est bien pourquoi nous concevons Berlin non pas comme un monument commémoratif mais comme un modèle à penser.
Ce n'est pas un hasard si cette exposition à laquelle participent quelque 80 architectes venant de 10 pays avec leurs conceptions de l'architecture et de l'urbanisme au seuil du 21ème siècle, est présentée sur les bords de la Seine en 1989, date à laquelle Paris sera «Ville européenne de la Culture». Certes, elle est «taillée sur mesure» pour Berlin mais on peut dire que les conceptions exposées ici pourraient également aller à un grand nombre d'autres métropoles. Il ne s'agit pas de montrer des objets déjà réalisés mais de présenter des conceptions pour l'avenir. Et je trouve remarquable à cet égard que, dans beaucoup de cas, ces conceptions englobent les deux parties de Berlin.
A côté d'architectes de renommée internationale, de plus jeunes et de moins connus pourront aussi présenter leurs idées, car ce sont eux qui façonnent les villes de demain.
J'adresse mes remerciements à tous les participants sans l'engagement et l'idéalisme desquels cette exposition n'aurait pas été réalisée. Elle est l'exemple d'une possibilité de remplir de vie l'accord d'amitié entre Paris et Berlin. Puisse-t-elle donc trouver l'entière attention et le succès qu'elle mérite – à Berlin comme à Paris.

Einführung
Kristin Feireiss

Eine Ausstellung über Architekturvisionen könnte – theoretisch betrachtet – heute eigentlich gar nicht zustande kommen, da es – so vernimmt man allerorten – so etwas wie Träume nicht mehr gibt. Früher war das anders. Erinnert sei hier nur an die Gläserne Kette und Archigram – die zugleich die schärfsten Antagonisten sind, die man sich vorstellen kann. Während die Gläserne Kette, Inbegriff und Höhepunkt der visionären Architektur in Deutschland Anfang dieses Jahrhunderts, die Architektur als »Reich messianischer Erwartungen« ansah und gegen die Stadt und die Technologie den »Mythos der organisch und mythisch gefestigten Welt« setzte, verherrlichte die Archigram-Gruppe in London Anfang der sechziger Jahre die Technologie und sprach vom »glitzernden Spiel des Maschinellen, der Dienstbarkeit der Technik«. So unterschiedlich die Ansätze waren, so handelten doch beide nach den Worten Bruno Tauts: »Laßt uns utopisch sein!« Wie sieht es heute damit aus? Wird Tauts Motto noch gehört und – wichtiger noch – befolgt? Oder fließen von der von ihm zitierten »Wasserscheide zwischen Utopie und Bauen« die Wasser wieder in Richtung auf das Erreichbare, Realisierbare? Gibt es noch die Entwicklung von Konzepten, die den Stadtraum als »ästhetisch-politische Kategorie« begreifen? Dieter Hoffmann-Axthelm gibt ihnen zum gegenwärtigen Zeitpunkt keine Chance. Der Erfahrungs- und Experimentierhunger der späten sechziger Jahre ist seiner Ansicht nach zu Ende. Ist er das wirklich? So sehr ich geneigt bin, ihm grundsätzlich recht zu geben, so hat mich die Erarbeitung dieser Ausstellung, mit der ich vor mehr als zwei Jahren begonnen habe, doch einige wesentlich andere Erfahrungen machen lassen.

Um den Einstieg in die Ausstellung wie auch in den Katalog zu erleichtern, ist es sicher hilfreich, kurz die Vorgaben zu skizzieren, die Basis der nachfolgend gezeigten Entwürfe sind. In meinem Konzept, mit dem ich die angesprochenen Teilnehmer (auf die Auswahlkriterien komme ich noch zurück) konfrontierte, war meine These, daß Berlin für den städtebaulichen Aufbruch ins 20. Jahrhundert Entscheidendes geleistet habe. Architekten wie Mies van der Rohe, Gropius, Behrens, die Brüder Taut, Mendelsohn und Poelzig und deren Aktivitäten in der Stadt zeugen davon. Auch der Niedergang im 20. Jahrhundert dokumentiert sich in Berlin in exemplarischer Weise, von der zweiten und wesentlich radikaleren »Abrißzerstörung« nach dem Kriege über die Kahlschlagsanierungen und die Satellitenstädte bis hin zu einem oft allzu bedenkenlosen Aufgeben der modernen Architektur in der jüngsten Vergangenheit.

1988 – Fin de siècle oder Aufbruch ins 21. Jahrhundert? In meiner Vorgabe für die Teilnehmer heißt es: »Gesucht werden zukunftsweisende Landmarks, die sich aus der besonderen kulturellen, städtebaulichen, geographischen und politischen Situation Berlins ergeben – und dies in beiden Teilen der Stadt. Diese Zukunftszeichen sollen Orte mit besonderer Bedeutung sein, was sich sowohl auf die Nutzung wie auf den Symbolwert beziehen kann. Aufgabe ist es, Denkalternativen in Form von Konzepten, Entwürfen und Modellen zu entwickeln, die aus der Sackgasse, in die der Elan des beginnenden 20. Jahrhunderts geraten ist, herausführen und den Aufbruch ins 21. Jahrhundert architektonisch manifestieren.«

Dabei geht es nicht nur um phantasievoll wuchernde und ausufernde Architekturutopien, sondern gerade auch um Entwürfe, die den Keim zur Verwirklichung in sich tragen. So sehr diese ganz von der Realität abgehobenen Entwürfe in einer Zeit ihre Berechtigung hatten, in der nur die Baumasse zählte, so wenig können sie uns helfen, die aktuellen architektonischen und städtebaulichen Probleme zu lösen. Es geht heute – und in dieser Ausstellung – um Architekturkonzepte, in denen Vision und Notwendigkeit zu einer Einheit verschmelzen. Ziel der Ausstellung ist es, Konzepte durch das Medium Zeichnung vor- und zur Diskussion zu stellen – immer

Introduction
Kristin Feireiss

D'un point de vue théorique, une exposition sur des visions architecturales ne pourrait pas être réalisée de nos jours, étant donné que – à ce que l'on dit partout – il ne semble plus y avoir quelque chose comme des rêves. La situation était différente auparavant. Rappelons seulement la «Gläserne Kette» (chaîne de verre) et le groupe Archigram qui sont en même temps les antagonistes les plus extrêmes qu'on puisse imaginer. Alors que la «Gläserne Kette», incarnation et apogée de l'architecture visionnaire en Allemagne au début de ce siècle, considérait l'architecture comme «le Royaume des attentes messianiques» et opposait à la ville et à la technologie le mythe du monde organique et mythique, le groupe Archigram à Londres glorifiait, au début des années 60, la technologie et parlait du «jeu étincelant de la machine et des services de la technique». En dépit des divergences de leurs points de vue, les deux tendances agissaient toutefois selon la devise de Bruno Taut: «Soyons utopiques!» Quelle est à ce propos la situation aujourd'hui? Ce slogan est-il encore entendu et – ce qui est bien plus important – suivi? Ou les eaux de ce que Taut appelle la «ligne de partage entre l'utopie et la construction» coulent-elles de nouveau dans le sens de ce qui est accessible, réalisable? Y a-t-il encore une élaboration de concepts qui considèrent l'espace urbain comme «une catégorie politico-esthétique»? Dieter Hoffmann-Axthelm ne leur donne aujourd'hui aucune chance. La soif d'expérience et d'expérimentation de la fin des années 60 n'existe plus, selon lui, aujourd'hui. Est-ce bien la réalité? Bien que je sois très tentée de lui donner fondamentalement raison, l'élaboration de cette exposition, que j'ai déjà commencée il y a plus de deux ans, m'a confrontée à des expériences sensiblement différentes.

Afin de faciliter l'accès à l'exposition ainsi qu'au catalogue, il est certainement utile d'en esquisser brièvement les orientations, la base des projets qui sont présentés. Dans mon concept, que j'exposais aux participants contactés (je reviendrai ultérieurement sur les critères de sélection), je suis partie de la thèse selon laquelle Berlin a contribué de façon décisive à l'entrée, sur le plan urbanistique, dans le 20ème siècle. Des architectes comme Mies van der Rohe, Gropius, Behrens, les frères Taut, Mendelsohn et Poelzig ainsi que leurs activités dans cette ville en sont un témoignage. La décadence au 20ème siècle s'illustre également de façon exemplaire à Berlin, à commencer dans l'après-guerre par le «second anéantissement» par démolition, qui était sensiblement plus radical, en passant par les réhabilitations sous la forme de coupes à blanc, les villes satellites et plus récemment un abandon souvent sans scrupules de l'architecture moderne.

1988 – «Fin de siècle» ou entrée dans le 21ème siècle? Les directives pour les participants précisent: «Nous recherchons des événements marquants pour l'avenir, résultant de la situation culturelle, urbanistique, géographique et politique de Berlin – et ce dans les deux parties de la ville. Ces signes de l'avenir devront être des endroits revêtant une signification particulière, pouvant se référer tant à leur utilisation qu'à leur valeur symbolique. L'objet est d'élaborer des alternatives conceptuelles, sous la forme d'esquisses, concepts, maquettes, permettant de sortir de l'impasse dans laquelle se trouve l'élan du début du 20ème siècle et d'illustrer sous une forme architectonique l'entrée dans le 21ème siècle.»

Il ne s'agira pas là d'utopie architecturale d'une imagination débordante et proliférante, mais de projets portant en eux le germe de leur réalisation. Si de tels projets, tout à fait éloignés de la réalité, pouvaient avoir leur justification à une époque durant laquelle seule la masse constructive comptait, ils ne peuvent aujourd'hui être que d'une faible utilité pour résoudre les problèmes architectoniques et urbanistiques. Ce qui importe aujourd'hui – et dans cette exposition –, c'est de présenter des concepts architecturaux mêlant la

fixiert auf konkrete Situationen in Berlin. Jeder Teilnehmer sollte einen Ort innerhalb der Stadt wählen, den er für die Erarbeitung von Denkalternativen für signifikant hielt.

Das erste Echo wie auch das nicht unerhebliche Engagement im Verlauf der Ausstellungsvorbereitung und die Begeisterung, mit der die meisten Teilnehmer die Chance wahrnahmen, frei von einengenden Vorgaben Ideen und Konzepte entwickeln zu können, war überwältigend und hat sicher dazu beigetragen, daß das doch recht gewagte Unternehmen – fast alle Teilnehmer haben eigens für diese Ausstellung einen Entwurf erarbeitet – zustande kommen konnte. Wenn auch in dieser Ausstellung Berlin »Ort der Handlung« ist, so wird doch in den Projekten deutlich, daß städtebauliche und architektonische Überlegungen zur Metropole Berlin in ihrem konzeptionellen Ansatz auch auf andere Städte und ihre aktuellen Fragestellungen zutreffen. Die Entwürfe sind auf die Zukunft gerichtet, und es ist bemerkenswert, daß sich viele Teilnehmer im wörtlichen Sinne über die Mauer »hinwegsetzen« und den Ostteil der Stadt in ihre Überlegungen mit einbezogen haben.

Nun zu den Teilnehmern: Sie kommen aus zehn Ländern: den USA, Frankreich, Spanien, England, der Schweiz, Italien, Österreich, Dänemark, Polen sowie der Bundesrepublik und West-Berlin. Bei der Auswahl ging es neben so pragmatischen Gesichtspunkten wie einer intensiven Kenntnis der Stadt und der Bereitschaft, sich auf sie einzulassen, und einem breiten Spektrum in konzeptioneller wie gestalterischer Hinsicht vor allem darum, im Sinne des Kulturstadtgedankens, wie ihn Berlin interpretiert, der jungen Generation eine Chance zur Artikulation zu geben. Voraussetzung dafür ist es, den sehr engen und, wie ich meine, inzwischen sich selbst isolierenden Kreis berühmter Architekten, die in den meisten Ausstellungen immer »unter sich« sind, aufzubrechen und durch neue – junge – Strömungen zu erweitern. So wird man neben den Beiträgen international renommierter Architekten, die die architektonische Gestaltung der Umwelt in der zweiten Hälfte dieses Jahrhunderts maßgeblich mitgeprägt oder doch beeinflußt haben, Arbeiten der jungen Architektengeneration finden, die die Welt von morgen – ihre Welt – gestalterisch mitbestimmen werden und die vielfach geringe praktische Erfahrung durch unbefangene Kreativität ersetzen. Was daraus entsteht, ist keine Konfrontation, sondern ein Miteinander, ein Ergänzen, Erweitern. Es könnte – das ist meine Hoffnung – ein spannender Dialog entstehen.

Neben dem theoretischen Ansatz geht es mir in der Ausstellung aber auch um ganz pragmatische Aspekte. Es handelt sich ja – um es negativ auszudrücken – nicht um einen Wettbewerb, nicht um heute oder morgen zu realisierende Entwürfe, es geht um eine Ausstellung, eine Präsentation von Ideen, die nicht nur ein Fachpublikum erreichen soll, sondern eine große Öffentlichkeit. Die Ausstellung soll neugierig machen, manchmal auch nachdenklich, sie soll Denkansätze erweitern helfen, auch wenn sie vielleicht bei dem einen oder anderen Entwurf Kopfschütteln hervorrufen mag. Vor allem aber soll sie dazu beitragen, das Bewußtsein für das architektonisch gestaltete Umfeld – unsere alltägliche Umgebung – zu schärfen, und deutlich machen, zwischen welchen Polen sich Architekturkonzepte im ausgehenden 20. Jahrhundert bewegen können.

vision et la nécessité dans une unité. L'objet de cette exposition est de présenter de tels concepts, toujours orientés sur des situations concrètes à Berlin, et de susciter un débat à leur sujet – et ce grâce au support que constitue le dessin. Les participants devaient choisir le lieu au sein de la ville qu'ils jugeaient significatif pour l'élaboration d'alternatives conceptuelles.

Le premier écho tout comme l'engagement notable durant la préparation de l'exposition, voire l'enthousiasme avec lequel la plupart des participants ont saisi cette opportunité d'étudier des idées et des concepts en étant dégagés de toutes directives restrictives, sont impressionnants et ont très certainement contribué à la réalisation de cette entreprise osée – presque tous les participants devant élaborer un projet spécialement pour cette exposition.

Même si, dans celle-ci, Berlin est le «lieu de l'action», il apparaît toutefois nettement dans les projets que des réflexions architectoniques et urbanistiques sur cette métropole concernent également, quant à la réflexion de départ conceptionnelle, d'autres capitales et leurs problématiques actuelles. Les esquisses sont orientées vers l'avenir et il convient de noter qu'un grand nombre de participants se sont «déplacés», au sens propre du terme, au-delà du mur pour inclure la partie orientale de la ville dans leurs réflexions.

Quelques mots à présent sur les participants. Ils viennent de dix pays: les Etats-Unis, la France, l'Espagne, l'Angleterre, la Suisse, l'Italie, l'Autriche, le Danemark, la Pologne, la République fédérale d'Allemagne et Berlin-Ouest. Pour ce qui concerne la sélection, il importait de tenir compte d'une part de points de vue pragmatiques, telles qu'une connaissance intensive de la ville et la disposition à s'engager pour celle-ci, ainsi qu'une vaste gamme au niveau conceptionnel et esthétique, mais également – notamment dans le sens de l'idée d'une capitale culturelle, telle qu'elle est interprétée à Berlin – de fournir à la jeune génération une chance d'expression. La condition à cela était de briser le cercle très étroit et, selon moi, entretemps s'auto-isolant, des architectes célèbres, qui se retrouvent toujours dans la plupart des expositions «entre eux», et d'étendre cette manifestation par de nombreux – jeunes – courants. C'est ainsi qu'on trouvera, outre les contributions d'architectes de renommée internationale qui ont marqué de façon déterminante ou tout au moins influencé la forme architectonique de l'environnement au cours de la seconde moitié de ce siècle, des œuvres d'une jeune génération d'architectes, qui contribueront par leur travail au monde de demain – leur monde – et remplacent leur bien plus faible expérience pratique par une créativité sans préjugés. Il n'en résulte, en aucune façon, une confrontation, mais quelque chose de commun, un complément, une extension. Un passionnant dialogue pourrait intervenir – ceci est mon espoir.

Outre le point de vue de départ théorique, il m'importe dans cette exposition de souligner également des aspects tout à fait pragmatiques. Il ne s'agit certes pas là – pour m'exprimer sous une forme négative – d'un concours, de projets à réaliser aujourd'hui ou demain. Il s'agit d'une exposition, d'une présentation d'idées devant être non seulement accessibles aux experts, mais également à un grand public. L'exposition a pour objet de susciter la curiosité, parfois la réflexion, et d'approfondir celle-ci, même si elle provoque un hochement de tête face à certains projets. Elle devra toutefois notamment contribuer à étendre la prise de conscience de l'environnement d'un point de vue architectonique – notre environnement quotidien – et à mettre en évidence les pôles entre lesquels évolueront les concepts architecturaux de la fin du 20ème siècle.

9

Eine »Stadt« (in Anführungszeichen): West-Berlin
Julius Posener

Man hat wohl Grund, das Wort Stadt in Anführungszeichen zu setzen, wenn von West-Berlin die Rede ist, unserem Berlin, an das wir
uns so gewöhnt haben, daß manche von uns es Berlin nennen, weil
es ja das wichtigere Berlin sein soll, das westliche, die Stadt der Freiheit und des Fortschritts. Wie besonders dieses Stadtgebiet ist, wie –
nun ja – unmöglich, das fällt denen, die darin leben und arbeiten,
nicht mehr auf. West-Berlin ist, seltsamerweise, wirklich eine Stadt
geworden. Dabei ist es nur eine halbe Stadt, und zwar auf unserer
Seite Vorstadt; es ist auch durch eine gründliche Zerstörung gegangen, wenngleich das Bombardement auf dieser Seite nicht so gründlich war wie im Herzen der Stadt, und durch einen ebenso gründ-
lichen Wiederaufbau; ja, durch verschiedene Arten des Wiederaufbaus. Vor allem ist West-Berlin das Ergebnis unterschiedlicher Entwicklungen, welche ohne viel Rücksicht aufeinander vor sich gegangen sind. Zur Einheit wurde das, was wir Berlin nennen – ich
spreche von Gesamtberlin –, erst 1920 gemacht. Davor entwickelten
sich dort Städte, Dörfer, Villenkolonien ziemlich unabhängig voneinander. Daher stammt der Reichtum Berlins an unterschiedlichen
Stadtgegenden, daher kommen aber auch die Brüche, die Zwischen-
gebiete, die keinem der verschiedenen Teile der Stadt angehören.
Es kommt dazu, daß nach dem Kriege so wichtige Komponenten
des früheren Berlins wie die Fernbahnhöfe aufgehört haben zu
funktionieren. Das ausgedehnte Gleisgelände des Anhalter und des
Potsdamer Bahnhofs ist heute eine mit Gras bewachsene Wildnis,
eine »Peripherie in der Stadt«, wie Andreas Reidemeister das nennt.
Wenn man auf einer der Brücken steht, die einmal Güterwagen und
Personenzüge getragen haben, so kann man sich das schwer vorstel-
len. Man kann sich dann auch schwer vorstellen, daß unter diesen
Brücken die Yorckstraße läuft, Teil des »Generalszuges«, eines wich-
tigen Straßenzuges der Pläne für ein Gesamtberlin von Peter Joseph
Lenné, abgeschlossen von James Hobrecht und immer noch eine
der lebhaftesten Verkehrsstraßen von Berlin.
Für mich ist es nicht leicht, etwas zu gegenwärtigen Fragen des
Städtebaus in West-Berlin zu sagen. Dazu hätte einer von Anfang an
hier sein müssen. Ich aber habe die Stadt im Jahre 1946 für einige
Tage besucht und bin erst 1961 endgültig zurückgekehrt, nach einer
Abwesenheit von knapp dreißig Jahren – das nennt man eine Generation. Damals, 1946, war das noch nicht die geteilte Stadt. Ich fand
das Herz der Stadt auf haarsträubende Weise zerstört; im Westen
schien es weniger schlimm zu sein, Außenbezirke wie Lichterfelde
und Zehlendorf waren fast heil davongekommen. Damals sah ich
noch Gebäude, die seitdem verschwunden sind: so im Herzen der
Stadt das königlich-kaiserliche Schloß. Es hatte wenig gelitten. Auch
das große Warenhaus Wertheim an der Leipziger Straße und am
Leipziger Platz war beinahe intakt. Viel später, als ich es nicht mehr
fand, sagte mir ein sehr verdienter Bauhistoriker der »anderen«
Seite, das sei geschehen, da man tabula rasa machen wollte. Und das
mußte man. Aber auch auf »unserer« Seite standen damals noch
Gebäude, die man erst später abgeräumt hat. Ich denke an den
Anhalter Bahnhof. Es war der große Bahnhof von Berlin, und man
darf mir glauben, daß als Kind der Begriff der Sommerreise für mich
mit diesem Bahnhof verknüpft war.
Aufs Abräumen war man auf beiden Seiten aus, und drüben fie-
len nicht nur die Zeichen einer lange schon historisch gewordenen
Herrschaft wie das Schloß den Abräumern zum Opfer; auch solche
Gebäude mußten weg, gegen die man Feindschaft nicht empfinden
konnte, wie Schinkels Bauakademie. Sie mußte weg, denn sie war
im Wege: Da mußte ein Ministerium gebaut werden! Aber auf dem
neuesten Ostberliner Schinkel-Bilderbuch – in Englisch! – prangt ein
Bild der Bauakademie auf dem Umschlag, so als wäre nichts geschehen. Hier räumte man weg, womit man nichts anzufangen wußte:
Häuser in den Vororten und Stadthäuser, deren reich ornamentierte

Une «ville» (entre guillemets): Berlin-Ouest
Julius Posener

On a bien des raisons d'écrire le mot ville entre guillemets quand il
s'agit de Berlin-Ouest, notre Berlin, à laquelle nous sommes tant
habitués que nombre d'entre nous l'appellent tout simplement Berlin, car il s'agit là du Berlin le plus important, la ville occidentale, la
ville de la liberté et du progrès. Celui qui y vit et y travaille ne remarque plus le caractère particulier, voire impossible de cette zone
urbaine. Berlin-Ouest est assez curieusement devenue réellement
une ville. Mais elle n'est qu'une demi-ville, et de notre côté un faubourg; ceci est intervenu à la suite d'une destruction profonde,
même si les bombardements ne furent pas aussi destructeurs de ce
côté qu'au cœur de la ville, et à la suite d'une reconstruction tout
aussi profonde, voire à la suite de diverses formes de reconstruction.
Berlin-Ouest est notamment le résultat de différents développements qui sont intervenus sans beaucoup de considération pour ce
qui s'était préalablement passé. L'unité de ce que nous appelons
Berlin – je veux parler du Grand Berlin – ne fut réalisée qu'en 1920.
Préalablement, des villes, des villages, des zones résidentielles se
développaient de façon relativement indépendante les uns des
autres. D'où la richesse de Berlin en zones urbaines diverses, mais
d'où également les ruptures, les zones intermédiaires n'appartenant
à aucune des diverses parties de la ville. S'ajoute à cela le fait
qu'après la guerre des éléments de l'ancien Berlin aussi importants
que les gares de grandes lignes ont cessé de fonctionner. Le réseau
de voies étendu des gares de Anhalter Bahnhof et de Potsdamer
Bahnhof est aujourd'hui un terrain vague recouvert d'herbe, comme
l'appelle Andreas Reidemeister, une «périphérie dans la ville». Si
l'on s'arrête sur l'un des ponts qui portèrent autrefois des wagons
de marchandises et des trains remplis de passagers, on a du mal à se
représenter l'activité passée. On a du mal à s'imaginer que sous ces
ponts passe la Yorckstraße, partie du «réseau général» d'une importante structure de rues d'un Grand Berlin de Peter Joseph Lenné,
achevée par James Hobrecht, et encore aujourd'hui l'une des rues
les plus animées de Berlin.
Il ne m'est pas facile de dire quelque chose à propos des questions
actuelles de l'urbanisme à Berlin-Ouest. Il aurait fallu pour cela y
être dès le début. Mais j'ai visité cette ville en 1946 pendant quelques jours et n'y suis revenu de façon définitive qu'en 1961 – après
une absence de près de 30 ans: c'est ce que l'on appelle une génération. A cette époque, en 1946, elle n'était pas encore la ville divisée.
Je trouvais le cœur de la ville monstrueusement détruit; à l'Ouest,
les choses semblaient moins graves, des faubourgs tels que Lichterfelde et Zehlendorf étaient presque intacts. Je vis encore à cette
époque des bâtiments qui ont depuis disparus: au cœur de la ville, le
château royal et impérial. Il avait peu souffert. Le grand magasin
Wertheim dans la Leipziger Straße et sur la Leipziger Platz était également presque intact. Bien plus tard, alors que je ne le trouvais
plus, un historien d'architecture très méritant de «l'autre côté du
Mur» m'expliqua que l'on avait voulu faire «table rase». Et on le
devait aussi. Mais également de «notre côté», il y avait encore à
l'époque des bâtiments que l'on ne fît disparaître qu'ultérieurem-
ment. Je pense à la gare Anhalter Bahnhof. C'était la grande
gare de Berlin, et on peut me croire si je dis que la notion de vacances d'été était pour moi, enfant, liée à cette gare.
On était décidé des deux côtés à déblayer, et «de l'autre côté»
furent victimes des «déblayeurs» les signes d'une longue domination devenue déjà historique, tel que le château; des bâtiments
durent également disparaître contre lesquels on ne pouvait ressentir
la moindre animosité, telle que l'académie d'architecture de Schinkel. Elle devait disparaître parce qu'elle gênait: un ministère devait
être reconstruit à cet endroit! Mais dans le livre illustré le plus récent
sur Schinkel à Berlin-Est – en langue anglaise! – resplendit une
photo de l'académie d'architecture sur la couverture, comme si rien

Fassaden nichts mehr galten. Heute bemüht man sich um solche Häuser. Damals hat man gründlich aufgeräumt, dort wie hier. Wozu zu sagen ist, daß man auf beiden Seiten in der Zerstörung einen Anlaß sah, die Stadt – die ganze Stadt – neu zu planen. Ich brauche nicht an den landschaftlichen Gesamtplan von Hans Scharoun zu erinnern: das durch den Aufbau der Stadt sichtbar gemachte Urstromtal. In kleinerem Maßstabe haben damals schon viele ein neues Berlin geplant, Max Taut unter anderen.

Wir betrachten das heute kritisch; es war aber, das muß gesagt werden, ein Teil der Rückkehr zu der Zeit vor 1933. An sie wollte man anknüpfen. Und aus den »goldenen« zwanziger Jahren hielt man vieles von dem der Zerstörung wert, was drüben dem Kriege zum Opfer gefallen war. Dort hatten die Bomben ganze Arbeit geleistet. Hier war man bereit, nachzuhelfen; und so ist es gekommen, daß die Zerstörung n a c h dem Kriege tiefer in die Substanz der West-Stadt eingegriffen hat als die Kriegszerstörung. Nach der Substanz hat man nicht viel gefragt: die gab es drüben. Hier, meint man, haben wir ja nur das Charlottenburger Schloß und das eine oder andere von Schinkel. Daß Gebäude aus dem späten neunzehnten Jahrhundert und aus dem Beginn unseres Jahrhunderts erhaltens-wert sein könnten, diese Einsicht war nicht weit verbreitet. Der Architekt, der in den siebziger Jahren einen Flügel von Muthesius' eigenem Hause in Nikolassee abgerissen hat, erzählte, man habe ihn auf dem Bauamt Zehlendorf groß angesehen: »Warum nicht das Ganze«, wollte man wissen, »is' ja morsch.«

Dies war, allgemein gesagt, die Haltung in den Jahren, als das Bauen in Berlin wieder begann: Man wollte der Stadt ein neues Gesicht geben. Das hatten die zwanziger Jahre gewollt, und nun glaubte man, es zu können. Was dem im Wege stand, mußte weg. Das neue Gesicht war in gewissem Maße von den Großsiedlungen der zwan-ziger Jahre inspiriert: der Hufeisensiedlung und der Siedlung Onkel Tom. Man wollte aber weiter gehen, man ging aufs Ganze: Man glaubte endlich die Trabantenstädte verwirklichen zu können, das heißt, einen Gedanken des großen Berliner Wettbewerbs von 1910. Der Gedanke der Trabantenstädte ging sogar erheblich weiter zurück, er erscheint in den Schriften der Kritiker des eben veröffent-lichten IIobrecht-Planes in den frühen siebziger Jahren des vorigen Jahrhunderts. Die Trabantenstadt wurde für Berlins Außenbezirke von Ernst Bruch und von der Gräfin Dohna empfohlen. Jetzt end-lich, siebzig Jahre später, versuchte man, sie zu verwirklichen. Man räumte ganze Stadtviertel ab, die noch intakt waren, und verpflanzte die Bewohner in die »schönen, modernen Wohnungen« im Märki-schen Viertel und in Britz – Buckow – Rudow. Das war konsequent gedacht, modern gedacht, und die Autoren der Trabantenstädte waren gewiß erstaunt, als die Kahlschlagsanierung und die Traban-tenstädte draußen vor der Stadt kritisiert wurden. Es geschah aber, als diese Orte noch im Bau waren.

Man hatte begonnen, anders über die Stadt zu denken. Die Entdek-kung Kreuzbergs geht in die sechziger Jahre zurück. Man begann ganz allgemein vom »Kiez« zu sprechen, ja, zu schwärmen. Beide Teile der »Internationalen Bauausstellung« geben dieser neuen Auf-fassung Ausdruck: der Rückkehr in die Stadt, um es einmal so zu nennen. Der Teil »Stadterneuerung« nimmt sich solcher Stadtteile an wie der südlichen Friedrichstadt und will sie im Prinzip erhalten, indem man sie »erneuert«. Der Teil »Stadtreparatur« macht die alten Häuser, selbst die, welche man schon abbrechen wollte, in höherem Maße bewohnbar, und zwar in einer liebevollen Klein-arbeit, von der noch wenige Jahre zuvor niemand geträumt hätte, daß man sie an jene »alten Klamotten« wenden würde. Man hat sich auch des leeren Streifens zwischen den beiden Städten Berlins angenommen und ihn sehr absichtlich, wenn auch nicht ganz zutref-fend, den zentralen Bereich genannt. Ich nenne das absichtlich, denn diesem Ausdruck liegt ja der Gedanke von der e i n e n Stadt zugrunde. Aber um diesen Gedanken auszuführen, braucht es beide Seiten, und da hapert es noch. Vor gar nicht langer Zeit ist ein Buch

ne s'était passé. I c i on déblayait tout ce dont on ne savait quoi faire: des maisons dans les faubourgs et des immeubles dont les façades richement ornementées n'avaient plus aucune valeur. Aujourd'hui, on s'efforce de conserver de tels immeubles. A cette époque on a fondamentalement déblayé, là-bas comme ici. Il con-vient de dire à ce propos que, des deux côtés, on a vu dans cette destruction une opportunité de planifier nouvellement la ville – toute la ville. Je n'ai pas besoin de rappeler le plan global de Hans Scharoun: la vallée glacière mise en valeur par la construction de la ville. A une échelle plus réduite, nombre d'experts avaient projeté à l'époque un nouveau Berlin, Max Taut entre autres.

Nous considérons tout cela aujourd'hui d'un œil critique; mais il s'agissait là, il faut le dire, d'un retour partiel à l'époque avant 1933. On entendait se rattacher à cette époque. Et on considérait qu'un grand nombre de bâtiments datant des années 20, des «années d'or», victimes de la guerre, de l'autre côté, méritaient d'être détruits. Les bombes y avaient fait tout le travail. Et l'on était ici dis-posé à aider dans ce sens; c'est ainsi que la destruction de l'après-guerre a touché plus profondément dans sa substance la partie occi-dentale de la ville que les destructions de cette même guerre. On ne s'est pas posé beaucoup de questions à propos de cette substance: elle existait de l'autre côté. On affirmait ici que nous avions seule-ment le château de Charlottenburg et quelques bâtiments de Schin-kel. L'idée que des immeubles de la fin du 19ème siècle ou du début de notre siècle valaient la peine d'être conservés, n'était pas très répandue. L'architecte qui a démoli dans les années 60 une aile de la propre maison de Muthesius dans le quartier de Nikolassee raconta qu'on le regarda avec étonnement au service administratif d'archi-tecture de Zehlendorf: «Pourquoi n'avez-vous pas détruit l'en-semble?» voulait-on savoir. «C'est vraiment pourri».

Telle était d'une façon générale l'attitude prise durant les années du début de la reconstruction à Berlin: on voulait donner un nouveau visage à cette ville. C'est ce qu'avaient voulu les années 20 et l'on croyait pouvoir le réaliser. Tout ce qui gênait devait disparaître. Le nouveau visage était dans une certaine mesure inspiré des grandes agglomérations des années 20: la forme en fer à cheval et la cité «Onkel Tom». Mais l'on voulait aller plus loin, on voulait traiter l'en-semble: on croyait finalement pouvoir réaliser les villes-satellites, c'est-à-dire une idée du grand concours berlinois de 1910. L'idée des villes-satellites trouve même son origine à une époque encore plus reculée, elle apparaît dans les écrits des critiques du projet Hobrecht qui vient d'être publié, projet datant des années 70 du siècle dernier. La ville-satellite fut recommandée pour les faubourgs de Berlin par Ernst Bruch et par la comtesse Dohna. On tentait finalement, soixante-dix ans plus tard, de la réaliser. On déblayait des quartiers entiers qui étaient encore intacts et on transplantait les habitants dans les appartements beaux et modernes de la cité Märkisches Viertel et de Britz-Buckow-Rudow. C'etait une pensée consequente et moderne et les auteurs des villes-satellites furent certainement étonnés lorsqu'ils entendirent des critiques de cet assainissement par «coupes à blanc» et des villes-satellites hors de la cité. Mais ces critiques intervinrent alors que les emplacements étaient encore en construction.

On avait commencé à penser la ville autrement. La découverte de Kreuzberg date des années 60. On commençait d'une façon géné-rale à parler, voire à s'enticher de la notion de «quartier». Les deux parties de «l'Exposition Internationale d'Architecture» traduisent cette nouvelle conception: le retour à la ville, tout simplement. La partie «rénovation urbaine» s'intéresse à des quartiers tels que le sud de Friedrichstadt et entend en principe les conserver en les «rénovant». La partie «réhabilitation urbaine» entend rendre les vieux immeubles, même ceux que l'on voulait déjà raser, en grande partie habitables, et ce grâce à de précieux petits travaux artisanaux. Il y a encore quelques années, personne n'aurait imaginé que l'on réaliserait de tels travaux sur ces «vieilles pierres». On a également

über die Geschichte Berlins und seine Baumeister »bis zum Historismus« erschienen, in dem der andere Teil der Stadt, der, den wir bewohnen, nicht vorkommt. Nun kann man das aus der Sicht von drüben immerhin besser machen als aus unserer Sicht, weil das Herz der Stadt und ein großer Teil ihrer geschichtlichen Entwicklung als Stadt drüben liegt. Was also liegt hier? Was ist die Geschichte, was die Gestalt des westlichen Teils der geteilten Stadt Berlin? Das ist weniger leicht zu sagen.

Hier sei ein kurzer Blick in die Geschichte gestattet. Wir haben eingangs davon gesprochen, daß das Berlin, welches nach dem Kriege geteilt wurde, erst seit 1920 eine Stadt ist. Bis dahin war es eine Ansammlung verschiedener Städte wie Charlottenburg und Schöneberg, Dörfer wie Steglitz und Zehlendorf und Orte wie Grunewald, eine im späten neunzehnten Jahrhundert erst gegründete »Villenkolonie«. Diese verschiedenen Orte also - die Kernstadt Berlin nicht zu vergessen - wurden erst dann, nach dem Ersten Weltkrieg, gemeinsam verwaltet. Bis dahin besaß - um nur dies zu erwähnen - ein jeder von ihnen sein eigenes Baubüro. Man hat kürzlich den Stadtbaurat von Rixdorf vor 1912 (dem Jahre, in dem es Neukölln genannt wurde), Reinhard Kiehl, dem Vergessen entrissen, einen bedeutenden Architekten, den der um eine Generation ältere Stadtarchitekt von Berlin, Ludwig Hoffmann, hoch geschätzt hat. Und kaum wurde die Kiehl-Ausstellung im Rathaus Neukölln geschlossen, so erschien ein Buch, welches andere Aspekte der Baugeschichte dieser Stadt Rixdorf ausführlich bespricht. Bücher dieser Art könnte man über einen jeden der verschiedenen Teile schreiben, deren Gesamtheit erst 1920 zu einer Stadtverwaltung zusammengeschlossen wurde. Natürlich kam es zu diesem Zusammenschluß nicht ohne Vorbereitung. Eine wichtige Stufe ist der Wettbewerb Groß-Berlin von 1910, den wir erwähnt haben. Hinter dem Wettbewerb stand der »Zweckverband Groß-Berlin«, der sich auflöste, sobald ein Groß-Berlin entstanden war - obwohl es nicht dem entsprach, welches der Zweckverband geplant hatte. Die Großstadtregion, für welche der Wettbewerb von 1910 ausgeschrieben wurde, reichte von Oranienburg im Nordwesten bis Königs Wusterhausen im Südosten; und das war schon damals nicht zu groß. Schon damals war die Industrie der Großstadt bis an den Rand dieser Region gezogen, die AEG zum Beispiel nach Velten. Velten sollte ein Teil von West-Berlin sein. Durch die zu enge Grenzziehung der Gesamtstadt im Jahre 1920 liegt es jetzt jedoch in der DDR, ebenso wie Zossen und andere Orte, welche dem westlichen Teil der Großstadtregion von 1910 angehört haben. West-Berlin also, unser Berlin, ist Teil eines unvollständigen Gesamtberlins.

Zudem ist es eine Stadt ohne Zentrum. Gewiß, die Gegend um den Bahnhof Zoo ist schon lange vor der Teilung, ist bereits am Anfang des Jahrhunderts das Zentrum des »neuen Westens« gewesen; aber ein echtes Stadtzentrum war es nie. Diese Stadt West-Berlin ist erstaunlich lebendig, ist, könnte man sagen, der Beweis dafür, daß eine Stadt darauf verzichten kann, wovon die Historiker und die Planer der Städte so gern sprechen: die Mitte, den Ursprung, von dem das Wachstum ausgegangen ist. Das können Städte natürlich. In Berlin ist der historische Kern bereits vor 1800 weniger bedeutend für das Leben der Stadt als die von den preußischen Königen geplante Erweiterung nach Westen. Hier lag um 1900 die Geschäftsstadt Berlin, hier aber auch die Universität, die Oper, das Schauspielhaus, die Staatsbibliothek. Und die Stadt Berlin hat sich ohne Zweifel um 1900 vom »alten Westen« weiter nach Westen auf den Weg gemacht, ohne daß es ihr damals (oder später) gelungen wäre, den altpreußischen Westen zu ersetzen. Wir haben es also in diesem Teil der geteilten Stadt mit neueren Entwicklungen zu tun; und daß es teilweise dörfliche Entwicklungen gewesen sind, teilweise sogar Entwicklungen von »Kolonien«, das anzuerkennen ist man lange Zeit nicht bereit gewesen. Zu der Zeit, als man sich mit dem Westen der Teilstadt hätte beschäftigen sollen, die nun einmal unser Stadtschicksal ist, kam der Ausdruck »urban« auf; und die Liebe zum

adopté la bande vide entre les deux parties de la ville et on l'a appelée volontairement, même si cela n'est pas tout à fait exact, la zone centrale. J'insiste sur le côté volontaire de cette décision, car cette expression repose sur l'idée d'une s e u l e ville. Mais pour appliquer une telle idée on a besoin des deux côtes, et c'est bien là que les choses «clochent» encore. Il n'y a pas si longtemps est paru un livre sur l'histoire de Berlin et ses architectes «jusqu'à l'époque de l'Historisme», dans lequel l'autre partie de la ville, celle où nous habitons, n'apparaît pas. On peut faire une telle chose beaucoup plus aisément du point de vue des habitants de l'autre côté du Mur que de notre point de vue, car le cœur de la ville et une grande partie de son développement historique en tant que ville se situent de l'autre côté. Mais qu'y a-t-il donc ici? Quelle est l'histoire, la forme conceptuelle de la partie occidentale de cette ville divisée? C'est bien plus difficile à dire.

Il convient pour cela de se pencher brièvement sur l'histoire. Nous avons au début de ce texte indiqué que Berlin, qui fut divisée après la guerre, n'est une ville que depuis 1920. Jusque là, c'était un regroupement de différentes villes - Charlottenburg, Schöneberg -, de villages - Steglitz, Zehlendorf - et de localités telles que Grunewald, un quartier de villas créé seulement à la fin du 19ème siècle. Ces différentes localités - sans oublier le cœur de Berlin - ne furent administrées conjointement qu'après la Première Guerre mondiale. Auparavant - pour ne mentionner que cela - elles détenaient chacune leur propre service d'architecture. On a récemment fait sortir de l'oubli le responsable de l'urbanisme de Rixdorf avant 1912 (l'année durant laquelle cette localité s'est appelée Neukölln), Reinhard Kiehl, un important architecte hautement apprécié de Ludwig Hoffmann, architecte urbain de Berlin plus vieux d'une génération. Et l'exposition Kiehl fermait à peine ses portes dans la mairie de Neukölln qu'un livre est paru, qui décrit de façon détaillée d'autres aspects de l'histoire de l'architecture de cette ville de Rixdorf. Des livres de ce type pourraient être écrits sur chacune des différentes parties de cette ville, qui ne furent regroupées au sein d'une administration urbaine globale qu'en 1920. Bien entendu, ce regroupement ne s'est pas fait sans préparatifs. Une étape importante a été le Concours du Grand Berlin de 1910, que nous avons mentionné. Ce concours fut patronné par la «Zweckverband Groß-Berlin» (Association pour le Grand Berlin), qui s'est dissoute dès qu'un Grand Berlin fut créé; et ce bien qu'il ne correspondait pas à ce que cette association avait prévu. La zone de cette ville pour laquelle le concours de 1910 avait été créé allait de Oranienburg au nord-ouest à Königs Wusterhausen au sud-est; et ce n'était déjà pas à l'époque trop grand. Dès cette période, l'industrie de la métropole s'installait jusqu'aux limites de cette région, la société AEG par exemple à Velten. Velten devrait être une partie de Berlin-Ouest. A la suite de la délimitation trop ètroite des frontières du Grand Berlin dans les années 20, elle se situe toutefois en R. D. A., tout comme Zossen et d'autres localités appartenant à la partie occidentale de la zone du Grand Berlin de 1910. Berlin-Ouest donc, notre Berlin, est une partie d'un Grand Berlin incomplet.

En outre, elle est une ville sans centre. Certes, la zone autour de la gare de Zoo était depuis longtemps avant la division, dès le début du siècle, le centre du «Nouvel Ouest»; mais ce ne fut jamais un authentique centre-ville. Cette ville de Berlin-Ouest est étonnamment vivante, elle est, pourrait-on dire, la preuve qu'une ville peut renoncer à ce dont les historiens et les concepteurs urbains parlent si volontiers: le centre, l'origine à partir de laquelle a démarré la croissance. Et les villes le peuvent naturellement. A Berlin, le noyau historique est dès 1800 moins important pour la vie de la ville que l'extension vers l'ouest prévue par les rois Prussiens. C ' e s t i c i que se situait en 1900 le centre commercial de Berlin, mais également l'université, l'opéra, le théâtre, la bibliothèque nationale. Et la ville de Berlin s'est sans aucun doute étendue encore du «Vieil Ouest» vers l'ouest, sans parvenir à cette époque (ou ultérieure-

Kiez hat etwas mit diesem Urbanen zu tun. Ich entsinne mich nicht, daß man den Dorfkern von Zehlendorf einen Kiez genannt hätte. Es waren alles städtische Kieze. Ich habe einmal – das war noch in den sechziger Jahren – Sir Frederick Osborn, dem Mitarbeiter von Ebenezer Howard an dessen Gartenstadtidee, die Vororte gezeigt. Er sagte: »Ich habe natürlich gewußt, daß ich hier in Berlin ein weites Gebiet geringer Baudichte finden würde; aber Sie sind der erste, der es mir zeigt. Der Senat schämt sich dieses Areals.«

Wir müssen die Tatsache ins Auge fassen, daß es auch diese »Zonen geringer Baudichte« in Berlin gibt. Sie reichen von Berlin bis Potsdam und sind der Schauplatz wichtiger städtischer Entwicklungen von der Umbauung der Rehwiese mit Landhäusern über die Vorortsiedlungen »Heidehof« und »Onkel Tom« bis zu neueren, weniger bewußt geplanten Veränderungen in dieser Gegend. Man kann dort die Ortskerne von Dörfern erkennen, den Verlauf alter Chausseen wie den Königsweg, der einmal die Straße nach Potsdam gewesen ist, die Rückstände ehemaliger – aber ich kann versichern, gar nicht s o ehemaliger – Getreidefelder, die Rasterpläne der alten Villenkolonien wie Schlachtensee, die ordnenden Planmuster der Ortsgründungen eines Carstenn um 1870, die geschwungenen Straßen in Nikolassee und Dahlem, in denen die neuen »Landhäuser« entstanden sind, die Parkstreifen, die es dort gibt und die der Wettbewerb von 1910 in der Innenstadt vorgesehen hatte, den Elendsvierteln, nicht den Villenvororten, die sie gar nicht brauchten. Das sind Phasen der Planungsgeschichte Berlins. Es mag in anderen Städten ähnliche Entwicklungen gegeben haben, aber nirgends sonst so ausgesprochen wie hier.

Wenn man von diesen Zonen geringer Baudichte sich den Ortschaften zuwendet, die aus Dörfern zu Städten geworden sind, Steglitz zum Beispiel, wird man aufs neue Zeichen verschiedener Entwicklungen finden: wunderbare öffentliche Gärten der Zeit nach der Jahrhundertwende; die Geschäftsstraße »Schloßstraße«, welche ein Teil der Potsdamer Chaussee ist; die geplante Oase Fichtenberg und gleich daneben den Botanischen Garten, der erst in diesem Jahrhundert aus der Stadt dorthin verlegt worden ist: in die Nähe des Wissenschaftsviertels Dahlem mit dem Kaiser-Wilhelm-Institut (jetzt Max-Planck-Institut), in dem einige der entsetzlichsten Anwendungen der Wissenschaft dieses Jahrhunderts ihren Ursprung haben. Und weiter die neuen Wohnviertel am Breitenbachplatz und daran anschließend, in Friedenau, das »Rheinische Viertel«, eine (anno 1912) moderne Wohngegend mit grünen Grasböschungen vor jedem Mietshaus. Dann aber findet man dort die sichtbaren Spuren der viel älteren, der Carstennschen Kolonie Friedenau in der figürlichen Anlage der Straßen um den Friedrich-Wilhelm-Platz und den vielen kleinen Backsteinhäusern, die in den Nebenstraßen noch stehen; ebenso aber große städtebauliche Gesten wie die Caeciliengärten, geplant 1912, gebaut in den zwanziger Jahren. Das hat etwas mit dem Wettbewerb von 1910 zu tun. Die *Bauwelt* hat damals, 1912, den Caeciliengärten ein ganzes Heft gewidmet, obwohl sie nur ein Plan waren. Ich könnte noch lange fortfahren, will aber nur so viel sagen, daß alle diese Straßenanlagen, Häuserformen, Siedlungen, fünfstöckigen Wohnquartiere Zeugen von Entwicklungen sind, die man respektieren sollte, statt sie zu vernichten oder doch abzuschwächen; denn s i e sind Geschichte dieses bunten, unzusammenhängenden Vorstadt- und Vorortgebietes, das wir West-Berlin nennen. (Und viele unter uns nennen es einfach Berlin.)

Dies, in Kürze, soll der Sinn dieses Beitrags sein: Er möchte hinweisen auf den außerordentlichen Reichtum an Gestalt, entstanden aus der Geschichte dieses städtischen Gebiets, das keine Stadt ist und ganz gewiß keine Einheit, dessen Grenzen nach außen nicht weniger unlogisch sind als die Grenze zum anderen Teil der Stadt, die aber lebt und leben muß und leben will: aus der Vielfalt heraus, aus dem Bewußtsein jener nicht selten einander überschneidenden, ja störenden Entwicklungen. Davon, meine ich, sollte man bei neuen Planungen ausgehen. Die Zeit der Einebnung hat viel länger

ment) à remplacer l'ancien Ouest prussien. Nous avons donc affaire dans cette partie de la ville divisée à des évolutions récentes; et durant très longtemps, on n'était pas disposé à reconnaître qu'il s'est agi partiellement de développement de villages, partiellement même d'extension de quartiers de villas. A une époque où l'on aurait dû se préoccuper de l'existence de la ville partielle, qui est finalement le destin de notre ville, est apparue la notion «d'urbanité»; et l'amour du «quartier» a quelque chose à voir avec cette notion d'urbanité. Je ne me souviens pas que l'on ait appelé «quartier» le cœur du village de Zehlendorf. Il s'agissait de quartiers urbains. J'ai montré – c'était encore dans les années 60 – les faubourgs à Sir Frederick Osborn, le collaborateur de Ebenezer Howard pour son idée de ville-jardin. Et il me dit: «J'ai bien entendu su que je trouverais ici à Berlin une vaste zone avec une faible densité de construction; mais vous êtes le premier qui me la montre. Le Sénat a honte de ces zones.»

Nous devons tenir compte du fait qu'il existe également à Berlin ces «zones à faible densité de construction». Elles vont de Berlin à Potsdam et constituent l'emplacement d'un important développement urbain, de la transformation du terrain de Rehwiese avec la construction de maisons de campagne en passant par les cités périphériques de «Heidehof» et de «Onkel Tom» jusqu'aux modifications prévues plus récentes et moins volontaires dans cette zone. On peut y reconnaître les centres de villages, le tracé de vieilles chaussées tel que le Königsweg, qui fut dans le temps la route menant à Potsdam, les restes d'anciens champs de blé – qui ne sont pas si anciens –, les plans des vieux quartiers de villas tel que Schlachtensee, le modèle de structure des créations de localités de Carstenn vers 1870, les rues incurvées à Nikolassee et Dahlem, où sont apparues les nouvelles «maisons de campagne», les bandes de stationnement que l'on y trouve et qui avaient été prévues par le concours de 1910 au centreville, ces quartiers défavorisés, et non dans les faubourgs résidentiels qui n'en avaient pas besoin. Il s'agit là de phases de l'histoire de la planification urbaine de Berlin. Il se pourrait qu'il y ait des développements semblables dans d'autres villes, mais nulle part ailleurs aussi manifestes qu'ici.

Si l'on quitte ces zones à faible densité de construction pour se pencher sur les localités créées à partir de la transformation de villages en villes, Steglitz par exemple, on trouvera de nouveau des signes de diverses évolutions: de magnifiques jardins publics du début du siècle; la rue commerciale «Schloßstraße», qui est une partie de la Potsdamer Chaussee; l'oasis prévu de Fichtenberg et juste à côté le Jardin Botanique, qui n'y fut transféré que durant ce siècle: à proximité du quartier scientifique de Dahlem, avec le Kaiser-Wilhelm-Institut (aujourd'hui le Max-Planck-Institut), où quelques-unes des applications les plus effroyables de la science durant ce siècle trouvèrent leur origine. Et plus loin, les nouveaux quartiers d'habitation près de la Breitenbachplatz, puis, à Friedenau, le «Rheinisches Viertel», une zone d'habitation moderne (1912) avec des talus d'herbe devant chaque immeuble de location. On y trouvera ensuite les traces visibles du quartier plus ancien de Friedenau créé par Carstenn au sein de la structure des rues autour de la Friedrich-Wilhelm-Platz, ainsi que les nombreuses petites maisons de briques existant encore dans les rues parallèles; tout comme également de grands événements urbanistiques tels que les jardins «Caeciliengärten», prévus en 1912 et construits dans les années 20. Il y a un lien avec le concours de 1910. Le journal *Bauwelt* avait consacré à cette époque, en 1912, tout un numéro aux Caeciliengärten, bien qu'il ne s'agissait que d'un projet. Je pourrais encore continuer ainsi longtemps, mais je désire seulement souligner le fait que tous ces réseaux de rues, ces formes de maisons, ces cités, ces blocs d'habitation à cinq étages sont les témoins de différents développements qu'il convient de respecter, au lieu de les détruire ou de les affaiblir; car ils constituent l'histoire de cette zone de faubourg et de périphérie diversifiée, dont les composantes n'ont aucun lien entre elles, bref ce que

gedauert, als man meinen sollte: Sie beginnt nicht etwa mit dem Ende des letzten Krieges. Was in den Jahren zwischen 1933 und 1945, aber auch schon früher zwischen den voneinander getrennten Ortschaften Lichterfelde und Zehlendorf gebaut worden ist, scheint mir im höchsten Maße unerfreulich. Es setzt sich über das hinweg, was da war; und nicht einmal bewußt, nein, aus Mangel an Wissen. Die Aufforderung, mit der ich diese kurze Betrachtung schließen möchte, ist eben die: daß man sich um die Kenntnis dieser Stadt bemühe, in der wir leben, planen, bauen.

nous appelons Berlin-Ouest. (Et nombre d'entre nous l'appellent tout simplement Berlin.)

Tel est brièvement le sens de cette contribution: je désire souligner la richesse conceptuelle extraordinaire, trouvant son origine dans l'histoire de cette zone urbaine, qui n'est pas une ville et en aucune façon une unité, dont les limites vis-à-vis de l'extérieur ne sont pas plus logiques que celles par rapport à l'autre partie de la ville, mais qui toutefois vit et doit vivre et veut vivre: de cette diversité, de la conscience de ces développements se chevauchant fréquemment voire perturbateurs. Tout ceci doit, à mon avis, constituer la base de tout nouveau projet. Le temps du nivellement a duré bien plus long-temps que l'on se l'imagine: il ne commence pas avec la fin de la dernière guerre. Ce qui a été construit durant les années 33 à 45, mais également préalablement entre les localités distinctes de Lich-terfelde et Zehlendorf, m'apparaît très insatisfaisant. On ne tint pas compte de tout ce qui existait; et ce, même pas consciemment, non, par manque de connaissances. L'exigence par laquelle je désire ache-ver cette brève analyse est la suivante: Je demande que l'on s'ef-force de connaître cette ville, dans laquelle nous vivons, concevons, construisons.

Von heute auf morgen
Zukunft in der Berliner Architektur
Kurt W. Forster

Man vermutet gewöhnlich in Berlin eine Stadt praktischer Gesinnung, der Tagträumerei und Schwärmerei abgeneigt, dafür aber mit schlagfertiger Sprache und einem handgreiflichen Sinn für das Alltägliche begabt. Berliner Witz und Schnauze nehmen das Falsche und Aufgeblasene aufs Korn und führen den Phantasten auf den sandigen Boden märkischer Realität zurück.

Diesem Begriff berlinischer Realität stand aber schon lange ein anderer gegenüber, der in der bodenlosen Kühnheit Heinrich von Kleists und im Spintisieren E.T.A. Hoffmanns eine eigene historische Identität gewann und sich bis heute ab- und widerspiegelt. Gelegentlich traf den Besucher nur die eine Seite, ein andermal nur ihr Gegenstück. Als der zwanzigjährige Henry Adams aus Boston für ein Jahr nach Berlin zog, um am Friedrich-Wilhelm-Werderschen Gymnasium Deutsch zu lernen, machte ihm die Stadt folgenden Eindruck: »Im Jahr 1858 war Berlin eine arme, aber scharfzüngige Provinzstadt, einfach, schmutzig, unfein und mehrheitlich unappetitlich. Das Leben war weit primitiver, als ein amerikanischer Junge es sich vorgestellt hätte. Überwältigt von einem militaristischen Regime und von bürokratischer Kleinkariertheit, hatte Preußen eben erst angefangen, sich von einheimischen Fesseln zu befreien.«[1]

Es gehört zur widerborstigen Natur der Berliner Wirklichkeit, daß weniger das Mondäne hervortritt oder der großartige Entwurf sich verwirklicht, als daß gelegentlich die Umrisse des Ganzen erst aus dem Stückwerk hervortreten. Für wenige Jahrzehnte des vorherigen Jahrhunderts – von den dreißiger zu den sechziger Jahren – war das Ufer der heutigen Museumsinsel, von der Schloßbrücke zur Nordspitze der Insel, ein zusammenhängender Prospekt, wie ihn Schinkel selbst noch bildlich dargestellt hat. Damals öffnete sich zwischen Schloß und Bauakademie im Süden sowie Museum, Zollverwaltung und Packhof im Norden ein wohl einmaliger, von einem einzigen Architekten definierter Stadtkorridor. Er erstreckte sich über mehr als siebenhundert Meter und setzte sich aus Teilen zusammen, die einzeln und ohne umfassende Planung Stück um Stück entstanden und erst allmählich – nicht zuletzt durch sekundäre Elemente wie Baumbepflanzung und Platzeinfassung – in den großen städtischen Prospekt eingespannt werden konnten. Durch unaufdringliche Einklammerung in Form massiver Backsteinbauten an den entferntesten Enden und dank differenzierter Verkleidung und optischer Balance der Baukörper eröffnete Schinkel im Stadtkern einen gelenkigen Durchgang.[2] Im Rückblick stellen diese Bauten Schinkels nichts weniger als die Momentaufnahme einer städtischen Utopie dar, wie sie sich ein Jahrhundert später, nach dem Zweiten Weltkrieg, nicht mehr innerstädtisch verwirklicht hat. Das heutige Kulturforum, dessen Initialkontrast von Scharounscher Philharmonie und Miesscher Nationalgalerie sich immer neue Elemente hinzugesellen, wird Mühe haben, mehr als ein Sammelsurium der Architektur seiner Zeit zu werden. Je mehr in seiner näheren Umgebung repariert und neu gebaut wird, desto weniger stellt sich ein Zusammenhang ein, der höhere Ansprüche erheben könnte. Dagegen kann man mit Recht behaupten, daß in den großen Siedlungen der zwanziger Jahre eine eigentümliche Synthese zwischen praktischem Gegenwartssinn und ausschweifender Zukunftsahnung Gestalt angenommen hat. Es ist nicht belanglos, daß das gerade außerhalb der historischen Stadtgebiete geschah, daß nicht eine Corbusiersche Vision »Voisin« Platz griff, sondern die Idee der Siedlung. Die Siedlung – man denke bloß an Britz, Onkel-Toms-Hütte, Siemensstadt oder Weiße Stadt – stellt eine soziale und architektonische Kunstlösung dar, in welcher das Utopische in den Charakter des Planmäßigen eingeht. Darin verliert es zwar nicht seine Neuheit, wohl aber seinen rein polemischen und phantastischen Widerstand.

D'aujourd'hui à demain
L'avenir de l'architecture berlinoise
Kurt W. Forster

On conçoit en général Berlin en tant que ville ayant l'esprit pratique, peu enclin aux rêveries et aux engouements, mais en revanche douée d'une langue prompte à la riposte et d'un sens évident du quotidien. L'esprit et la parole visent ce qui est faux et prétentieux, et ramènent les esprits romanesques sur le sol sablonneux de la réalité de la Marche.

A cette idée de la réalité berlinoise s'oppose depuis longtemps un autre aspect qui a trouvé son identité historique dans l'audace sans limites de Heinrich von Kleist et les fantasmagories de E.T.A. Hoffmann, et qui se reflète encore aujourd'hui. Il arrive que seule une face frappe le visiteur, une autre fois seulement son pendant. Lorsque Henry Adams de Boston, alors âgé de vingt ans, arrive à Berlin pour apprendre l'allemand au Friedrich-Wilhelm-Werder-Gymnasium, la ville lui fit l'impression suivante: «En 1858, Berlin était une ville de province, pauvre mais à l'esprit mordant, simple, sale, sans raffinement et somme toute sans attraits. La vie y était bien plus primitive que ne l'avait imaginée un jeune Américain. Ecrasée par un régime militariste et par l'étroitesse bureaucratique, la Prusse commençait seulement à se libérer de ses propres chaînes.»[1]

On doit à la nature récalcitrante de la réalité berlinoise le fait que ce n'est pas tant le caractère mondain qui prédomine ou le projet grandiose qui se réalise; bien plus, il arrive même parfois que c'est seulement à partir d'une œuvre imparfaite, voire d'éléments fragmentaires, que les contours d'un tout apparaissent. Pendant quelques décennies du siècle passé – des années 30 aux années 60 – les rives de l'actuel Museumsinsel, de la Schloßbrücke à la pointe nord de l'île, formaient une unité, telle que Schinkel lui-même l'avait dessinée. Un couloir urbain unique, défini par un seul architecte s'ouvrait à l'époque entre le château et l'école d'architecture au sud, et entre le musée, le bâtiment administratif et les entrepôts de la douane vers le nord. Il s'étendait sur plus de sept cents mètres et se constituait de parties qui s'étaient formées, séparément, pièce par pièce, sans plan d'ensemble, et c'est seulement peu à peu – en partie grâce aussi à des éléments secondaires tels que la plantation d'arbres et la bordure de la place – qu'il a pu s'intégrer dans une perspective urbaine importante. Par des encadrements discrets sous formes de constructions massives en briques dans les endroits les plus reculés, et grâce à un revêtement différencié et à un équilibre optique des édifices, Schinkel ouvrait dans le cœur de la ville un passage articulé.[2] Avec le recul, ces bâtiments de Schinkel ne représentent rien de moins que la prise de vue instantanée d'une utopie urbaine, comme elle n'a plus pu se réaliser à l'intérieur de la ville un siècle plus tard, après la Seconde Guerre mondiale. L'actuel Kulturforum, dont au contraste initial créé par la Philharmonie de Scharoun et la Nationalgalerie de Mies van der Rohe, viennent toujours s'ajouter des éléments nouveaux, aura bien de la peine à être autre chose qu'un «bric-à-brac» de l'architecture de son temps. Plus il y a de rénovation et de construction dans les environs, moins il y a de cohésion ayant quelque prétention. Par contre on peut affirmer avec raison qu'une synthèse originale entre un sens du présent pratique et un pressentiment extravagant du futur a pris forme dans les grands ensembles d'habitation des années 20. Il est important de noter que cela s'est justement produit en dehors des lieux historiques de la ville et que ce n'est pas une vision corbusienne de «voisin» qui s'est implantée, mais bien l'idée de l'ensemble résidentiel. L'ensemble d'habitation – qu'on pense à Britz, Onkel Toms Hütte, Siemensstadt ou Weiße Stadt – représente une solution d'art, sociale et architectonique, dans laquelle ce qu'il y a d'utopique se dissout dans le caractère méthodique. En cela il ne perd pas en fait sa nouveauté, mais bien sa résistance purement polémique et fantastique. On a beaucoup critiqué les ensembles d'habitation; pour les uns

An den Siedlungen wurde viel kritisiert; den einen waren sie zu ländlich, den anderen zu städtisch, vielen anfänglich zu uniform, anderen später zu partikulär und behaglich. Aber die Siedlungen behaupteten ihren jeweiligen Eigencharakter und tradierten einen Aspekt ihrer Utopie noch durch Kriegsschäden, Eingriffe und Umgestaltungen, so daß ihr wahrer Charakter als erfindender Vorgriff, als Zukunftsentwurf nicht verlorenging.

Die Siedlungsentwürfe stützten sich auf vertraute Elemente des Berliner Bauens: das geschlossene Baugeviert und den Zeilenbau. In Britz und Onkel-Toms-Hütte griffen Bruno Taut und Martin Wagner die Zeilenbauweise auf und verselbständigten sie zu Baukörpern ganz neuer Art. Diese architektonische Leistung bleibt nicht hinter derjenigen des Wohnhochhauses im Sinne der Unité d'habitation zurück. Ihren Höhepunkt erreichte sie in der Hufeisenanlage von Britz, ohne dadurch ihre weitere Brauchbarkeit zu verlieren. Eisenman, Rossi und die Mehrzahl der an der IBA beteiligten Architekten haben diese beiden Elemente der Berliner Stadtarchitektur, die geschlossene Hofanlage und die langgezogene Zeile, variiert. Eisenman und Rossi stehen sich dabei in der Nachbarschaft des Checkpoint Charlie zugleich nahe und kontrastreich gegenüber.

In beiden Projekten zeichnet sich eine dialektische Übertreibung der gegenwärtigen typologischen Ideen ab, eine Übertreibung, die in neue Bereiche führen kann. Während der ursprüngliche Entwurf Eisenmans dem vorgegebenen Straßengeviert das abstrakte Koordinatennetz der Merkatorlinien überlagerte und dadurch seine Neubauten wie Fragmente der Zukunft in die noch erhaltenen Fragmente der Vergangenheit einfügte, zeigt die massiv vereinfachte Ausführung ein eher ornamental anmutendes Liniennetz als Fassadenteilung. In seiner »utopischen« Form definierte Eisenmans Kochstraßenprojekt einen Moment in der Geschichte nicht nur Berlins, sondern der Architektur unserer Zeit überhaupt.[3] Es setzte sich über die gegenwärtigen Bedingungen seines geographischen Ortes und seiner historischen Lage dadurch hinweg, daß es die angrenzende Mauer – in ihrer Ausrichtung wie in ihrer Höhe – sowie auch die Erinnerungsspuren aus der Entwicklung der Friedrichstadt zu den bestimmenden Elementen der ganzen Anlage machte. Es wäre ein Ort entstanden, an dem man zugleich die städtische Vorgeschichte wie auch die heutigen Narben vor Augen gehabt hätte, ein Ort, der bloßgelegt hätte, was war, aber auch vorgegriffen hätte über den toten Punkt der Gegenwart hinaus. Er hätte die Gegenwart der gefälligen Ansicht entzogen und versagt. Künstliche Ausgrabungen hätten in seichte Tiefe geführt und die Treppen in den Aussichtstürmen in eine Höhe, aus der nur Gevierte des Himmels, nicht aber das Bild der Stadt ins Gesichtsfeld getreten wären. Deshalb fügte ich zu einer Publikation des Projektes in einer Photomontage das Titelblatt von Sebastiano Serlios *Drittem Buch* über die römischen Baudenkmäler (1540) mit einer Ansicht des Eisenmanschen Projektes und seiner Berliner »Altertümer« zusammen.[4]

Serlio stellte seiner Publikation mit Überzeugung den bekannten Sinnspruch voraus: »Was Rom einst war, das lehren uns seine Ruinen.« Im Gegensatz zu Serlio wird man aber der Berliner Situation und Eisenmans Werk nur dadurch gerecht, indem man den Sinn der Inschrift umwandelt in »Was Berlin einst war, das verneinen seine Ruinen.«

Was an Geschichte verlorenging, droht auch die Zukunft zu verkürzen. Die Treppentürme in Eisenmans Projekt für die Kochstraße hätten in der Tat den Grund und Untergrund der Stadt mit dem Firmament in einen sichtbaren Zusammenhang gerückt, dabei aber dasjenige verdeckt, was historisch diesen Zusammenhang stets vermittelte: die Stadt selbst.

In einem jüngst erarbeiteten Projekt für ein schwer zerstörtes Quartier Berlins, das südliche Tiergartenviertel, greift auch Daniel Libeskind zwei Elemente auf, die bereits in Eisenmans Überlegungen figurierten: das Verhältnis von »Stadtgrund« und Baugestalt und die Tradition des Zeilenbaus. Beide Elemente nehmen jedoch höchst

trop campagnards, pour les autres trop citadins, pour beaucoup trop uniformes au début, pour d'autres trop particuliers et commodes plus tard. Cependant les ensembles d'habitation affirmèrent leurs particularités et transmirent un aspect de leur utopie même à travers les dommages causés par la guerre, les interventions et les transformations, si bien que leur véritable caractère d'anticipation inventive, de projet du futur ne s'est pas perdu.

Les projets des ensembles d'habitation s'appuyaient sur des éléments familiers de la construction berlinoise: la construction en îlot et la construction en ordre continu. A Britz et à Onkel Toms Hütte, Bruno Taut et Martin Wagner avaient repris la construction en ordre continu, mais en l'utilisant par rapport à l'ensemble architectural d'une manière tout à fait innovative. Cette performance architectonique égale celle des immeubles résidentiels dans le sens de l'unité d'habitation. Elle a atteint son apogée dans la disposition en fer à cheval à Britz, sans perdre pourtant par là même son utilité ultérieure.

Eisenman, Rossi et la majorité des architectes participant à l'IBA ont diversifié ces deux éléments de l'architecture urbaine berlinoise, les constructions en bloc et en ordre continu.

Dans le voisinage du Checkpoint Charlie, Eisenman et Rossi se confrontent de près et d'une manière contrastante. Dans les deux projets se dessine une exagération dialectique des idées typologiques actuelles, c'est là une exagération qui peut mener vers de nouveaux domaines. Alors que le projet initial d'Eisenman superposait au quadrillage déjà existant des rues le réseau abstrait des coordonnées des lignes obtenues par la projection de Mercator, et de cette façon intégrait ses constructions neuves comme des fragments du futur dans les fragments encore conservés du passé, la réalisation massivement simplifiée montre un réseau de lignes à tendance ornementale comme division de façade. Dans sa forme «utopique», le projet d'Eisenman pour la Kochstraße définit un moment non seulement dans l'histoire de Berlin mais aussi dans celle de l'architecture de notre temps[3]. En faisant du Mur voisin – par son élévation comme par sa hauteur – ainsi que des traces de souvenir du développement de Friedrichstadt les éléments déterminants du site, ce projet se plaçait au-delà des conditions actuelles de son emplacement géographique et de sa situation historique. Un lieu serait né dans lequel on aurait eu devant les yeux à la fois la «préhistoire» de la ville et les cicatrices d'aujourd'hui, un lieu qui aurait montré ce qui avait été, mais qui aurait aussi dépassé le point mort du présent. Il aurait retiré le présent de la vue complaisante et n'y aurait pas réussi. Des fouilles artificielles auraient mené dans une profondeur superficielle, et les escaliers auraient mené à des tours panoramiques, à une hauteur de laquelle seul le carré du ciel et pas l'image de la ville entrerait dans le champ visuel. C'est pourquoi dans une publication du projet, j'ai rassemblé par un photomontage la couverture du *Troisième Livre* sur les monuments historiques romains (1540) de Sebastiano Serlio et une vue du projet d'Eisenman et de ses «antiquités» berlinoises[4]. Serlio avait placé en tête de sa publication le fameux dicton: «Ce que Rome a été, ses ruines nous l'apprennent.» Contrairement à Serlio on ne rendra compte de la situation de Berlin et de l'œuvre d'Eisenman qu'en changeant le sens de l'inscription en «ce que Berlin a été, ses ruines le dénient».

Ce qui s'est perdu en histoire, menace aussi de raccourcir l'avenir. Les tours d'escaliers dans le projet d'Eisenman pour la Kochstraße auraient rapproché, de fait, le sol et le sous-sol de la ville au firmament par un lien visible, mais ce faisant auraient caché ce qui historiquement avait toujours procuré ce rapport, à savoir la ville elle-même.

Dans un projet élaboré récemment pour un quartier fortement détruit de Berlin, la partie sud du quartier du jardin zoologique, Daniel Libeskind reprend aussi deux éléments qui figuraient déjà dans les réflexions d'Eisenman: la relation entre le «sol» de la ville et la forme architecturale et la tradition de la construction en ordre

ungewöhnliche Gestalt an. Libeskinds »Stadtkante« ragt wie ein gigantischer Balken aus dem Boden Berlins, der Bau selbst ist eine ingeniös verwandelte Wohnbauzeile mit inneren Rampen, Treppentürmen und einem riesenradähnlichen Aufzugsystem.

Alles an der »Stadtkante« atmet »Luft von anderen Planeten«, bleibt aber doch, wenn auch prekär, im Berliner Grund, ja selbst in der Geschichte der Architektur verankert: Wo einst Mies van der Rohe, zeitweise mit Hugo Häring, ein Atelier unterhielt, Am Karlsbad 24, stößt die »Stadtkante« konzeptionell auf Grund, während sie südwärts sich allmählich erhebt »als Überschreitung des Bauplatzes..., als Schnitt durch die zurückgebliebenen Fragmente, als angelloser Horizont.«[5]

Als ungebrochene, mehrstöckige Zeile ragt die »Stadtkante« empor und vereinigt in sich, wie einst das unausgeführte Bürohaus Mies van der Rohes an der Friedrichstraße, traditionelle Zwecke mit gänzlich neuartiger Konstruktion. Nur indem das Projekt in seinem technischen Vorgriff über die Routine gegenwärtigen Bauens und planerischer Schulweisheit hinausstößt, kann es seine Zukunft mit der nie eingelösten Vergangenheit von Tauts »Stadtkrone« vermählen. Als Entwurf einer Stadtvision stellt es vor, was in Eisenmans Kochstraßenprojekt noch Rückschau geblieben war. Und es setzt sich auch ab von jenen Entwürfen, die in den Widersprüchen der Berliner Situation entweder einen architektonischen Tummelplatz für historisierende Nachspiele und Reprisen wahrnehmen oder eine tabula rasa, auf der sich die disjecta membra der Architekturgeschichte zum attraktiven Stilleben gruppieren lassen.

Libeskinds Visionen scheinen zwar spekulativ von den Wolken zu hängen oder im Stadtgrund selbst zu versinken, aber gerade deshalb geht von ihnen der noch kaum hörbare Ton der Zukunft aus. Seit bald zwei Jahrhunderten zieht sich durch die Berliner Architektur ein Zweiklang von ökonomischem und technischem Realismus und einem Drang nach spekulativer Ferne, in der die Enge der Gegenwart der Weite einer strahlenden Vision weicht. Karl Friedrich Schinkel setzte ein Beispiel durch seine lebenslange Fähigkeit, zäh kleine Ziele zu erreichen, ohne je visionäre Möglichkeiten fahren zu lassen. Es hat den Anschein, daß Berlin dabei ist, diesem Beispiel neue Bedeutung abzugewinnen. Libeskind lieferte dazu das Leit-Thema: »A voyage into the substance of a city and its architecture entails a realignment of arbitrary points, disconnected lines and names out of place along the axis of Universal Hope.«[6]

[1] *The Education of Henry Adams, An Autobiography,* zitiert in meiner Übertragung nach der Ausgabe Boston, 1961, S. 77.
[2] Vgl. dazu meinen Aufsatz »Schinkel's Panoramic Planning of Central Berlin«, *Modulus* (The University of Virginia Architectural Review), 16, 1983, S. 62–77.
[3] Für eine ausführliche Besprechung des ursprünglichen Projektes siehe: K. W. Forster, »Eisenman/Robertson's City of Artificial Excavation«, *Archetype,* II, 2, 1981, S. 84/85.
[4] »Monuments to the City«, *The Harvard Architecture Review,* IV, 1984, S. 106.
[5] *Das Daniel Libeskind Projekt. The Daniel Libeskind Project,* hrsg. von der Bauausstellung Berlin GmbH, 1987, S. 15 (mit leicht abgeänderter Übersetzung des Autors).
[6] *Das Daniel Libeskind Projekt,* a. a. O., S. 15.

continu. Les deux éléments prennent pourtant des formes bien singulières. La «Stadtkante» (la bordure de la ville) de Libeskind s'élève comme une poutre géante du sol de Berlin, la construction est elle-même une lamelle d'habitation ingénieusement transformée avec des rampes internes, des tours d'escaliers et un système d'ascenseur ressemblant à une roue géante.

Tout dans la «Stadtkante» respire un «air d'une autre planète», mais le tout reste quand même, même si c'est de façon précaire, sur le sol berlinois; bien plus, elle est ancrée dans l'histoire de l'architecture: conceptionnellement, la «Stadtkante» s'enfonce dans le sol là où jadis Mies van der Rohe possédait un atelier, un temps avec Hugo Häring, Am Karlsbad 24, alors que vers le sud, elle se dresse peu à peu «comme un dépassement de l'emplacement..., comme une coupure à travers les fragments restants, comme un horizon suspendu».[5]

En tant que lamelle ininterrompue, de plusieurs étages, la «Stadtkante» se dresse et réunit en elle les buts traditionnels et une construction totalement nouvelle, comme jadis les immeubles de bureaux non réalisés de Mies van der Rohe à la Friedrichstraße. C'est seulement en dépassant, par son avance technique, la routine de la construction actuelle et la sagesse scolaire des plans que le projet peut unir son avenir avec le passé jamais dégagé de la «Stadtkrone» (la couronne urbaine) de Taut. En tant que projet d'une vision urbaine, il présente ce qui restait de rétrospectif dans le projet d'Eisenman pour la Kochstraße. Et il se distance aussi de ces projets qui voient dans les contradictions de la situation berlinoise, soit un lieu de rencontre architectonique pour des reprises historisantes soit une tabula rasa sur laquelle on regroupe en d'attrayantes natures mortes les disjecta membra de l'histoire de l'architecture.

Les visions de Libeskind semblent bien, spéculativement, se suspendre aux nuages ou s'enfoncer dans le sol de la ville, mais justement en celà une annonce de l'avenir, encore à peine perceptible, en ressort. Depuis bientôt deux siècles s'étend à travers l'architecture berlinoise un dualisme composé d'une part d'un réalisme économique et technique et d'autre part d'une poussée vers un lointain spéculatif où l'étroitesse du présent recule devant l'étendue d'une vision rayonnante. Karl Friedrich Schinkel fut exemplaire par sa capacité, tout au long de sa vie, à atteindre de petits buts par ténacité, sans jamais abandonner les possibilités visionnaires. Il semble que Berlin est sur le point de donner à cet exemple une nouvelle valeur. Libeskind livra là-dessus le thème conducteur: «A voyage into the substance of a city and its architecture entails a realignment of arbitrary points, disconnected lines and names out of place along the axis of Universal Hope.»[6]

[1] *The Education of Henry Adams, An Autobiography,* cité dans ma transposition d'après l'édition de Boston, 1961, p. 77.
[2] Cf. là-dessus mon essai «Schinkel's Panoramic Planning of Central Berlin», *Modulus* (The University of Virginia Architectural Review), 16, 1983, p. 62–77.
[3] Pour une discussion approfondie du projet initial voir K. W. Forster, «Eisenman/Robertson's City of Artificial Excavations», *Archetype,* II, 2, 1981, p. 84/85.
[4] «Monuments to the City», *The Harvard Architecture Review,* IV, 1984, p. 106.
[5] *Das Daniel Libeskind Projekt. The Daniel Libeskind Project,* éd. par Bauausstellung Berlin GmbH, 1987, p. 15 (avec de légers changements dans la traduction par l'auteur).
[6] *Das Daniel Libeskind Projekt,* loc. cit., p. 15.

Die große und die kleine Utopie
Wolfgang Pehnt

Wann immer Bauen als planvolle Handlung betrieben worden ist, ging es auch um die Bewältigung von Zeit. »Entwurf« und »Projekt« zeigen es in ihrem Namen an; es sind »Würfe«, »Projektionen« in die Zukunft. Wo nichts war (oder etwas anderes), soll Neues sein. Alle Vorgänge, die im Zusammenhang mit einem Neubau eingeleitet werden müssen, sind bewußte Organisation von Zeit und Zielen auf einen vorweggenommenen künftigen Zustand: Skizze, Vorprojekt, Ausführungsplanung, Genehmigungsverfahren, Ausschreibung, Baudurchführung. Die Tätigkeiten des Architekten sind Beihilfe zur Ver-Gegenwärtigung einer vorgestellten Zukunft. Architekt ist, wer – mit Leone Battista Alberti zu reden – »gelernt hat, mittels eines bestimmten und bewundernswerten (jawohl, Alberti sagt: ›bewundernswert‹!) Planes und Weges sowohl in Gedanken und Gefühl zu bestimmen, als auch in der Tat auszuführen, was … den hervorragendsten menschlichen Bedürfnissen am ehesten entspricht«.[1] Bauen ist insofern ein Musterbeispiel jenes menschlichen Vermögens, das in der Antizipation einer andersartigen Zukunft und, als Voraussetzung dafür, im distanzierten Verhalten zur eigenen Gegenwart besteht. Die Anthropologen sprechen von der Fähigkeit des Menschen zum »Hiatus«.[2]

Es nimmt daher nicht wunder, daß Architektur stets dazu gedient hat, dem utopischen Denken das Anschauungsmaterial zu liefern. Das Himmlische Jerusalem war ebenso als gebauter Ort gedacht, volkreich und von stolzen Kuppeln bekrönt, wie das Utopia des Thomas Morus, das der britische Lordkanzler sich als ein Geflecht aus Städten und Gehöften nach dem Bilde Englands unter König Heinrich VIII. vorstellte, oder der Sonnenstaat des Tommaso Campanella, ein gewaltiger, hierarchisch angelegter Stadtberg. In der geplanten Welt spiegelt sich jeweils die projektierte Staatsverfassung wider – und die eigene Lebenserfahrung, ins Ideal erhöht. Aber die Architektur durfte nicht nur die Utopie ausschmücken helfen. Wer sich ihrer bediente, mußte in Rechnung stellen, daß ideale Orte niemals die gegenwärtigen Orte sind. Utopie heißt Nicht-Ort, Nirgendwo.

Die Beschreibungen der klassischen Utopien suchen einerseits die wünschenswerte Verfassung der Gesellschaft zu vergegenwärtigen und benötigen daher räumlich-anschauliche Darstellungsmittel. Sie suchen andererseits klarzumachen, daß der erhoffte Zustand des Daseins nicht hier und jetzt und vielleicht überhaupt nicht zur Gänze realisiert werden kann, allenfalls als Ziel des Handelns wirksam wird. Das Utopische ist das, was die Geschichte bewegt, sich aber außerhalb der Geschichte befindet. Der Begriff des »Hiatus« war deshalb auch und erst recht für die politisch-soziale Utopie (und in einem noch weiter reichenden Sinn für das architektonische Projekt) wichtig. Hiatus bedeutet in der Utopie nicht nur den Abstand, den einer zu sich selbst einnimmt. Er bedeutet vielmehr die unüberbrückbare Distanz zwischen dem gegenwärtig Gegebenen und dem für die Zukunft Erstrebten; er trennt die Orte von den Noch-nicht-und Niemals-Orten. Wenn die architektonische Ausstattung der Utopien die Metapher ist, mit der nicht verfügbare utopische Zeit (Zukunft) in scheinbar verfügbaren Raum (Gegenwart) übersetzt wird, so mußten ihre Verfasser auch ein Sinnbild für die Irrealität ihrer utopischen Räume finden.

Aus diesem Grunde haben die Utopien-Schreiber stets auf der physischen Unzulänglichkeit der beschriebenen Orte bestanden. Das lateinische »Hiatus« bedeutet wörtlich Öffnung, Kluft, Schlund. Utopische Staaten liegen hinter unübersteigbaren Gebirgen, jenseits unbetretbarer Wüsten, zuallermeist aber auf Inseln. Zu ihnen gelangen die Berichterstatter vorzugsweise als Schiffbrüchige. Dank abenteuerlicher Zufälle können sie, zurückgekehrt, dem heimischen Publikum ihre – wie Karl Marx und Friedrich Engels es genannt haben – »phantastischen Schilderungen der zukünftigen Gesell-

schaft« abliefern. Wenn das Glück ihnen hold gewesen war, brachten sie sogar einen Edlen Wilden als lebendigen Beleg ihrer Erzählungen mit. Aber auf eine Anleitung, wie ihre utopischen Eilande zu erreichen seien, verzichteten sie, manchmal unter listigen Vorwänden. Als Thomas Morus 1516 in seiner »Utopia« die imaginäre Vorgeschichte seines Werkes rekapitulierte, behauptete er, ein Portugiese, der »mehr auf Reisen aus ist als auf einen Grabstein in der Heimat«, habe ihm vom idealen Staat Utopia erzählt. Er, der englische Lordkanzler, sei aber nicht auf den Gedanken gekommen, seinen Gewährsmann zu fragen, wo eigentlich die Insel Utopia liege. Den Freund von Utopien verwundert es wenig. Die beschwerliche Expedition, die der Erzähler oder seine Vertrauensperson nach Utopia, Neu-Atlantis oder zum Sonnenstaat unternehmen muß, ist die lange Reise in eine andere menschliche Verfassung, die von der hiesigen nicht der Entfernung, sondern der Qualität nach geschieden ist. Die Worte des genuesischen Admirals, die Tommaso Campanellas »Sonnenstaat« beschließen, haben einen charakteristischen Doppelklang. »Es geht nicht! Es geht nicht!«, ruft der eilige Reisende, der sich seinem unersättlich wißbegierigen Gesprächspartner entzieht. Im flüchtigen Alltag läßt sich Vision nur unvollkommen mitteilen. Darüber hinaus scheint der Nachhall dieser Abschiedsworte – »Es geht nicht« – anzudeuten: Sie läßt sich unter den obwaltenden Umständen wie in Worte, so auch erst recht in Taten nicht umsetzen. Die Utopie ist der Politik als der Kunst des Möglichen ebenso entrückt, wie sie als Kritik an ihr politisch ist. Zur Utopie gehört der Anspruch auf Verwirklichung und die Einsicht in die Unmöglichkeit, diesen Anspruch innerhalb der gegenwärtigen Bedingungen einzulösen. Von anderen Zielen prospektiven Handelns unterscheidet sie sich dadurch, daß sie nicht in einem Kontinuum der Zeit, das sich von der Gegenwart in die erhoffte Zukunft erstreckt, zu erreichen ist. Um die utopischen Inseln zu erblicken, muß man Abschied von allem nehmen, sich einschiffen, jedes Risiko eingehen, neues Land betreten.

Gegen diese Bedingungen utopischer Fabulierkunst haben die meisten Architekturutopien dieses Jahrhunderts verstoßen. Zwar malten die Visionen der expressionistischen Generation ein künftiges Dasein aus, das nach dem Umfang aller Veränderungen nicht von dieser Welt sein konnte. Rousseau, die Frühsozialisten, Nietzsche, Kropotkin hatten ihren Anteil daran. Aber schon die klassische Moderne der zwanziger Jahre tat, als stünde das Reich des Anderen Menschen unmittelbar vor der Tür. Neu mußte alles sein: das »Neue Bauen«, die »Neue Linie« und die »Neue Schönheit«, das »Neue Heim« und die »Neue Photographie«, das »Neue Frankfurt« und das »Neue Berlin«. In der neuen Architektur würde sich der moderne Mensch befreit bewegen, in unverstellten Räumen, entlastet von ererbtem Besitz und allen unnötigen und beschwerlichen Dingen, ein heiterer Asket, dem die Leere zur Fülle wird. »Der moderne Mensch braucht: Weite, Licht, Sauberkeit, Ruhe; nichts im Raum soll ihn beengen oder belasten«.[3] So beschrieb es Heinrich Lauterbach 1929, so dachten viele, und so bauten es einige – dann nämlich, wenn sie einen vermögenden Bauherrn für ihre Ideale gewinnen konnten.

Aber auch im Massenwohnungsbau steckte die franziskanische Utopie: in der kalkulierten Knappheit, in der fabrikmäßig konzipierten, wenn auch zumeist mit der guten alten Mörtelkelle hergestellten Serie, in der Gleichartigkeit der Wohnungszellen, die ein Symbol für die Gleichheit aller war, in der Ökonomie der Mittel, die nicht nur ein wirtschaftliches, sondern auch ein ästhetisches Programm war. Dessen Universalität sollte alle Lebensbereiche umfassen, die Internationalität der Avantgarde alle nationalen Schranken überwinden. Die »totale Architektur« des Walter Gropius! Die Lebenswelt wird nach dem Vorbild der Maschine angelegt, der Schrecken der Industrialisierung durch Anverwandlung zu bannen versucht – so wie einst die magischen Kulturen sich die Kräfte des gefürchteten Feindes in der Maske des Gegners zu eigen gemacht hatten. »Große

rich Engels. Lorsque la fortune leur avait souri, ils rapportaient même un Bon Sauvage comme preuve vivante de la véracité de leurs narrations. Ils se gardaient toutefois de révéler le chemin par lequel on pouvait atteindre leurs îles utopiques, en recourant parfois à d'astucieux prétextes. Lorsque Thomas More a résumé, en 1516, les antécédents imaginaires de son ouvrage, il a affirmé que l'histoire de l'Etat idéal d'Utopia lui avait été racontée par un portugais qui «aspirait plus aux voyages qu'à une pierre tombale dans sa patrie». Lui, le Lord Chancelier anglais n'avait pas songé, affirme-t-il dans son résumé, à demander à son informateur où se trouvait l'île Utopia.

Cela n'étonne pas outre mesure l'amateur d'utopies. La difficile et pénible expédition que le narrateur ou son homme de confiance doit entreprendre pour parvenir à Utopia, la Nouvelle Atlantide ou à la Cité du Soleil, est un long voyage vers une autre constitution humaine, qui se différencie de celle qui existe ici, non pas en raison de la distance, mais en vertu de sa qualité. Les mots de l'amiral gênois par lesquels Tommaso Campanella finit sa «Cité du Soleil» ont une double résonance caractéristique. «Ce n'est pas possible! Ce n'est pas possible!» s'exclame le voyageur pressé qui se soustrait à la curiosité insatiable de son interlocuteur. Dans la vie quotidienne éphémère, la vision ne peut être communiquée qu'imparfaitement. En outre, la résonance de ces mots d'adieu «Ce n'est pas possible!» semble suggérer que, dans cet état de choses, elle ne peut pas être traduite en mots, et encore moins transposée dans les faits. L'utopie s'est dérobée à la politique en tant qu'art du possible, de même qu'elle est politique lorsque l'utopie critique la politique. Font partie de l'utopie, l'exigence de la réalisation et la reconnaissance du fait qu'il est impossible de satisfaire cette exigence dans les conditions actuelles. Elle se distingue des autres objectifs poursuivis par des actions prospectives en ce qu'elle ne peut pas être atteinte dans un continuum temporel qui s'étend du présent à l'avenir espéré. Pour apercevoir les îles utopiques, il faut dire adieu à tout, s'embarquer, prendre tous les risques et fouler le sol d'un pays nouveau.

Ces conditions de l'art de l'affabulation utopique n'ont pas été respectées par la plupart des utopies de l'architecture de ce siècle. Les visions de la génération expressionniste ont, certes, représenté une existence future qui, compte tenu de tous les changements, ne pouvait pas être de ce monde. Rousseau, les précurseurs du socialisme, Nietzsche, Kropotkine y ont eu leur part. Cependant, le modernisme classique des années 20 a fait comme si l'on se trouvait déjà au seuil du royaume de l'Homme Autre. Tout devait être nouveau: la «Nouvelle Construction», la «Nouvelle Ligne» et la «Nouvelle Beauté», le «Nouveau Foyer» et la «Nouvelle Photographie», le «Nouveau Francfort» et le «Nouveau Berlin». Dans la nouvelle architecture, l'homme moderne pourrait se mouvoir librement, dans des espaces non déréglés, dégagé des biens hérités, et délivré de tous les objets inutiles et encombrants; il serait un joyeux esthète pour qui le vide deviendrait plénitude. «L'homme moderne a besoin d'espace, de lumière, de propreté et de tranquillité; rien dans l'espace ne doit le mettre à l'étroit ou constituer une charge pour lui.»[3] Ainsi s'exprimait Heinrich Lauterbach en 1929, ainsi pensaient beaucoup de gens et ainsi ont construit quelques-uns, lorsqu'ils avaient réussi à faire partager leur idéal par un maître d'œuvre fortuné. Même dans la construction de logements en grand nombre, on retrouvait l'utopie franciscaine: dans la parcimonie calculée, dans la construction en série conçue en usine bien qu'exécutée le plus souvent à l'aide de la vieille truelle, dans l'uniformité des cellules d'habitation qui constituaient un symbole de l'égalité entre tous, dans l'économie des moyens, qui ne correspondait pas seulement à un programme économique mais aussi à un programme esthétique. Son universalité devait englober tous les domaines de la vie, l'internationalité de l'avant-garde devait franchir toutes les barrières nationales. «L'architecture totale» de Walter Gropius! Le monde de la vie est conçu selon le modèle de la machine qui essaie de conjurer la

Technik regiere, ein entlastender, kühler, geistreicher, demokratischer Luxus für alle, ein Umbau des Sterns Erde mit dem Ziel abgeschaffter Armut, maschinell übernommener Mühsal« (Ernst Bloch).[4] Der taylorisierten Produktion der Waren wird in den »Wohnmaschinen« des genormten Zeilen- oder Hochhausbaus die taylorisierte Reproduktion der Arbeitskraft zur Seite gestellt. Heinrich von Kleists Essay über das Marionettentheater bringt sich in Erinnerung. Die Mechanik der Bewegung steht nicht nur am Anfang, sondern, als neues Paradies, auch am Ende der Reise um die Welt.

Es ist oft bemerkt und kommentiert worden, daß unter den zeitgenössischen Maschinen vor allem der Ozeandampfer die Zuneigung der Avantgardisten hatte.[5] Sogar an der binnenländischen Spree hat man der Ozeanik gehuldigt. Hans Scharoun wußte die maritimen Anspielungen selbst im Sozialen Wohnungsbau an der Jungfernheide unterzubringen. Erich Mendelsohns Umbau des Tagblatt-Hauses wurde in seinem Büro »die Einfahrt der Mauretania in den Berliner Westhafen« genannt. Im Bild des Schiffes wirkt jene Ablösung von allen überkommenen Zuständen nach, die früher die utopistische Literatur ausgezeichnet hatte; Bloch sprach von den reisefertigen Häusern, in denen sich – wie bei den Schiffen – Abschied ausdrücke. Die großen Passagierschiffe, diese komfortablen, bis auf den letzten Quadratzentimeter durchrationalisierten schwimmenden Städte, stellten geschlossene Systeme mit eigenem Reglement dar. Es waren moderne Inseln, auch sie von Wasser umgeben. Aber zugleich waren sie Transportmittel, die sich immer auf dem Wege befanden und nie ein definiertes Ziel erreichten – es sei denn das Dock zum Abwracken. Die Fahrt selbst, die »Kreuzfahrt«, ist die Bestimmung dieser modernen Stadtarchen. In diesem Metaphernwechsel – Schiff statt Insel – zeigt sich der Schwund des utopischen Gehalts. Die Spannung auf eine Zukunft jenseits der kontinuierlichen Zeit, deren Sinnbild die Insel war, läßt nach oder erlischt, und damit wird auch die verändernde Kraft reduziert, die von der Utopie auf die jeweilige Gegenwart ausging.

Triste Gegenwart hat einen Utopisten des alten Schlages nie irritiert, eher ermutigt. Je größer das Malheur, in dem einer steckte, desto leuchtender waren die Visionen, die das Ende des Elends versprachen, und sei es noch so fern. Plato sprach von dem »Muster«, das im Himmel aufgestellt sei, damit diejenigen, die sehen wollten, sich danach einrichten könnten, gleichgültig, ob dieses Muster irgendwo bereits existierte oder nicht.[6] Aber die Utopie, von der es heißt, sie sei ganz nah, ja fast schon Wirklichkeit, wird bereits durch den geringfügigsten Zufall in Frage gestellt: im Falle des Neuen Bauens durch die Erhöhung der Hypothekenzinsen, durch die Änderung der Förderungsbestimmungen im Sozialen Wohnungsbau oder durch die allzu offensichtlichen Spuren der ersten Bauschäden, kurz nachdem die Photographen ihre Stative zusammengeklappt hatten. Angesichts der Phobien, die das Moderne Bauen wachrief, wurden seine Zukunftsperspektiven schon bald neben die der negativen, der Warnutopien gerückt. Amédée Ozenfant, der einstige Streitgefährte Le Corbusiers, schrieb, offensichtlich mit dem Blick auf den ehemaligen Bundesgenossen: »Überlaßt es dem H. G. Wells der Architektur, das Profil idealer Städte zu zeichnen!«[7]

Die Utopien von gestern sind die Alpträume von heute. Den Wunschbildern der zwanziger Jahre, die den Bereichen des Machbaren ohnehin näher waren als den Gefilden der Seligen, wurde vor allem entnommen, was den praktischen Interessen der Wohnungswirtschaft entsprach: die Reduktion der Ansprüche an Größe und Individualität der einzelnen Wohneinheit (wobei die Forderungen der Avantgarde nach Einrichtungen des gemeinschaftlichen Bedarfs stillschweigend übergangen wurden), die kostensparenden Abstriche an Ausdruck und Ornament, die Rationalisierung der Baustellen. An die neuen Lebensformen, die von der Avantgarde intendiert waren, wurde kein weiterer Gedanke verschwendet. Als der Modernismus nach dem zweiten großen Krieg wieder Atem und Muße zu

crainte de l'industrialisation par l'assimilation, comme jadis les civilisations fondées sur la magie s'étaient approprié, à travers le masque de l'adversaire, les forces de l'ennemi que l'on avait craint. «J'appelle de mes vœux le Règne de la Grande Technique, un luxe lucide, spirituel, démocratique et qui allège le fardeau pour tout le monde, une transformation de la planète Terre afin que la pauvreté soit abolie et que les tâches pénibles soient exécutées par des machines» (Ernst Bloch)[4]. On a joint à la production taylorisée des biens, la reproduction taylorisée de la force de travail, dans les «machines à habiter» des rangées d'immeubles ou des tours standardisées. L'essai de Heinrich von Kleist sur le théâtre de marionnettes nous vient ici en mémoire. La mécanique du mouvement ne se trouve pas seulement au commencement mais aussi à la fin – comme nouveau paradis – du voyage autour du monde.

Il a souvent été remarqué et commenté que, parmi les machines de notre époque, c'était le bateau à vapeur de haute mer qui avait la faveur de l'avant-garde[5]. Même sur les bords de la Spree, on a rendu hommage à la navigation océanique. Hans Scharoun a su introduire les allusions maritimes, même dans l'ensemble de logements sociaux de Jungfernheide. La transformation de la maison de «Tagblatt» par Erich Mendelsohn était nommée dans son bureau «L'entrée du ‹Mauretania› dans le port occidental de Berlin». Dans la représentation du bateau se traduit ce détachement de toutes les situations traditionnelles qui avait caractérisé auparavant la littérature utopique; Bloch a parlé des maisons prêtes au voyage, où s'exprime l'adieu, tout comme pour les bateaux. Les grands paquebots, ces confortables villes flottantes rationalisées jusqu'au dernier centimètre carré, représentaient des systèmes fermés avec des règles propres. C'étaient des îles modernes, elles aussi entourées d'eau. Mais elles étaient en même temps des moyens de transport toujours en route sans jamais atteindre une destination définitive, sauf éventuellement le dock où finissent les épaves. Le voyage lui-même, «la croisière», constitue la vocation de ces arches modernes en forme de villes. Ce changement de métaphore – bateau au lieu d'île – montre l'affaiblissement du contenu utopique. L'attente d'un avenir au-delà du temps continu, dont le symbole était l'île, se relâche ou s'éteint et ainsi se trouve également diminué le pouvoir de transformation qui émanait de l'utopie vers chaque présent.

Un morne présent n'a jamais troublé un utopiste de la vieille école, mais l'a plutôt encouragé. Plus profond était le malheur dans lequel il se débattait, plus éclatantes étaient les visions qui en promettaient la fin, aussi lointaine fût-elle. Platon a parlé du «modèle» placé dans le ciel pour permettre à ceux qui voulaient voir de s'y orienter, indépendamment du point de savoir si ce modèle existait déjà quelque part ou non[6]. L'utopie cependant, dont on dit qu'elle est tout aussi proche, voire presque une réalité déjà, est mise en cause par le moindre hasard: dans le cas de la Nouvelle Construction, par l'élévation du taux des intérêts hypothécaires, par la modification des dispositions relatives à la promotion de la construction de logements sociaux ou par les traces par trop apparentes des premiers dommages sur les constructions peu de temps après que les photographes aient rangé leurs appareils. En raison des phobies que suscitait la construction moderne, ses perspectives d'avenir ont bientôt rejoint les utopies de mise en garde négatives. Amédée Ozenfant, l'ancien compagnon de lutte de Le Corbusier a écrit en pensant sans doute à son allié d'autrefois «Laissez le H. G. Wells de l'architecture dessiner le profil des villes idéales!»[7].

Les utopies d'hier sont les cauchemars d'aujourd'hui. Des idéaux des années 20, qui étaient de toute façon plus proches du domaine du réalisable que des sphères de la félicité, on a retenu surtout ce qui correspondait aux intérêts pratiques du bâtiment: la réduction des exigences quant à la dimension et à l'individualité de chaque unité d'habitation (en passant sous silence les exigences de l'avant-garde en faveur d'installations répondant aux besoins collectifs), la suppression d'éléments d'expression et de décoration pour réduire

größeren Projekten gewonnen hatte, waren die sozialen Ingredienzen weitgehend verdunstet. Sofern die Megastrukturen der britischen Archigram-Gruppe und der japanischen Metabolisten, Yona Friedmans oder Eckhard Schulze-Fielitz' überhaupt eine Vorstellung von der Gesellschaft andeuteten, war es die einer mobilen Freizeit-Sozietät.[8] Die Beweglichkeit, die dem einzelnen zugetraut wird, schlägt sich in der Erweiterbarkeit oder Reduktion des Systems und in der Austauschbarkeit der Systemteile nieder. Die Entwürfe der sechziger Jahre sind voll der kühnen Krag- und Hängekonstruktionen, der wandernden und schwimmenden Architekturen, der schwebenden Weltraum-Großkapseln, der Türme und Gerüste, an die bewegliche Zellen geheftet werden sollten. Unterstellt wurde eine Art Playboy-Dasein, das ein immerwährendes Ferienglück mit nicht näher nachgewiesenen Mitteln finanziert. Aber gerade bei einer Verwirklichung des permanenten Feierabends wären die verwöhnten Ansprüche der Freizeitler nach Abwechslung, Amüsement und Abenteuer kaum durch schlichten Ortswechsel zu befriedigen gewesen. Denn die Wahl der Möglichkeiten war nur eine Wahl von Möglichkeiten innerhalb des Systems. Die technokratischen Utopien der sechziger Jahre lassen vermuten, daß die Reise, die der Bewohner von Plug-in-City in seiner Kapsel unternimmt, um sein Gehäuse an einer anderen Stelle gleicher Struktur neu einmontieren zu lassen, sich nicht von den mißglückten Ferien des Touristen unterschieden hätte, der sein Appartement im Betongebirge von Berlin-Britz mit einem Appartement im Betongebirge von Heiligenhafen vertauscht: Die Aussicht und die Aussichten bleiben dieselben.
Konsumdenken spielte auch in Beziehung auf das bauliche Substrat eine erste Rolle. Der Verschleiß der sekundären Elemente im großen Primärgitter war eingeplant. Veränderung in der Zeit sollte neben die Veränderung im Raum treten. Mehr als jedes andere Entwurfsmotiv der Utopie-Designer ist die Idee der Einweg-Packung-Architektur datierbar: Sie konnte nur vor der Einsicht in die Grenzen des Wachstums formuliert werden. Erfreulicherweise brauchten die Archigram-Leute, die unter allen im Utopie-Geschäft Tätigen die witzigsten Einfälle hatten und die schmissigste Zeichenfeder führten, nur ihre Schubladen aufzuräumen und ihre dekorativen Blätter an die neu installierten Achitekturmuseen zu verkaufen. Anders als ihre Bewunderer und Nachfolger, die ihre saloppen Ideen in Wulfener Wohnungsbau und Berliner Autobahnbebauungen übersetzten, brauchten sie nicht Konstruktionen zu verschrotten, in die sie viele Millionen Pfund Sterling investiert hätten.
Die permanenten Gerüste mit den wechselnden Einbauten standen im Zusammenhang mit einer zeitgemäßen Ideologie, die Freiheit und Selbstverwirklichung verhieß und sie ebenso wenig leistete wie Mobilität und Wegwerfpraxis: dem Do-it-yourself. Das vorgegebene Große und das austauschbare Kleine erschienen als die Lösung eines Dilemmas, das die Moderne bis dahin nicht bewältigt hatte. Im Gegensatz zu den großen Formenmachern der ersten Jahrhunderthälfte versprachen ihre Nachfahren, nicht nur die funktionelle und die ästhetische Ordnung zu sichern, sondern auch dem einzelnen die Chance einzuräumen, sich in seinem vorgeplanten Raumkompartiment nch eigenem Gusto einzurichten. Die Neutralstruktur sollte das Regelmäßige, Bekannte, Banale repräsentieren, ihre Ausfüllung dagegen der Aktivität, Originalität und Kreativität Spielräume freihalten. Mit solchen Exposés versuchten die Architekten, zu deren Berufsethos sonst die Einheitlichkeit der Erscheinung gehörte, über ihren eigenen Schatten zu springen. Ins Netz der Orthogonalen und Diagonalen oder auf weite Geschoßplatten zeichneten sie Chaos, wie Architekten es sich denken: als pittoreskes Nebeneinander der verschiedenen Stile, von Barock und Empire, Internationalem Stil und Brutalismus, und für ein paar Kollegen-Utopien war in den Gefachen auch noch Platz. Die private Enklave im total organisierten Ensemble wirkte freilich eher als Bestätigung denn als Durchbrechung des Zwanges. Bastelnder Eigensinn sollte das Alibi für Banalität und Reglement abgeben.

les coûts, la rationalisation des chantiers. Pour les nouvelles formes de vie que visait l'avant-garde, ou ne voulait plus perdre une seule pensée. Lorsque le modernisme reprit son souffle et le goût des grands projets après la Deuxième Guerre mondiale, les aspects sociaux s'étaient largement dissipés. Dans la mesure où les méga-structures du groupe britannique Archigram et des métabolistes japonais, de Yona Friedman ou d'Eckhard Schulze-Fielitz suggéraient – pour autant que cela fût le cas – une conception de la société, c'était celle d'une société de loisirs mobile[8]. La mobilité que l'on attribue à l'individu trouve sa répercussion dans l'extensibilité ou la réduction du système et dans l'interchangeabilité des éléments de celui-ci. Les projets des années 60 regorgent d'audacieuses constructions à éléments porteurs et suspendus, d'architectures mobiles et flottantes, de capsules spatiales géantes, de tours et d'échafaudages auxquels devaient être fixées des cellules mobiles. On présupposait une sorte de vie de play-boy finançant ses heureuses et éternelles vacances par des moyens dont l'origine n'était pas précisée. Mais c'est justement lors de la réalisation des vacances permanentes pour ces privilégiés gâtés réclamant le changement, des amusements et des aventures, que cette demande n'aurait pas pu être satisfaite par un simple changement de lieu; en effet, l'éventail des possibilités n'était qu'un choix de possibilités à l'intérieur du système. Les utopies technocratiques des années 60 laissent supposer que le voyage effectué par l'habitant de Plug-In-City dans sa capsule, pour faire réinstaller son module dans un autre endroit présentant la même structure, n'aurait pas été différent des vacances ratées du touriste qui échange son appartement dans l'océan de béton de Berlin-Britz contre un appartement dans l'océan de béton de Heiligenhafen: la vue et les perspectives restent les mêmes.
L'esprit de consommation a joué aussi un rôle primordial quant au substrat de la construction. L'usure des éléments secondaires dans la grande grille primaire avait été programmée. Le changement dans le temps devait se joindre au changement dans l'espace. L'idée de l'architecture à emballage jetable peut, plus que tout autre projet de designers utopiques, être datée: elle a seulement pu être formulée avant que l'on s'aperçoive des limites de la croissance. Heureusement, les gens d'Archigram, qui avaient, parmi tous ceux qui se consacraient à l'utopie, les idées les plus spirituelles et qui réalisaient les dessins les plus brillants, n'ont eu qu'à fouiller dans leurs tiroirs et vendre leurs feuilles décoratives aux musées d'architecture récemment installés. Contrairement à leurs admirateurs et à leurs successeurs, qui avaient appliqué leurs idées célestes à la construction de logements de Wulfen et aux ouvrages sur l'autoroute de Berlin, les gens d'Archigram n'ont pas dû mettre à la ferraille des constructions dans lesquelles ils auraient investi nombre de millions de livres sterling.
Les échafaudages permanents avec les éléments de montage changeants étaient en corrélation avec l'idéologie du jour, le Do-It-Yourself, qui promettait la liberté et la réalisation de soi et ne les apportait pas davantage que la mobilité et la pratique consistant à jeter les objets après usage. Le grand prédéfini et le petit interchangeable apparaissaient comme la solution d'un dilemme que la modernité n'avait pas encore résolu. Contrairement aux grands créateurs de formes de la première moitié du siècle, leurs successeurs n'ont pas seulement promis d'assurer l'ordre fonctionnel et esthétique, mais aussi d'accorder à l'individu la possibilité de s'installer dans son compartiment prédéfini selon ses propres goûts. La structure neutre devait représenter le normal, le connu, le banal et son contenu devait, en revanche, laisser le champ libre à l'activité, à l'originalité et à la créativité. Par de telles démarches, les architectes – dont l'éthique professionnelle impliquait par ailleurs l'uniformité de l'apparence – avaient essayé de sauter par-dessus leur ombre. Sur le réseau des orthogonales et des diagonales ou sur de vastes plans horizontaux, ils ont dessiné le chaos tel que les architectes se l'imaginent: comme une coexistence pittoresque de différents styles, du baroque

Die praktischen Probleme der Megastrukturen reichten von den hohen Anfangsinvestitionen über die ständige Bereithaltung der Systemelemente und den Bewirtschaftungs- und Organisationsschwierigkeiten bis zu den Fragen der Anmutung und Akzeptanz. Aber nicht nur deshalb erwies sich der Gedanke der Großkonstruktionen als wenig hoffnungsvoll. Er berücksichtigte auch nicht die Grundvoraussetzung aller Utopien, den utopischen Hiatus. Denn genauer betrachtet, waren die Megastrukuren nicht Utopie, sondern Futurologie, und oft nicht einmal das. Sie setzten nur fort, was in der eigenen Zeit längst angelegt war. Ihre Nutzer waren in den Begriffen der Tourismuswerbung gedacht, die Swinging London und den Club Méditerrané propagierte: lauter smarte junge Leute, einen Song der damals noch vereinten Beatles auf den Lippen, die Finger lässig auf den Bedienungstasten, die Projektoren und Transistoren in Bewegung setzten. Die Beobachtung Paul Virilios, daß die Revolution der audiovisuellen und elektronischen Medien die Vision eines neuen Nomadentums zerstöre, war noch nicht formuliert. Aber in der Sache trifft sie bereits auf den Utopismus der sechziger Jahre zu. Niemand braucht sich mehr anderswohin zu bemühen, wenn ihm die Medien eben jene Bilder liefern, die er am anderen Ort ohnehin nur unter den Wahrnehmungsbedingungen des Medienzeitalters auffassen könnte.

Auch die konstruktive Substanz, der eigentliche Trumpf der Megastrukturisten, erwies sich als eine Verdoppelung dessen, was schon da war. Utopie, die sich erfüllt, ist keine mehr; der Verdacht liegt nahe, daß sie nie eine war. Paolo Soleris Pyramiden, die in ihren kristallenen Körpern prächtige Renaissancegewölbe bergen sollten, boten ein Vergnügen für die Phantasie, solange die delikaten Blätter in den Vitrinen der Ausstellungen lagen. Den anachronistischen Schrecken, der in ihnen steckt, offenbaren sie, als die ersten hilfswilligen Studenten, bei freier Kost und Logis, an der Herstellung der präfabrizierten Betonteile in Scottsdale, Arizona, zu arbeiten begannnen. Die riskanten Raumfachwerke, die auf dem Papier anderer Designer emporwuchsen, wurden durch das Montagegebäude auf Cap Canaveral in den Schatten gestellt. Ihre letzte Faszination verloren solche Vorschläge mit den Aussichten auf einen Krieg der Sterne. Und wo lag der Witz kreisender Weltraumkolonien, nachdem Neill Armstrong den bewußten kleinen Schritt von der Raumfähre auf den Mondtrabanten vollzogen hatte? Sehr bald mußte Reyner Banham, der britische Architekturkritiker und Archigram-Sympathisant, die Megastrukturen ein »bleichendes Skelett am dunklen Horizont unserer jüngsten Vergangenheit« nennen.[9] Was für die Architekturgeschichte zurückblieb, war wenig mehr als ein für Ausstellungen kaum geeignetes Großmuseum im Pariser Marais und ein mit Kapseln besetzter Hotelturm nahe einer unvorstellbar lärmenden Stadtautobahn, die Tokios Ginza-Quartier umzingelte. Und was den Bewohnern der Großstädte als Andenken an jene planungsseligen Tage erhalten blieb, sind die Trivialisierungen der technokratischen Konzepte, die Großsiedlungen und hypertrophen Verkehrsbauwerke mit ihren städtebaulichen Folgelasten.

Der Abbau der utopischen Dimension, der an der urbanistischen Science-fiction deutlich wurde, ging zusammen mit einer Aufwertung der Historie, der Denkmalpflege wie der neuen Geschichtsfiktionen. Die späten siebziger und die achtziger Jahre haben alle Epochen verfügbar gemacht: die große Geschichtscollage Rom und die kleinere der Villa Hadriana, das toskanische Landgut, den italienischen Barockpalast, den romantischen Klassizismus, den amerikanischen Kolonialstil, die viktorianische Neugotik und dazu die Vorbilder, die auch der alten Avantgarde schon vor Augen gestanden hatten, die Tempel der Pharaonenreiche, die Akropolis, die anonyme Industriearchitektur, der japanische Skelettbau. Schließlich wurde die Moderne selbst bereits zum historisch gewordenen und damit zitierfähigen Requisit aus dem Depot aller Zeiten und Orte. Oft wurden diese Rückgriffe nicht mchr durchgearbeitet, verwandelt und integriert, sondern als bloße Schemata angedeutet oder als Reprisen

et de l'Empire, du style international et du brutalisme et il y a même eu de la place dans les pans pour quelques utopies dues à des collègues. L'enclave privée dans l'ensemble entièrement organisé a, bien entendu, fait plutôt l'effet d'une confirmation de la contrainte que de l'éclatement de celle-ci. L'individualisme bricoleur devait servir d'alibi à la banalité et à la réglementation.

Les problèmes pratiques posés par les mégastructures allaient de l'investissement initial élevé justqu'aux questions d'apparence et d'acceptation en passant par la disponibilité permanente des éléments du système et les difficultés d'intendance et d'organisation. Cela n'était toutefois pas la seule raison pour laquelle l'idée des grandes constructions s'est avérée peu prometteuse; elle ne prenait pas non plus en compte la condition de base de toutes les utopies, le hiatus utopique. En effet, à y regarder de plus près, les mégastructures n'étaient pas de l'utopie mais de la futurologie, et souvent, elles n'étaient même pas cela. Elles se bornaient à prolonger ce dont les bases avaient été jetées depuis longtemps. Ses usagers avaient été imaginés selon les définitions de la publicité touristique vantant les mérites du Swinging London et du Club Méditerranée: rien que des jeunes gens élégants, une chanson des Beatles (encore ensemble à l'époque) sur les lèvres, les doigts négligemment posés sur les touches des projecteurs et des transistors. La remarque de Paul Virilio, selon laquelle la révolution des moyens audiovisuels et électroniques détruisait la vision d'un nouveau nomadisme n'avait pas encore été formulée; dans les faits cependant, elle s'applique déjà à l'utopisme des années 60. Personne n'a plus besoin de se donner la peine d'aller ailleurs, lorsque les médias donnent justement les images que, de toute façon, on n'aurait pu apercevoir dans l'autre lieu que dans les conditions de perception de l'âge des médias. La substance de la construction, l'atout proprement dit des tenants de la mégastructure, s'est avérée être une réédition de ce qui existait déjà. L'utopie qui devient réalité cesse d'être une utopie; on est alors tenté de penser qu'elle ne l'a jamais été. Les pyramides de Paolo Solevis, qui devaient abriter dans leurs corps cristallins de magnifiques voûtes Renaissance, ont été un plaisir pour l'imagination tant que les feuilles délicates restaient dans les vitrines des expositions. La peur anachronique qu'elles portent en elles est apparue lorsque les premiers étudiants de bonne volonté, nourris et logés gratuitement, ont commencé à travailler sur les éléments préfabriqués en béton à Scottsdale, Arizona. Les audacieuses charpentes qui surgissaient sur le papier des autres designers ont été surclassées par le hall d'assemblage réalisé à Cap Canaveral. Ces propositions ont perdu le pouvoir de fascination qui subsistait encore avec les perspectives d'une guerre des étoiles. Quel était donc l'attrait des colonies spatiales orbitales après que Neill Armstrong ait marché sur la lune? Reyner Banham, le critique britannique d'architecture, et sympathisant d'Archigram, a été très vite obligé de qualifier les mégastructures de «squelette pâlissant à l'horizon obscur de notre passé récent»[9]. Ce qui est resté, pour l'histoire de l'architecture, c'est un grand musée qui n'est guère approprié pour servir de bâtiment d'exposition, dans le quartier du Marais à Paris, et une tour-hôtel, avec de nombreux compartiments, à proximité de l'autoroute urbaine incroyablement bruyante qui entoure le quartier de Ginza, à Tokyo. Ce qui a été conservé aux habitants des grandes villes comme souvenir de cette époque, féconde en projets, ce sont les banalisations des concepts technocratiques, les grands ensembles et les constructions hypertrophiées pour la circulation avec les charges, en matière d'urbanisme, que cela entraîne.

L'affaiblissement de la dimension utopique qui s'était manifesté à travers la science fiction urbanistique est allé de pair avec une revalorisation de l'histoire, de la protection des monuments et des nouvelles fictions historiques. La fin des années 70 et les années 80 ont rendu disponibles toutes les époques: le grand collage historique que constitue la ville de Rome et celui, plus petit, de la Villa Hadriana, la grande propriété rurale toscane, le palais baroque ita-

wörtlich übernommen. Wie im Umgang mit der utopischen Zukunft scheint auch im Verhältnis zur Vergangenheit das Bewußtsein der Distanz, der »Hiatus«, verlorengegangen zu sein. Die an diesen Erscheinungen hängenden Erinnerungen, Bedeutungen und Verflechtungen blieben außer Betracht, als sei alles Vergangene unmittelbar gegenwärtig.

Wer das ganze Wurzelwerk abschneidet, das an den geschichtlichen Figurationen hängt, wer sie von den Bedingungen reinigt, unter denen sie entstanden sind, und sie zum Spielmaterial reflexionslosen Entwerfens macht, bringt sie um ihre eigentliche Essenz. Der Historismus vergangener Zeiten hatte die Zäsur zwischen Gegenwart und Vergangenheit durchaus in Rechnung gestellt, wenn er seine Entlehnungen auf die ihnen zugeordneten Bedeutungen hin befragte, ihre Anwendbarkeit und Angemessenheit prüfte, ihre Neuinterpretation versuchte. Von Mißgriffen und Überzeichnungen des 19. Jahrhunderts abgesehen, ist die schiere Beliebigkeit im Umgang mit dem historischen Material erst ein zeitgenössisches Verhalten. Das eine Formensortiment wird durch das nächste ergänzt, sobald seine flüchtigen Reize ausgespielt und abgenutzt sind. Alles steht nun zur Verfügung, und zugleich macht es kaum einen Unterschied, auf welches Versatzstück im Fundus die Wahl fällt. Wo alles erlaubt ist, bedeutet nichts mehr etwas.

Die Postmoderne hat sich der Vergangenheit ebenso gierig zu bemächtigen gesucht wie die Moderne der Zukunft, und beide haben in der Nichtachtung dessen, was Heute und Einst trennt, dem Geist der Zeiten der Herren eig'nen Geist unterschoben. Im Effekt liefen beide Verfahren auf die Installation der Gegenwart als der einzig gültigen Zeitkategorie hinaus. Das künftige Einst wurde als die Fortsetzung des Jetzt vorwärts ins Futur gedacht, und das vergangene Einst in seiner Zweit- bis Zehntverwendung verlängerte das Jetzt zurück ins Präteritum. Gelegentliche Anflüge von Ironie zeigen an, daß die modernistischen Pläneschmiede wie die nostalgischen Vergangenheitsbeschwörer ihre Vorhaben selber skeptisch einschätzen. Ron Herrons wandernde Stadt auf spinnenförmigen Teleskopbeinen bedeutete für die Megastrukturen, was James Stirlings oder Charles Moores Stilmix für die derzeitigen Retrospektiven bedeutet: einen Wink für die Wissenden, daß die Bruchspalten zwischen den Zeiten unüberbrückbar sind.

Daß aber die Federführung für beide Prozesse, die Eingemeindung der Zukunft wie die der Vergangenheit, längst von den Designern auf jene Instanzen übergegangen ist, die über die Investitionen entscheiden, lehrt schon der Blick auf die zeitlichen Koinzidenzen. Die technologischen Utopien der sechziger Jahre entstanden, als die in den Wiederaufbaujahren expandierte Bauwirtschaft nach großen Anschlußaufträgen suchte, um sich ihr Geschäftsvolumen zu erhalten. Und die Wiederentdeckung der Historie als Lieferant dekorativer Stimulantien fiel in eine Phase, in der die Baukonjunktur der westlichen Industriestaaten dringender Revitalisierungsimpulse bedurfte, aber gleichzeitig die neu erwachte Empfindlichkeit gegenüber einem verschwenderischen Umgang mit den natürlichen Ressourcen berücksichtigen mußte. Die Postmoderne stellte stattdessen die Ressourcen der Vergangenheit zur Verfügung.

Hat der Begriff der Utopie unter diesen Umständen noch Sinn? Die materiellen Interessen haben sich stets der ideologischen und ästhetischen Signale bedient. Aber auch die soziale Wünschbarkeit eines »erfüllten Endzustands« (Ernst Bloch) steht in Frage. Der Differenzierungsbedarf ist groß in einer Gesellschaft, zu deren Grundverständnis es gehört, jeden nach seiner Fasson selig werden zu lassen. Die Gruppen, die ihm Aufnahme bieten, suchen sich in ihren äußeren Insignien kenntlich zu machen. Aber es steht nirgendwo geschrieben, daß solche Charakterisierungen und Ausdrucksbefriedigungen auf die hurtigste und beschämendste Weise vor sich gehen müßten. Formal betrachtet, läßt sich das Bauen als eine utopische Handlung en miniature verstehen, die sich mehr oder weniger unvollkommen ihrem Entwurfsziel über den »Hiatus« hinweg an-

lien, le classicisme romantique, le style colonial américain, le style néogothique victorien et les modèles correspondants qui avaient déjà inspiré la vieille avant-garde, les temples des royaumes des pharaons, l'Acropole, l'architecture industrielle anonyme, la construction à échafaudages japonaise. Pour finir, le moderne a pris lui-même un caractère historique en devenant ainsi, à son tour, un accessoire de référence provenant du dépôt de toutes les époques et de tous lieux. Souvent, ces récupérations n'ont plus été travaillées, transformées ou intégrées, mais seulement évoquées, sous forme de simples schémas ou ont été reprises textuellement. A l'instar de ce qui se passe pour les rapports avec le futur utopique, il semble que l'on ait perdu aussi la conscience de la distance, le «hiatus», dans les rapports avec le passé. Les souvenirs, significations et imbrications rattachés à ces phénomènes n'ont pas été pris en considération comme si tout le passé était immédiatement présent.

Celui qui coupe toutes les racines attachées aux figurations de l'histoire, celui qui en enlève les conditions dans lesquelles elles sont nées pour les transformer en un simple matériau servant à jouer avec des projets sans réfléchir, celui-là leur enlève leur véritable essence. L'historisme des époques passées avait parfaitement pris en compte la césure entre le présent et le passé lorsqu'il interrogeait ses emprunts sur les significations qui s'attachaient à eux, sur leur applicabilité, sur leur adéquation et en s'efforçant d'en fournir une réinterprétation. Si l'on fait abstraction de certaines erreurs et exagérations du 19ème siècle, l'arbitraire pur dans le traitement du matériau historique est un comportement qui date de notre époque. Un éventail de formes est complété par le suivant dès que ses attraits fugitifs sont usés et épuisés. Tout est maintenant disponible et en même temps il devient indifférent de savoir quel élément tiré du fond historique a été choisi. Là où tout est permis, rien n'a plus de signification.

Le post-modernisme s'est efforcé de s'emparer du passé avec autant d'avidité que le modernisme a voulu s'emparer du futur et tous les deux, en ne tenant pas compte de ce qui sépare le présent du passé, ont attribué leur propre esprit à l'esprit de l'époque. Les deux procédés, par leur effet, tendaient à instaurer le présent comme seule catégorie temporelle valable. Le jadis futur a été conçu comme la suite du maintenant dans le futur, et le jadis passé dans sa deuxième et dixième utilisation prolongeait le maintenant revenant vers le passé. Des accès d'ironie montrent que ceux qui ont conçu les plans du modernisme ainsi que ceux qui ont évoqué avec nostalgie le passé jugent eux-mêmes avec scepticisme leurs projets. La ville ambulante sur des pattes télescopiques aracnéennes, conçue par Ron Herron, est aux mégastructures ce qu'est le mélange de styles de James Stirling ou de Charles Moore aux rétrospectives actuelles: un clin d'œil aux initiés rappelant que les césures entre les époques sont insurmontables.

Un simple regard sur les coïncidences dans le temps montre cependant que la direction des deux processus – la réunion du futur et du passé – a été transférée, depuis longtemps déjà, des designers aux instances qui décident des investissements. Les utopies technologiques des années 60 ont pris naissance lorsque l'industrie du bâtiment, qui avait connu une expansion pendant les années de reconstruction, était à la recherche de nouvelles grandes commandes afin de maintenir son volume d'affaires. La redécouverte de l'histoire en tant que source de stimulants en matière de décoration s'est produite à un moment où la conjoncture du bâtiment, dans les pays industriels occidentaux, avait un besoin urgent de nouvelles impulsions revitalisantes mais devait en même temps tenir compte de la nouvelle sensibilité quant au gaspillage des ressources naturelles. Le post-modernisme, en revanche, mettait à disposition les ressources du passé.

Le concept d'utopie a-t-il, dans ces conditions, encore un sens? Les intérêts matériels se sont toujours servis des signaux idéologiques et esthétiques. Mais «la réalisation d'un état final» (Ernst Bloch) est-

nähert. So müßte es auch für bescheidene, verträgliche utopische Inhalte offen sein: solche, die den Adressaten der Architektur nicht entmutigen, die ihm Freiräume lassen, seine Umwelt erklären, Möglichkeiten der Identifikation und Individuation anbieten. Die alternativen Gruppen, die Spontanbauer, die Kleinsiedler und Selbsthilfe-Gemeinschaften haben in den vergangenen Jahrzehnten ein Bauen versucht, das die Beteiligten nicht um die Gegenwart betrog, aber zugleich den Blick auf eine Utopie, die des selbstbestimmten Wohnens und Lebens, freihielt. Daß die kleinen Realisierungen nicht das große Wünschen verdrängen, daß andererseits die langfristigen Projektionen nicht das heute erreichbare Glück verbieten, ist eine Aporie jedes utopischen Denkens.

Ein Entwerfen, das die Fallstricke der großen Utopien vermeiden wollte, würde sich deshalb auf eine Hierarchie der Dimensionen einzulassen haben. Es würde Entscheidungen nur dann auf den hierarchisch oberen Ebenen der organisierten Gesellschaft treffen, wenn sie auf den unteren Niveaus nicht zu formulieren sind. Die Utopie des Neuen Bauens drang auf kosmopolitische Vereinheitlichung um jeden Preis, und die konstruktivistische Science-fiction der sechziger Jahre bestand zumindest auf der Einheitlichkeit der Groß- und der Normenverträglichkeit der Subsysteme. Die Idee des Gesamtkunstwerks, ebenfalls eine – ästhetische – Utopie, hat auch und gerade in der Anwendung auf die soziale Welt eine langdauernde Faszination ausgeübt, sowohl auf die demokratische Gesellschaft der Neuen Architektur wie auf deren politischen Antipoden, die faschistische Baukunst. Es war eine Argumentation der späteren sechziger und siebziger Jahre, am beredtsten vorgetragen von Robert Venturi und Colin Rowe,[10] daß die Vielfalt und Widersprüchlichkeit der existierenden alten Städte gegen das unitarische Prinzip zu setzen sei, die Bastelei der spontanen Entscheidungen gegen das social engineering, die Villa Hadriana gegen Versailles, die vielen kleinen gegen eine große Utopie.

Dieser Gedanke hat in sich selbst wiederum utopische Züge, auch wenn er selbst bereits auf die Erfahrung des Scheiterns der großen Projekte reagierte. Denn weder in der industriellen noch in der postindustriellen Gesellschaft wird die koordinierte Arbeitsteilung, auf die viele Jahrtausende menschlicher Kulturtätigkeit zusteuerten, zugunsten der selbstgenügsamen Bricolage vieler einzelner aufgehoben werden können, und so wird auch ihr notwendiges Gegenstück, die zentrale Verwaltung der fraktionellen Abläufe, bestehen bleiben müssen. Auch die Verantwortung für Architektur wird dem Nutzer und Bewohner bestenfalls partiell zugespielt werden können – da, wo er über die Erfahrungen verfügt, die ihn zu sachkundigen Äußerungen legitimieren. Jenseits der Bürgerkompetenz bleibt es den Architekten aufgegeben, nach wie vor Inhalte für andere zu artikulieren, und ihre Aufgabe wird um so schwerer, je abstrakter und je weiter entfernt von ihnen die öffentlichen Räume lokalisiert sind. Überlieferte Substanz, örtliche Traditionen, geschichtliche Bindungen (statt der unverbindlichen Offerten von allem und jedem) sind ihr Material ebenso wie die immateriellen Realitäten der pluralistischen Gesellschaft: die Vorstellungen, Erwartungen und Wünsche, die sich in den Köpfen gebildet haben. Das bleibt zu bearbeiten, kritisch zu analysieren, ins Eigene umzusetzen. Bauen an einem konkreten Ort, aber mit dem Blick auf eine utopisch wünschbare Stadt, ist eine gute Vorübung dazu und vielleicht auch schon die Sache selbst.

elle souhaitable du point de vue social? La question reste posée. Le besoin de différenciation est grand dans une société où l'on pense que chacun doit trouver son bonheur comme il l'entend. Les groupes qui sont prêts à accueillir les individus s'efforcent de se rendre reconaissables par des signes distinctifs extérieurs. Mais il n'est écrit nulle part que ces caractérisations et ces satisfactions d'expression doivent se faire de façon fugitive et honteuse. D'un point de vue formel, la construction peut être comprise comme un acte utopique en miniature qui se rapproche plus ou moins imparfaitement, en franchissant le «hiatus», du but projeté. Elle devrait donc être ouverte aussi à des contenus utopiques, modestes et conciliants: ceux qui ne découragent pas le destinataire de l'architecture, qui lui laissent des espaces libres, lui expliquent son environnement et lui offrent des possibilités d'identification et d'individualisation. Les groupes alternatifs, les contructeurs spontanés, les habitants des petites cités et les communautés d'entraide ont essayé, au cours des dernières décennies, un mode de construction qui ne privait pas les intéressés du présent tout en laissant le regard tourné vers une utopie, celle d'habiter et de vivre comme on l'a librement choisi. Dire que les petites réalisations ne suppriment pas les grands désirs et que, par ailleurs, les projets à long terme n'interdisent pas le bonheur accessible dès aujourd'hui, est une aporie de toute pensée utopique.

Un projet qui voudrait éviter le piège des grandes utopies devrait tenir compte d'une hiérarchie des dimensions. Il ne prendrait des décisions aux niveaux hiérarchiques supérieurs de la société organisée que dans les cas où elles ne pourraient être formulées aux niveaux inférieurs. L'utopie de la Nouvelle Construction poussait à l'uniformisation cosmopolitique à tout prix et la science fiction constructiviste des années 60 insistait, au moins, sur l'uniformité des grands systèmes et sur la compatibilité des normes des sous-systèmes. L'idée de l'œuvre d'art globale, qui constitue elle aussi une utopie (esthétique), a exercé aussi et précisément dans l'application à l'univers social une fascination durable tant sur la société démocratique de la Nouvelle Architecture que sur l'art qui se situe politiquement aux antipodes de celle-ci, à savoir l'art fasciste de la construction. C'était une argumentation de la fin des années 60 et des années 70, soutenue de la manière la plus éloquente par Robert Venturi et Colin Rowe[10], que d'affirmer qu'il fallait opposer la diversité et les contradictions des vieilles villes existantes au principe unitaire, le bricolage des décisions spontanées à l'engineering social, la Villa Hadriana à Versailles et les nombreuses petites utopies à la seule et grande utopie.

Cette pensée comporte, à son tour, des traits utopiques, même si elle réagissait déjà elle-même à l'expérience de l'échec des grands projets. Car, ni dans la société industrielle ni dans la société post-industrielle, on ne pourra abolir la division coordonnée du travail, aboutissement de nombreux millénaires d'activité culturelle humaine, en faveur d'un bricolage, auto-suffisant, par un grand nombre d'individus. C'est pourquoi il faudra maintenir sa contre-partie nécessaire: l'administration centrale des processus fragmentaires. La responsabilité de l'architecture pourra être aussi attribuée, tout au plus partiellement, à l'usager et à l'habitant, là où il dispose d'une experience qui l'autorise à s'exprimer à bon escient. Au-delà de la compétence des citoyens, il incombe toujours aux architectes de formuler des contenus pour d'autres et leur tâche s'avère d'autant plus difficile que les locaux publics sont plus abstraits et plus éloignés d'eux. La substance transmise par d'autres époques, les traditions locales, les liens historiques (au lieu des offres sans engagement de tout et de chacun) constituent leur matériau de même que les réalités immatérielles de la société pluraliste: les images, les attentes et les désirs qui sont nés dans les têtes. Voilà ce qui reste à traiter, à analyser de façon critique et à transposer. Construire dans un lieu concret mais avec le regard tourné vers une ville utopique souhaitable, c'est là un bon exercice préalable pour cela et c'est même peut-être déjà la chose elle-même.

[1] Leone Battista Alberti. *De Re Aedificatoria.* Florenz, 1485. Zit. nach: Hanno-Walter Kruft. *Geschichte der Architekturtheorie.* München, 1985. S. 47.

[2] Arnold Gehlen. *Der Mensch, seine Natur und seine Stellung in der Welt.* Berlin, 1940.

[3] Heinrich Lauterbach. »Der unverstellte Wohnraum«. *Innendekoration.* Jg. 40, 1929. S. 418 f.

[4] Ernst Bloch. *Geist der Utopie.* München, 1918.

[5] Vgl.: Gert Kähler. *Architektur als Symbolverfall. Das Dampfermotiv in der Baukunst.* Braunschweig, Wiesbaden, 1981.

[6] Plato. *Politeia. Sämtliche Werke.* Band 3. Reinbeck, 1960. S. 287.

[7] Amédée Ozenfant. *Colour in the Town.* 1937. Zit. nach: Colin Rowe, Fred Koetter. *Collage City.* Basel, 1984. S. 48.

[8] Vgl.: Justus Dahinden. *Stadtstrukturen für morgen.* Stuttgart, 1971. – Mechthild Schumpp. *Stadtbau-Utopien und Gesellschaft.* Gütersloh, 1971. – Reyner Banham. *Megastructure. Urban Futures of the Recent Past.* London, 1976. – *Stadt und Utopie. Modelle idealer Gemeinschaften.* Kat. Neuer Berliner Kunstverein. Berlin, 1982.

[9] Reyner Banham. a. a. O. S. 11.

[10] Robert Venturi. *Complexity and Contradiction in Architecture.* New York, 1967. Dt.: *Komplexität und Widerspruch in der Architektur.* Braunschweig, Wiesbaden, 1978. – Robert Venturi, Denise Scott Brown, Steven Izenour. *Learning from Las Vegas.* Cambridge, Mass., 1972. Dt.: *Lernen von Las Vegas.* Braunschweig, Wiesbaden, 1979. – Colin Rowe, Fred Koetter. *Collage City.* Cambridge, Mass., 1978. Dt.: *Collage City.* a. a. O.

[1] Leone Battista Alberti, *De Re Aedificatoria.* Florence 1485. Cit. d'après: Hanno-Walter Kruft. *Geschichte der Architekturtheorie.* Munich 1985, p. 47.

[2] Arnold Gehlen. *Der Mensch, seine Natur und seine Stellung in der Welt.* Berlin 1940.

[3] Heinrich Lauterbach. Der unverstellte Wohnraum. Dans: *Innendekoration.* Jg. 40, 1929, p. 418 et suivante.

[4] Ernst Bloch. *Geist der Utopie.* Munich, 1918.

[5] Cf. Gert Kähler. *Architektur als Symbolverfall. Das Dampfermotiv in der Baukunst.* Braunschweig, Wiesbaden, 1981.

[6] Platon. *Politeia. Œuvres Complètes.* Volume 3. Reinbek, 1960, p. 287.

[7] Amédée Ozenfant. *Colour in the Town.* 1937. Cit. d'après: Colin Rowe, Fred Koetter. *Collage City.* Bâle, 1984, p. 48.

[8] Cf. Justus Dahinden. *Stadtstrukturen für morgen.* Stuttgart, 1971. – Mechthild Schumpp. *Stadtbau-Utopien und Gesellschaft.* Gütersloh, 1971. – Reyner Banham. *Megastructure. Urban Futures of the Recent Past.* Londres, 1976. – *Stadt und Utopie. Modelle idealer Gemeinschaften.* Kat. Neuer Berliner Kunstverein. Berlin, 1982.

[9] Reyner Banham. Ibidem p. 11.

[10] Robert Venturi. *Complexity and Contradiction in Architecture.* New York, 1967. En allemand: *Komplexität und Widerspruch in der Architektur.* Braunschweig, Wiesbaden, 1978. – Robert Venturi, Denise Scott Brown, Steven Izenour. *Learning from Las Vegas.* Cambridge, Mass., 1972. En allemand: *Lernen von Las Vegas.* Braunschweig, Wiesbaden, 1979. – Colin Rowe, Fred Koetter. *Collage City.* Cambridge, Mass., 1978. En allemand: *Collage City.* Ibidem.

Architektur und ihre Pathognomie
John Hejduk

Eine Disziplin kann sterben, in sich zusammenfallen. Die krankhaften Symptome sind zunächst unter dem Erscheinungsbild eines noch funktionierenden Organismus verdeckt, doch allmählich zeigt sich das Wirken der Krankheit. Die innerhalb der bedrohten Disziplin Tätigen sind darum gezwungen, ihren Standpunkt zu definieren:
1. Sie können die Situation völlig unbeachtet lassen und ihrer Arbeit nachgehen, als habe sich nichts geändert.
2. Sie können die Krankheit erforschen und sich aktiv an ihrer Bekämpfung beteiligen, indem sie nach einer Therapie suchen, die zur Ausrottung der möglicherweise tödlichen Keime führt.
3. Sie können aber auch diese Disziplin behutsam in den Tod begleiten und auf eine Wiedergeburt warten, deren Form, Struktur und Inhalt nicht bekannt sind.
Zu den Symptomen der Pathologie gehören:
1. Der beharrliche Blick in die Vergangenheit mit all den dazugehörigen nekrophilen Begleiterscheinungen. Das Legen des Ohres auf einen Grabhügel, um die stummen Schreie durch diese Öffnung ins Gehirn aufzunehmen.
2. Das Herauspflücken und vereinzelte Aneignen geliebter Dinge und der konsequente Ausschluß ihrer eigentlichen Verwendung. Das Ausschalten bestimmter Buchstaben eines Vokabulars. Ein Beispiel: Wenn jemand den Buchstaben »e« aus einem Gesamtvokabular herausnimmt und für sich beansprucht, dann verhindert er den möglichen Gebrauch eines einst universalen Details durch andere. Man kann das wie den Verlust eines Körperteils betrachten, der im negativen Fall zum Nichtfunktionieren eines vitalen Organismus führt und schließlich zu seiner Atrophie.
3. Die Verherrlichung der Technologie, die Kombination von »High-Tech« und »Folk-Art« (eine vernichtende Kombination für das Leben einer Disziplin). Wenn wir uns die Technik einer Ölraffinerie oder eines Mikro-Chips anschauen, dann erkennen wir in ihr eine Ölraffinerie oder einen Mikro-Chip. Die Disziplin der Architektur sollte aber nicht mit diesen in Verbindung gebracht oder vermischt werden. Wenn die Technologie eine De-Funktion in Form von »High-Tech« erlebt, dann verliert die Architektur ihre Authentizität.
4. Die Zunahme des Zuschauer-Theaters. Man muß nur die ungeheure Zunahme der Tanz-Performance in unserer Zeit betrachten.
5. Die übertriebene Betonung des Details. Details überwiegen im Entwurf. Es ist wichtig, sich an die Masken von Inigo Jones zu erinnern, in denen dieser die Mechanik als essentiell für seine traumähnlichen Visionen ansieht. Die Halluzination dominierte. Jean Prouvé schuf in unserem eigenen Jahrhundert einige der elegantesten und eloquentesten Details, Fensterpaneele, Treppengeländer, Fensterprofile, Entwässerungsdetails usw. Sie sollten dem Bau e i n v e r l e i b t werden.
6. Die Eingrenzung der Sicht oder der Zoom-Effekt. Die mikroskopische Vergrößerung, die Einschränkung des Gesichtsfeldes, die »Schlüsselloch-Sicht«, der Gebrauch eines Teleskops und Periskops, des Vergrößerungsglases und des Winkelspiegels.
7. Die ungeheure Zunahme schriftlicher Äußerungen. Architektur wird von Texten begleitet. Sie werden als Gebet für die Lebenden und die Toten benutzt.
8. Der zunehmende Gebrauch medizinischer Apparate (Flaschenzüge, Seilrollenzüge, Waagen, Drähte, Schrauben und Schraubmuttern) und der Gebrauch von Begriffen wie etwa »Architektur als Röntgenbild«, oder »Architektur als Film«. Dies sind Schlußfolgerungen einer biologisch definierten Architektur.
9. Die Zunahme der Weltraumforschung, während die Welt kleiner wird. Die ins Weltall gebrachten metallischen Objekte werden mit der Zeit die Erde mit einem Panzer einhüllen.

L'architecture et sa pathognomie
John Hejduk

Les disciplines peuvent mourir, une discipline peut s'effondrer. Les symptômes pathologiques peuvent tout d'abord être occultés par l'apparence d'un organisme encore en état de fonctionner, mais la présence de la maladie apparaît peu à peu. Les acteurs intervenant dans la discipline sont obligés de définir leur position fonctionnelle:
1. Ignorer totalement la situation et poursuivre leur activité comme si de rien n'était.
2. Faire des recherches et participer activement au combat contre la maladie par l'exploration et la recherche d'un traitement dans l'espoir de parvenir à une éradication de la bactérie potentiellement mortelle.
3. Conduire doucement la discipline à sa mort et attendre une renaissance, dont la forme, la structure et le contenu restent à définir.
Les symptômes pathologiques sont les suivants:
1. Le regard insistant sur le passé avec tout l'appareil nécrophilique que cela suppose. Poser l'oreille sur la terre d'une tombe dans un effort de faire parvenir au cerveau les cris assourdis.
2. L'extirpation et l'appropriation individuelles d'objets aimés les retirant ainsi de l'usage. La suppression de certaines lettres dans le vocabulaire. Par analogie, tout se passe comme si quelqu'un s'emparait ou s'appropriait dans le vocabulaire collectif la lettre «E», c'est-à-dire que la personne qui s'en empare retire simplement de la circulation l'utilisation possible par les autres de ce qui était dans le passé un élément universel. Cela peut être perçu comme la perte d'un membre conduisant au non-fonctionnement d'un organisme vital et finalement à son atrophie.
3. La célébration de la technologie, la combinaison de ce qu'il est convenu d'appeler la haute technologie et l'art populaire (une combinaison dévastatrice pour la vie d'une discipline). Lorsque nous voyons la technologie d'une raffinerie de pétrole ou d'un ordinateur, nous l'acceptons en tant que raffinerie ou ordinateur. La discipline de l'architecture ne doit être confondue ni avec l'un ni avec l'autre. Lorsque la technologie est «défonctionnalisée» et prend l'apparence d'une haute technologie, l'architecture perd son authenticité.
4. La prolifération du théâtre auditoire-spectateurs. Il suffit de voir l'explosion de spectacles de danse.
5. L'insistance sur le détail. Lorsque le détail est prédominant dans le projet. Il est important de se souvenir des masques de Inigo Jones dans lesquels il considérait que le système de support mécanique était essentiel à ses visions oniriques. Ce qui dominait étaient les éléments hallucinatoires. Jean Prouvé a produit durant ce siècle certains des éléments les plus élégants et les plus parlants comme des battants et des montants de fenêtres, des marches d'escalier, des gouttières, etc. Ils devraient être i n c o r p o r é s .
6. Visions rétrécies ou effets de zoom. L'élargissement microscopique, l'effacement de la vision latérale, la vision à travers une fente, l'utilisation du télescope, du périscope, du verre grossissant et du miroir contenu.
7. Utilisation accrue du texte. Le texte existe parallèlement à l'architecture. Il est utilisé comme une prière pour les vivants et les morts.
8. Utilisation accrue de l'appareil médical (systèmes de poulies, poids et équilibre, fils, écrous et boulons). Utilisation de termes comme «l'architecture en tant que rayon X»; «l'architecture en tant que film». L'inférence de la nature biologique de l'architecture.
9. Explosions accrues de l'exploration dans l'espace extérieur tandis que l'espace intérieur implose. Les objets métalliques éjectés dans l'espace enfermeront finalement la terre dans une armure mortuaire.
Ce qui précède n'est qu'un simple descriptif des systèmes d'effondrement et des inversions qu'ils impliquent, des systèmes de cicatri-

Das zuvor Genannte ist nur ein kleiner Abriß der Zusammen-
bruchssysteme und ihrer angedeuteten Umkehrungen, den
Heilungssystemen. Eliminiere das Wort »System« und behalte die
Illumination des Kollapses – Heilung – Tod – Wiedergeburt.
Mit dem Tode gibt es kaum ein Zurück.

Auf mein Konzept zum Thema »Berlin – Denkmal oder Denkmodell?« erhielt
ich von John Hejduk diesen Beitrag. Er ist eine Geste der Bewunderung, fast stillen Liebe für eine Stadt, die sein architektonisches Schaffen maßgeblich beeinflußt hat und die eine wesentliche schöpferische Periode seines Lebens markiert.
Die architektonische Auseinandersetzung mit Berlin und sein Wirken in dieser
Stadt haben die hier zum Ausdruck gebrachten Gedanken über Grundfragen
der Architektur geprägt. Für John Hejduk liegt die Faszination dieser Stadt nicht
nur in ihrer ansteckenden kreativen Kraft, sondern auch in ihren Brüchen,
Widersprüchen, Spannungen und in ihrem unerschütterlichen Willen zum
Leben, zum Überleben.
K. F.

sation. Eliminer le mot «système» et retenir l'illumination de l'effondrement, de la cicatrisation, de la renaissance.
Avec la mort, il n'est guère possible de revenir en arrière.

A propos de mon concept sur le thème «Berlin – monument ou modèle de pensée?» j'ai reçu de John Hejduk cette contribution. Il s'agit d'une manifestation
d'admiration, presque d'un amour tranquille pour une ville qui a influencé de
façon déterminante sa création architectonique, qui a marqué une période créatrice essentielle de sa vie et de son action. Sa réflexion architectonique sur Berlin
et son action dans cette ville ont influencé considérablement ses idées sur des
questions fondamentales de l'architecture. Pour John Hejduk, la fascination de
cette ville réside non seulement dans sa contagieuse force créatrice mais également dans ses ruptures, contradictions, tensions et dans son inébranlable
volonté de vivre, de survivre.
K. F.

Zenobia's Constructions

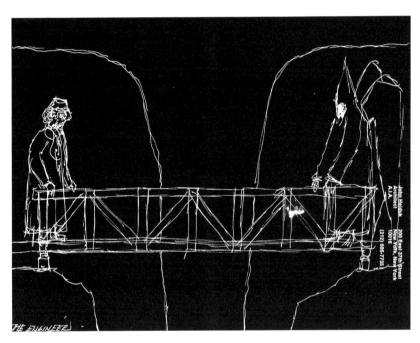

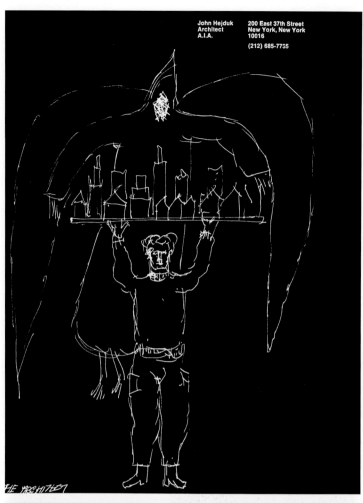

THE ARCHITECT

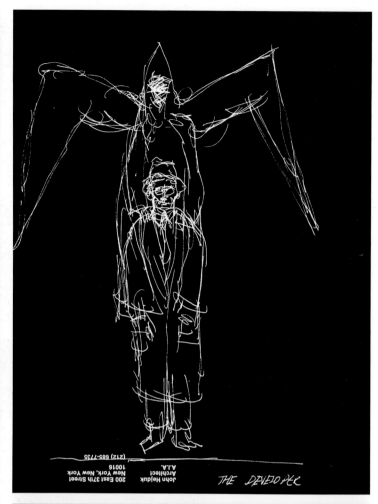

THE DEVELOPER

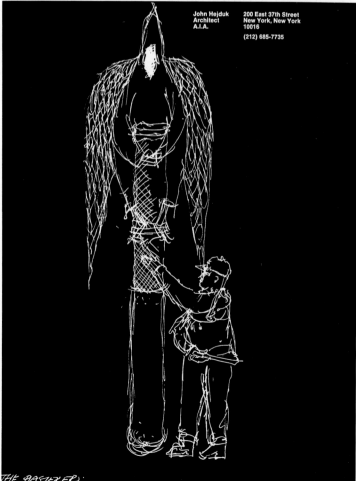

THE PLASTERER

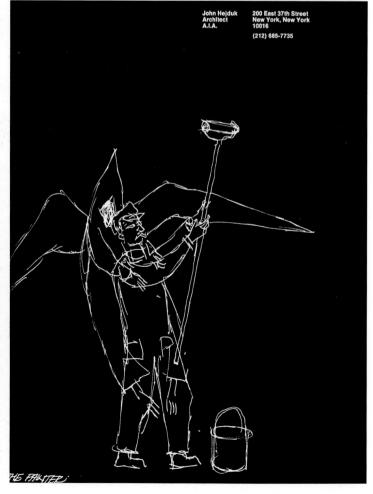

THE PAINTER

THE ELECTRICIAN

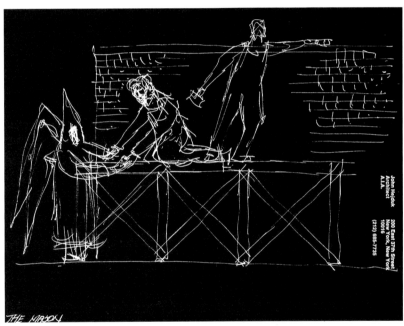

THE MASON

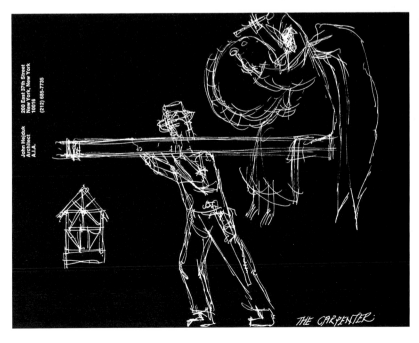

THE CARPENTER

29

Achatzi + Backmann (Berlin)
Auf-Bruch

»Wir haben die Sehnsucht nach dem Ganzen und dem Einen, nach der Versöhnung von Begriff und Sinnlichkeit, nach transparenter und kommunizierbarer Erfahrung teuer bezahlt... Krieg dem Ganzen, zeugen wir für das Nicht-Darstellbare, aktivieren wir die Differenzen, retten wir die Ehre des Namens.« (Jean François Lyotard, 1982)

Macht ist anonym. Die Systeme der Macht sind heute Netzwerke eigener Gesetzmäßigkeiten. Es gibt nicht die eine Welt, sondern die Welten der einzelnen. Ideologie kann nicht mehr ein ganzheitliches Wertebild darstellen, die Sehnsucht nach Ganzheitlichkeit nicht mehr Motiv von Zukunftsvision sein, sie ist heute nostalgisch, Träger der Resignation. Wir wollen nicht die Ruhe der Ordnung, Stadt ist Unruhe, Bewegung. Die Fragmente der Geschichte, die Stadt von heute ist der Rohstoff der Stadt von morgen. Die Relikte der starren Strukturen müssen aufgebrochen werden, um als Baustoffe des offenen Systems der Zukunft benutzt werden zu können. Berlin ist Ansammlung von Fragmenten gewollter Ganzheitlichkeiten: Schloß Charlottenburg, Fehrbelliner Platz, Karl-Marx-Allee, Hansaviertel – Symbole des ersehnten Ganzen der Vergangenheit. Die aufgebrochenen Strukturen geben Einblicke, der Konflikt, der Bruch sind Chancen der Veränderung. Spannungen und Kraftlinien geben Hinweise auf die imaginären Zusammenhänge. Der vielbeklagte Verlust kollektiver Werte ist die Chance zur subjektiven Vielfalt der Individuen. Vielfalt, nicht Beliebigkeit – Maßstab ist das Subjekt –, Emotionalität. Das Gemeinsame – die Stadt – formuliert sich ständig verändernd als Resultante der Verflechtung der Einzelaktivitäten. Die formende Kraft ist anonym.

Projekt Tafelbruch. Die normierte Tafel – der Ausstellungstisch – ist Rohstoff und wird durch gezieltes Brechen zu den Elementen eines offenen Systems. Kraftlinien, Spannungen formen die gewonnenen Bruchstücke zur dynamischen Struktur. Die Stütze und Tafel der alten Werte ist Teil des offenen Systems und geht über in die neue Ebene, den neuen Wert der Subjektivität. Ein Teil des alten Systems – Bock und Träger – sind überflüssig geworden.

Projekt Überspringer. Das Springer-Hochhaus ist zweiseitiges überkommenes Symbol, einerseits der monozentrischen Macht und der patriarchischen Manipulation, andererseits der Freiheit, Demokratie, des Wohlstands. Es beansprucht, Verbindungen zu schaffen, bildet aber zugleich Barriere, indem es auf der alten Jerusalemer Straße steht und ehemalige Bezüge blockiert und die Wirkung der Berliner Mauer verstärkt. Das Symbol der Macht, das geschlossene System des Meinungsbildungsapparates ist zu brechen, um Material für das Neue zu gewinnen. Die Fragmente sind Brückenkopf eines offenen Systems, das die Mauer als weiteres Fragment unberührt läßt und, sie überwindend, eine kommunizierende Struktur entwickelt, die die Grenzenlosigkeit des tatsächlichen Wirtschafts- und Informationsaustausches verräumlicht.

Achatzi + Backmann (Berlin)
Départ

Nous avons chèrement payé la nostalgie de la totalité et de l'unique, de la réconciliation entre le concept et la sensualité, de l'expérience transparente et communicable. Déclarons la guerre à tout cela, témoignons en faveur du non représentable, activons les différences, sauvons l'honneur du nom. (Jean François Lyotard, 1982).

Le pouvoir est anonyme. Les systèmes de pouvoir constituent aujourd'hui des réseaux avec des lois propres. Il n'y a pas un monde, mais les mondes des individus. L'idéologie ne peut plus fournir une représentation totale des valeurs, la recherche de la totalité n'est plus un motif pour des visions d'avenir, car aujourd'hui elle est devenue nostalgique et porteuse de résignation. Nous ne voulons pas la quiétude de l'ordre; la ville est inquiétude et mouvement. Fragments de l'histoire, la ville d'aujourd'hui est la matière première de la ville de demain. Les reliquats des structures rigides doivent être brisés afin d'être utilisés comme matériaux de construction pour le système ouvert de l'avenir. Berlin est un assemblage de fragments de totalités voulues: le château de Charlottenburg, la Fehrbelliner Platz, la Karl-Marx-Allee, le Hansaviertel, sont tous des symboles de la totalité, recherchée, du passé. Les structures brisées ouvrent la vue. Le conflit et la rupture sont les chances du changement. Les tensions et les lignes de force donnent des indications sur les corrélations imaginaires. La perte des valeurs collectives, dont on se plaint souvent, est une chance donnée à la diversité subjective des individus. Diversité, et non pas arbitraire. Le sujet, avec ses émotions, constitue l'unité de référence. L'élément commun – la ville – se formule lui-même tout en étant soumis à des changements constants en tant que résultante de l'imbrication des activités individuelles. La force creatrice de formes est anonyme.

Projet « Rupture de table ». Le plateau normalisé – la table d'exposition – constitue la matière première qui est transformée, par une rupture ciblée, en éléments constitutifs d'un système ouvert. Les lignes de force, les tensions forment une structure dynamique avec les fragments récupérés. L'appui, et la table des anciennes valeurs, sont une partie du système ouvert, s'intégrant progressivement au nouveau niveau, à la nouvelle valeur de la subjectivité. Une partie de l'ancien système – châssis et support – est devenue inutile.

Projet au-delà de Springer. La tour Springer est un symbole traditionnel à deux faces représentant le pouvoir monocentrique, d'une part, et la manipulation patriarchale de la liberté, de la démocratie et de la prospérité, d'autre part. Elle vise à établir des liens, mais constitue, en même temps, une barrière du fait qu'elle se trouve dans la Jerusalemer Straße, en bloquant d'anciens accès et en renforçant l'effet du Mur de Berlin. Il faut briser le symbole du pouvoir, le système fermé de l'appareil à façonner les opinions pour en tirer le matériau afin de faire du neuf. Les fragments constituent une tête de pont pour un système ouvert, qui laisse intact le Mur en tant que fragment supplémentaire et qui développe, en le surmontant, une structure communicante qui fait apparaître spatialement l'absence de frontières des échanges, réels, tant économiques que d'informations.

William Alsop, John Lyall (London)
Stadt-Thermometer

Eine Stadt kann viel über sich selbst erfahren, wenn sie über den Gebrauch (oder Mißbrauch) ihrer Artefakte nachdenkt. Daher muß sich eine Stadt Räume für nicht-definierte Nutzung schaffen: Plätze, die geplündert werden können.
Eine Stadt kann von der Größe ihrer Abfallhalden lernen (in Kairo leben Menschen von und in ihnen). Eine Stadt sollte die Häufigkeit der Verlegung von Bushaltestellen beobachten, da diese die Neuverteilung ihrer Bevölkerung anzeigt. Solche Aspekte der Umwelt werden zu Thermometern, die die »Temperatur« der Stadt anzeigen – also ihre Gesundheit.
Stadt-Thermometer können gezielt geschaffen werden: Wir schlagen ein Entbindungsheim oder ein Hotel vor. Die Nutzung dieses Gebäudes zeigt an, ob die Stadt so viel Vertrauen vermitteln kann, daß die Bewohner Kinder in ihr großziehen wollen, oder ob die Stadt zu einem Museum der Vergangenheit reduziert wird – und dann mehr Betten für eine ständig anwachsende Touristenzahl benötigt.
William Alsop

Berlin Berlin
von Andy Piercy und Will Alsop

Berlin Berlin
Mutter einer Nation
Berlin Berlin
Einst warst du so stolz
Trugst deinen Kopf hoch in jeder Situation
Jetzt weinst du
»Wo sind meine Kinder?«
»Wo sind meine Kinder?«

Berlin Berlin
Mutter einer Nation
Berlin Berlin
Reißen sie dir das Herz heraus
Und bewahren es auf, wie eine Trophäe
Aber für welche Generation?
Ist es für die, die kommen wird?
Oder für die, die heute lebt?
Oder für die, die einmal war?
Berlin Berlin
Hat irgend jemand danach gefragt?

William Alsop, John Lyall (Londres)
Des thermomètres urbains

Une ville peut apprendre beaucoup sur elle-même en observant comment ses produits sont utilisés (ou mal utilisés). La ville a de ce fait besoin d'acquérir des espaces pour des usages non définis: des lieux à pillager.
Une ville peut apprendre beaucoup à partir du volume de ses décharges (au Caire les gens en vivent et y vivent). Une ville devrait observer la fréquence à laquelle sont modifiés ses arrêts d'autobus car ils indiquent une redistribution de population. Ces éléments de l'environnement deviennent des thermomètres qui permettent de prendre la température de la ville et ainsi de déterminer sa santé. Des thermomètres urbains peuvent être spécialement créés. Notre projet se présente sous la forme soit d'une maternité soit d'un hôtel. La façon dont ce bâtiment est utilisé montre si la ville suscite la confiance qui permettra à ses habitants d'y élever des enfants ou si elle est réduite à la dimension d'un musée et, de ce fait, a besoin d'un nombre de lits toujours plus important pour accueillir les touristes.
William Alsop

Berlin Berlin
par Andy Piercy et Will Alsop

Berlin Berlin
Mère d'une Nation
Berlin Berlin
Tu étais si fière
La tête haute dans toutes les situations
Mais maintenant tu pleures
« Où sont mes enfants? »
« Où sont mes enfants? »

Berlin Berlin
Mère d'une Nation
Berlin Berlin
Sont-ils en train de déchirer ton cœur
Et de le présenter comme un trophée
Mais pour quelle génération?
Est-ce pour celle qui va venir?
Ou pour celle qui est là maintenant?
Ou pour celle du passé?
Berlin Berlin
La question a-t-elle été soulevée?

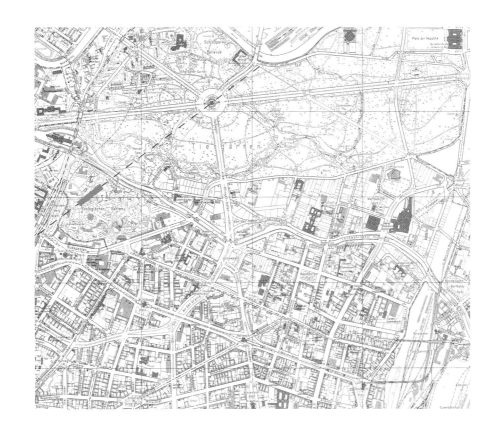

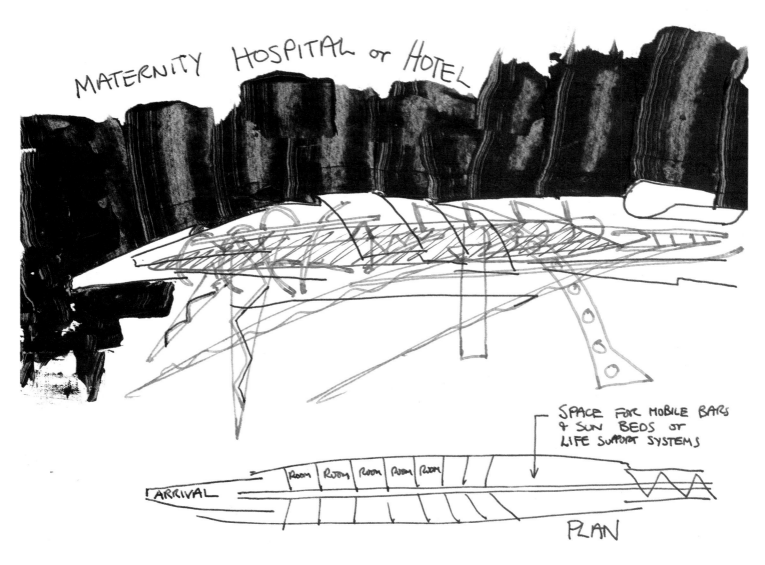

MATERNITY HOSPITAL or HOTEL

SPACE FOR MOBILE BARS
& SUN BEDS or
LIFE SUPPORT SYSTEMS

ARRIVAL

Room | Room | Room | Room | Room

PLAN

Hellmut Ambos + Peter Weidenhammer (München)
Apokalypse
Kongreßhalle, Urania und Gedächtniskirche
als provisorische Imaginationsräume

Und ich sah, daß das Lamm der Siegel eines auftat; und ich hörte
der vier Tiere eines sagen wie mit einer Donnerstimme: Komm!
(Offenbarung des Johannes 6.1.)
Die vier »Apokalyptischen Reiter« treten als Symbolträger längs
einer architektonischen Zeitschiene auf. Architektur gilt hier nicht
nur als Gebäudearchitektur, sondern gleichzeitig als Ausdruck von
historisch-politischen Entwicklungsstufen. Dies erklärt sich an vier
Beispielen: Die Zeitschiene bricht an vier Bedeutungsachsen. Am
Beispiel Berliner Architektur zentralisieren sich Ausformungen zeit-
genössischer Strategien: Die »barocke Grün-Achse« der absoluten
Herrschaft steht neben der »monumentalen Stein-Achse« des
faschistischen Regimes. An der »postmodernen Mythos-Achse« der
nachindustriellen Gesellschaft zeigen sich Muster heutigen architektonischen und politischen Willens. Die Zukunftsachse steht zuletzt.
Doch der architektonische Denker oder der nachdenkliche Architekt
unterstellt sich nicht dem Zufall. Der Rahmen für die Option auf die
Zukunft ist geschaffen durch die Mehrdeutigkeit der Interpretation
des Begriffs Apokalypse.
Der Möglichkeit der totalen Zerstörung ohne Hoffnung auf alles
Weitere steht die sakrale Hoffnung auf Neues, das auch der totalen
Zerstörung innewohnt, gegenüber. Für diese Hoffnung wird Platz
geschaffen. Auf der »innovativen Ideen-Achse« zukünftiger Entwicklung entstehen Imaginationsräume. Das Schaffen eines von der
Wirklichkeit unabhängigen Raumes bietet die Möglichkeit eines
maximalen Rigorismus. Hier ist das Nachdenken über architektonische Lösungen nicht mehr ein Sichbewegen in innovativen Ideen-
zwängen. Das rücksichtslose Niederreißen eines überkommenen
architektonischen Gedankengebäudes und der Architektur selbst ist
die Voraussetzung dafür. Doch der Ersatz wird nicht im neuen End-
gültigen gesucht. Es ist vielmehr der Weg zu einer Architektur, die
das Nichtfestlegen nicht als Provisorium sieht. Das Provisorium ist
hier der Ausdruck eines Selbstverständnisses: Im freien Raum des
Vorläufigen, im weißen Substituenten, der in seiner leeren Schmuck-
losigkeit und Stille Charakter gewinnt, findet die Hoffnung auf die
Kraft der Imagination ihren Raum.
Denn es ist gekommen der große Tag seines Zorns, und wer kann
bestehen? (Offenbarung des Johannes 6.17.)
Isolde M.Th. Kohl

Hellmut Ambos + Peter Weidenhammer (Munich)
Apocalypse
Kongreßhalle, Urania et Gedächtniskirche
comme espaces imaginaires provisoires

Et je vis: lorsque l'Agneau ouvrit l'un des sept sceaux, j'entendis
l'une des quatre Bêtes qui disait comme d'une voix de tonnerre:
Viens! (Apocalypse de Jean, 6,1)
Les quatre « Cavaliers de l'Apocalypse » sont des porteurs de symboles le long d'un rail temporel architectural. L'architecture n'est pas
envisagée ici seulement comme architecture d'édifices, mais en
même temps comme expression de degrés de développement histo-
rico-politique. Ceci s'explique par quatre exemples: le rail temporel
se rompt en quatre axes de signification. L'exemple de l'architecture
berlinoise centralise la formulation des stratégies contemporaines:
l'« axe-vert baroque » de la domination absolue jouxte l'« axe-pierre
monumental » du régime fasciste. L'« axe-mythe post-moderne » de
la société post-industrielle donne à voir des modèles de la volonté
architecturale et politique actuelle. L'axe du futur se dresse en dernier. Mais le penseur architecte ou l'architecte méditatif ne se sou-
met pas au hasard. Le cadre de l'option sur le futur est créé par l'am-
biguité de l'interprétation du concept d'Apocalypse.
A la possibilité d'une destruction totale qui ne laisserait aucun
espoir de quoi que soit d'ultérieur, fait face l'espoir sacré de quelque
chose de neuf qui est lui aussi inhérent à la destruction totale. La
place est créée pour cet espoir. Sur l'« axe-idées novateur » de l'évolution future naissent des espaces d'imagination. La création d'un
espace indépendant de la réalité offre la possibilité d'un rigorisme
maximal. Ici la réflexion sur des solutions architecturales cesse
d'être le simple maniement d'idées novatrices obligées. Le préalable
en est la démolition impitoyable d'un édifice d'idées architecturales
conventionnelles et la destruction de l'architecture elle-même. Mais
ce qui doit la remplacer n'est pas recherché dans un définitif nouveau. C'est plutôt le chemin vers une architecture qui ne considère
pas le non-arrêté comme du provisoire. Le provisoire est ici l'expression d'une représentation de soi: c'est dans l'espace libre du temporaire, dans le blanc substituant qui forge son caractère dans son
dépouillement et son silence, que l'espoir d'une énergie imaginante
trouve son espace.
Car il est venu, le grand jour de sa colère, et qui peut tenir? (Apocalypse de Jean, 6,17)
Isolde M. Th. Kohl

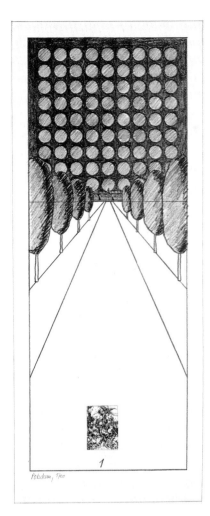

Potsdam, 1700

1

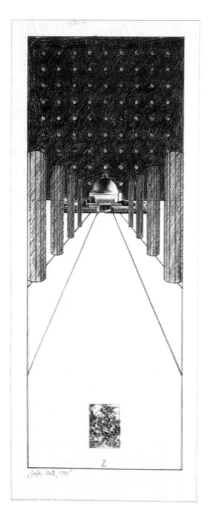

„Große Platz, 1941"

2

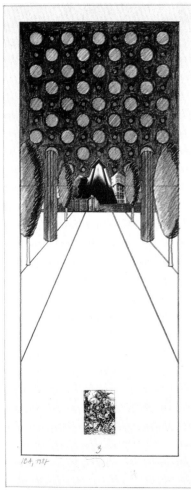

IBA, 1987

3

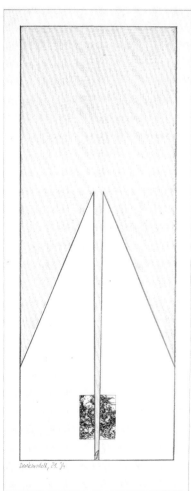

Denkmodell, 21. Jh.

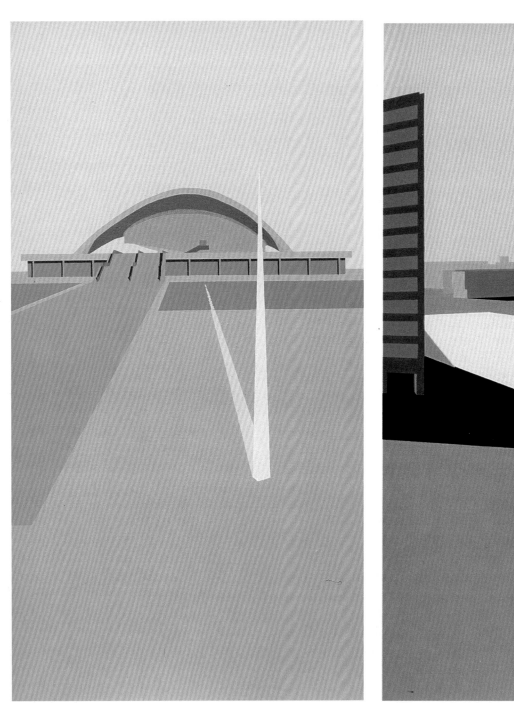

Architecture-Studio (Paris)
Netzwerk über die Mauer

Das Projekt, das wir vorschlagen, ist weder Utopie noch architektonisches Manifest. Es handelt sich vielmehr um eine »paradoxe Alternative«, eine kritische und konzeptionelle Reflexion in bezug auf eine bereits vorgegebene Situation. Um einer politischen und umfassenden Lösung der Probleme Berlins vorzugreifen (bei der die Zerstörung des »Eisernen Vorhangs« die unvermeidbare Konsequenz wäre), scheint es uns in der Tat wichtig zu sein, ein Symbol zu schaffen, dessen Sinn darin liegt, das Nachdenken – wie in einer Art konzeptionellen und städtebaulichen Momentaufnahme – wachzuhalten und zu stigmatisieren, was auch für diesen Prozeß der allgemeinen Öffnung, wie wir ihn heute erleben, gilt, und so eine Art psychologischen Meßstab für die Einheit Berlins zu errichten. Unser Vorschlag geht dahin, in einem abstrakt um die Stadt gespannten metrischen Netz eine Reihe von »Grenz-Gebäuden« zu erstellen, in denen sich von beiden Seiten der Mauer aus kulturelle Einrichtungen oder Wohnungen befinden.

Es handelt sich um einen neuen Typ von Netzwerk, das bei gleichzeitigem Wiederbeleben der Stadtstruktur ein Kommunikationssystem aufbauen kann, dessen Sendestationen diese architektonischen Markierungspunkte wären. Im Gegensatz zum repressiven Charakter der Mauer zeugt dieses Raster ein System von Beziehungen in der Stadt, indem es neue Bezugspunkte schafft, Markierungen, die sich der monumentalen Ordnung entziehen. Diese diesseits und jenseits der Mauer partnerschaftlich miteinander verbundenen Grenzsteine tauschen Videobilder ihrer jeweiligen territorialen Zugehörigkeit aus, indem die von dem einen Grenzstein gefilmten Bilder gleichzeitig von einem auf der anderen Seite stehenden und von der Straße aus sichtbaren Bildschirm ausgestrahlt werden.

Durch diese Gleichzeitigkeit der Bilder vereinen und wiedervereinen diese Grenzsteine eine Landschaft und ihre Kehrseite oder aber, im Falle einer fiktiven Wiedervereinigung, eine sofortige und auch abweichende Realität. Dieses interaktive Prinzip macht die Mauer zu einem Spiegel und simuliert durch diese Ent-Materialisierung das Sichzurückziehen der Stadt auf ihre Achse.

Durch ihre Ausprägung nehmen diese Grenzstein-Gebäude die Ästhetik und die Funktion der Mauer, allerdings in abgeänderter Form, wieder auf (Wachttürme, Teleüberwachungssysteme, Graffitis, räumliche Orientierungspunkte und obligatorische Passierstellen zwischen dem Osten und dem Westen). So werden sie gleichzeitig zum Echo paralleler Kommunikationssysteme, die man mit der »Rock-Kultur« assoziiert und die sich unter der Jugend aus beiden Teilen der Stadt herausgebildet hat.

Das Streben dieses Projektes zielt schließlich und auf paradoxe Weise darauf, unvollendet zu bleiben oder in kurzer Zeit wieder zu verschwinden, obsolet geworden durch die tatsächliche Zerstörung des »Eisernen Vorhangs« und die tatsächliche Wiedervereinigung der beiden Teile Berlins.

Architecture-Studio (Paris)
Un réseau par-dessus le Mur

Le projet que nous proposons n'est ni une utopie ni un manifeste architectural. Il constitue plutôt une «alternative paradoxale», une réflexion critique et conceptuelle en rapport à une situation déterminée. Il nous paraît important en effet, pour anticiper à une solution politique et globale des problèmes de Berlin (dont la destruction du «rideau de fer» sera la conséquence inévitable), de créer un symbole susceptible de stigmatiser et de matérialiser, dans une sorte d'instantané conceptuel et urbain, la réflexion et le processus d'ouverture tel qu'il est engagé aujourd'hui, établir en quelque sorte un jalon psychologique de l'unité de Berlin. Nous proposons donc, à l'intérieur d'un réseau métrique abstrait tissé sur la ville, une série de «bâtiments-bornes» destinés à recevoir de part et d'autre du Mur des équipements culturels ou des logements.

Il s'agit d'un nouveau type de réseau qui puisse, tout en réanimant le tissu urbain, créer un système de communication dont les stations émettrices seraient ces points d'architecture. Opposée au processus répressif du Mur, cette trame engendre un système de relations dans la ville en créant de nouveaux points de repère, un marquage qui échappe à l'ordre monumental. Les bornes, jumelées de part et d'autre du Mur, échangent les images vidéo de leur inclusion dans les deux territoires, les images filmées par l'une étant simultanément diffusées par l'autre au moyen d'un écran visible depuis la rue. Les bornes rassemblent et ré-unissent ainsi, par la réciprocité des images, un paysage et son envers ou encore, dans une unification fictive, une réalité immédiate et une réalité différée. Ce schéma interactif confère au Mur le statut d'un miroir, et par sa dématérialisation, simule le repliage de la ville sur son axe.

Ces bâtiments-bornes, dans leur formulation, récupèrent en les détournant l'esthétique et les fonctions du Mur (miradors, système de télésurveillance, graffitis, repère spatial et points de passage obligés entre l'Est et l'Ouest). Ils se font également l'écho des systèmes de communication parallèles, associés à la «culture rock», qui se sont mis en place entre les jeunes des deux Berlin.

L'ambition de ce projet serait finalement, et paradoxalement, de rester inachevé ou de disparaître à court terme, rendu obsolète par la destruction réelle du rideau de fer, et par l'unification effective des deux Berlin.

Ce projet a pour but final et paradoxal de rester incomplet ou de disparaître en peu de temps, devenu obsolète par la destruction réelle du «rideau de fer» et l'unification réelle des deux parties de Berlin.

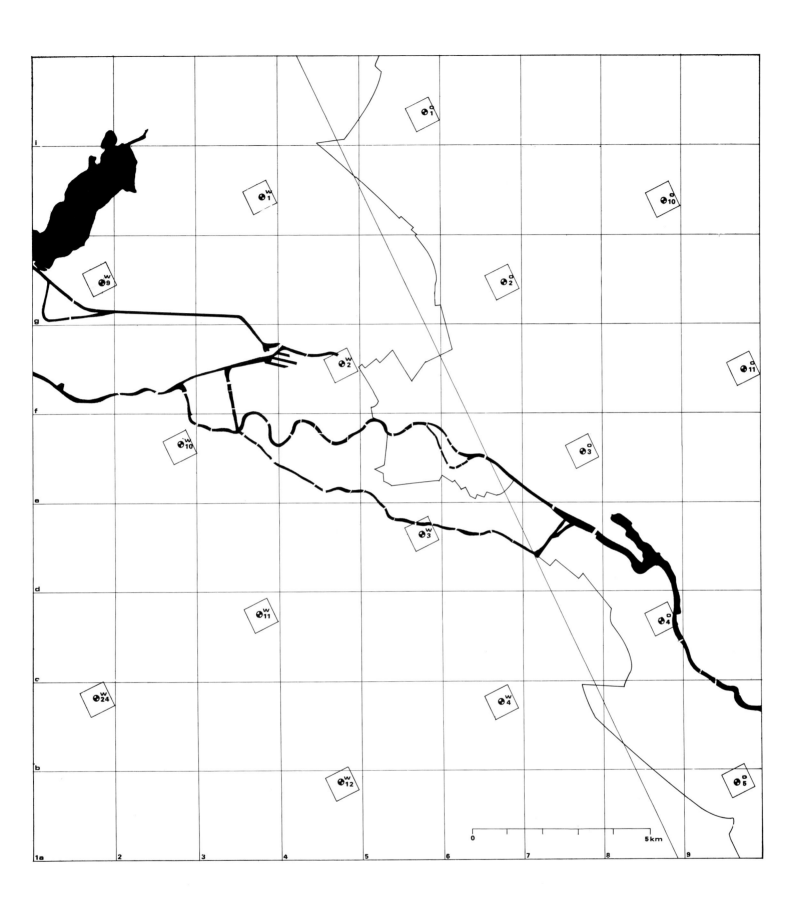

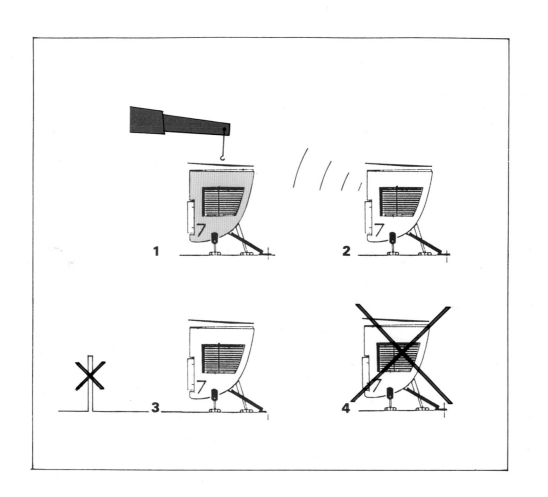

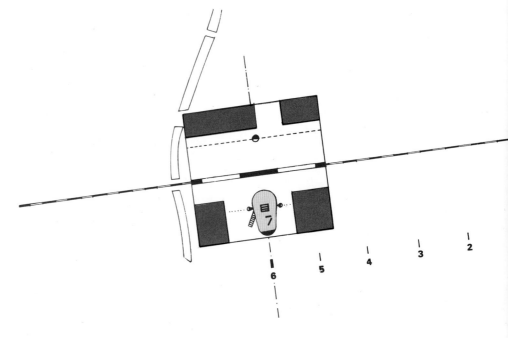

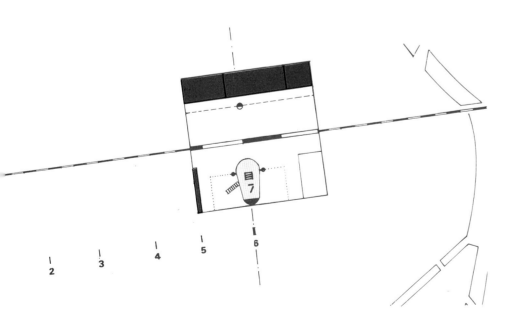

Architektursalon Elvira (Berlin)
Berlin — Berlin

Der »neue Westen« und die alte »Mitte«: Nur 4000 Meter trennen die städtischen Zentren der geteilten Stadt. Die Stadt hat sich dem Zustand der Teilung – seit 40 Jahren politische Realität – nicht anpassen können, trotz aller bemühten Versuche des Westens: Die Mitte, das Herz der Stadt, liegt nicht am Kurfürstendamm. 40 gegen 700 Jahre, welch eine Relation vor der Geschichte der Stadt.
Diese Planung rückt weniger politische Spekulationen einer bevorstehenden Wiedervereinigung der Stadt in das Blickfeld der Betrachtung als vielmehr die Tatsache, daß sinnvolle räumliche Konzepte für die westlichen Teile der städtischen Mitte Berlins nur entwickelt werden, wenn der Blick auf die ganze Stadt mit in die Überlegungen einbezogen bleibt.
In Berlin-West und Berlin-Ost haben sich unabhängig voneinander städtische Schwerpunkte gebildet, Zentren, die im Hinblick auf die gesamtstädtische Struktur eine Möglichkeit der direkten Verbindung fordern: die Fortführung des Kurfürstendamms nach Osten in das alte Zentrum der Stadt, ein Boulevard am Tiergarten als urbanes Bindeglied zwischen »Ost« und »West«.
Die Rhythmen des Boulevards am Tiergarten: urbane Magistrale zwischen den Zentren; gestaltete Bauflucht, harte Stadtkante zum innerstädtischen Park; Schnittkante von Stein und Grün; städtische Silhouette, Panorama – bewußt und massiv.
Die Stadt der Gründerzeit gegossen in die Form 2000: Häuser in der Manier der großen Städte der Welt; Verkehr, oberhalb und im Untergrund – Theater der Bewegung; die Lichter der Großstadt, Stadt der Lichtreklamen.
Downtown: die Kulisse des Flaneurs; Berlin – Berlin – Boulevard.

Architektursalon Elvira (Berlin)
Berlin — Berlin

« L'Ouest nouveau » et l'ancien « centre »: Les centres ville de cette métropole coupée en deux ne se trouvent qu'à 4000 mètres l'un de l'autre. La ville n'a pas pu s'adapter à l'état de séparation, pourtant une réalité politique depuis 40 ans; toutes les tentatives forcées de l'Ouest n'y ont rien changé: le centre, le cœur de la ville ne se trouve pas sur le Kurfürstendamm. Les 40 ans de séparation ne font pas le poids face aux 700 ans d'histoire commune.
Avec notre projet, nous ne voulons pas appuyer des spéculations politiques concernant une réunification de Berlin dans l'avenir, mais plutôt souligner le fait que des conceptions développées pour le centre de Berlin-Ouest ne peuvent avoir un sens que dans la mesure où elles tiennent aussi compte de l'ensemble de la ville.
Les centres de gravité de Berlin-Ouest et de Berlin-Est se sont formés indépendamment l'un de l'autre. Ces deux centres nécessitent la création d'une voie directe entre eux qui prenne en compte la structure urbaine dans son ensemble: la continuation du Kurfürstendamm vers l'Est, vers le vieux centre, un boulevard le long du Tiergarten qui serait un lien entre « l'Est » et « l'Ouest ».
Les rythmes du Tiergarten-Boulevard: Urbaine et magistrale, entre deux centres, une perspective bien conçue, la dure limite du parc, rencontre de pierres et de plantes, silhouette de la ville, panorama conscient et massif.
La ville du début du siècle sciemment coulée dans la forme 2000: des immeubles dans le style des grandes métropoles, la circulation, en surface et souterraine, un théâtre du mouvement, les lumières de la grande ville, la ville des néons.
Downtown: un décor de flâneur. Berlin – Berlin – Boulevard.

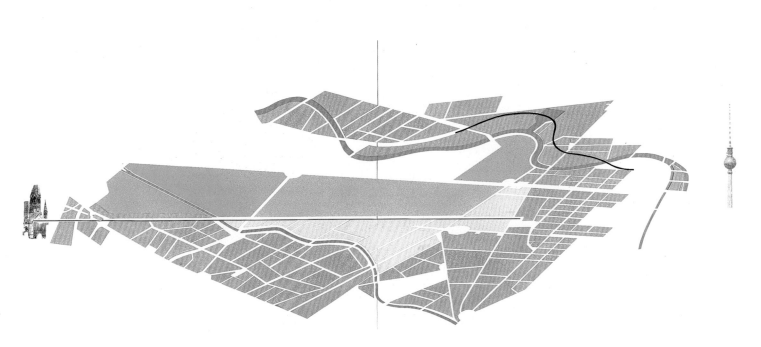

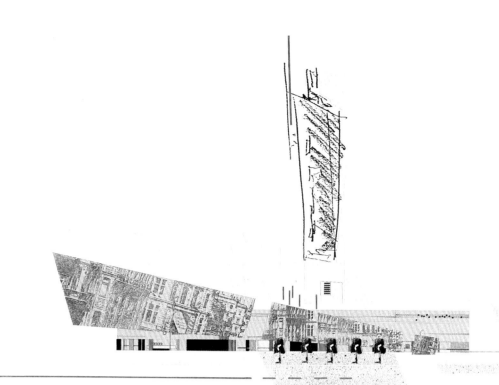

Assmann, Salomon und Scheidt (Berlin)
Talking Cubes

13 Jahre vor 2001 wird uns die Beantwortung der Frage 1988 – Fin de siècle oder Aufbruch ins kommende Jahrhundert bzw. Berlin – Denkmal oder Denkmodell aufgetragen. Wir sind ungewiß, angesichts der Gewißheit von Geschichte, Erfahrungen und Tendenzen des letzten Jahrhunderts. Ist die Kultur, in diesem Fall die Architektur, in der Lage, eine Prognose zu verkünden, einen Ausblick auf das kommende Jahrhundert zu zeichnen? Können wir das Ideale als Resultierende gesellschaftsstädtischer Hypothesen konstruieren, oder sollten wir Denkmodelle von Zukünftigem anregen, die die Ungewißheit der Möglichkeiten beinhalten?

Utopie ist die Ungewißheit der Möglichkeit, Talking Cubes. Der Prozeß des Entwerfens setzt sich bewußt dieser Ungewißheit aus, indem er sich einer Kompositionsmatrix bedient, die dem Zufälligen folgt, stage-play of John Cage, Partitur in 16 Takten. Berlin ist Szenarium. Die Partitur wird als Flächenraster auf die Stadt übertragen. Jeder Takt ist ein Planquadrat, jedes Thema ist ein Ort. Aus einem Objekt- und Bilderkatalog werden nach einem vom Zufall gesteuerten Prozeß Akzente ausgewählt, die die Orte neu thematisieren. So entsteht ein Wechselspiel zwischen Partitur und Stadt.

19,2	Spree, AEG
2,15,7	Fisch, Stuhl, Rolltreppe
3,7	Wasser, Haus
x	Stein
13	Wolkenkuckucksheim

Der Entwurf ist assoziativ. Es wird aus scheinbar Irrealem ein Abbild von Zukünftigem entdeckt.

Unbewußtes wird bewußt zugelassen, Talking Cubes.

Auf sechs Ebenen zeigen die Talking Cubes die Stadt in verschiedenen Maßstäben und Abbildern, Visionen und Images. Gleichförmig gedreht und gespielt, zeigen sie Ort und Planungen im großstädtischen Zusammenhang und entwickeln stufenweise ein exemplarisches Bild in der Mitte Berlins.

Talking Cubes, ein utopisches Märchen in 16 Bildern.

Ungleichförmig gedreht und gespielt, wird die Statik der Stadt aufgelöst, werden Sehgewohnheiten aufgehoben. Orte, Abbilder, Visionen und Images unterwerfen sich einer subjektiv beliebigen Mischung. Neue Bilder entstehen überall und nirgendwo. Jede Idee ist eine Insel, umspült von anderen. Ein neues Nebeneinander entsteht.

Talking Cubes, ein städtischer Dialog in 16 Takten.

Denkmodell oder Aufbruch?

Turn the cubes!

Assmann, Salomon und Scheidt (Berlin)
Talking Cubes

13 ans avant 2001, on nous demande de répondre à ces questions: 1988 – fin de siècle ou départ vers le siècle suivant? Berlin – monument ou modèle de pensée? Nous sommes incertains, face à la certitude de l'histoire, des expériences et des tendances du dernier siècle. La culture et, en l'espèce, l'architecture, est-elle en mesure d'annoncer un pronostic et d'esquisser une perspective pour le siècle prochain? Pouvons-nous élaborer l'idéal en tant que résultat d'hypothèses socio-urbaines ou devrions-nous susciter des modèles de pensée concernant l'avenir qui incluent l'incertitude du possible?

L'utopie est l'incertitude du possible, Talking Cubes. Le processus de conception s'expose sciemment à cette incertitude en utilisant une matrice de composition qui suit le hasard, pièce de théâtre de John Cage, une partition en 16 mesures. Le scénario, c'est Berlin. La partition est appliquée à la ville comme trame de surface. Chaque mesure de la partition constitue un carré du plan, chaque thème est un lieu. A partir d'un catalogue d'objets et d'images sont choisis, par un procédé aléatoire, des accents qui confèrent de nouveaux thèmes à ces lieux. Ainsi se crée un jeu d'échanges entre la partition et la ville.

19,2	Spree, AEG
2,15,7	Poisson, Chaise, Escalier roulant
3,7	Eau, Maison
x	Pierre
13	Monde imaginaire

Le projet est associatif. A partir de ce qui est apparemment irréel, se découvre une image du futur.

Sur six niveaux, les Talking Cubes montrent la ville à diverses échelles et selon différentes figures, visions et images. Si on les fait tourner, si on joue avec eux, de manière uniforme, ils montrent les lieux et les projets dans le contexte de la grande ville et ils développent, par degrés successifs, une vision exemplaire au cœur de Berlin.

Talking Cubes, un conte utopique en 16 tableaux.

Si on les fait tourner, si on joue avec eux, de manière non-uniforme, la statique de la ville est rompue et les habitudes visuelles sont abrogées. Les lieux, les figures, les visions et les images obéissent à un mélange subjectif et arbitraire. De nouveaux tableaux surgissent partout et nulle part. Chaque idée est une île baignée par d'autres. Une nouvelle juxtaposition surgit.

Talking Cubes, un dialogue citadin en 16 mesures.

Modèle de pensée ou commencement?

Turn the cubes!

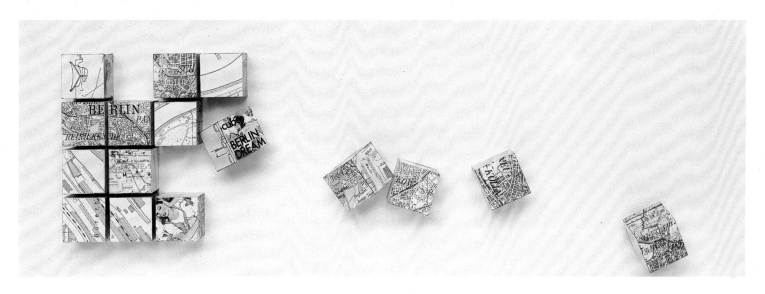

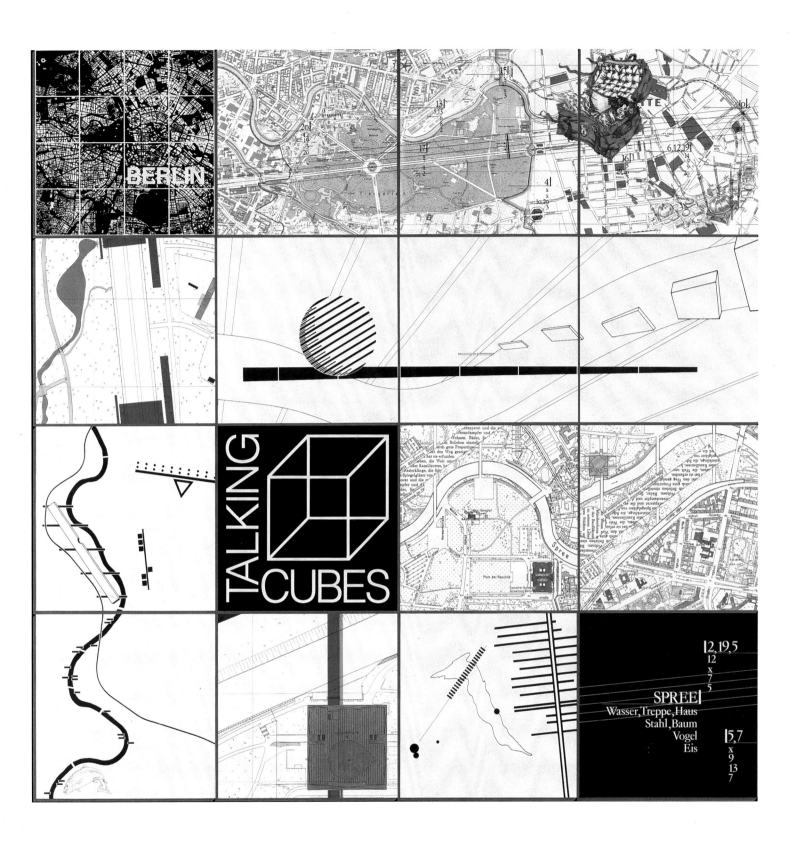

Hinrich Baller, Inken Baller (Berlin)
Denkmodelle weiterdenken

Eine lebendige Stadt erklärt sich aus der Geschichte ihrer Transformation. Auch Denkmäler gewinnen die langfristige Anerkennung aus ihrer Vielschichtigkeit, mit der sie immer wieder neuen Denkansätzen gegenüber sich als interessant erweisen, in der Theorie über Harmonie, in sich wandelndem Gebrauch, in der Ausstrahlung über ihren Entstehungsort hinaus. Sie sind gleichermaßen Anregung zu neuem Denken wie auch Brücken zum Verständnis überwundener oder zumindest nicht mehr aktueller Denkprinzipien. Peter Joseph Lennés Stadtutopien der durchgrünten Residenz, Schinkels Umgang mit dem Prinz-Albrecht-Palais – um nur zwei Beispiele zu nennen – sind Denkmäler, die Zeugnis und Denkanstoß zugleich sind; sie sind Weiterentwicklungen, niemals abgeschlossen, aber von weitreichenden Konsequenzen.

Wir glauben, heute die Stadt nicht unfertig lassen zu können, selbst Denkmäler werden aus ihrer prozeßhaften Struktur herausgerissen, teils sogar in einem vermeintlichen Originalzustand neu erbaut, um Auseinandersetzungen mit ihrem geschichtlichen Vermächtnis auszuweichen, sie einzufrieren. Ebenso suchen wir heute im Bau nach Endergebnissen, die dann von entsprechender kurzer Aktualität sind und ihre Wirkung der ihnen innewohnenden Sensation verdanken. Der Solitär ist aktuell – Campanile, Stadtvilla, Triumphbogen.

In unserem Beitrag wollen wir uns mit sehr gegensätzlichen »Vermächtnissen« aus jüngerer Zeit auseinandersetzen:

– Das Neue Kreuzberger Zentrum entstand während der Euphorie der Verkehrsgroßtrassen, es sollte gegenüber dem vielarmigen Autobahnkreuz ein markantes Zeichen setzen und nach Süden Abschirmung für einen großstädtischen Platzraum bieten. Die Einseitigkeit und das Fehlen jeder affektiven und sozialen Verknüpfung ließen die Baustruktur verkommen. Der inzwischen behutsam erneuerte Stadtraum macht ein Weiterdenken erforderlich – eine Brücke zu vorhandenen und erfahrbaren Raumstrukturen des Quartiers.

– Hans Scharouns Kulturforumgedanke war eingebunden in eine umfangreiche Theorie der Stadtlandschaft, die den technischen und ökologischen Ausgleich suchte. Seine Gliederungen der großen Baumassen folgen erinnerbaren Stadtsilhouetten ebenso wie Assoziationen an Landschaftsstrukturen, der Platzraum vor der Kirche ist historischer Rahmen und gleichzeitig einladende Geste mit dem »Gästehaus«. Die räumliche Struktur ist unabhängig von dem damals aktuellen Gästehausgedanken. Die Stadtentwicklung erfordert hier andere Funktionen, die Scharounschen städtebaulichen Vorstellungen provozieren ein Weiterdenken.

Hinrich Baller, Inken Baller (Berlin)
La poursuite des modèles de pensée

Une ville vivante est révélée par l'histoire de sa transformation. Les monuments acquièrent également une reconnaissance à long terme à partir de la diversité de leur interprétation, grâce à laquelle ils apparaissent toujours intéressants; ils stimulent de nouvelles pensées à leur sujet, par la théorie sur l'harmonie, par la transformation de leur usage, par le rayonnement au-delà de leur lieu de création. Ils constituent également une stimulation pour de nouvelles idées tout comme des éléments de jonction en vue d'une compréhension de principes de pensée dépassés ou du moins sans actualité. Les utopies urbaines de Peter Joseph Lenné à propos de la résidence entièrement verte, le travail de Schinkel avec le Palais du Prince Albrecht – pour ne citer que deux exemples – sont des monuments, représentant simultanément des témoignages et des incitations à la réflexion; ils sont de nouveaux développements jamais achevés, mais avec des conséquences d'une grande portée.

Nous pensons ne pas pouvoir laisser la ville inachevée; même les monuments sont arrachés à leur structure, en partie même nouvellement construits en leur état soi-disant original, pour éviter des réflexions sur leur legs historique, pour les geler. Nous recherchons également aujourd'hui dans la construction des résultats définitifs qui seront d'une brève actualité et qui devront leur effet à leur sensation inhérente. Le monument solitaire est d'actualité – campanile, villa urbaine, arc de triomphe.

Nous entendons dans notre contribution nous pencher sur des héritages très contradictoires de l'époque récente.

– Le nouveau centre de Kreuzberg est apparu durant l'euphorie des grandes voies de circulation, il devait marquer un tournant vis-à-vis des échangeurs d'autoroutes et offrir vers le sud une protection pour une place métropolitaine. Le caractère unilatéral et le manque de tout lien affectif et social ont entraîné un délabrement de la structure constructive. L'espace urbain, entre-temps prudemment réhabilité, rend nécessaire la poursuite d'une réflexion – un accès aux structures spatiales disponibles et accessibles du quartier.

– L'idée de forum culturel de Hans Scharoun fut intégrée dans une vaste théorie du paysage urbain recherchant un équilibre technique et écologique. Des silhouettes urbaines restant dans la mémoire résultent des structures des grandes masses constructives, tout comme des associations aux structures du paysage; l'espace devant l'église est un cadre historique et simultanément, avec «l'auberge», une invitation à y accéder. La structure spatiale est indépendante de l'idée, moderne à l'époque, de «l'auberge». Le développement urbain exige ici d'autres fonctions, les conceptions urbanistiques de Scharoun suscitent la poursuite d'une réflexion.

Neues Kreuzberger Zentrum
Nouveau centre de Kreuzberg

Kulturforum
Forum culturel

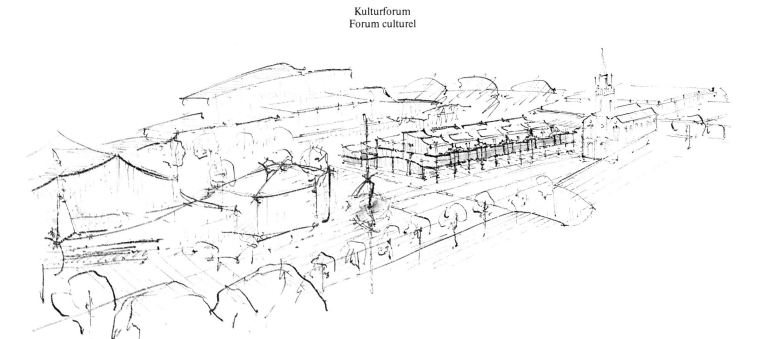

Bangert, Jansen, Scholz, Schultes (Berlin)
Joachimstaler Platz/Kurfürstendamm

In der Abriß- und Aufbauwut der 50er Jahre ist natürlich mehr
kaputtgegangen als diese wichtigste Kurfürstendamm-Kreuzung.
Das offensichtlich eher antiquarische Geschichtsverständnis der
Berliner Denkmalpflege erwägt vielleicht schon einen Ensemble-
schutz für diese exemplarische Zerstörung traditioneller Stadtstruktur.
Waren die Dreiecksplätze des Ku-Damms ohnehin stadträumliche
Kunstfehler, störten die ausgebissenen Blockreststücke das auf
Homogenität angewiesene Ku-Damm-Profil mit seiner Champs-
Elysées-Breite von 55 Metern, so begann mit und nach dem Bom-
benkrieg die eigentliche »Entwicklung« des Platzes. Die bereits vor-
her labile Räumlichkeit des Zwickels Augsburger Straße/Joachims-
taler Straße, nur durch die simple Gleichförmigkeit der Straßen-
raumkanten erlebbar, mußte mit der Verbreiterung der Joachimstaler Straße, der Halbierung der Wand des Augsburger Platzes durch
die stadträumlich unentschiedene Allianz-Bebauung, der viel zu
niedrigen Sägezahnstaffelung des Cafés Kranzler, dem »Möchte-
Gern-Zum-Ku-Damm-Gehören« des Klotzes von C&A und dem
protzigen Aufeinandergetürme des Ku-Damm-Ecks vollends uner-
fahrbar werden.
Es ist genau dieses räumlich Chaotische und Charakterlose, das die
vielbeklagte Unwirtlichkeit auch dieses wichtigen Standorts ausmacht. Es wäre absurd, wenn man angesichts des im Wiederaufbau
zerschundenen Raumgefüges und der daraus resultierenden Unzu-
friedenheit der Berliner mit dieser wichtigsten Ku-Damm-Ecke
diese Platzhilflosigkeit mit Grün verbrämen, mit Brünnchen, Glok-
kenspiel, Verkehrskanzel oder Pergolen veralbern, das Untaugliche
denkmalpflegerisch festschreiben oder gar am Ende einmal wieder
zehn Jahre nichts tun würde – drum herum ist allemal und jahrelang
das Verständnislose in die Tat umgesetzt worden.
Was tun? Eine Wiederherstellung des traditionellen Straßenraums
ist selbst langfristig nicht möglich – die in unserem Vorschlag enthal-
tene Allianz-Erweiterung ist bestimmt schwierig genug zu realisieren. Der Joachimstaler Platz kann eben nicht durch eine Verbesserung der Randbedingungen neu erstehen, er muß sich selbst definieren, er muß diesseits der Straßenkreuzung gebaut werden, innerhalb
der Fluchten des alten Blocks. Er kann mit seinen Raumkanten
angedeutet werden, mit seinen Wänden festgeschrieben oder überdacht erlebbar werden (siehe dazu die Alternativen des Gutachtens
von 1979).
Wir haben für uns noch einmal alle diese Möglichkeiten Revue passieren lassen und schlagen den blockhohen, überdachten Platzraum
als zentralen Treffpunkt im Herzen der City vor. Die in den Dach-
füßen anzusiedelnden Nutzungen könnten die Palette von Zeitschriften und Büchern, Post und Telefon, Theaterkasse und Sight-
seeingbüro, Zimmernachweis und Bundesbahnschalter, Espresso-
Bar und Eiscafé umfassen. Das drei Meter hohe Ei des Bildhauers
Karol Broniatowski im Zentrum des Platzraumes mag als jahrtau-
sendealtes Zeichen für Fruchtbarkeit und Neubeginn den Blick der
Berliner aufs Zukünftige richten helfen, nach aller Rückbesinnlich-
keit der glücklich überstandenen 750-Jahr-Feier Berlins.
Axel Schultes

Bangert, Jansen, Scholz, Schultes (Berlin)
Joachimstaler Platz/Kurfürstendamm

Bien sûr, il n'y a pas que ce carrefour, le plus important du Kurfürstendamm, qui a souffert de la rage de démolir et de reconstruire
des années 50. Et les services de la protection des monuments berlinois, vu leur conception de l'histoire proche de celle d'un antiquaire,
sont peut-être en train de se demander s'il ne faut pas classer monument historique cet anéantissement exemplaire d'une structure traditionnelle de la ville.
S'il est vrai que la création de places triangulaires sur le Kurfürstendamm était de toute façon une erreur du point de vue urbanistique,
car les immeubles manquants empêchaient l'homogénéité nécessaire au Kurfürstendamm, large de 55 mètres comme les Champs-
Elysées, la véritable «évolution» de cette place ne commença
qu'après les bombardements de la Seconde Guerre mondiale. Si le
«raccord» formé par la Joachimstaler et la Augsburger Straße ne
constituait un espace perceptible comme tel que par le simple alignement des façades, cette unicité fut condamnée dès l'instant où la
Joachimstaler Straße fut élargie et le mur de la Augsburger Platz
réduit de moitié à cause de la solution ambiguë que constitue l'immeuble de la compagnie d'assurance «Allianz». La façade beaucoup
trop basse et en dents de scie du Café Kranzler, le bâtiment difforme
de «C & A» et l'arrogante superposition de volumes au «Ku-Damm-
Eck» ont fini par dissoudre l'espace architectural.
C'est précisément ce côté chaotique et incohérent qui donne à cette
place si importante le caractère peu accueillant qui lui est souvent
reproché. Il serait absurde de vouloir remédier à cette mauvaise
organisation de l'espace résultant d'une reconstruction trop rapide
en cachant le manque de savoir-faire par de la verdure, de petites
fontaines, des carillons et autres pergolas ridicules. Il n'est pas pensable de répondre à la critique des Berlinois qui sont très mécon-
tents de l'état de ce carrefour le plus important du Kurfürstendamm
en classant monuments historiques des solutions inadaptées ou en
croisant les bras pendant dix ans, comme cela a déjà été fait. Et ceci
d'autant moins qu'alentour les pires aberrations ont été construites
depuis des décennies.
Que faire? Il est impossible, même à long terme, de revenir à la
répartition traditionnelle de l'espace sur les différentes rues. L'élargissement de l'ensemble «Allianz» contenu dans nos propositions
est sûrement déjà difficile à réaliser. Il est clair que la Joachimstaler
Platz ne peut être ressuscitée par l'amélioration de sa périphérie. Il
faut la redéfinir en partant de la place même et la construire en deçà
du carrefour à l'endroit du grand immeuble d'autrefois. On peut en
déterminer les limites de façon plus ou moins nette par des bordu-
res, des murs ou un toit (voir les alternatives de l'expertise de 1979).
Après avoir pesé encore une fois le pour et le contre de toutes ces
possibilités, nous proposons la création d'un lieu-rencontre en plein
centre de Berlin sous forme d'une place couverte à hauteur d'immeuble. Dans les toits pourraient être logés des services et des kiosques (livres et journaux, PTT et téléphone, billets de théâtre et de
visites touristiques, réservation de chambres et de billets de train,
cafés). La sculpture de Karol Broniatowski au centre de la place, un
œuf de 3 mètres de haut, symbole ancien de fertilité et de renou-
veau, aidera les Berlinois à regarder vers l'avenir, après toutes les
commémorations du 750ème anniversaire.
Axel Schultes

Donald L. Bates (London)
Berlin: Vier Abfolgen

»Malewitsch, oder der Besitz ist neun Zehntel eines Gesetzes.« Aneignung ist die Schaffung von Eigentum, und Eigentum ist die Konsequenz der Macht. Der Akt der Realisierung wird immer wieder zum Akt der Aneignung. Ein Niemandsland wird erst durch die Besitzlosigkeit der Vertriebenen wahrgenommen. Befreiung von Eigentum oder von der Autorität sind Übergangsstellen, wie etwa Checkpoint Charlie oder die Grüne Linie (Beirut). Wenn die Therapie, die eine Welt von Objekten verordnet, plötzlich verdächtig wird, dann fällt die Voraussetzung der Urbanität in sich zusammen mit dem Verlust des städtischen Ethos.
»Athen, oder eine Mauer ist eine Mauer.« Das Sinnbild einer Stadt oder die Stadt als reines Sinnbild. In der post-sokratischen Form einer Stadt und ihrer Benennung stellt Berlin pflichtgemäß die Charakterzüge des westlichen Gedankengutes dar: ein genetischer Fingerabdruck hellenistischen Ursprungs, enthüllt durch das Wissen über architektonische Richtsprüche. Die Normen der westlichen Metaphysik sind gefangen und einbezogen in Schinkels Werk, in dem Berlin sich selbst erkennt. In einer geringen perspektivischen Entfernung muß die Auflösung (nicht aber Zerstörung) von uralten Stadtmauern durch einen Akt des A b - S c h a f f e n s vollzogen werden.
»Der Pflug oder die Wüste von St. Anton.« Transzendenz als Heilung und Problemlösung ist die letzte Zuflucht für eine Kultur, die einem Kulturkonzept äußerst skeptisch gegenübersteht. Berlin, gefangen in seinem politischen Erbe und in experimentellen Tendenzen, behält wenigstens eine lebendige Urbanität, die die Festigung des Möglichen verzögert, jedoch nie ganz verhindert. Die von St. Anton in die Stadt geholte Wüste.

Donald L. Bates (Londres)
Berlin: 4 séries de descriptions

« Malevich ou la Possession représente les 9/10èmes de la loi. » L'appropriation est l'établissement de la propriété et la propriété est conséquence de l'autorité. Les actes de concrétisation physique se tranforment pour toujours en actes d'appropriation. Pour les dépossédés la spatialité du no man's land est accentuée par la non-possession. Les remèdes à la propriété ou aux actes d'autorité résident dans des points de passage tels le point de contrôle Charlie ou la Ligne Verte (Beyrouth). Lorsque la thérapie prescrivant un monde d'objets devient brusquement suspecte, la primauté de l'urbanisme s'effondre avec le retrait de l'éthos citadin.
« Athènes ou un Mur est un Mur. » L'image de la ville ou la ville comme image pure. Contenue dans la définition post-socratique de la ville et de son nom, Berlin révèle consciencieusement les caractéristiques de la pensée occidentale; une empreinte génétique d'origene hellénique, révélée par une science de l'argumentation architecturale. Les destins de la métaphysique occidentale sont eux-mêmes capturés et consommés dans l'artifice de Schinkel d'un Berlin témoin de lui-même. Et dans la minuscule distance de perspective, il reste à terminer la dissolution (et non la destruction) des anciennes fortifications de la ville, en d é - f a i s a n t .
« La charrue ou le désert de Saint-Antoine. » La transcendance en tant que remède et solution aux problèmes est le dernier refuge d'une culture profondément soupçonneuse à l'égard du concept de culture. Berlin, enfermé comme il l'est entre des héritages politiques et les tendances de laboratoire conserve au moins un urbanisme nerveux qui retarde (mais ne l'emporte jamais) sur la consolidation du potentiel. Saint-Antoine apportant le désert dans la ville.

50

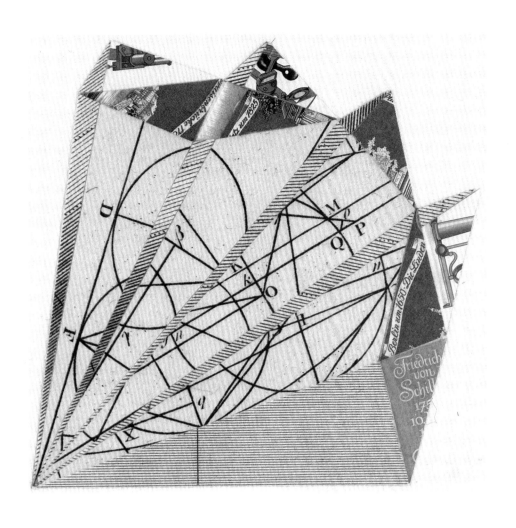

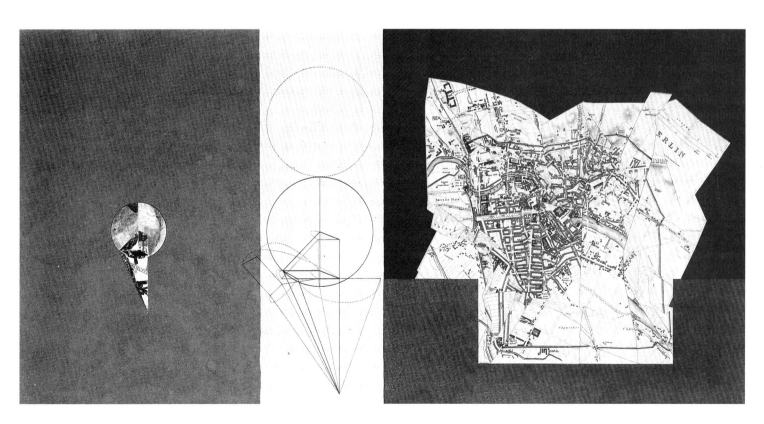

Berghof, Landes, Rang (Frankfurt a. M.)
Grenzen

Unser Ziel ist es, Grenzen sichtbar zu machen und gleichzeitig ihre
mögliche Auflösung und Durchlässigkeit zu erreichen.
Grenze als statisches und dynamisches Prinzip, brauchbar, aus-
drucksvoll, würdevoll.
Angenommen, der augenblickliche, weltweite politische Frühling
führt auch zum Nachdenken über die Bedeutung der Berliner
Mauer und des »Todesstreifens«. Wie könnte dieser Zone eine neue
Bedeutung gegeben werden, ohne die Souveränität der beiden
Städte mit gleichem Namen anzutasten? Eine Bedeutung, die auf
den Ort und seine Geschichte eingeht und zugleich Zukunft bedeu-
tet? Grenze als Konvention, Anerkennung, als Zustand, der zu
Begegnung und Austausch führt.
Ein neuer Ort, nicht nur für Berlin, sondern auch für souveräne poli-
tische Welten. Ein Ort des Nachdenkens, der politischen Entspan-
nung. Vielleicht auch ein Ort, an dem die Sehnsüchte, Bedürfnisse,
Ideale und Wunschbilder der sich gegenüberstehenden Kulturen mit
Blick auf die andere wahr werden.
Ein Ort, der kulturelle, humanitäre wie ökumenische Begegnung
ermöglicht und zur Muße zwischen den Welten einlädt. Kranken-
häuser, internationale Schulen, Konzertsäle, Bibliotheken, Universi-
tätsinstitute, Friedensinstitute, ein Zentrum zum Studium des
Marxismus und Kommunismus, eine Zen-Schule, große Kaufhäu-
ser, Peep-Shows, ein Ort für Technologie. – Transferstelle, aber auch
ein Begegnungshaus für geteilte Städte und Staaten wie z. B. Niko-
sia auf Zypern, Shaker Heights in Cincinnati, Jerusalem, Seoul in
Korea… Also ein vielfältiger Ort, der über die Souveränität der poli-
tischen Städte und Systeme hinaus ein Ort der Begegnung und des
Austauschs wird. Grenze als Appetit, als genußvoller Aufschub, um
das »Geheimnis« zu entdecken.
Zur Installation:
Der Paravent mit dem Bild einer ideellen Architekturlandschaft
entlang der Grenze, hinter und vor der Mauer, Erinnerungen und
Visionen.
Der Notenständer mit »konkreten« Planungen, Umsetzungen und
Realitäten, die über die Souveränität der beiden Städte hinaus eine
Zukunft suchen.
Die Absperrung, die Insel Berlin, in der die Realität und die alte und
neue Vision ruhen.

Berghof, Landes, Rang (Francfort s. M.)
Frontières

Notre objectif est de mettre en évidence les frontières et simultanément de parvenir à leur désagrégation et perméabilité possibles.
La frontière en tant que principe dynamique et statique, utilisable,
expressif, noble.
Supposons que le «printemps» politique mondial actuel amène à
réfléchir sur la signification du Mur de Berlin et la «bande de mort».
Comment cette zone pourrait-elle acquérir une nouvelle signification sans toucher à la souveraineté des deux villes portant le même
nom? Une signification tenant compte du lieu et de son histoire,
ayant simultanément un sens pour l'avenir? La frontière en tant que
convention, reconnaissance, en tant qu'état suscitant rencontres et
échanges.
Un nouveau lieu non seulement pour Berlin, mais également pour
des mondes politiques souverains. Un lieu de la réflexion, de la
détente politique. Peut-être aussi un lieu dans lequel les nostalgies,
les besoins, les idéaux et les désirs des deux cultures face à face
deviendront une réalité en tenant compte de l'autre.
Un lieu permettant des rencontres culturelles, humanitaires et œcu-
méniques et invitant à une flânerie entre les mondes. Des hôpitaux,
des écoles internationales, des salles de concert, des bibliothèques,
des instituts universitaires, des instituts de paix, un centre pour
l'étude du marxisme et du communisme, une école de zen, des
grands magasins, des peep-shows, un lieu de technologie. Un poste
de transfert, mais également un bâtiment de rencontres pour les villes et états divisés, comme par exemple Nicosie à Chypre, Shaker
Heights à Cincinnati, Jérusalem, Séoul en Corée… Soit donc un lieu
riche et diversifié, devenant, au-delà de la souveraineté des villes et
systèmes politiques, un lieu de rencontres et d'échanges. La frontière en tant qu'appétit, en tant que délectable sursis pour découvrir
le «secret».
Pour l'installation: Le paravent avec le tableau d'un paysage
architectural imaginaire le long de la frontière, derrière et devant le
Mur, souvenirs et visions.
Le pupitre de musique avec des plans «concrets», des applications et
des réalités recherchant un avenir au-delà de la souveraineté des
deux villes.
La barrière, l'île de Berlin sur laquelle reposent la réalité et la vision
ancienne et nouvelle.

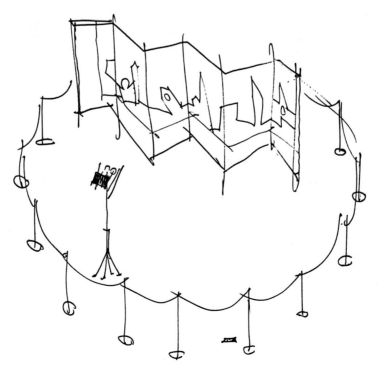

Francisco Javier Biurrun Salanueva (Pamplona/New York)
Tempelhof, Architektur für eine Wolke
Die Energie des Raumes ist im Gleichgewicht mit der Mauer

1. Nachdem wir 2000 Jahre lang geglaubt haben, daß die Euklidische Geometrie allgemeine Gültigkeit hat, wissen wir heute, daß diese Geometrie nur für einen kleinen Teil der Realität gültig ist.
2. Die Gesetze der klassischen Mechanik waren genau die Gesetze, die man von einer perfekten, k a u s a l e n Welt erwarten kann. Durch die Quantenmechanik wird die kausale Welt durch eine wahrscheinliche ersetzt.
3. In der Newtonschen Mechanik waren Zeit und Raum unabhängige Einheiten. In Einsteins Relativitätstheorie ist die Zeit relativ zum Bezugsrahmen. Relativität löschte die Illusion Newtons von absolutem Raum und von der absoluten Zeit aus.
4. In der klassischen Mechanik waren Masse, Kraft und Bewegung die Elemente. In der Relativitätstheorie kann jegliche Energie auch als Teil ihrer Trägheitsmasse angesehen werden. Masse kann gleich Energie gesetzt werden.
5. In der klassischen Wissenschaft ist die Welt eine Maschine, einem geschlossenen System vergleichbar. Durch die Quantenmechanik wurde entdeckt, daß die Welt ein offenes System ist.
6. Der klassische Standpunkt besagt, daß die Basisprozesse der Natur als deterministisch und reversibel angesehen werden. Die Quantenmechanik entdeckte eine Welt, die vom Zufall bestimmt und irreversibel ist.
7. In der klassischen Wissenschaft ist die Welt unabhängig vom Betrachter. In der Quantentheorie beeinflußt der Betrachter bzw. Teilnehmer das Ergebnis der Betrachtung.
8. Die klassische Wissenschaft basierte also auf den Gesetzen der Logik. Heute ist das Ungleichgewicht die Quelle der Ordnung. Unter Ungleichgewichtsbedingungen kann die Entropie Ordnung erzeugen und folgerichtig – Leben. Alles beginnt mit dem Chaos.
9. Die Logik versteht. Die Kunst versteht nicht nur, sie empfindet.
10. In der klassischen Wissenschaft ist die Materie einzigartig. In der Quantentheorie haben wir es mit dem dualen Charakter der Materie zu tun. Alle Elementarteilchen zeigen den Wellen-Teilchen-Dualismus.
Konzepte für Wissenschaft, Kunst und Architektur im Jahre 1988:
1. Keine Euklidsche Geometrie, 2. Wahrscheinlichkeitswelt, 3. Energie, 4. Dualismus, 5. Offenes System, 6. Unbestimmtheit, dem Zufall überlassen, 7. Subjektivität, 8. Chaos, 9. Mystik.
Ich wähle den Flughafen Tempelhof, weil er der mystischste Platz Berlins ist. In der Zukunft wird er eine öffentliche Anlage sein. Das Projekt leert den Raum. D i e L e e r e a l s A r c h i t e k t u r.

Francisco Javier Biurrun Salanueva (Pampelune/New York)
Tempelhof, architecture pour un nuage
L'énergie de l'espace est en équilibre avec le Mur

1. Pendant 2000 ans on a cru que la géométrie d'Euclide était la seule géométrie valable. Nous savons maintenant qu'elle ne l'est que pour une petite partie de la réalité.
2. Les lois de la mécanique classique étaient simplement le type de loi que l'on s'attend à rencontrer dans un monde parfait de causalités. La mécanique quantique remplace le monde causal par un monde de probabilités.
3. Dans la mécanique newtonienne, le temps et l'espace étaient des entités indépendantes. Dans la théorie de la relativité d'Einstein, le temps est relatif par rapport au cadre de référence. La relativité a éliminé l'illusion newtonienne de temps et d'espace absolus.
4. Selon la mécanique classique, les éléments étaient la masse, la force et le mouvement. Dans la théorie de la relativité, l'énergie de toute chose peut tout aussi bien être considérée comme faisant partie de sa masse inerte. La masse égale l'énergie.
5. Dans la science classique, le monde est une machine, une sorte de système clos. La mécanique quantique a découvert que le monde est un système ouvert.
6. Selon l'optique classique, les processus de base de la nature étaient considérés comme déterminants et réversibles. La mécanique quantique a découvert un monde du hasard et de l'irréversible.
7. Selon la science classique, le monde est indépendant de l'observateur. Dans la théorie des quanta, l'observateur est également participant et influe sur le résultat de l'observation.
8. La science classique appréhende toute chose selon les lois de la logique. A l'heure actuelle, le non-équilibre est source d'ordre. Dans des conditions de non-équilibre, l'entropie peut produire l'ordre et, de ce fait, la vie. Tout commence avec le chaos.
9. La logique comprend. L'art ne se borne pas à comprendre mais ressent.
10. Dans la science classique, la matière est unique. La théorie des quantas montre la dualité de nature de la matière. Toutes les particules élémentaires mettent en lumière le dualisme onde-particule.
Concepts de la science, de l'art et de l'architecture en 1988:
1. Géométrie non-euclidienne, 2. Monde de probabilités, 3. Énergie. 4. Dualisme, 5. Système ouvert, 6. Non-déterminisme et hasard, 7. Subjectivité, 8. Chaos, 9. Mysticisme.
J'ai choisi l'aéroport de Tempelhof car c'est l'endroit le plus mystique de Berlin. A l'avenir, il s'agira d'un espace public. Le projet vide l'espace. L e v i d e e n t a n t q u'a r c h i t e c t u r e.

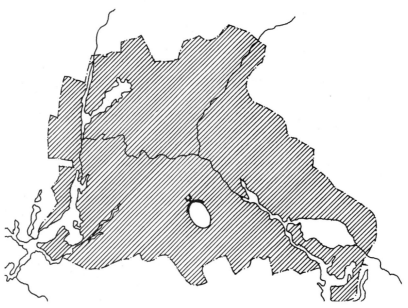

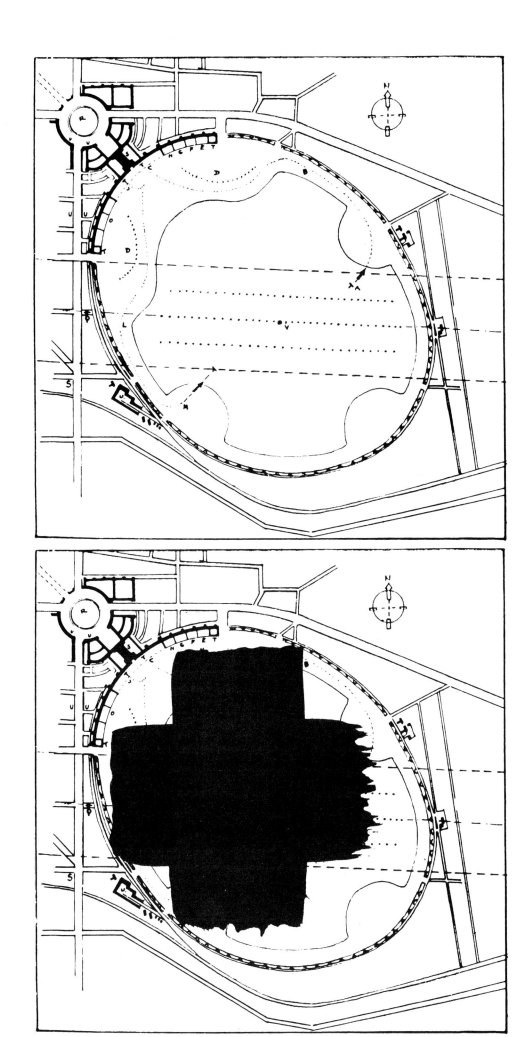

Günter Bock, Luise King (Frankfurt a. M.)
Die postindustrielle Polis und ihre Orte –
das Friedensforum am Potsdamer Platz

In mancher Hinsicht ist Berlin nur scheinbar ein Sonderfall. Stagnation und Schrumpfung sind auch andernorts gegenwärtig, erzeugen Brachen, Niemandsland. Trennungs- und Segregationsprozesse fragmentieren fortschreitend die Städte. Die Mauer als politische Trennung ist ein Extremfall auch anderweitig nachweisbarer Phänomene. Hier wie dort birgt der Wandel der Wertsysteme die Chance neuer Konstellationen, neuer Standortbestimmungen, neuer Zuordnungen. Dies ist auch die Stunde einer Wende im Städtebau.
Die neue Polis besetzt alte Stätten, etabliert sich mit ihren öffentlichen und weniger öffentlichen Teilen - interpretierend - auf Kultur-, Politik- und Verkehrsbrache. Wichtig die Beziehung der Orte untereinander und zu ihrer Umgebung: die Überwindung von Fragmentierungen sowie die Verdeutlichung der neuen Zuordnungen und stadträumlichen Zusammenhänge.
Die öffentlichen Orte der Polis sind:
1. das politische Forum im Spreebogen (Gegenwart),
2. das Kulturforum am Kemperplatz (Vergangenheit),
3. das Friedensforum am Potsdamer Platz (Zukunft).
Sie werden ergänzt durch drei beispielhafte Wohnorte, die alle ehemaligen Bahntrassen folgen:
4. die »Lehrter Schiene« als Moabiter Stadtrand,
5. der »Potsdamer Anger« als eine Art Diplomatenviertel,
6. der »Anhalter Hof« – in der Nachbarschaft Kreuzbergs – als eine Folge von Höfen experimenteller Wohnformen, ergänzt durch eine Stadtloggia am Askanischen Platz.
Das Friedensforum am Potsdamer Platz: Es ist ein Ort des Rückzugs, der Reflexion, aber auch des Dialogs, der Begegnung, der Passage. Eine klosterähnliche Anlage, öffentliche Räume, Agora und Übergang umschließend. Ein Ort des Nachdenkens über die Zukunft, des Dialogs über gesellschaftlichen (nicht technischen) Fortschritt. Ein Raum der Philosophie eher, der Friedensforscher, der Kirchen vielleicht. Auf beiden, für beide Seiten. Das »Friedensforum« ergänzt das Kulturforum und besteht aus dem »Institut für Friedensforschung, Berlin«, der »Deutschen Kulturstiftung« mit den Instituten für Philosophie, Literatur, Theater, Tanz, Film, Photographie, bildende Kunst, Design und Architektur sowie einem Hotel.
Thematisierung der Passage, von einem Zentrum (Leipziger Straße) zum anderen (Kulturforum). Verbindungsstück, das zum Verständnis und zur Orientierung beiträgt: auf gesellschaftlicher wie auf stadtstruktureller Ebene. Denkmal der Mauer, Ort der Reflexion, Tor: Erinnerung auch an den Entwurf Friedrich Gillys zum Friedrichsdenkmal am Leipziger Platz.

Günter Bock, Luise King (Francfort s. M.)
La ville post-industrielle et ses lieux –
le forum de la paix de la Potsdamer Platz

A certains égards, Berlin ne représente un cas particulier qu'en apparence. La stagnation et le rétrécissement existent ailleurs aussi et produisent des terrains vagues, du no man's land. Des processus de ségrégation et de séparation provoquent une fragmentation toujours plus grande des villes. Ainsi le Mur, un cas extrême de séparation politique, participe-t-il à des phénomènes existant également ailleurs. Partout, le changement des systèmes de valeur rend possible de nouvelles constellations, de nouvelles orientations et de nouvelles coordinations. L'urbanisme aussi prend une nouvelle tournure.
La nouvelle ville occupe des lieux anciens, s'établit avec ses espaces publics ou pas sur les terrains laissés en friche, que ce soit sur le plan de la culture, de la politique ou de la communication, et les interprète différemment. Ce qui importe est la relation des lieux entre eux et avec leur environnement: l'accent doit être mis sur les nouveaux contextes et les fragmentations à dépasser.
Les lieux publics de la ville sont:
1. le forum politique au coude de la Spree (le présent),
2. le forum culturel à la Kemperplatz (le passé),
3. le forum de la paix à la Potsdamer Platz (l'avenir).
Leur pendant sur le plan privé sont trois quartiers résidentiels exemplaires, qui suivent tous des anciens tracés de chemins de fer:
4. « Lehrter Schiene », une banlieue près de Moabit,
5. « Potsdamer Anger », une espèce de quartier des diplomates,
6. « Anhalter Hof » dans le voisinage de Kreuzberg, une suite de cours et de formes d'habitat expérimental, complétée par la loggia urbaine de la Askanischer Platz.
Le forum de la paix à la Potsdamer Platz: c'est un lieu de retrait, de réflexion, mais aussi de dialogue, de rencontre et de transit. Un ensemble rappelant un cloître, à la fois espace public, agora et passage. Un lieu pour réfléchir à l'avenir et pour dialoguer à propos du progrès social (non technique). Un espace destiné à la philosophie, aux pacifistes et aux organisations religieuses peut-être. Un lieu pour les uns et pour les autres. Le forum de la paix, complétant le forum culturel, comporte, outre un hôtel, une institution de recherches sur la paix et la « Deutsche Kulturstiftung » avec des instituts de philosophie, littérature, théâtre, danse, cinéma, photographie, art plastique, façonnement et architecture.
Le thème du passage, passage qui mène d'un centre (Leipziger Straße) à l'autre (forum culturel), est à souligner. C'est un raccordement qui contribue à une meilleure compréhension et une orientation plus juste sur le plan social comme sur le plan structural. Un monument du Mur, un lieu de réflexion, une porte ouverte rappelant aussi le projet de Friedrich Gilly pour un monument de Frédéric II à la Leipziger Platz.

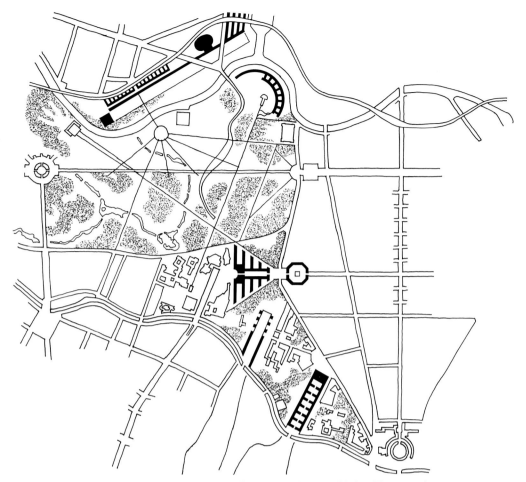

Lageplan mit dem Kultur-, dem Friedens- und dem politischen Forum sowie
den »Wohnorten«
Plan de situation avec forum de la culture, de la paix et de la politique, ainsi
qu'avec les «résidences»

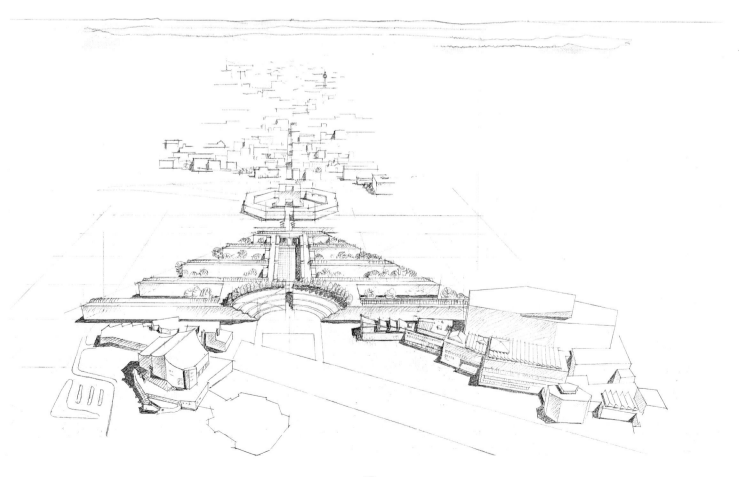

Helge Bofinger, Margret Bofinger (Wiesbaden)
Monument für eine Stadterweiterung

Karree, Oktogon und Rondell, es sind nicht nur Archetypen von
Platzformen, es sind Metaphern für Identität der Kernstadt Berlins.
Es sind die Spuren einer Idealstadt, Eingangsplätze zur Stadt der
Aufklärung, von der aus sich die tieferen historischen Schichten
erschließen. Es sind zugleich die Ausgangsplätze einer Öffnung in
die Stadt der Zukunft, die jedoch verschüttet ist, soweit es die Stadt
in der Ganzheit ihrer urbanen und historischen Struktur angeht.
Dieser »urbanen Idee« soll ein Monument im Sinne einer realen
Utopie gewidmet sein, die Transformation der Plätze in eine Architektur der Zukunft, deren Inhalt die Vergangenheit ist, deren absolute Höhe von der Zeit der Existenz der Stadt bestimmt wird –
751 Jahre, 751 Meter Höhe.
Die Dimension der Plätze, ihre archetypische Form und die Ord-
nungslinien ihrer Geometrie bestimmen Dimension und Gestalt der
drei Türme. Die Morphologie der Platzgeometrie ist kongruent mit
der politischen Symbolik des Inhalts. Auf dem Karree entsteht ein
Turm als Projektion des Platzes, welcher das Museum für preußische Geschichte enthält. Die Dimension des Karrees ist der
Dimension des Oktogons einbeschrieben, und seine Geometrie
bestimmt die Geometrie des Oktogons. Über diesem entsteht ein
Turm als Projektion des Platzes, welcher das Museum für deutsche
Geschichte aufnimmt, dessen Teil wiederum die preußische
Geschichte ist. Das Oktogon ist in seiner Dimension dem Rondell
einbeschrieben. Über diesem entsteht ein Turm als Projektion des
Platzes, welcher das Museum für europäische Geschichte aufnimmt,
dessen Teil wiederum die deutsche Geschichte ist. Die Geometrie
und Dimension des einen Platzes bedingt den anderen und dieser
den dritten, ein Wechselspiel, das auch in umgekehrter Richtung
gilt. So sind die darüber errichteten Türme der Geschichte, die das
Publikum auf riesigen Aussichtsbrücken vertikal durchfährt, die
inhaltliche Interpretation der idealen geometrischen Bedingungen.
Auch sie bedingen sich gegenseitig wie ein Teil des anderen, wobei
dieser wieder das Produkt seiner Bedingungen ist.
Der Sinn eines Monumentes ist es, der Erinnerung ein symbolhaft
überhöhtes Zeichen zu setzen. Die Erinnerung jedoch ist das Ergebnis einer Entwicklung, welches komplex ist, und dieses ist wiederum
das Fundament einer zukünftigen Entwicklung. Genau dies spiegelt
die Morphologie der Plätze in Beziehung zur Stadt, deren Identität
das Ergebnis der komplexen Beziehungen einfacher Gestaltentwick-
lungen ist.
Dies ist das Fundament zukünftiger architektonischer Interpretation, die zugleich die Erfahrung der Bedingungen ihres Entstehens
zu überwinden trachtet. So ist der Turm das klassische Symbol der
Überwindung und Transzendierung der realen Bedingungen, denen
er seine Existenz verdankt. Berlin ist Babylon, und Babylon ist
die Chance einer zur Vernunft, zur Aufklärung zurückgekehrten
Menschheit, auf die zu vertrauen Architektur erst möglich macht.

Helge Bofinger, Margret Bofinger (Wiesbaden)
Un monument pour une extension de la ville

Le carré, l'octogone et le rond-point ne sont pas seulement des
archétypes de places, mais également des métaphores de l'identité
de l'ancien centre de Berlin. Ces places sont comme les traces d'une
ville idéale laissées par le siècle des lumières et ouvrant sur des couches encore plus anciennes de l'histoire. Mais elles sont aussi ouvertes sur l'avenir, un avenir pourtant bouché quant à une structure
urbaine et historique globale. Nous voudrions consacrer un monument à cette idée urbaine, une utopie réelle, et donner à ces places
une architecture nouvelle dont le contenu sera le passé et dont la
hauteur absolue sera déterminée par le temps écoulé depuis la fondation de la ville – 751 ans, une hauteur de 751 mètres.
Les dimensions des places, leur forme et leur géométrie déterminent les dimensions et la forme des trois tours. La morphologie géométrique des places concorde avec la symbolique politique de leur
contenu. Au-dessus du carré, une tour sera construite qui est la projection de la place et contiendra le Musée de l'histoire prussienne.
La dimension du carré est inscrite dans celle de l'octogone. Sa géométrie détermine la géométrie de l'octogone. Au-dessus de la place
octogonale, une tour sera construite qui en est la projection et contiendra le Musée de l'histoire allemande dont l'histoire prussienne
n'est qu'une partie. La dimension de l'octogone est inscrite dans
celle du rond-point. Au-dessus de celui-ci, une tour sera construite
qui en est la projection et contiendra le Musée de l'histoire européenne dont l'histoire allemande n'est qu'une partie. Au niveau de
la géométrie et des dimensions, la première place détermine la
deuxième et celle-ci la troisième comme la troisième détermine à
son tour la deuxième et ainsi de suite. Les tours de l'Histoire construites au-dessus des places, traversées par le public sur des ponts
géants, sont la transposition de cette géométrie idéale sur le plan du
contenu. Les tours aussi se déterminent les unes les autres comme
les places, tout en constituant le produit de leurs conditions.
Un monument se construit dans le but de donner un sens symbolique aux souvenirs. Mais les souvenirs sont le résultat complexe
d'une évolution et ce résultat est lui-même à la base d'une évolution
future. Ceci est à l'image de la morphologie des places par rapport à
la ville dont l'identité se fonde sur des relations complexes entre les
formes simples.
Ceci est le fondement d'une interprétation architecturale future qui
cherche à dépasser les conditions de sa naissance. Ainsi la tour est-
elle le symbole classique du dépassement et de la transcendance des
conditions réelles auxquelles elle doit son existence. Berlin égale
Babylone, et Babylone signifie une chance donnée à l'humanité de
retourner à la raison et à la lumière. Et c'est la confiance en l'humanité qui est le fondement de toute architecture.

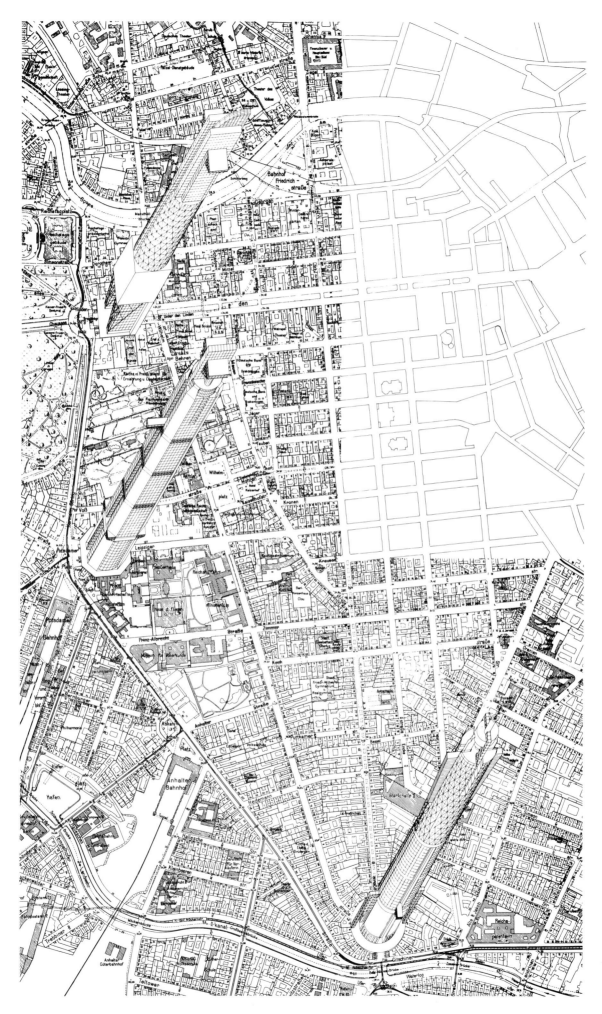

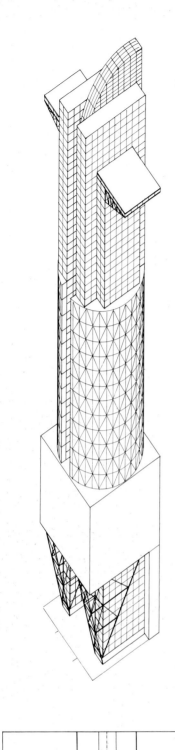
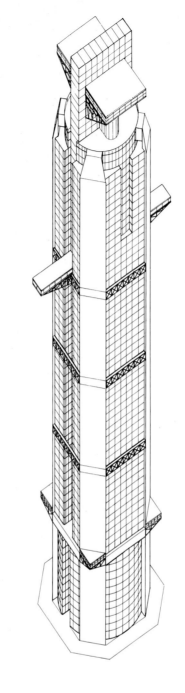
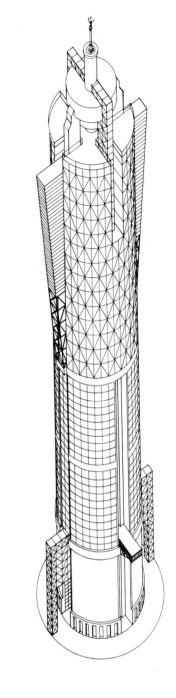
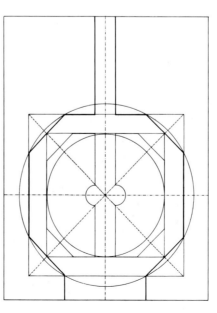
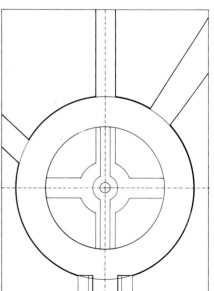

Elisabeth Böhm, Gottfried Böhm, Svetlozar Raev (Köln)
Ein »Rückgrat« für die Gitschiner Straße

Ort: Ein Vorschlag für eine Veränderung der Gitschiner Straße im Abschnitt Böcklerstraße/Prinzenstraße.
Derzeitiger Zustand: Die Gitschiner Straße ist eine stark befahrene Durchgangsstraße. Den Mittelstreifen nimmt die ca. 6 Meter hohe Hochbahntrasse ein. Die südliche Randbebauung besteht aus einem in der Höhe gestaffelten Mietwohnblock mit unterschiedlichen Abständen zur Straße hin. Diese Abstandsfläche ist »pflegeleicht« gärtnerisch gestaltet. Die nördlich an die Straße grenzende Bebauung besteht aus einem Wildwuchs verschiedenartiger Baukörper, die z.T. mit den Stirnseiten, z.T. mit den Längsseiten ein- bis sechsgeschossig zwischen Baulücken an den Bürgersteig angrenzen. Die einzige Konstante in diesem Ensemble ist die 6 Meter hohe Hochbahntrasse. Eine Fassung der Straße auf beiden Seiten in Höhe der Brücke entlang der Bürgersteige kann einen Straßenraum ergeben, der für das ganze Umfeld eine Definition, ein Rückgrat bedeuten würde. Diese Fassung kann ein überdachter Arkadengang sein, der für die Bewohner des ausgedehnten Umfelds ein angenehmer Fußweg zum U-Bahnhof und zu anderen Einrichtungen entlang der Verkehrsader bedeuten würde.
Die Abstände der Arkade zur angrenzenden Bebauung sind zum großen Teil ausreichend, um kleine Läden anzusiedeln, die mit dem gleichen Stützensystem leicht zu errichten sind. Auf diese Weise kann sich in einem sterilen Stadtgebiet wie diesem peu à peu urbanes Leben entwickeln.
Die Fassaden des angrenzenden Wohnblocks im Süden und der Baukörper im Norden könnten ohne großen Aufwand durch Bemalung in Einklang mit den Arkaden gebracht werden. Wir denken uns eine Trompe-l'œil-Malerei auf einem farblich zurückhaltenden Grundton, der die Stützenkonstruktion der Gebäude deutlich macht.

Elisabeth Böhm, Gottfried Böhm, Svetlozar Raev (Cologne)
Une « épine dorsale » pour la Gitschiner Straße

Emplacement: Une proposition de modification de la Gitschiner Straße dans la section Böcklerstraße / Prinzenstraße.
Situation actuelle: La Gitschiner Straße est actuellement une rue à forte densité de circulation. La voie aérienne de 6 mètres environ de hauteur occupe la bande médiane. Les constructions latérales au sud sont constituées d'un immeuble d'habitation locatif avec des distances différentes à chaque niveau de hauteur vis-à-vis de la rue. Ces différents niveaux sont aisément aménagés avec des jardins. La construction au nord de cette même rue est constituée d'un ensemble anarchique de divers corps de bâtiments, de 1 à 6 étages, bordant le trottoir de façon irrégulière en partie sur les côtés longitudinaux, en partie sur les côtés frontaux. La seule constante dans cet ensemble est la voie aérienne de 6 mètres de hauteur. Une version de cette rue sur les deux côtés à hauteur du pont le long des trottoirs pourrait offrir un espace de rue, constituant pour l'ensemble de l'environnement une définition, une épine dorsale. Cette version pourrait être une allée à arcades recouverte offrant pour les habitants de ce vaste environnement une voie piétonière agréable menant à la station de métro et d'autres équipements le long de l'artère de circulation.
Les écarts des arcades vis-à-vis des constructions limitrophes sont en grande partie suffisants pour y installer de petites boutiques pouvant être aisément aménageables avec le même système de support. De cette façon, une vie urbaine pourrait se développer dans une zone stérile.
Les façades des blocs d'habitation limitrophes vers le sud et le corps de bâtiments au nord pourraient sans grand investissement être harmonisés avec les arcades au moyen de peintures murales. Nous pensons à une peinture de type « trompe-l'oeil », sur un ton de base aux couleurs discrètes, mettant en évidence la conception de soutènement des bâtiments.

Andreas Brandt (Berlin)
Ein Museum für deutsche Geschichte der Zukunft

Zum Standort: Die Struktur des östlichen Tiergartens, geprägt durch jüngere und weiter zurückliegende Epochen, wird beibehalten. Die vorhandene Erschließung und erstrebenswerte Blickbeziehungen werden mit Baumalleen nachgezeichnet. Nur zwei Gebäude in diesem Gebiet westlich des alten Stadtzentrums beziehen sich in nordsüdlicher Richtung auf die ansonsten dominierende Ostwestachse der Straße des 17. Juni: die Kongreßhalle an der Spree und das sowjetische Ehrenmal vor dem Brandenburger Tor, das sinnfällig die ehemalige Siegesallee abschließt. Der Standort des neuen Museums für deutsche Geschichte ergibt sich genau dort, wo die Straße des 17. Juni von der Kongreßhalle ausgehend von einer neuen nordsüdausgerichteten Entwicklungsachse gekreuzt wird. Das Museum für deutsche Geschichte liegt somit zwischen Siegessäule und Brandenburger Tor unter der großen Prachtstraße, zu beiden Seiten von zwei linsenförmigen, tiefliegenden, 600 Meter langen Höfen flankiert. Durchschnitten wird diese lange Mulde von der in Nordsüdrichtung verlaufenden Achse, deren Endpunkt im Süden durch einen gedrungenen, runden, steinernen Turm markiert wird. Ein Treppenauge von 25 Metern Durchmesser führt uns hinunter zum Eingangshof, der wie ein Orchestergraben mittig im zweiten Untergeschoß, 15 Meter unter der Straße des 17. Juni liegt. Der nördliche Hof ist gläsern überdacht. Licht fällt vom Mittelstreifen der Straße durch die Schnittlinie des zweischiffigen und zweigeschossigen, unter der Straße liegenden Museumsgebäudes.

Ein janusköpfiges Haus für deutsche Geschichte: Haben wir den langgestreckten »Orchestergraben« der südlichen Eingangshöfe betreten, erschließen sich die beiden Flügel des eigentlichen Museums von der Mitte der Eingangshalle. Rechterhand, im östlichen Flügel, sammeln, sichten und sortieren aufmerksame und hochsensible Zeitgenossen wie lebendige Seismographen all das, was sie im Hinblick auf das deutsche Mutter- und Vaterland als »geschichtsträchtig« betrachten. Also z. B. neue Verträge, Protokolle und andere Zeugnisse von zeitgeschichtlichen Vorgängen. Dieses Material, immer unvollständig, immer in seinem Wert umstritten und auf Probe gestellt, wandert – sobald über seinen Verbleib ein vorläufig abschließendes Urteil gefällt wurde – auf den linken, westlichen Flügel des Museums, wo es aufbewahrt und für Interessenten zugänglich gemacht wird.

In vollem Bewußtsein der Problematik eines solchen neuen Museums für deutsche Geschichte beginnt dessen Chronologie exakt mit dem Eröffnungsdatum des Museums selbst. Entlang dieses Nutzungskonzeptes ließe sich das Gebäude in sinnfälliger, übersichtlicher und zukunftsträchtiger Weise nutzen und durchwandern. Offenheit und Zugänglichkeit von allen Seiten ist daher ein wesentliches Merkmal des Gebäudes, denn zweifellos wird es ein Ort der Kontroversen, Diskussionen, der Vergegenwärtigung und Untersuchung sein. Einige Räume des Museums bleiben darum Veranstaltungen, Vorführungen, Ausstellungen und kleineren Versammlungen vorbehalten und sind somit für historisch interessierte Benutzer des Tiergartens ein Anziehungspunkt von hohem Wert. Die eigentliche Struktur des Museums als Januskopf ergibt sich durch den Einschnitt der Nordsüdachse in das Zentrum des Komplexes. Jahr für Jahr sammeln, lesen und interpretieren die Zeitgeschichtler im östlichen Flügel des Gebäudes die neuen Zeugnisse der Zeitgeschichte, während die Archivare auf der linken, westlich gelegenen Seite des langgezogenen Gebäudes unerbittlich an der Vervollkommnung ihrer Chronologien und Bestände arbeiten. Erst allmählich lagert sich auf dieser Seite ein genuiner Museumsbestand an, der immer wieder neue Ordnungen und Gewichtungen herausfordert, je nach dem Grade des historischen Bewußtseins.
Manfred Hulverscheid

Andreas Brandt (Berlin)
Un musée pour l'histoire allemande de l'avenir

A propos du site: La structure de la partie orientale du Tiergarten, marquée par des époques récentes et plus reculées, sera conservée. L'ouverture existante et la panorama à obtenir seront redessinés avec des allées d'arbres. Seuls deux bâtiments de cette zone à l'ouest du vieux centre-ville se réfèreront dans le sens nord-sud à l'axe est-ouest dominant le la Rue du 17 juin: le Palais des Congrès sur la Spree et le Monument du Souvenir soviétique devant la Brandenburger Tor qui ferme de façon évidente l'ancienne Siegesallee. L'emplacement du nouveau musée de l'histoire allemande se situera ainsi exactement à l'endroit où la Rue du 17 juin, partant du Palais des Congrès, croise un nouvel axe de développement nord-sud. Le musée de l'histoire allemande se situera ainsi entre la Colonne de la Victoire et la Brandenburger Tor, en-dessous de la grande allée prestigieuse, flanqué de deux cours de 600 mètres de longueur, profondes et lenticulaires.
Cette longue cuvette sera coupée par l'axe nord-sud, dont l'extrémité sud sera marquée par une tour de pierres ronde et trapue. Une lumière d'escalier de 25 mètres de diamètre nous mène à la cour d'accès se situant, comme une fosse d'orchestre, au centre d'un second sous-sol, à 15 mètres en-dessous de la Rue du 17 juin. La cour au nord est recouverte de verre. La lumière proviendra de la bande médiane de la rue, par la ligne de coupe du bâtiment du musée à deux étages et à deux nefs se trouvant sous la rue.
Une maison à tête de Janus pour l'histoire allemande: Une fois que nous avons pénétré la «fosse d'orchestre» étendue des cours d'accès situées vers le sud, les deux ailes du musée proprement dit s'ouvrent à nous à partir du centre du hall d'accès. A droite, dans l'aile située à l'est, des contemporains attentifs et sensibles tout comme des seismographes vivants collectent, visionnent et sélectionnent tout ce qu'ils considèrent comme étant «d'un intérêt historique», du point de vue de la mère-patrie allemande. Soit donc, par exemple, de nouveaux accords, protocoles et d'autres témoignages de procédure de l'histoire contemporaine. Ce matériel, toujours incomplet, dont la valeur est toujours contestée et mise à l'épreuve, se déplace – dès qu'une décision provisoire-définitive est prise quant à son maintien – dans l'aile gauche à l'ouest du musée, où il est conservé et rendu accessible aux personnes intéressées.
En pleine conscience de la problématique d'un tel nouveau musée de l'histoire allemande, sa chronologie commence exactement avec la date d'inauguration du musée lui-même. A partir de ce concept d'usage, il est possible d'utiliser et de visiter ce bâtiment sous une forme claire, évidente et orientée vers l'avenir. L'ouverture et l'accessibilité de toutes parts est ainsi un élément caractéristique essentiel du bâtiment, car il ne fait aucun doute que ce sera un lieu de controverses, discussions, remises à jour et études. Certaines salles du musée resteront ainsi réservées à des manifestations, projections, expositions et petites collections et constitueront un centre d'attractivité élevée pour des utilisateurs intéressés par les questions historiques du Tiergarten.
La structure véritable du musée en tant que tête de Janus résulte de la pénétration de l'axe nord-sud dans le centre du complexe. Les historiens contemporains collecteront, liront et interpréteront d'année en année, dans l'aile située à l'est du bâtiment, les nouveaux témoignages de l'histoire contemporaine, alors que les archivistes, dans la partie gauche située à l'ouest du bâtiment, travailleront inlassablement au perfectionnement de leurs chronologies et stocks. Progressivement, une authentique réserve de musée se constituera dans cette partie, exigeant constamment de nouvelles structures et pondérations, selon le niveau de prise de conscience historique.
Manfred Hulverscheid

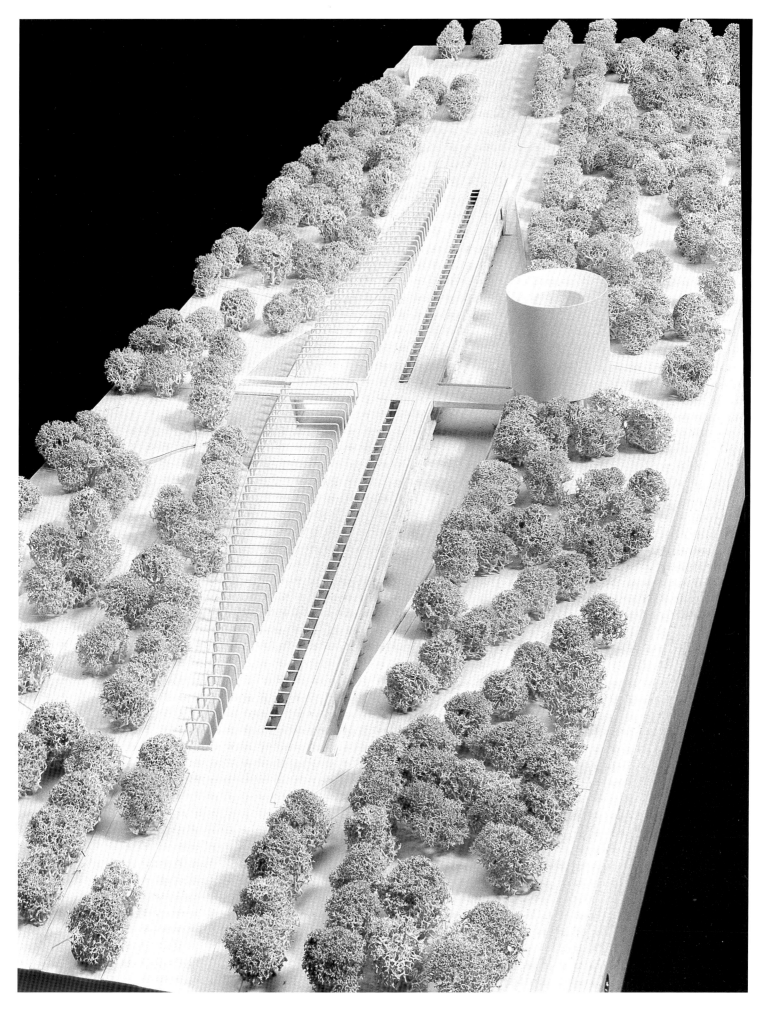

Buehler, Hild, Rieping, Šik, Smolenicky, Studer (Zürich)
Jenes Berlin — analog entworfen

Unser Projekt gestaltet mehrere Orte der Berliner industriellen, wohlstandsmäßigen und kriegsspezifischen Kaputtheit nach den weltanschaulichen poetischen Vorstellungen der analogen Architektur. Diese analoge Architektur verstehen wir als eine Baugestaltung der Kontinuität und der Üblichkeiten. Also Skepsis gegenüber den Rufen der radikalen Sirenen, Verteidigung der Kontraste und Vielheiten und nicht zuletzt das Festhalten an der moderaten Modernisierung. Der analoge Ansatz – im vorliegenden Projekt an mehreren Grundstücken ausprobiert – illustriert durch den konkreten Entwurf das stilpluralistische Gesicht der Stadt, das für uns weder ein heilloses Durcheinander noch ein zusammenhängendes Artefakt darstellt. Der analoge Entwurf integriert die neuen architektonischen Gebilde nach dem Prinzip des allgemeinverständlichen Ensembles in die bestehenden Orte und versöhnt damit die vertraute Wirklichkeit jener Stadt mit dem Aggressor. Der analoge Entwurf kehrt jedoch im Sinne einer kulturökologischen Korrektur auch zu früheren Lösungen der Architektur zurück, sobald sie den explosiven Charakter der erststündlichen Willkür verloren haben und zu allgemein akzeptierten Klassikern geworden sind und sobald sie sich gegenüber den zeitgenössischen Ansätzen als unscheinbarer, vom Aufwand her einfacher und von der Wirkung her vielschichtiger erwiesen haben. Schließlich reduziert der analoge Ansatz die individuelle Kreativität des Architekten auf eine poetische, intensivierende und harmonisierende Tätigkeit. Au revoir, les poètes maudits. Allzu bedroht erscheint uns Jüngeren die urbane Umwelt, als daß wir sie dem radikalen Zugriff noch weiter überantworten könnnten. Allzu zauberhaft dünkt uns die heutige Wirklichkeit, als daß wir sie dem Ich-Stil der Narzissen überlassen könnten.

Die Stadt ist gebaut. Wohin man auch immer schaut, überall besitzt jenes Berlin die Formen von architektonischen Artefakten. Zugegebenermaßen ist sein Gesicht nicht immer eindeutig zu erahnen und schon gar nicht mit dem elitären Vokabular der akademischen Kunstgeschichte anzugehen. Man muß sich schon unterschiedliche Wahrnehmungsarten zulegen, um die jeweilige Eigenart auch richtig und maßstäblich zu erahnen. Denn oft sind es bloß winzige Konturen in der Bodenerhebung, eine sture Geometrie der Baumreihe oder liegengelassene Bausteine, welche die Chiffre jener gewachsenen Stadt zu entziffern helfen. Jenes Berlin ist zwar gebaut, doch sperrt es sich auf Grund der Vielfalt seiner Gesichter einer einheitlichen Gestaltung. In den meisten Fällen haben wir es mit prägnanten und weitgehend homogenen Orten zu tun. Hier bietet sich an, was der gesunde Menschenverstand sofort, der radikale Architekt aber nie zu benennen, geschweige denn zu gebrauchen wagt: die Fortführung der vorhandenen Stadtkonzepte, die schlichte und einfache Vollendung dessen, was frühere Generationen angefangen haben. Doch müßte man dazu den Mut zur Tradition haben und vor allem die Einfühlungsgabe, etwas also, was der heutige Narziß nie vollbringen kann. Schwieriger gestaltet sich die Aufgabe des analogen Entwurfes, sobald der urbane Ort viele stilistische Gesichter hat. Denn hier kommt man ohne die Mittel der Interpretation nicht aus: die Charakterisierung des Ortes als Verdeutlichung einer seiner dominanten Eigenschaften und die Zurückdrängung restlicher Motive als stille und begleitende Abschweifung. Jenes Berlin ist – und wir wählten bewußt als Demonstrationsobjekte die extremsten Beispiele in der Stadt aus – auch in den Brachflächen des industriellen Wachstums gebaut, im Niemandsland zwischen zerfallenen Baracken, ja gar im Umfeld der unversöhnlichen Mauer. Machen wir uns auf den Weg und wandern wir durch diese Kulturlandschaften des scheinbar Häßlichen und Ungepflegten, so entdecken wir unzählige Prinzipien der Raumbildung, der tektonischen und farblichen Wirkung, ja bei tiefgehender Beobachtung beginnen wir stilistische Gruppen, Perioden und Tendenzen in

Buehler, Hild, Rieping, Šik, Smolenicky, Studer (Zurich)
Conception analogique de ce Berlin

Notre projet a pour objet l'aménagement de plusieurs lieux de ce Berlin détruit par l'industrie, la guerre et la prospérité selon les conceptions poétiques et mondialistes de l'architecture analogique. Cette architecture analogique est pour nous une forme de construction de la continuité et des habitudes. Soit donc un scepticisme vis-à-vis des appels des sirènes radicales, la défense des contrastes et de la multiplicité et, dernier point mais non le moindre, la poursuite de la modernisation modérée. L'idée de base analogique – testée dans le présent projet sur plusieurs terrains – illustre par l'esquisse concrète le visage pluraliste du style de la ville, ne représentant pour nous ni un désordre inextricable ni un artefact cohérent. L'esquisse analogique intègre les nouvelles formes architectoniques selon le principe d'un ensemble accessible à tous dans les lieux existants et réconcilie ainsi la réalité familière de cette ville avec l'agresseur. L'esquisse analogique revient toutefois, dans le sens d'une correction culturo-écologique, également à des solutions antérieures de l'architecture, dans la mesure où elles ont perdu le caractère explosif de l'arbitraire des premières heures et sont devenues des classiques acceptés de tous, et dans la mesure également où, vis-à-vis des idées contemporaines, elles se sont avérées être plus discrètes, plus simples au niveau de l'investissement et plus diversifiées au niveau de l'influence. Enfin, l'idée de base analogique réduit la créativité individuelle de l'architecte à une activité poétique intensifiante et harmonisatrice. «Au revoir, les poètes maudits.» L'environnement urbain nous semble bien trop menacé, à nous qui sommes plus jeunes, pour pouvoir encore supporter l'intervention radicale. La réalité actuelle nous semble trop magique pour la laisser au style individuel des narcisses.

La ville est construite. Quel que soit l'entroit où l'on regarde, ce Berlin possède partout les formes des artefacts architectoniques. Il faut admettre que son visage ne paraît pas toujours manifeste, et ne peut encore moins être décrit au moyen du vocabulaire élitiste de l'histoire de l'art académique. Il convient d'adopter des types de perception différents pour en ressentir de façon judicieuse et exacte les diverses caractéristiques. Car il ne s'agit souvent que d'insignifiants contours dans les élévations de terrains, d'une géométrie obstinée de rangées d'arbres ou de parpaings abandonnés qui permettent de déchiffrer la formule de cette ville développée. Ce Berlin est certes construit, mais la diversité de ses visages empêche une forme harmonisée. Dans la plupart des cas, nous avons affaire à des sites largement homogènes et significatifs. Cette situation se prête à ce que tout homme raisonnable, mais jamais l'architecte radical, oserait immédiatement appeler, voire utiliser: la poursuite des concepts urbains existants, l'achèvement pur et simple de ce que les générations précédentes ont entamé. Il faudrait toutefois avoir pour cela le courage de la tradition et notamment le don d'intuition, quelque chose donc que le narcisse d'aujourd'hui ne pourra jamais acquérir. La tâche de l'esquisse analogique se réalise plus difficilement dès que le lieu urbain a de nombreux visages stylistiques. Car on ne peut se passer dans ce cas du moyen de l'interprétation: la caractérisation du lieu en tant que révélation d'une de ses priorités dominantes et le retrait des motifs restant en tant que digression tranquille et accompagnante. Ce Berlin est également construit – et nous avons volontairement choisi, en tant qu'objets de démonstration, les exemples les plus extrêmes de la ville – dans les jachères de la croissance industrielle, dans le «no man's land» entre les baraques délabrées, voire dans l'environnement du Mur implacable. Promenons-nous donc à travers ces paysages culturels de ce qui semble hideux et négligé, nous découvrirons ainsi nombre de principes de l'aménagement de l'espace, de l'action tectonique et des couleurs; si nous procédons à une observation plus approfondie, nous commencerons à distinguer des groupes, périodes et tendances stylisti-

diesem angeblich anonymen Bauen zu unterscheiden. Natürlich ist die Analogisierung dieser Berliner Kaputtheit im Sinne einer Kontinuität der »gewachsenen Stadt« sehr schwierig. Insbesondere dann, wenn wir uns die Aufgabe mit einer ortsfremden Nutzung erschweren. Was tun im Falle des »Wohnens in der industriellen und kriegsspezifischen Kaputtheit Berlins«, wenn in den gewählten Grundstücken reelle Bilder von »wohnlichen Gebilden« nicht oder nicht mehr vorhanden sind? Man kann in einzelnen Fällen rekonstruieren, in anderen das kollektive Gedächtnis – die Architektur in absentia – abrufen, um analoge Orte in der mittelbaren und unmittelbaren Berliner Geschichte und Gegenwart zu finden. Man kann im weiteren versuchen, die Sprengkraft der ortsfremden Nutzung auch abzuschwächen, indem man den technologischen, praktischen und ästhetischen Rahmen der Vorgaben an den Maßstab, an die Physiognomik und an die Bedeutung jener Orte angleicht. Hierzu taucht man in die Tradition des gewerblichen und kollektiven Wohnens ein: temporäre Bauten der Industrie, der Eisenbahn und des Straßenbaus, Bauten des Wohnens und Arbeitens in den Gartenstädten, den Künstlerkolonien, ja gar in den Grünkolonien der Freizeit, Kollektivbauten der gewerblichen, bäuerlichen Arbeiterschaft, aber auch Bilder von neuzeitlichen ungenutzten Lofts und Bahnhöfen. Diese Bilder des »Wohnens in Baracken, Silos, Lagerhallen« stellen das Bindeglied zwischen der Atmosphäre der gewählten Orte Berlins und der ortsfremden Wohnnutzung dar.

Sollte je ein unlösbarer Konflikt entstehen zwischen dem Ortsbild und dem vorgegebenen Nutzungsbild, so ist er stets zugunsten der tradierten Stadt zu schlichten. Die Stadt war lange vor uns, den Zuletzt-Geborenen, da. Sie zu verstehen, um sie auf eine legitime Weise auch nur um einen Millimeter zu verändern, brauchte eigentlich eine jahrelange antiradikale Lebensweise, über die wir zur Zeit nicht verfügen. Wie wollen wir daher das Erbe anpacken? Wer weiß wie. Im Zweifelsfalle hat stets der Veränderer die Beweislast zu tragen. Als Analoge möchten wir die übernommene Stadt möglichst unverändert weitergeben.

Raus aus dem Reagenzglas, rein in die Populärkunst. Der Graben zwischen dem Laien und dem Fachmann wurde im Verlaufe der ach so glorreichen avantgardistischen und elitären Verselbständigung sehr weit aufgerissen. Das, was die einen nach bestem alchimistischen Wissen und Gewissen in die Kunstwerke verschlüsseln, können und wollen die anderen gar nicht mehr entschlüsseln. Das Publikum hat sich längst auf sich selbst zurückgezogen, in die Romane und in die Filmwelt, nur in den Ferien und in der Freizeit genießt man die elitäre Architektur, und dann handelt es sich bezeichnenderweise um die alte Architektur. Und wir als Architekten – egal ob Arrivierte oder Jungtürken – vereinsamen in der selbstgewählten splendid isolation. Aus dieser Erkenntnis heraus verständigten wir uns als analoge Architekten auf das Postulat der Populärkunst. Darunter ist nicht die moralische und ästhetische Anpassung an die Massen zu verstehen, sondern die Bemühung um einen allgemeinverständlichen, angemessenen und selbstverständlichen Ausdruck. Alltägliche Stilmittel wollen wir daher nicht als Kitsch und Surrogat verdammen. Im Gegenteil sind uns alle Formen, die eine kollektive Bedeutung besitzen, willkommen. Denn nur sie können die Stimmungen und Bedeutungen übertragen, welche man auch außerhalb der Sphäre der Hersteller wahrnimmt und begreift. Das eine Mal greifen wir zurück auf regional verankerte Architekturen, um eine naturalistische und authentische Wirkung zu produzieren, das andere Mal auf die Klassiker der Architektur, weil nur sie die Aussage auf eine universale und ewigmenschliche Art und Weise evozieren. Doch auch Formen außerarchitektonischer Gegenstände, Geräte und Utensilien können als Bedeutungsträger in die Komposition integriert werden. Sie stellen einen unkonventionellen und elementaren Charakter der analogen Kunst her. Die analoge Populärkunst ist eine stilpluralistische Richtung, sie besitzt ein breites Repertoire von Stimmungen und Wir-

ques dans cette construction soit-disant anonyme. L'analyse analogique de ce délabrement berlinois dans le sens d'une continuité de la «ville développée» est certes très difficile. Notamment si nous rendons cette tâche encore plus ardue par une utilisation ne tenant pas compte du site. Que faire dans le cas d'un «habitat dans le Berlin détruit par la guerre et l'industrie», lorsque les bâtiments sélectionnés n'offrent pas ou plus de vision réelle de «forme d'habitat»? On peut dans certains cas reconstituer, dans d'autres – en l'absence d'architecture – faire appel à la mémoire collective, pour trouver des sites analogiques dans l'histoire immédiate et plus lointaine ainsi que dans la situation actuelle de Berlin. On peut par ailleurs tenter de désamorcer la force explosive de l'utilisation aliénée du site en adaptant le cadre technologique, pratique et esthétique des données à l'échelle, à la physionomie et à la signification de chaque lieu. On s'imprègne ainsi de la tradition de l'habitat collectif et industriel: des constructions temporaires de l'industrie, de voies ferrées et de la voirie, des immeubles d'habitat et des lieux de travail dans les villes-jardins, des résidences d'artistes, voire, dans les sections de verdure pour les loisirs, des bâtiments collectifs des ouvriers industriels et ruraux, mais également des tableaux de «lofts» et de gares à l'utilisation actuellement modifiée. Ces images de «l'habitat dans les baraques, silos, halls de stockage» constituent l'élément de jonction entre l'atmosphère des sites sélectionnés de Berlin et l'utilisation aliénée de ceux-ci pour l'habitat.

Si un conflit insoluble devait se déclencher entre l'image du site et celle de l'utilisation donnée, il convient de décider en permanence au profit de la ville traditionnelle. La ville était là bien avant nous, nous les derniers-nés. La comprendre pour la modifier, de façon légitime, ne serait-ce d'un millimètre, exigerait en fait un mode de vie anti-radical durant de longues années, dont nous ne disposons pas actuellement. Comment voulons-nous donc nous occuper de ce legs? Qui sait comment! En cas de doute, le modificateur doit toujours justifier de son action. En tant qu'analogistes, nous désirons transmettre la ville sous la forme la moins modifiée possible.

Sortons de l'éprouvette, imprégnons-nous de l'art populaire. Le fossé entre les profanes et les experts a été profondément creusé durant la période, certes si glorieuse, des élites et de l'avant-garde. Ce que les uns ont savamment et en toute conscience codé grâce à l'alchimie de leur art, aucun autre ne peut et ne veut plus le décoder. Le public s'est depuis longtemps replié sur lui-même, dans les romans et dans le monde du cinéma, ce n'est que durant les vacances et les loisirs que l'on apprécie l'architecture élitiste, et il est alors caractéristique de constater qu'il s'agit là de la vieille architecture. Et nous, les architectes – que nous soyons bien établis ou jeunes –, nous nous réunissons dans ce splendide isolement que nous avons choisi. C'est à partir de cette constatation qu'en tant qu'architectes analogistes, nous sommes tombés d'accord pour mettre en avant le postulat de l'art populaire. Il ne faut pas comprendre par là l'adaptation morale et esthétique aux masses, mais la tentative d'une expression manifeste, adéquate et compréhensive pour tous. Nous n'entendons ainsi condamner aucun style quotidien en tant que kitsch ou succédané. Bien au contraire, toutes les formes qui ont un sens collectif sont pour nous les bienvenues. Car elles seules peuvent transmettre les atmosphères et significations que l'on perçoit et saisit même en dehors de la sphère des constructeurs. Nous nous référons d'une part aux architectures régionalement ancrées pour produire un effet naturaliste et authentique, nous nous référons d'autre part aux classiques de l'architecture, car eux seuls évoquent l'expression d'une forme universelle et éternellement humaine. Mais des formes d'objets non architectoniques, des appareils et ustensiles peuvent être également intégrés dans la composition en tant que supports de sa signification. Ils établissent un caractère non conventionnel et élémentaire de l'art analogique. L'art populaire analogique est une tendance pluraliste, il possède un vaste répertoire d'atmosphères et d'effets. Il est toute-

kungen. Sie ist jedoch auch eine eklektische Richtung, weil sie die Kunstwerke aus vielen Traditionen zusammensetzt. Gelingt die Erprobung des populären Ausdrucks, so könnten die Träume der Architecture parlante vielleicht eines Tages in Erfüllung gehen: Formen, die man versteht, können als Instrumente einer kulturpolitischen Arbeit wirken. Sie polarisieren, begeistern und schlichten. Das »Verstehen« in den Experimenten der analogen Architektur widerspricht zum Teil unserem Wunsch nach einer neuen Poesie. Nicht Reportagen und Agitprop stehen am Ende der kompositorischen Arbeit, sondern eine filmisch und spannungsvoll erzählte Story: knapp und auf das Wesentliche reduziert, andeutend und nicht zitierend, organisch vereinheitlicht und nicht postmodern collagiert, auf ein einziges Leitmotiv ausgerichtet und zugleich verunklärt mit einigen stillen Abschweifungen. Diese Bemühung um

fois également une tendance éclectique, car il rassemble les œuvres d'art de multiples traditions. Si l'expérimentation de l'expression populaire est un succès, les rêves de «l'architecture parlante» pourraient peut-être devenir un jour une réalité: des formes que l'on comprend pourront agir en tant qu'instruments d'un travail de politique culturelle. Elles polarisent, enthousiasment et concilient. La «compréhension» des expérimentations de l'architecture analogique va, en partie, à l'encontre de notre désir d'une nouvelle poésie. Ce ne sont pas des reportages et de «l'agit-prop» que l'on trouve au terme du travail de composition, mais une histoire racontée sous une forme passionnante et cinématographique: réduite à l'essentiel, insinuatrice et ne se contentant pas de citations, harmonisée sur le plan organique et non constituée de collages post-modernes, concentrée sur un seul leitmotiv et simultanément brouillée de quel-

Miroslav Šik. Wohnbauten Lohmühleninsel

eine poetische Wirkung darf die Suche nach dem Populären nicht aufheben. Stets hat die Kunst »mit der allgemeinen Aussage« Vorrang vor der Perfektion und Virtuosität. Daher setzten wir unsere Projekte für Berlin aus vielen Architekturen zusammen, ohne diese Herstellungsart aufdringlich in den Vordergrund zu schieben. Wer will, kann die kompositorische Arbeit zum Teil nachvollziehen und bewerten. Für uns bleibt nach wie vor die allgemeine Aussage des analogen Entwurfes im Vordergrund: Wohnbauten, welche die eigenartige Luft der einzelnen industriellen Landschaften in Berlin atmen, um die Kontinuität jener Berliner Kaputtheit zu gewährleisten. Wohnbauten, welche diese Kaputtheit nicht als »snobistische Kaputtheit« inszenieren, sondern sie durch eine Verschmelzung mit einigen Klassikern der hohen Industriearchitektur zu einer neuen und doch vertrauten Stadt überhöhen.

ques digressions tranquilles. Ces efforts au profit d'un effet poétique ne doivent pas s'opposer à la recherche de l'expression populaire. L'art avec «le message général» a constamment priorité sur la perfection et la virtuosité. C'est la raison pour laquelle nos projets pour Berlin se composent de plusieurs architectures, sans que soit importunément mise en avant cette forme de réalisation. Celui qui le désire, peut partiellement imaginer et juger ce travail de composition. Le message général du projet analogique reste pour nous toujours au premier plan: des immeubles d'habitation qui respirent l'air caractéristique des différents paysages industriels de Berlin, pour assurer la continuité de ce Berlin avec sa destruction. Des immeubles d'habitation qui ne mettent pas en scène cette destruction pour en faire une «destruction de snobisme», mais la revalorisent par une fusion avec quelques éléments classiques de la haute architecture industrielle, afin de réaliser une ville nouvelle et toutefois familière.

Miroslav Šik. Bâtiments d'habitation de l'île Lohmühleninsel

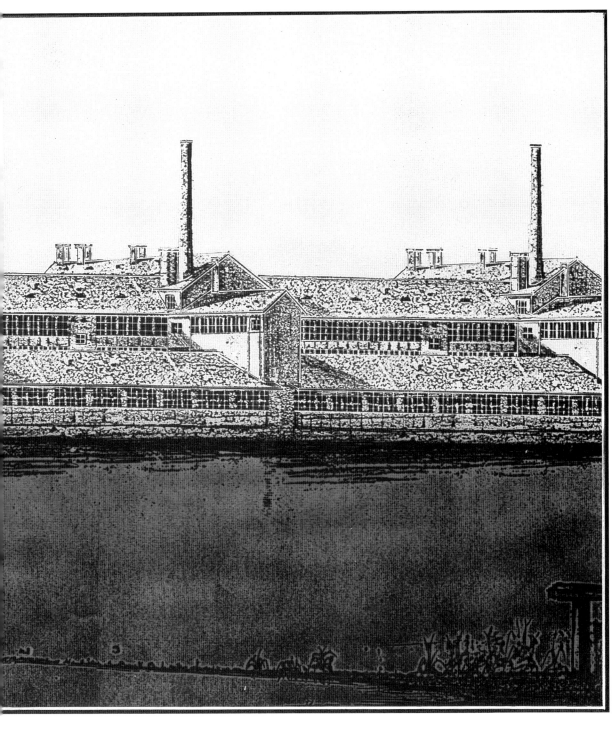

Martin Buehler. Wohnbauten an der Kurfürstenbrücke
Martin Buehler. Bâtiments d'habitation près du pont Kurfürstenbrücke

Evamaria Rieping. Wohnbauten an der Köpenicker Straße
Evamaria Rieping. Bâtiments d'habitation de la Köpenicker Straße

Andreas Hild. Wohnbauten am Bahnhof Gesundbrunnen
Andreas Hild. Bâtiments d'habitation près de la gare Gesundbrunnen

Daniel Studer. Wohnbauten am Bahnhof Wilmersdorfer Straße
Daniel Studer. Bâtiments d'habitation près de la gare Wilmersdorfer Straße

Valerij Bugrov (Hamburg)
Novij Gorod

Dieses künstlerische Denkmodell für die städtische Entwicklung
Berlins zielt auf ästhetische und sozio-strukturelle Veränderung des
Stadtzentrums unter Berücksichtigung der aktuellen Existenz
zweier politisch getrennter Stadtbereiche sowie der historisch besonderen Herausbildung Berlins zur Großstadt aus mehreren Dorf-
gemeinden. Entsprechend dem ästhetisch das gesamte Stadtbild als
Vertikale bestimmenden, den alten Stadtkern und das heutige Zentrum von Ost-Berlin markierenden Fernsehturm auf dem Alexan-
derplatz wird das jetzige Zentrum West-Berlins, der Breitscheidplatz
– mit den im Stadtpanorama unauffälligen Bauten von Europa-Center und Gedächtniskirche – ebenfalls mit einer Vertikalen als heraus-
ragendem Blick- und Orientierungspunkt akzentuiert.
Zwischen diesen ästhetisch kommunizierenden Turmbauten entsteht im heute unbebauten Bereich des Tiergartens ein utopisch
anmutendes Feld mit einzelnen stabartigen Hochbauten, die durch
Brücken miteinander verbunden ein neues städtisches Kommunikationssystem bilden, das im ideellen Schnittfeld der über die Grenze
hinaus verlängert gedachten Verkehrsringe um die beiden Stadtzentren liegt (hier Stadtautobahn Goerdelerdamm bis Bernhardstraße,
dort Eberswalder Straße, Dimitroffstraße, Bersarinstraße). Die einzelnen aufragenden und leuchtenden Elemente geben der über der
alten Stadtstruktur sich netzartig spannenden »neuen Stadt« die
Anmutung einer schwebenden Insel, die an den Inselcharakter Berlins und seine historische Fleckenstruktur erinnert; in der Betonung
der Vertikalen als Wiederholung der beiden Zentrumstürme wird
ästhetisch auf zukünftige, übergreifende Kommunikation sowohl in
politischer, technischer als auch sozialer Hinsicht verwiesen.
Anknüpfend an die architektonisch konstruktivistischen Utopien für
eine neue Gesellschaft im kosmischen Bezugssystem – wie von
Malewitsch und weiter Chidekel in den 20er Jahren für die Sowjetunion entworfen –, zielt dieses »Berlinmodell« auf Einheit von
Natur, Produktion, Wohnen und Stadtgeschichte. Dabei wird die
historisch belastete »Achse« Berlins – Heerstraße/Straße des
17. Juni/Unter den Linden – überlagert, geschnitten und durch die
Verbindungslinie zwischen den beiden heutigen Stadtzentren
ersetzt. Unter Bedingungen moderner technisch revolutionärer Pro-
duktionsweisen wie Mikroelektronik usw. erscheint die Rückbin-
dung der Produktionssphäre ans Stadtzentrum als mögliche Perspektive für Arbeit und Leben in Berlin.

Valerij Bugrov (Hambourg)
Novij Gorod

Ce modèle artistique de pensée pour le développement de la ville de
Berlin vise à modifier, du point de vue de l'esthétique et des structures sociales, le centre de la ville en tenant compte de l'existence
actuelle de deux secteurs, politiquement séparés, ainsi que de la formation historique, particulière, de la métropole berlinoise à partir de
plusieurs villages. De même que la tour de télévision sur l'Alexan-
derplatz donne à la ville, dans son ensemble, un caractère vertical,
en marquant de son sceau l'ancien cœur de la cité et l'actuel centre
de Berlin-Est, de même l'actuel centre de Berlin-Ouest, la Breitscheidplatz – avec les bâtiments de l'Europa-Center et de l'Eglise du
Souvenir qui passent inaperçus dans le panorama urbain – est accen-
tué par une verticale, point de repère pour le regard.
Entre ces tours, qui, esthétiquement, communiquent entre elles,
apparaît, dans le secteur aujourd'hui non-construit du zoo, une zone
qui donne une impression d'utopie, avec des tours, en forme de bar-
res, reliées entre elles par des ponts, qui forment un nouveau système de communication urbain, situé à l'intersection imaginaire des
voies de circulation (prolongées abstraitement au-delà de la frontière) autour des deux centres de la ville (ici: autoroute urbaine
Goerdelerdamm jusqu'à la Bernhardstraße, là-bas: Eberswalder
Straße, Dimitroffstraße, Bersarinstraße). Les différents éléments sail-
lants et lumineux donnent à la « nouvelle ville », tendue sur l'ancienne structure urbaine comme une toile, un air d'île flottante qui
rappelle le caractère insulaire et la structure historique de Berlin,
jadis constitué de plusieurs bourgs. En soulignant les verticales en
tant que répétition des deux tours centrales, il est fait référence,
esthétiquement, à la large communication future en matière politique, technique et sociale.
Renouant avec les utopies architectoniques, constructivistes, pour
une nouvelle société dans le système cosmique de référence – telles
qu'elles ont été conçues dans les années 20 par Malevich et Chidekel pour l'Union Soviétique – ce « modèle berlinois » vise à atteindre
une unité entre la nature, la production, l'habitat et l'histoire de la
ville. A cet effet, l'« axe » chargé d'histoire de Berlin (Heerstraße/
Straße des 17. Juni/Unter den Linden) est recouvert, coupé et remplacé par la ligne reliant les deux centres actuels de la ville. Dans les
conditions des modes de production modernes, qui mettent en
œuvre des techniques révolutionnaires, telle que la micro-électroni-
que etc., le retour de la sphère de production au centre de la ville
apparaît comme une perspective possible pour le travail et la vie à
Berlin.

Tiergarten

Raoul Bunschoten (London)
»Apeiron« oder: Chaos verkörpert

»Apeiron« oder: Chaos verkörpert. »Apeiron« ist der Name des grenzenlosen Feldes voller Grenzen inmitten der Stadt, eine riesige Masse scheinbar endlos sich weiter erstreckender, grenzenloser und zeitloser Erinnerung. Chaos ist dessen Struktur, ein gähnender Abgrund, eine formlose Leere, deren Bruchteile der erlebten Zeit und des erlebten Raumes markiert werden sollten. »Apeiron« bedeutet in reinerem Sinne auch das, was nicht von Ende zu Ende durchquert werden kann.

Der topographische Umriß dieses Feldes wird geformt durch die Straße Unter den Linden, die Otto-Grotewohl-Straße, die Niederkirchnerstraße, die Köthener Straße, den Landwehrkanal, die scharfe Kante entlang der Staatsbibliothek, den Rand des Tiergartens. Anatomie eines Wolkenschattens oder Kosmogonie eines Kraftfeldes? Die Luft über Berlin war einst sprichwörtlich gut, jetzt ist sie manchmal mit dem Messer zu schneiden. Nach Anaxagoras: Alle Stoffe wurden ursprünglich von einer der Luft ähnlichen Urmasse abgetrennt, Wolke, Stein, Wasser, Erde usw. Ursprünglich war alles gemischt, und auch nach der Abtrennung enthalten alle Stoffe noch etwas von allen anderen Stoffen: Die Wolke ist ein bißchen Stein, der Stein ein wenig Wolke. Teilt man eine Wolke, dann bleibt sie Wolke, teilt man einen Stein, dann kriegt man wieder Stein. Der Schnitt einer Wolke hinterläßt keine Spur, er ergibt eine scheinbare Diskontinuität, aber gleichzeitig eine wirkliche Kontinuität. Beim Stein passiert das umgekehrte. Der Schnitt im Stein enthält die implizite Bewegung des Messers, die indizierende Geste der Hand. Das Kraftfeld entsteht, wenn viele geschnittene Steine zusammen ein Gewebe von implizierten Bewegungslinien verursachen.

Das Feld als Verkündigung: Synopse und Diärese. Die Darstellungen der Verkündigung zeigen uns, wie einerseits zwei Protagonisten sich gegenüberstehen in einem scheinbar durchgehenden Raum, nur für uns getrennt durch einen fast zufällig anwesenden Baukörper, und wie andererseits diese Trennung eine absolute Durchschneidung des Bildes formt: Statt gleichartiger Figuren werden die Protagonisten und damit die zwei Teile des Bildes Symbolträger zweier völlig verschiedener, aber koexistierender Welten. Die Berührung dieser zwei Welten wird nur diagrammatisch sichtbar im isolierten Bereich der Bildfläche. Die Fläche des Bildes ist wie ein Modell, eine verkörperte Analogie einer größeren Komplexität. Das »Apeiron«-Feld ist organisiert wie ein Verkündigungsbild: scheinbar durchgehend mit anscheinend gleichen Protagonisten und einem fast zufällig plazierten trennenden Bauwerk. Obschon auch diese Trennung gleichzeitig absolut ist, wird das ganze Feld zum Symbolträger eines zeitlosen Ortes und als »Kraftfeld« (jetzt ohne Unterschied zwischen den beiden Seiten) Symbol der vollständig zusammengeflossenen zwei Welten des nuklearen und täglich erlebten Raumes.

Wie eine Verkündigung ist das »Apeiron«-Feld sowohl Synopse als Diärese: es ist Stadtmitte und Stadtkante zweier Gebiete. Der Umriß ist fast zufällig wie der eines Wolkenschattens, der das Land kurz verfärbt. Eine Gruppe oder Häufung von Partikeln, elementaren Teilen, liegt zerstreut über dem Gebiet, zum Teil abgehoben von dem Boden. Jedes Partikel ist wie ein Ort des Ursprungs, ein Schoß, der einen ganz spezifischen Raum enthält. Zusammen formen die Partikel ein anaxagoraisches Feld von Spermatozoen, Samen des Stadtraumes. Jeder ist Parasit (para-situs), der Grund ist nur Träger, er ernährt unser Bewußtsein, ist aber kein Grund zum Bauen. Der Parasit ist neues Land, neuer Grund, der neu beschnitten wird durch Straßen, sich öffnet in Räume. Im Chaos entsteht das architektonische Feld.

Raoul Bunschoten (Londres)
«Apeiron» ou: chaos concrétisé

«Apeiron» ou: Chaos concrétisé. «Apeiron» est le nom de cette étendue infinie et remplie de bornes, située au cœur de la ville, vaste masse apparemment sans fin, mémoire illimitée et éternelle. Sa structure est chaos, abîme béant, vide informe où les débris délabrés du temps et de l'espace vécus devraient être indiqués. «Apeiron» signifie aussi plus exactement ce que l'on ne saurait traverser de part en part.

Le contour topographique de cette étendue est donné par Unter den Linden, Otto-Grotewohl-Straße, Niederkirchnerstraße, Köthener Straße, Landwehrkanal, la ligne qui longe la Staatsbibliothek et un côté du Tiergarten. Anatomie de l'ombre d'un nuage ou cosmogonie d'un champ de force? Il fut un temps où l'air de Berlin était proverbialement sain; par moments il est désormais à couper au couteau. Selon Anaxagore, toutes choses étaient originellement obtenues à partir d'une substance primaire qui ressemblait un peu à l'air: nuages, pierres, eau, sol, etc. A l'origine, tout était mélangé et également après leur scission, toutes choses contiennent des traces de la substance de tout le reste: le nuage est en partie pierre, la pierre est en partie nuage. Toutefois, si vous coupez un nuage, vous n'obtenez que du nuage, si vous coupez une pierre, vous n'obtenez que de la pierre. Le découpage d'un nuage ne laisse aucune trace, entraînant une discontinuité apparente mais en même temps une continuité réelle. Avec les pierres, c'est le contraire qui se produit. L'entame d'une pierre garde le mouvement implicite de la lame, le geste indicatif de la main. Le champ de force apparaît lorsqu'une multitude de pierres coupées forment ensemble un réseau de lignes de mouvement implicites.

L'étendue en tant qu'Annonciation: synopsis et diérèse. Les images de l'Annonciation illustrent comment d'une part les protagonistes se font face dans un espace apparemment continu, séparés pour le spectateur par un élément de construction placé presque au gré du hasard, et comment, d'autre part, cette séparation entraîne une rupture absolue de l'image, les protagonistes, au lieu d'être des êtres semblables, devenant avec les côtés respectifs de l'image les symboles de deux mondes coexistants mais totalement différents. Le contact de ces deux mondes ne devient visible que sous forme de diagramme dans l'isolement de l'image. La surface du tableau est comme un modèle, l'analogie concrétisée d'une complexité plus vaste. L'étendue «Apeiron» est organisée comme une Annonciation: continue en apparence avec des protagonistes apparemment semblables et une construction médiane presque accidentelle. Bien que cette séparation soit aussi absolue simultanément, l'étendue dans son ensemble devient maintenant le symbole d'un lieu éternel et (sans qu'il y ait désormais de différence entre les deux côtés) un «champ de force», symbole des deux mondes désormais parfaitement confondus de l'espace nucléaire et de l'espace quotidien.

Comme pour l'Annonciation, l'étendue «Apeiron» est à la fois synopsis et diérèse: elle est à la fois cœur de la cité et suture entre deux zones urbaines. Le contour en est quelque peu accidentel, comme l'ombre d'un nuage qui change momentanément la couleur du sol. Un groupe ou une grappe de particules, de parties élémentaires, est éparpillé sur la zone, certaines surélevées au-dessus du sol. Chaque particule est comme un lieu d'origine, une entraille renfermant un espace assez particulier. Ensemble, les particules forment un champ anaxagoréen de spermatozoïdes, semences de l'espace urbain. Chacune est un parasite (para-site), la terre n'est que vecteur, elle ne nourrit que le conscient et n'est pas sol à bâtir. Le parasite est une terre nouvelle, un sol neuf découpé à nouveau par des rues et qui s'ouvre dans l'espace. Du chaos sort l'étendue architecturale.

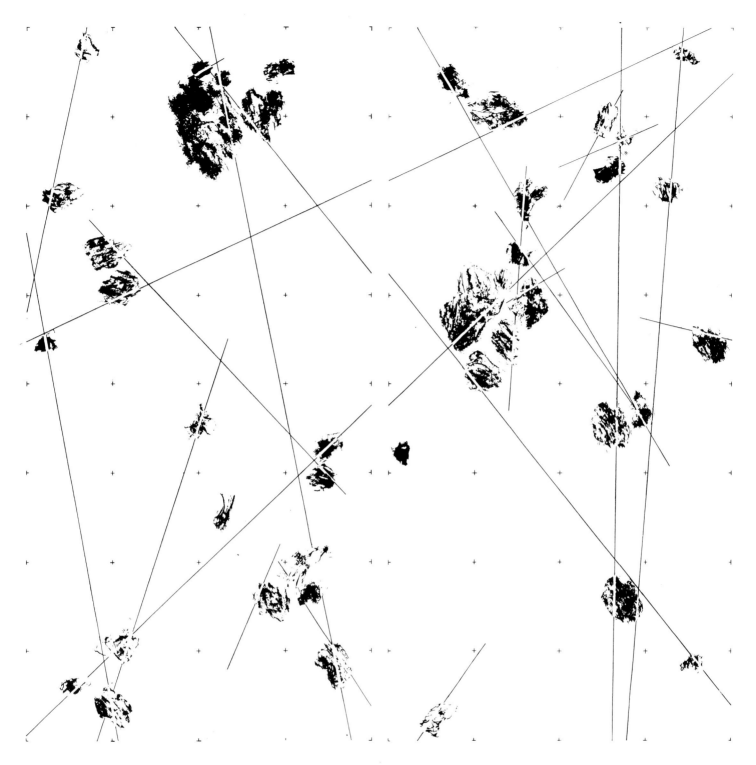

Anatomie eines Wolkenschattens oder Kosmogonie eines Kraftfeldes?
Anatomie de l'ombre d'un nuage ou cosmogonie d'un champ de force?

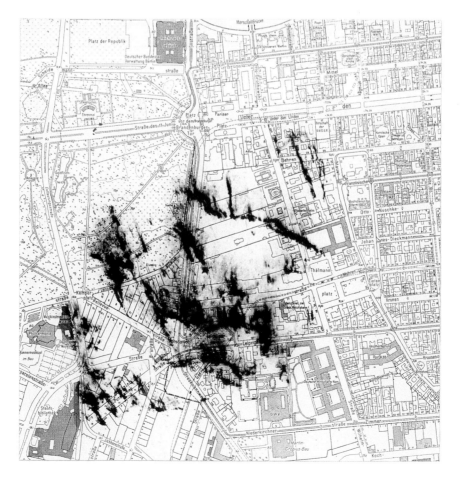

76

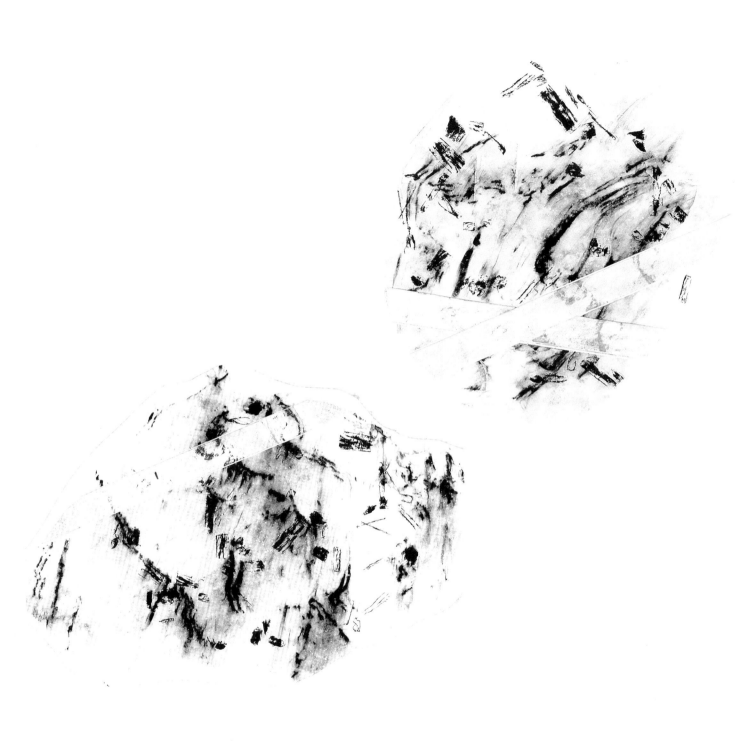

Das Feld der Verkündigung: Synopse und Diärese
Le champ de l'Annonciation: synopsis et diérèse

Claus Bury (Frankfurt a. M.)
Museum für Neue Deutsche Geschichte

Mit der Grundsteinlegung zum Museum für Deutsche Geschichte
in Berlin Ende 1987 durch Bundeskanzler Helmut Kohl kam mir der
Gedanke, ein Alternativkonzept zu diesem Thema zur Diskussion
zu stellen. Nach meiner Auffassung müßte für die kulturelle, städtebauliche, geographische und politische Situation der Stadt ein
»Zukunftszeichen« gesetzt werden, das als Museum nutzbar ist und
zugleich ein Berlinsymbol darstellt. Das von mir konzipierte
»Museum für Neue Deutsche Geschichte« orientiert sich an den
existierenden politischen Verhältnissen und schafft gleichzeitig die
Basis für eine beiden deutschen Staaten zugedachte Geschichts-
beschreibung.

Das Gebäude ist in vier Bereiche gegliedert, wobei sich zwei absolut
identische Baukörper auf der westlichen und östlichen Seite der 1961
errichteten Mauer befinden, die durch einen bis zu 80 Meter Höhe
ansteigenden konischen Bogen miteinander verbunden sind. Als
Standort scheint mir der Potsdamer Platz mit der Achsenführung
Potsdamer Straße/Leipziger Straße auch wegen der unmittelbaren
Nähe zu den anderen Museen und kulturellen Einrichtungen
passend.

Das die »Mauer« überbrückende Verbindungsstück beinhaltet in
einem vornehmlich aus Stahl, Beton und Glas konstruierten Bau
den gemeinsamen deutschen Geschichtsverlauf seit 1933. Die Basis
dieser »Brückenarchitektur« bildet ein massiv wirkender, nach
außen geschlossener, 10 Meter hoher, 50 Meter breiter und
160 Meter langer Steinsockel, dessen Innenräume die leidvolle Geschichte der nationalsozialistischen Gewaltherrschaft von 1933 bis
1945 dokumentieren und gleichzeitig Gedenkstätte für die Opfer des
Nationalsozialismus sein sollen.

Diese auch nach außen weithin sichtbare Trennung als abrupte
Unterbrechung einer Kreisbewegung symbolisiert die weitere Entwicklung der neuen deutschen Geschichte mit zwei sich gegenüberstehenden, durch die Mauer separierten Stahl- und Glasbauten, in
denen jeweils die geschichtliche Entwicklung der Deutschen Demo-
kratischen Republik seit 1949 und die der Bundesrepublik Deutschland und West-Berlins im gleichlaufenden Zeitraum dokumentiert
werden soll, wobei jede Seite ihre eigene, den politischen Verhältnissen entsprechende Geschichtsdarstellung zum Ausdruck bringt. Das
»Museum für Neue Deutsche Geschichte« könnte gleichzeitig als
Grenzübergang dienen, oder, wenn dies aus politischen Gründen
nicht realisierbar erscheint, turnusmäßig im vierteljährlichen Rhythmus dem Ost- und Westteil zugänglich gemacht werden, wobei dann
jeweils der Eingangsbereich der anderen Seite für die Museums-
besucher versperrt bliebe. Die Mauer, als Teil der neuen deutschen
Geschichte, sollte auch dann, wenn sie eines Tages aus politischen
Gründen überflüssig werden sollte, als Relikt und historisches
Dokument im unmittelbaren Museumsbereich erhalten bleiben.

Claus Bury (Francfort s. M.)
Musée de la Nouvelle Histoire Allemande

Avec la pose de la première pierre du Musée de l'Histoire Allemande à Berlin à la fin de l'année 1987 par le Chancelier fédéral
Helmut Kohl, m'est venue l'idée d'un concept alternatif sur ce
thème. A mon avis, un «signe de l'avenir», utilisable en tant que
musée et représentant simultanément un symbole de Berlin, devrait
être crée pour une présentation de la situation culturelle, urbanistique, géographique et politique de la ville. Le «Musée de la Nouvelle
Histoire Allemande» conçu par moi se réfère au contexte politique
existant et crée simultanément la base pour une description de l'histoire convenant aux deux Etats allemands.

Le bâtiment est divisé en quatre zones, deux corps de bâtiment
absolument identiques se trouvant du côté occidental et oriental du
mur érigé en 1961, relié entre eux par un arc conique dont la partie la
plus élevée atteint 80 mètres de hauteur. La Potsdamer Platz avec
son axe Potsdamer Straße/Leipziger Straße me semble convenir en
tant qu'emplacement, notamment aussi compte tenu de la proximité immédiate avec les autres musées et équipements culturels.

Cet élément de jonction au-dessus du Mur Berlinois contient une
présentation commune de l'histoire allemande à partir de 1933,
essentiellement dans une construction d'acier, de béton et de verre.
La base de cette architecture en forme de «pont» est constituée
d'un socle de pierre massif fermé sur l'extérieur, de 10 mètres de
hauteur, 50 mètres de largeur et 60 mètres de longueur, dont les
locaux intérieurs devront présenter la douloureuse histoire du pouvoir national-socialiste de 1933 à 1945, avec ses origines et conséquences fatales, et servir simultanément de mémorial aux victimes
du national-socialisme.

Cette séparation largement visible de l'extérieur, interruption
abrupte d'un mouvement circulaire, symbolise la poursuite du développement de la nouvelle histoire allemande par deux bâtiments de
verre et d'acier face à face, séparés par le Mur, dans lesquels l'évolution historique de la République Démocratique d'Allemagne depuis
1949 et celle de la République fédérale d'Allemagne et de Berlin-
Ouest seront respectivement présentées dans un ordre chronolo-
gique identique. Chaque partie y exprime sa propre représentation
de l'histoire en fonction du contexte politique. Le «Musée de la
Nouvelle Histoire Allemande» pourrait simultanément servir de
point de passage ou, au cas où cela ne serait réalisable pour des raisons politiques, être rendu accessible, à tour de rôle à un rythme tri-
mestriel, aux parties orientales et occidentales de la ville, la zone
d'accès à l'autre côté restant alors à chaque fois fermée aux visiteurs
du musée. Le Mur, en tant que partie de la nouvelle histoire allemande, devrait ensuite, si les considérations politiques le rendaient
un jour superflu, rester en tant que vestige et document historique à
proximité immédiate du musée.

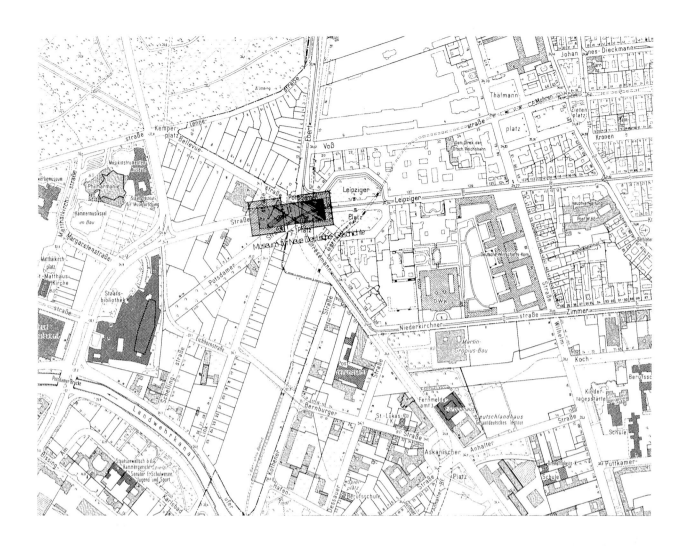

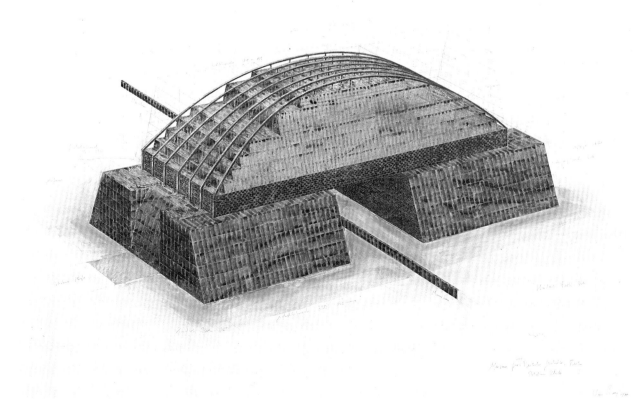

79

Peter Cook (London)
Mitarbeiter: Claudia Nickel, C. J. Lim
Way out West-Berlin

Was auch immer geschehen mag, Berlin darf nicht stagnieren. Es darf sich nicht durch die Künstlichkeit des Hansaviertels oder – was noch schlimmer wäre – durch die postmoderne Provinzialität des typischen IBA-Blocks einlullen lassen. Im Vergleich zu Rom, Paris oder London war Berlin immer irgendwie ein P a r v e n ü – emporgekommen Ende des 19. Jahrhunderts – mit all den Vor- und Nachteilen, die sich aus der Notwendigkeit, zu b e e i n d r u c k e n , ergeben – schnell, groß, kräftig, lautstark. Die Faszination von Brecht, Isherwood oder LeCarré gewährt uns tiefere Einblicke, als die verschiedenartigen Architekturreste oder die Mauer-Paranoia uns je vermitteln können.

Dieses Projekt erkennt die Realität von West-Berlin an: amerikanisches Geld, künstliche kulturelle Stimuli, Toleranz für Exzentrisches, Kneipen, »big kiss«. Es verzichtet freiwillig auf die Beschäftigung mit »diskussionswürdigen« Gebieten und schlägt eine Gegenattraktion zum »Zoo-Ende« des Ku-Damms vor. Die winzige Insel im Halensee agiert dabei als der eine Generator, der Rathenauplatz als der andere.

New Yorker Häuserblocks werden durch Wolkenkratzer »gekrönt«. (Warum hat Berlin nie einen gehabt?) Vor dem Wolkenkratzer befindet sich ein kleiner öffentlicher Platz. (Warum hat Berlin auch so etwas nie gehabt?) Einfach strukturierte Gebäude breiten sich um diesen Platz herum aus, der übrigens aus Glas ist, so daß der wirklich »aktive« Platz darunter liegt. Ein Oberdeck spannt sich über die Bahnanlagen, als Anregung für die tiefer liegende Stadt, und legt so den Grundstein zu einer neuen »Unterwelt«, die – mit Recht – wieder einige der sagenhaften »Unterwelt-Aktivitäten« der zwanziger Jahre aufleben lassen könnte. Dahinter, in Richtung auf die Grunewaldvillen, befindet sich eine Serie allmählich sich entwickelnder Ebenen, Mischformen aus Büros, Wohnanlagen, Werkstätten und Lofts.

Die Zeit ist Bestandteil des Projekts: Sobald dieses Projekt erstellt ist, beginnt die Matrix der geordneten Stadt, der radial bestimmten Stadt und der zwanglosen Loft-Stadt sich gegenseitig zu beeinflussen. Das Tragsystem besteht aus Rahmen, einer Reihe von »Bäumen« mit herabhängenden Platten, aus kleinen amöbenförmigen »Schirmen« und einigen kakteenartigen »Injektionselementen« zur haustechnischen Versorgung. Diese vier Typologien können als architektonischer Aktionsradius angesehen werden. Sie sind aber nicht nur voneinander abhängig, sondern rivalisieren miteinander. Das Projekt entwickelt sich in mehreren Abschnitten, die mit A, B, C, D, E bezeichnet sind. A ist die gegebene Situation. B und C zeigen eine einfache und eindeutige Entwicklung. D und E enthüllen jedoch, daß die herausfordernde Rolle der »Kakteen« und die Reaktion der geschichteten Ebenen eine Anarchie beinhalten, die eine Metamorphose des neuen Teils von Berlin unterstützt.

Was zunächst ein Import von der amerikanischen Ostküste ist, vermischt mit ein wenig deutscher Ordnung, verändert sich langsam in Richtung »amerikanische Westküste« mit ihrem Romantizismus und ihrer natürlichen Anarchie. Bezogen auf Berlin, liegt dieses Gelände weit, weit im Westen. Bezogen auf architektonische Tendenzen, schlage ich eine Lösung »Way out West« vor.

Peter Cook (Londres)
Collaborateurs: Claudia Nickel, C. J. Lim
Way out West-Berlin

Quoiqu'il arrive, Berlin ne doit pas être autorisée à stagner. Elle ne doit pas se laisser entraîner vers l'abstraction artificielle par le Hansaviertel ou pis encore vers le provincialisme post-moderniste du bâtiment caractéristique IBA. Comparée à Rome, Paris ou Londres, la ville de Berlin a toujours eu un côté quelque peu a r r i v i s t e : surgie brusquement à la fin du 19ème siècle avec tous les avantages et les désavantages liés à la nécessité d ' i m p r e s s i o n n e r – ville pressée, grande, lourde, tonitruante. La fascination de Brecht, Isherwood et LeCarré nous offre finalement davantage d'indices que les vestiges hétéroclites de l'architecture ou la paranoïa du Mur.

Ce projet prend en compte la réalité de Berlin-Ouest: Devise américaine, stimuli culturels artificiels, tolérance envers l'excentrisme, soirées bon marché, « big kiss ». Il évite délibérément de s'occuper des zones « contestables » et propose une contre-attraction au « Zoo » situé à proximité de Ku-Damm. La petite île du lac Halensee apparaît comme un premier pôle, la Rathenauplatz constituant le second. Le mode de construction de New York est évoqué par l'intermédiaire d'un gratte-ciel. (Pourquoi Berlin n'en a t-elle jamais eu?) En face du gratte-ciel s'étend une place à la fois exigüe et publique. (Pourquoi Berlin n'en n'a t-elle jamais eu non plus?) Des bâtiments à la structure simple s'étendent à partir de cette place qui, par ailleurs, est constituée de verre de telle sorte que la place réellement active se situe en-dessous. Une plate-forme s'étend au-dessus du centre de triage et encourage la cité à se développer vers le bas et commence à créer un nouveau « monde souterrain » qui à juste titre pourrait recréer certaines des activités souterraines mythiques des années 20. Au-delà et en direction des villas Grunewald se trouve une série de couches graduelles qui constituent une sorte d'hybridation entre les bureaux, les logements, les ateliers et les lofts.

Le t e m p s f a i t p a r t i e d u p r o j e t . Pratiquement dès qu'a été établie la construction, les matrices de la ville ordonnée, de la cité à géométrie radiale et de la cité plus libre des lofts commencent à s'influencer mutuellement. L'ossature consiste en une structure, en une série « d'arbres » comportant des plateaux appendus, en « écrans » en forme d'amibes puis en quelques « éléments d'injection » ressemblant à des cactus et destinés à assurer les services. Ces quatre typologies peuvent être considérées comme des lignes architecturales. Elles ne sont cependant pas seulement inter-dépendantes mais rivales.

Le projet évolue en différentes phases, dénommées A, B, C, D, E. A est le site tel qu'il est. B et C constituent des développements modestes et simples. D et E cependant révèlent que le rôle de défi joué par les « cactus » et la réaction de l'organisation en couches confirme une notion d'anarchie qui contribue à la métamorphose de ce nouvel élément de Berlin.

Ce qui est tout d'abord une importation de la côte est de l'Amérique mélangée dans une certaine mesure à l'ordonnancement allemand, prend peu à peu la forme de l'ouest américain avec son romancisme et son anarchie naturelle. Par rapport à Berlin, ce site se trouve à l'ouest lointain. Par rapport aux tendances architecturales, je suggère une solution orientée à l'ouest, « Way out West ».

WAY OUT OF WEST - BERLIN - STAGE D

PETER COOK
1988

WAY OUT WEST · BERLIN   SECTION B-B [RIGHT]   AT STAGE 'D'   0 _____ 50M   PETER COOK 1988

WAY OUT WEST · BERLIN   SECTION - ELEVATION THROUGH SQUARE-FACING SKYSCRAPER   AT STAGE 'D'   0 _____ 50 M   PETER COOK 1988

WAY OUT WEST : BERLIN SECTION B-B (LEFT)   AT STAGE 'D'   0L   50M   PETER COOK 1988

WAY OUT WEST BERLIN   DETAIL SECTION AT 'K'   0L   15M   AT STAGE 'D'   PETER COOK 1988

Coop Himmelblau (Wien)
Die Auflösung unserer Körper in der Stadt

Wir lieben es, (die) Linien und Flächen der Stadt, die es noch nicht
gibt, zu entwerfen. Die es unsichtbar gibt, zu entdecken und sichtbar zu zeichnen. Genauso, wie wir es lieben, Gebäude und deren
Schatten zu bauen.
In den letzten Jahren (ungefähr seit 1978) haben wir begonnen –
ohne zu rechnen, wohin es uns führen wird –, die Zeit des Entwurfs-
vorgangs zu verdichten und zu verkürzen. Das heißt, Gespräche
über das Projekt werden zwar lange geführt. Aber immer, ohne an
räumlich faßbare Konsequenzen zu denken.
Und dann plötzlich ist eine Zeichnung da.
Auf einer Wand, auf einem Tisch, auf einem Papier.
Irgendwo.
Und immer und gleichzeitig ist das Modell. (In keinem Maßstab.)
Das geht so: Coop Himmelblau ist ein Team. Wir sind zwei. Während des Zeichnens wird Architektur in Worte gefaßt, die Zeichnung
im dreidimensionalen Material des Modells erzählt. (Beweisen kön-
nen wir es nicht, aber wir vermuten sehr stark, daß, je intensiver der
Entwurf vom Entwerfer erlebt wird, um so erlebbarer wird dann der
gebaute Raum.)
Im letzten Jahr bemerkten wir, daß wir allmählich begannen, das
Beschreiben des Entwurfs durch Worte mit Gesten unserer Hände
zu unterstreichen. Und bei Projekten für Paris und Wien war die
Sprache des Körpers die bessere Zeichnung und das erste Modell.
Und während wir an den Projekten für New York und Berlin zu
arbeiten anfingen, wurden Gesicht und Körper dieser Städte immer
deutlicher: Wir fingen an, über einem Teamphoto von Coop Himmelblau diese Linien und Flächen der Stadt zu sehen und zu zeichnen. Unsere Augen wurden zu Türmen, unsere Stirnen zu Brücken,
die Gesichter zu Landschaften und unsere Hemden zum Lageplan.
Bestehender Stadtplan und neue Zeichnung übereinander vergli-
chen: Die zuerst so wichtigen Umrisse, Linien und Flächen der
Gesichter und Körper verlieren sich allmählich im Gewirr bestehender Planung. Die Linien, Felder und Flächen der neuen Struktur
jedoch zeichnen sich deutlicher und immer deutlicher. Werden drei-
dimensional und werfen Schatten.
Jetzt werden wir unser Teamphoto so lange schrittweise vergrößern,
bis nur mehr die Pupillen der Augen sichtbar sind. Sie sind der
Grundriß eines hohen Gebäudes, und wir denken daran, es zu
bauen.

Coop Himmelblau (Vienne)
La dissolution de nos corps dans la ville

Nous aimons concevoir des (les) lignes et surfaces de la ville qui
n'existent pas encore. Ce qui est invisible nous donne à découvrir et
à dessiner. Tout comme nous aimons construire des bâtiments et
leur ombre.
Durant les dernières années – environ depuis 1978 – nous avons
commencé, sans calculer où cela nous mènerait, à densifier le temps
du processus de la conception et à le réduire. Cela signifie que l'on
s'entretient certes encore longtemps sur le projet, mais sans penser
aux conséquences saisissables sur le plan spatial.
Et puis soudain: un dessin est là.
Sur un mur, sur une table, sur une feuille de papier.
N'importe où.
Et toujours, simultanément, apparaît la maquette. (Sans échelle.)
Les choses se passent ainsi: Coop Himmelblau est une équipe. Nous
sommes deux. Durant le dessin, l'architecture est exprimée en mots,
le dessin raconté par le matériel à trois dimensions de la maquette.
(Nous ne pouvons le prouver, mais nous supposons fortement que
plus le concepteur vit intensément son concept, plus la vie de
l'espace construit sera intense.)
Nous avons remarqué l'année dernière que nous commencions progressivement à souligner la description du concept par des mots et
des gestes des mains. Et pour des projets comme ceux de Paris et de
Vienne, le langage du corps était le meilleur dessin et la première
maquette.
Et alors que nous commencions à travailler sur les projets des villes
de New York et de Berlin le visage et le corps de ces villes devinrent
de plus en plus clairs. Nous commencions à voir et à dessiner ces
lignes et surfaces de la ville à partir d'une photo collective de Coop
Himmelblau. Nos yeux sont devenus des tours, nos fronts des ponts,
nos visages des paysages et nos chemises des plans topographiques.
Si l'on compare en les plaçant l'un au-dessus de l'autre le plan de
ville existant et le nouveau dessin: les contours, lignes et surfaces
des visages et des corps, dans un premier temps si importants, se
perdent progressivement dans l'enchevêtrement des études existantes. Les lignes, champs et surfaces de nouvelles structures apparaissent toutefois de plus en plus clairement. Elles acquièrent une structure à trois dimensions et jettent de l'ombre.
Nous agrandirons à présent progressivement notre photo collective
jusqu'à ce que seules les pupilles des yeux deviennent visibles. Elles
constituent le plan de base d'un bâtiment élevé et nous envisageons
de le construire.

85

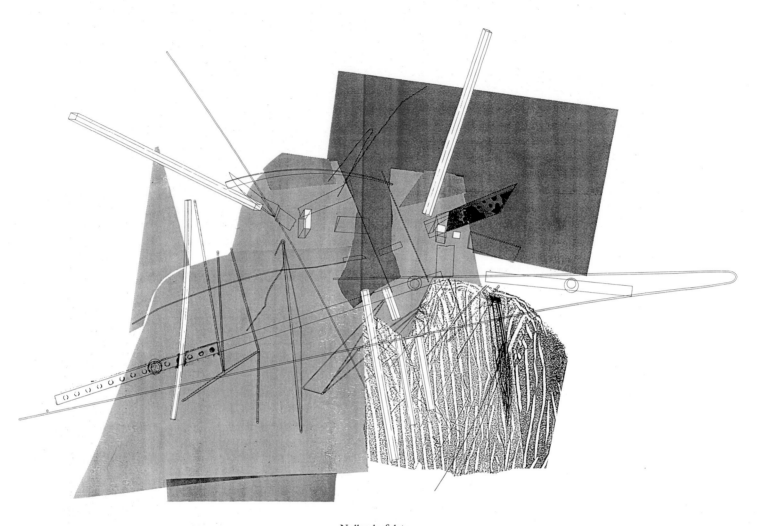

Nollendorfplatz

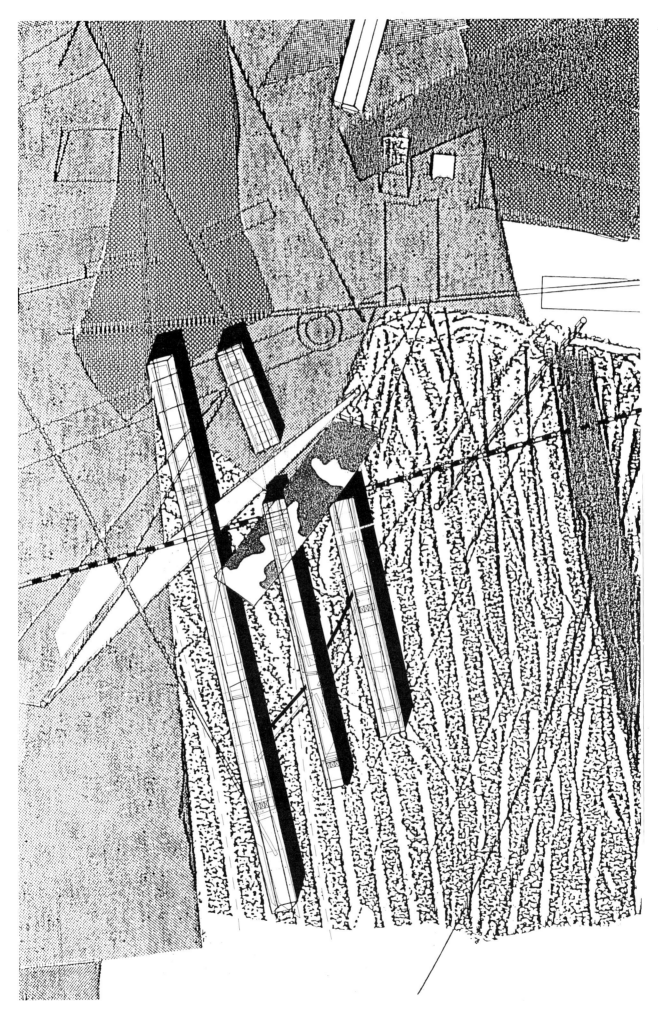

Pietro Derossi (Turin)
Die Zukunft ist jetzt

Die Zukunft? Die Zukunft ist genau heute. Die Stadt der Zukunft
ist die, die bereits existiert, die in der Gegenwart verankert ist. Für
die Zukunft arbeiten heißt, sorgfältig das zu interpretieren, was
heute um uns herum passiert, um dann geringfügige Veränderungen
vorschlagen zu können. Das sind die komplexen Zustände unserer
Gegenwart, die einzigen Wurzeln unserer Wirklichkeit.
Wenn man versucht, diese Vielfalt auf eine allgemeine Idee von
Stadt zu reduzieren, auf eine einheitliche Struktur oder auch auf
einen entscheidenden Eingriff, bedeutete das einen Akt der Verein-
fachung oder auch der Banalisierung. Es käme dem Verlust dessen,
was im wirklichen Leben das Kostbarste ist, gleich, nämlich der
komplexen Interaktion der Unterschiede. Andererseits bedeutet die
Tatsache, den pluralistischen und vielfältigen Charakter der Stadt zu
akzeptieren, nicht, daß man einen Sieg des Chaos, des Irrationalen
oder des Negativen als gegeben nimmt oder gar herbeiwünscht. Das
Engagement in Richtung vervollständigen, interpretieren, verändern
muß als eine Notwendigkeit angesehen werden, eine Notwendigkeit
voller Schwierigkeiten, aber auch eine, die die Bedingung für das
»Realisieren« der Poesie darstellt.
Sich dem Problem der Zukunftsstadt zu stellen heißt folglich, die
Realität, die harten Bedingungen der Gegenwart zu akzeptieren,
und das heißt auch, die schwierige Aufgabe des Handelns zu über-
nehmen, einerseits in dem Bewußtsein, daß unserer Aktion hier und
jetzt Grenzen gesetzt sind, und andererseits in dem Bestreben, neue
Horizonte zu eröffnen und neue Landschaften ahnen zu lassen. Die
Gelegenheiten für unsere Arbeiten beziehen sich immer auf Teile,
Fragmente, Besonderheiten von Raum und Zeit. Fragmente, die
ihrerseits aus anderen Fragmenten bestehen können, ihre Bezüge
haben, ihre Namen, eine Erinnerungen auslösende Eigenschaft: die
Oberstadt, die Stadt im Grünen, die Altstadt, die vergängliche Stadt,
die zersplitterte Stadt etc.
Aber auch weniger weit greifende Bezüge: die Fassaden, die Straße,
der Platz, das Signal, das Symbol, das Detail, das Material etc. Diese
Fragmente, die uns weit fort führen, in die Vergangenheit, in die
Erinnerung, oder auch uns inspirieren zu neuen schöpferischen
Raumgestaltungen, zum Neuen, zur Zukunft. Eine Art Schaukel, die
vom Teil zum Ganzen schwingt, von der Erinnerung in die Zukunft.
Mein eigener Beitrag will nichts anderes sein als eine Erzählung mit
kurzer Darstellung meiner Reise auf der Schaukel, dort in Berlin, in
einer Vergangenheit, die ganz nah ist.

Pietro Derossi (Torin)
L'avenir est maintenant

L'avenir? L'avenir est aujourd'hui-même. La ville de l'avenir est
donc celle qui existe déjà, celle qui est ancrée dans le présent. Travailler pour l'avenir, cela veut dire interpréter avec soin ce qui se
passe autour de nous aujourd'hui, afin de proposer de légères modifications. Ce sont les circonstances complexes de notre présent, les
seules racines de notre réalité.
Chercher à réduire la multiplicité de ces circonstances à une idée
générale de ville, à une structure unitaire ou bien à une intervention
décisive, cela comporte un acte de simplification et de banalisation.
C'est-à-dire que cela comporte la perte de ce qui, dans la vie réelle,
est le plus précieux: l'interaction complexe des différences. D'autre
part, le fait d'accepter le caractère pluraliste et dispersé de la ville ne
signifie absolument pas accepter ou désirer le triomphe du chaos, de
l'irrationnel, du négatif. S'engager dans le projet de compléter, interpréter, modifier, doit être considéré comme une nécessité, une
nécessité difficile mais aussi une nécessité qui est une condition
pour «réaliser» la poésie.
Se poser le problème de la ville future veut dire, alors, accepter la
réalité, la dureté des conditions du présent, et accepter également la
tâche difficile d'opérer, en tenant compte, d'une part, des limites de
notre action ici et maintenant et, d'autre part, de nos désirs d'ouvrir
de nouveaux horizons, de préfigurer de nouveaux paysages.
Nos occasions de travail ont toujours trait à une partie, à un fragment, à une spécificité de lieu et de temps. Un fragment, qui peut, à
son tour, être rempli d'autres fragments qui ont leurs références,
leurs noms, leur capacité évocatoire: la ville haute, la ville dans les
espaces verts, la vieille ville, la ville éphémère, la ville dispersée, etc.
Et aussi des références moins vastes: la façade, la rue, la place, le
signal, le symbole, le détail, les matériaux, etc. Ces fragments qui
nous reportent loin, dans le passé, dans la mémoire ou bien qui
nous inspirent des espaces créateurs pour le nouveau, pour le futur.
Une sorte de balançoire allant de la partie au tout, de la mémoire à
l'avenir.
Mon propre apport ne veut être qu'un récit par brèves notations de
mon voyage en balançoire, là, à Berlin, dans un passé tout proche.

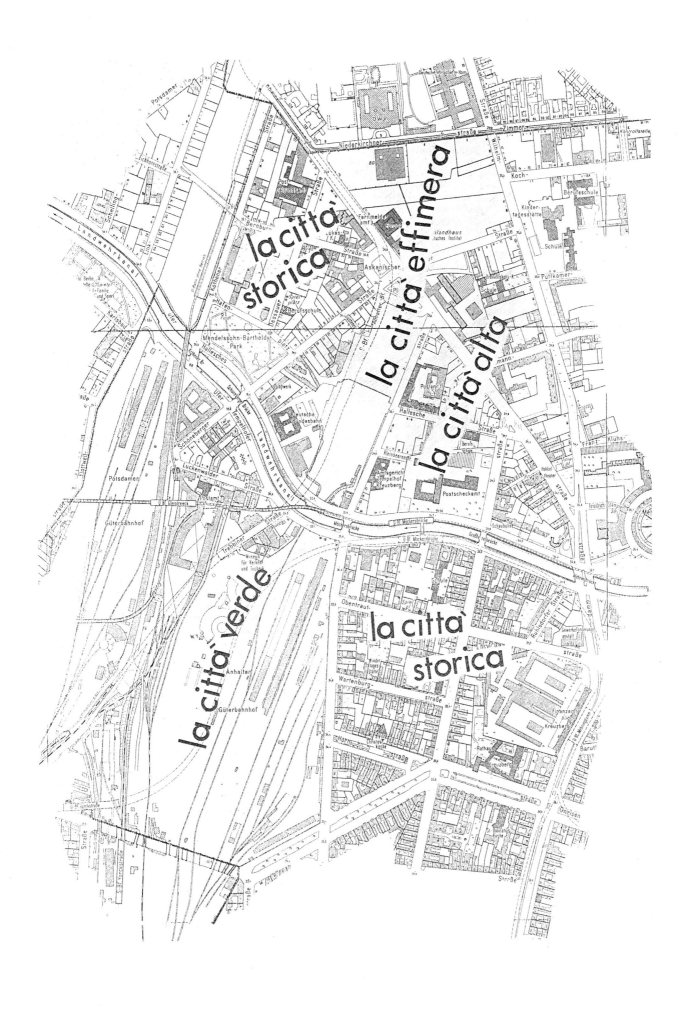

la città storica

la città effimera

la città alta

la città verde

la città storica

Eine Straße
Une rue

Eine Fassade
Une façade

90

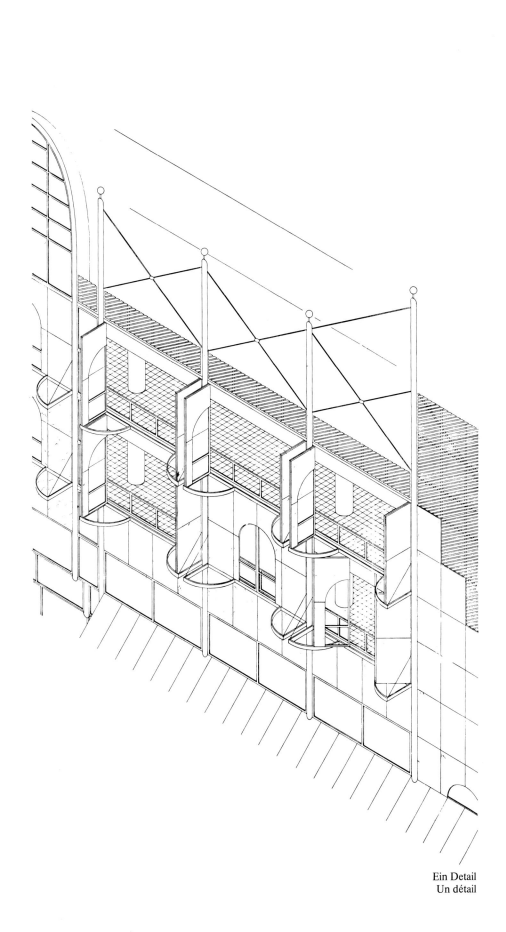

Ein Detail
Un détail

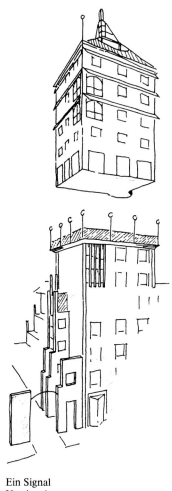

Ein Signal
Un signal

Max Dudler (St. Gallen)
Mitarbeiter: Martin Langer
Berlin – Denkmal oder Denkmodell?

Beim Wiederaufbau der deutschen Städte nach dem Zweiten Weltkrieg wurde nach neuen Konzeptionen für den Umgang mit historischen Orten, Einrichtungen und Landschaften gesucht. Diese Konzeptionen wurden aber um so kontroverser diskutiert, je weiter das
Geschehen des Krieges und des schnellen Wiederaufbaus zurücklag.
Heute versucht man, durch Wiederanknüpfung an das 19. Jahrhundert die erste Hälfte des 20. Jahrhunderts möglichst vergessen zu
lassen. Diese Haltung führt zu einer scheinbaren Erneuerung baulicher Substanz mit historischen Applikationen. Die historischen
Kerne sind auf der einen Seite wieder einigermaßen restauriert, die
»Heimat« scheint wieder hergerichtet zu sein.
»Alles ist in Ordnung. Das heißt: Wir leben in einer Welt. Man sieht
sie nicht, aber alles, was man sieht, die Einzelheiten, sind von Vorstellungen dieser universalen Ordnung geprägt. Alle Ordnungsvor-
stellungen stoßen aber an sichtbare Grenzen. Notgedrungen geht
man darum meist mit mehreren verschiedenen, einander widerspre-
chenden um. Wir erkennen die Welt nur bruchstückhaft und setzen
sie provisorisch aus Bruchstücken zusammen.« (H. Böhringer,
Begriffsfelder von der Philosophie zur Kunst.)
Die Vorschläge für sechs Gebiete, Örtlichkeiten oder Aufgabenstel-
lungen in West-Berlin beschränken sich nicht darauf, Möglichkeiten
zu zeigen, in dieser Stadt auf bestehende räumliche Situationen
architektonisch zu reagieren. Es wird vielmehr auch versucht, durch
das Entgegensetzen von neuen Konzepten städtische Strukturen
aufzuzeigen und baulich zu verwirklichen. Diese Konfrontation
bedeutet nicht, Bestehendes zu leugnen, vielmehr liegt in der
Widersprüchlichkeit von vorhandener und neuer Architektur das
eigentliche Akzeptieren des Vorhandenen.
Vergangenheit: Die Auseinandersetzung mit der Vergangenheit bedeutet, seine eigene Tradition zu finden, heißt, sich eine
eigene Geschichte zu schaffen und in der Gegenwart Beziehungen
herzustellen. In der fortwährenden Spiegelung der eigenen Geschichte wird Vergangenes so lebendig, daß die sich ständig verändernde gegenwärtige Vorstellung erkennbar wird. Dies bedeutet
für die Architektur, aus Worten und Bildern, die uns kolonialisiert
haben, Räume zu schaffen, aus und in denen etwas entstehen kann.
Abbruch: Möglichkeit und Chance. Möglichkeit zur Veränderung. Möglichkeit zur Verbesserung. Verbesserung der städtebau-
lich-architektonischen und sozialen Struktur.
Abstand: Die vorgeschlagenen Gebäude lösen sich im Sinne des
Wortes von der vorhandenen Bebauung. Abstand zum Alten, um
den Ansatz einer neuen Struktur inmitten der verbleibenden alten
sichtbar zu machen.
Durchblick: Zwischenräume entstehen. Durchblicke und Einblicke entstehen. Lineare Strukturen werden zu perspektivischen
Räumen. Vorhandene Strukturen werden aufgelöst, neue entstehen.
Überlagerung: Die Transformation eines Industriegebietes,
eines Wohnblocks, einer Villenbebauung oder einer Eisenbahn-
anlage des 19. Jahrhunderts in Baustrukturen, die den Anforderungen des Spätkapitalismus des 20. Jahrhunderts entsprechen sollen,
wird durch typologisch erarbeitete Bauteile so geplant, daß alt und
neu klar ablesbar bleiben.
Unsere Kultur ist eine urbane, und in der Urbanität müssen wir
unsere Kultur erhalten. Das heißt auch und vor allem, sie weiter-
zuentwickeln, Neues zu schaffen.
Architektur schafft Räume: Bewegungsräume und Freiräume,
Räume für unser Handeln und Denken. Handeln und Bewegung
bedeutet Veränderung, aber Stadtkosmetik im Sinne von restaurati-
ver Bewahrung verhindert Entwicklung. Das tradierte bürgerliche
Verständnis, in einer restaurativen Architektur zu verharren, führt an
der sozialen Aufgabe der Architektur vorbei.

Max Dudler (Saint-Gall)
Collaborateur: Martin Langer
Berlin – monument modèle de pensée?

Lors de la reconstruction des villes allemandes après la Seconde
Guerre mondiale, on élabora des conceptions nouvelles quant à la
manière de traiter les lieux, installations et paysages historiques.
Mais ces conceptions furent l'objet de controverses d'autant plus
âpres que la réalité de la guerre et de la rapide reconstruction
s'éloignait. Aujourd'hui on cherche à faire oublier le plus possible la
première moitié du 20ème siècle en renouant avec le 19ème. Cette
attitude conduit à un apparent renouvellement de la matière architecturale avec des applications historiques. D'un côté et dans une
certaine mesure, les cœurs historiques des villes sont à nouveau re-
staurés, la « Heimat » (patrie) semble avoir retrouvé son visage.
«Tout est en ordre. Cela veut dire: Nous vivons dans un monde. On
ne le voit pas, mais tout ce qu'on voit, les détails, porte la marque
des représentations de cet ordre universel. Mais toutes les représentations de l'ordre butent sur des limites visibles. Et l'on en est réduit,
la plupart du temps, à mettre en œuvre des représentations multiples et différentes qui se contredisent entre elles. Nous ne percevons
le monde que de manière fragmentaire et nous en faisons un assemblage provisoire de fragments. » (H. Böhringer, *Begriffsfelder von der
Philosophie zur Kunst)*
Les propositions concernant six zones, terrains ou espaces d'attribu-
tions dans Berlin-Ouest ne se limitent pas à montrer des possibilités
de réagir architecturalement aux situations spatiales existantes. On
cherche en outre, en opposant de nouveaux concepts, à mettre en
évidence des structures urbaines et à les concrétiser dans l'architecture. Cette confrontation ne signifie pas la négation de ce qui existe,
c'est bien plutôt dans l'antinomie entre l'architecture établie et l'architecture nouvelle que réside la véritable acceptation de l'existant.
Le Passé: Se confronter avec le passé signifie trouver sa propre
tradition, créer sa propre histoire et établir des rapports dans le présent. Dans le continuel miroitement de notre propre histoire, le
passé devient si vivant que la représentation toujours changeante du
présent peut enfin être discernée. Pour l'architecture, cela signifie
créer, à partir de mots et d'images qui nous ont colonisés, des espaces hors et dans lesquels quelque chose peut naître.
Rupture: Possibilité et chance. Possibilité de changement. Possibilité d'amélioration. Amélioration de la structure urbanistique,
architecturale et sociale.
Distance: Les bâtiments proposés se détachent, au sens plein du
terme, du mode de construction existant. Distance par rapport à
l'ancien pour rendre visible la naissance d'une nouvelle structure au
milieu de ce qui subsiste de l'ancienne.
Echappée: Des espaces intermédiaires se forment. Des échap-
pées, des possibilités de voir. Les structures linéaires deviennent
espaces en perspectives. Les structures existantes sont dissoutes, de
nouvelles structures prennent naissance.
Superposition: La transformation d'une zone industrielle, d'un
pâté d'immeubles, d'un ensemble de villas ou d'installations ferroviaires du 19ème siècle en structures de construction censées
répondre aux exigences du capitalisme avancé du 20ème siècle est
planifiée, grâce à des éléments de construction typologiquement éla-
borés, de manière telle que l'ancien et le nouveau restent clairement
lisibles.
Notre civilisation est une civilisation urbaine et c'est dans l'urbanité
que nous devons la conserver. Cela implique aussi et surtout de la
développer, de créer du nouveau.
L'architecture crée des espaces: espaces de mouvement et espaces
libres, des espaces où nous pouvons agir et penser. Qui dit action et
mouvement dit changement, mais la cosmétique urbaine, c'est-à-
dire la conservation par la restauration, empêche le développement.

Das Denkmodell ist eine Möglichkeit. »Das, was man als schön empfindet, geht auf verschiedene Erinnerungsspuren zurück. (...) Und wer Harmonie als widerspruchsfreie Kraft interpretiert, hat deren ursprüngliche, klassische Definition (Bedeutung) zerstört.« (Hans Zender, Komponist.)

L'attitude traditionnelle bourgeoise consistant à persévérer dans une architecture restauratrice, passe à côté de la mission sociale de l'architecture.
Le modèle de l'avenir est une possibilité.
« Le sentiment de ce qui est beau prend sa source dans une mémoire multiple et variée. (...) Et celui qui interprète l'harmonie comme une énergie libre de contradictions, celui-là a détruit la définition (la signification) originelle, classique, de l'harmonie. »
(Hans Zender, compositeur)

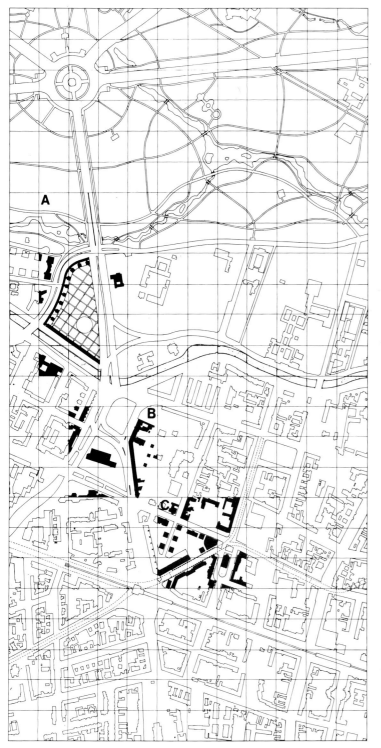

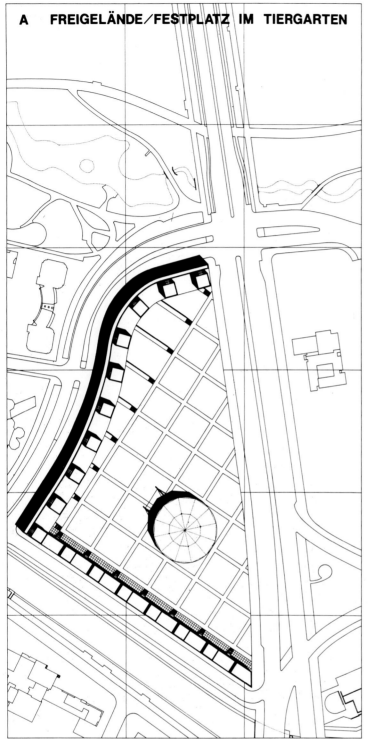

A FREIGELÄNDE/FESTPLATZ IM TIERGARTEN

B BEWAG-UMSPANNWERK LÜTZOWPLATZ

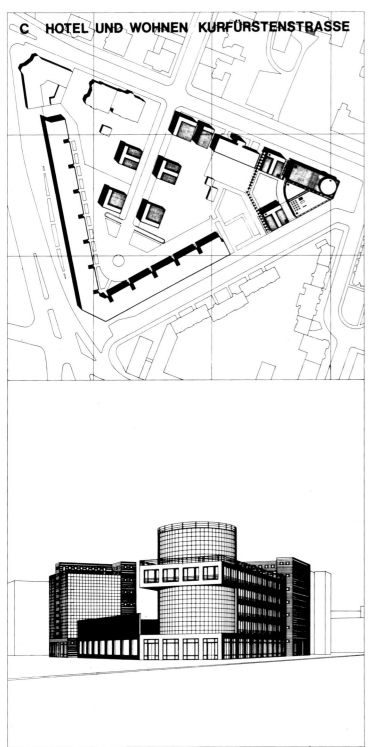

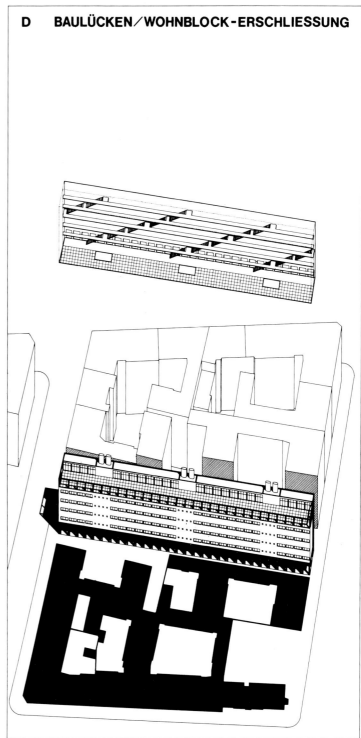

95

S-BAHNHOF KOLONNENSTRASSE

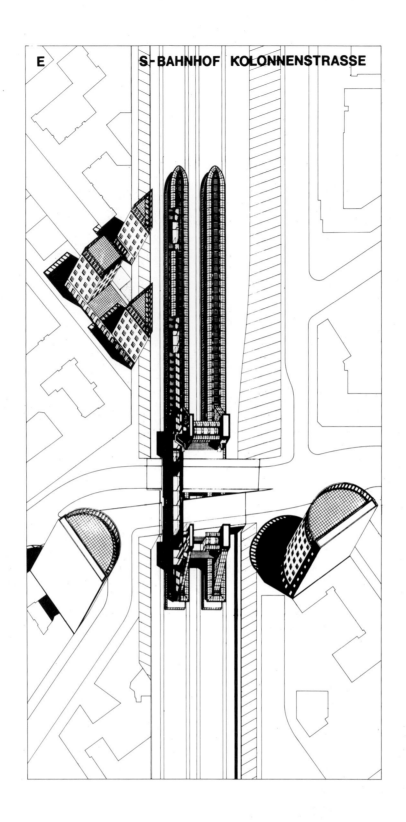

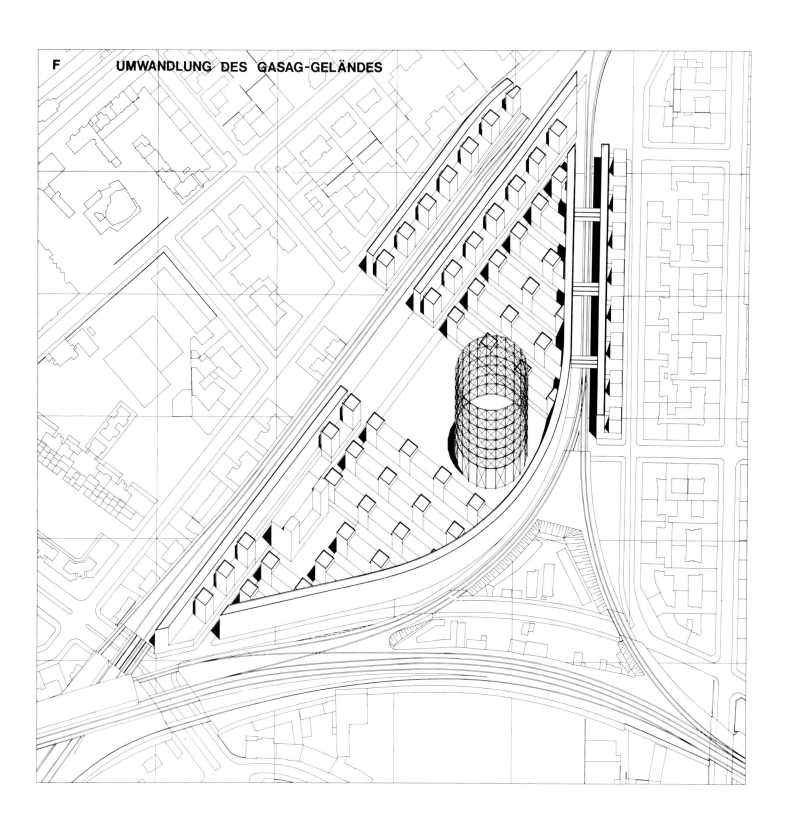

John Stephen Ellis (New York)
Ost-Berlin in West-Berlin

Das Gelände: Ein dreieckiger Block, unbebaut seit dem Krieg, im
Norden an den Tiergarten angrenzend, im Westen an das Kultur-
forum und im Osten an die Mauer und das dahinterliegende ehe-
malige Stadtzentrum (Potsdamer Platz und Leipziger Platz). Dieser
Block ist eine Besonderheit der Mauer. Obwohl er politisch gesehen
ein Teil Ost-Berlins ist, liegt er auf der West-Berliner Seite der
Mauer.
Der Kontext: Wind und Sand – der ursprüngliche Kontext Berlins,
den 750 Jahre Urbanisierung und Krieg nicht auslöschen konnten.
Die Idee: Die Erschaffung eines neuen, offenen Raumes für beide
Teile Berlins. Ein neutrales Gelände, auf dem Ost- und West-Berliner frei vom Schatten der Mauer miteinander kommunizieren können, wo sie eher »Anderssein« als Gegensätze erfahren.
Der Entwurf: Alle Elemente des Entwurfs versuchen, die dem Kontext innewohnenden Qualitäten aufzuspüren. Sobald man sich in
das Gelände hineinbegibt, wird man ein Teil der kontextuellen Ener-
gien Berlins.
Für den Entwurf sind folgende Elemente bestimmend:
1. Der Eingang. Man betritt das Gelände entweder von Norden her
(Tiergarten) oder von Südosten (Leipziger Platz) durch abgestufte
Erdeinschnitte.
2. Der Sand. Aus der Erde herausgeschnitten, öffnet sich der unterirdische Raum den Besuchern als Berliner Umwelt – Sand, Wind
und Himmel. Unterhalb Berlins, in diesen Grotten der Sandinseln,
wird die Stille nur durch den Klang rinnenden Wassers unter-
brochen.
3. Die Türme. Die Türme, die sich aus der Erde erheben, sorgen für
vertikale Bewegung, offene Flächen für das Erleben von Wind, Aussicht und Schutz.
4. Die Brücke. Sie schwingt mit dem Wind und überläßt dem Benutzer die Wahl der Richtung – Ost oder West.
5. Der Wind. Stärke und Richtung des Windes werden durch das
hohe Gras, die Bäume, die Bewegung des Sandes und verschiedene
Windmesser sichtbar gemacht.
6. Der steinerne Platz. Der Platz in der südöstlichen Ecke des
Blocks, dort, wo früher das Columbushaus von Mendelsohn stand,
ist einem neuerweckten Glauben an die Zukunft gewidmet.

John Stephen Ellis (New York)
Berlin-Est à Berlin-Ouest

Le lieu: Un bloc triangulaire, laissé vacant par la guerre, rattaché au
nord par le jardin zoologique, à l'ouest par le forum de la culture et
à l'est par le Mur et le vieux centre ville (Potsdamer Platz et Leipziger Platz). Ce bloc est une particularité du Mur et, bien que politiquement il fasse partie de Berlin-Est, il est situé sur la partie occidentale du Mur.
Le contexte: Le vent et le sable, le contexte primordial de Berlin,
que 750 années d'urbanisation et de guerre n'ont pas effacé.
La proposition: La création d'un nouvel espace libre pour les deux
Berlin. Un terrain neutre où les Berlinois de l'est et de l'ouest puissent se rencontrer en dehors de l'ombre du Mur et où ils puissent
faire l'expérience de la «dissimilitude» plutôt que des différences.
Le projet: Tous les éléments du projet recherchent les qualités intrin-
sèques du contexte. A partir du moment où l'on s'approche du site,
on participe aux énergies contextuelles de Berlin.
Les éléments qui caractérisent le projet:
1. L'entrée: Les participants accèdent au site soit par le nord (jardin
zoologique) soit par le sud-est (Leipziger Platz) en descendant par
des saignées pratiquées dans la terre.
2. Le sable: Sculpté dans la terre, l'espace souterrain ouvert offre
aux participants l'environnement berlinois: le sable, le vent et le ciel.
En-dessous de Berlin, dans cette grotte d'îles de sable, le silence est
rompu seulement par le bruit de l'eau en mouvement.
3. Les tours: S'élevant de la terre, les tours apportent un mouvement vertical, des zones ouvertes pour découvrir le vent et les vues
ainsi qu'un abri.
4. Le pont: Se balançant au vent, le participant est libre de choisir la
direction: est ou ouest.
5. Le vent: Le mouvement et la direction des vents sont rendus évidents par les hautes herbes, les arbres, le mouvement du sable et par
les différents éléments éoliens fabriqués par l'homme.
6. La place minérale: Située à l'angle sud-est du bloc, à l'ancien
emplacement de la Columbushaus de Mendelsohn, une place est
consacrée à la foi retrouvée en l'avenir.

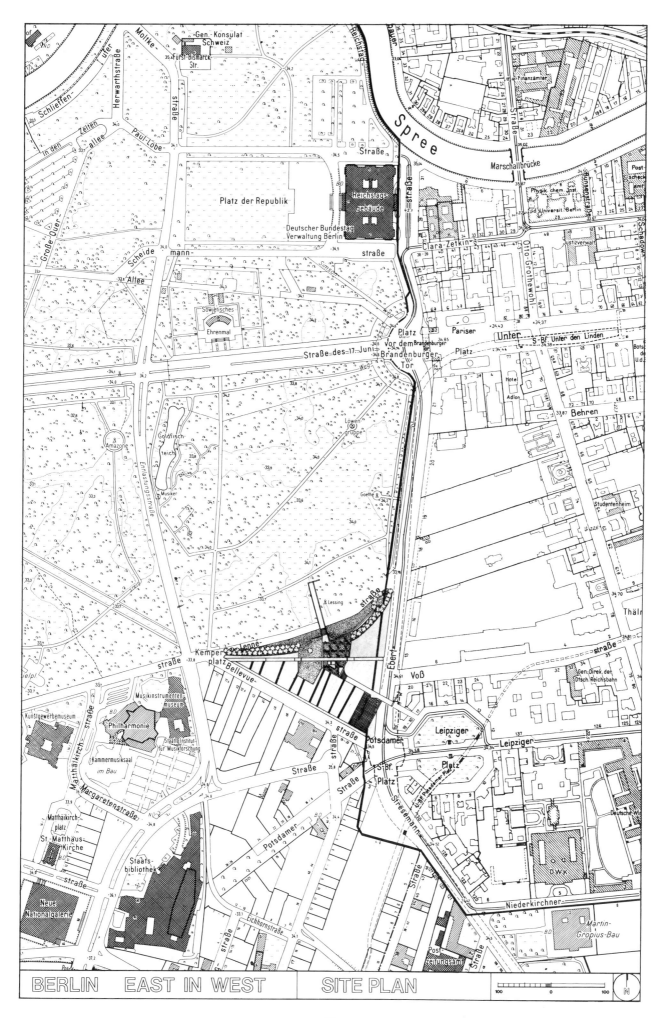

BERLIN EAST IN WEST   SITE PLAN

99

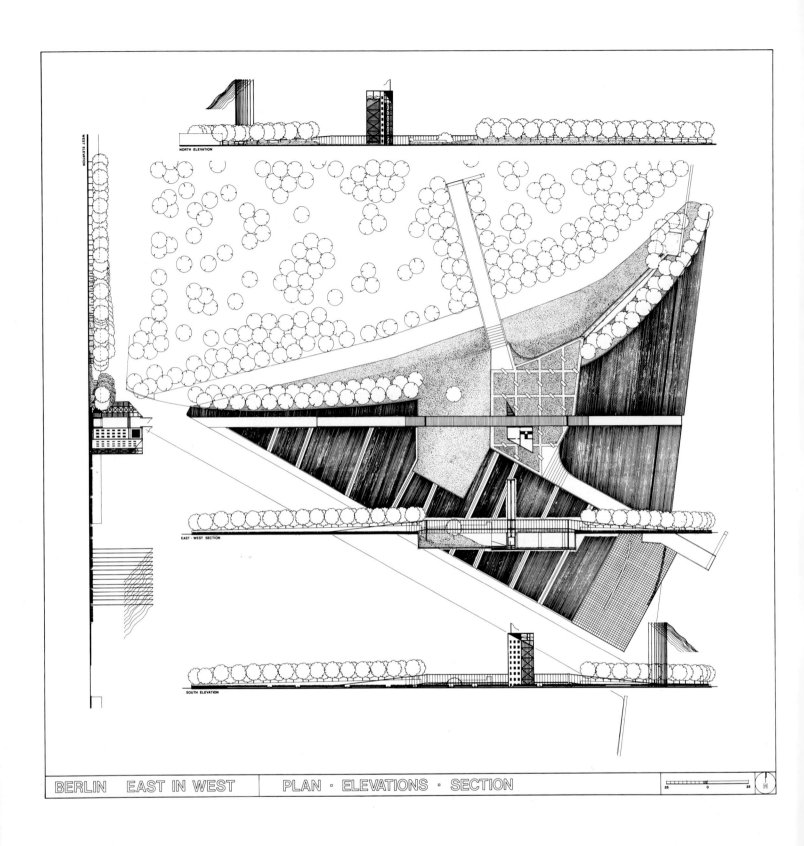

NORTH ELEVATION

WEST ELEVATION

EAST - WEST SECTION

SOUTH ELEVATION

BERLIN EAST IN WEST | PLAN · ELEVATIONS · SECTION

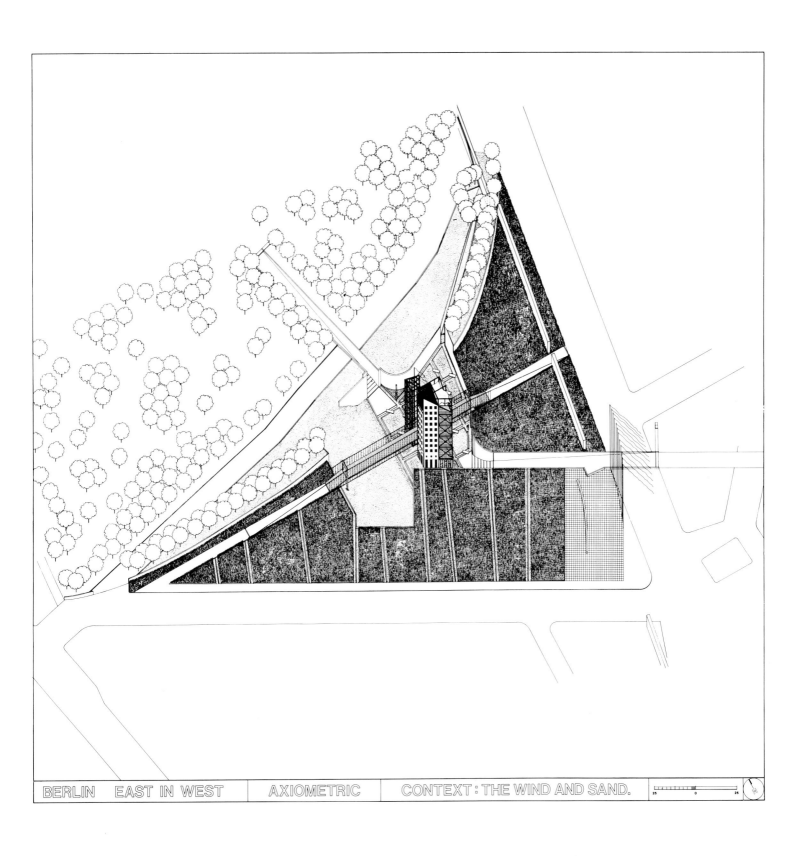

| BERLIN EAST IN WEST | AXIOMETRIC | CONTEXT: THE WIND AND SAND. | |

Formalhaut (Frankfurt a. M.)
Denkmal – Denkmodell

Denkmal: Das vorliegende Projekt ist eine Weiterentwicklung
des »Kuhprojekts« von 1986. In Verbindung mit dem Thema Denkmal sehen wir unser Projekt in einem bedeutungsübergreifenden
Sinne.
Wir verstehen unseren Beitrag als visuelle Diskussionsgrundlage in
Form einer kritischen Annäherung an diesen vorbelasteten und viel-
schichtigen Begriff. Unsere Arbeit ist kein konkreter oder alternati-
ver Denkmalsentwurf. Uns interessiert vielmehr, wie sich der Begriff
Denkmal unter dem Einfluß veränderter technologischer und gesellschaftlicher Bedingungen und Erkenntnisse neu definieren und
seine Darstellungsform innerhalb einer zeitgenössischen Bearbei-
tung anders inszenieren läßt.
Denkmodell: Das Denkmodell »Schach – Häuser für Singles«
überlagert zwei mögliche Strukturen menschlicher Handlungsform.
Das Grundmuster für die formale Konstellation ist eine gewählte
Spielstellung aus der Schachliteratur und somit als Gestaltinforma-
tion sinnvoll, da beim Schachspiel Strategie, Taktik und Phantasie
mit logischer Konsequenz entwickelt werden können und jede
Spielstellung nachvollziehbar ist. So bleibt jede formale Figuration
inhaltlich gewährleistet, auch wenn die Steine keine Wertekategorie
besitzen. Inhaltlich konkretisieren die Türme das Modell einer zeitgemäßen Lebensform: die des bewußt allein lebenden Individuums.
In Analogie zu gesellschaftlichen Prozessen beinhaltet das Schach
als Wohnanlage sowohl ein Höchstmaß an Individualisierung der
Einheiten als auch eine gemeinschaftliche Struktur, die sich über die
innere Logik der Konstellation erschließt (ähnliches wurde z. B.
auch schon in den mittelalterlichen Schachbüchern beschrieben, wo
die einzelnen Spielstellungen Allegorien zu soziologischen Phäno-
menen darstellen). Durch die potentielle Veränderbarkeit der Situation eröffnen sich zusätzlich übergreifende Inhalte wie z. B. eine
befristete Beherrschung und Deutung von Raum oder auch das Verhältnis des Schachspiels zu urbanen Zusammenhängen im übertra-
genen Sinn wie der Beschreibung einer dualistischen Situation der
Kooperation/Konfrontation.

Formalhaut (Francfort s. M.)
Monument commémoratif – modèle de pensée

Monument: Notre projet constitue une évolution du «projet
vache» de 1986. Nous le considérons en relation avec le thème du
monument dans un sens allant au-delà de la simple signification.
Nous comprenons notre contribution comme une base de discussion visuelle, sous la forme d'une approche critique de cette notion
diverse et chargée d'a priori. Notre travail n'est pas une esquisse
concrète ou alternative de monument. Ce qui nous intéresse davantage, c'est la façon dont on peut nouvellement définir la notion de
monument sous l'influence des conditions et connaissances technologiques et sociales modifiées, et dont on peut mettre en scène
autrement sa forme de représentation dans le cadre d'une création
contemporaine.
Modèle de pensée: Le modèle de pensée «Des maisons pour
célibataires sur un échiquier» superpose deux structures possibles de
forme d'action humaine. Le modèle de base pour la constellation
formelle est une position choisie de jeu d'échecs, ayant ainsi un sens
en tant qu'information conceptuelle, étant donné que dans le cadre
du jeu d'échecs, la stratégie, la tactique et l'imagination peuvent être
développées avec une conséquence logique et que chaque position
de jeu est réalisable. C'est ainsi que toute figuration formelle reste
sémantiquement garantie, même si les pions n'ont pas de valeur
particulière. Sur le plan du contenu, les tours concrétisent le modèle
d'une forme de vie contemporaine: celle de l'individu vivant volontairement seul. En analogie avec les processus sociaux, le jeu
d'échecs sous la forme d'une installation d'habitation insiste considérablement sur l'individualisation des unités tout comme sur une
structure commune résultant de la logique interne de la constellation (des choses semblables furent déjà, par exemple, écrites dans
les livres d'échecs du Moyen-Age, dans lesquels les différentes posi-
tions représentaient les allégories de phénomènes sociologiques).
Les modifications potentielles de la situation permettent l'accès à
d'autres contenus généraux, telle que par exemple une domination
limitée dans le temps et une orientation de l'espace, ou encore la
relation du jeu d'échecs avec le contexte urbain dans le sens figuré
du terme, comme la description d'une situation dualiste de coopéra-
tion/confrontation.

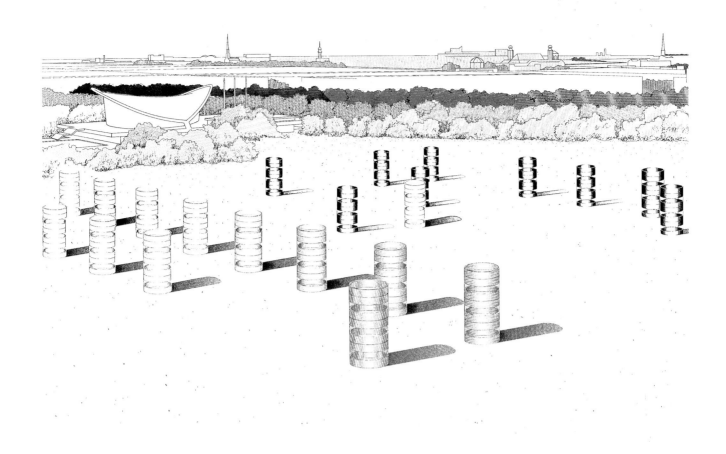

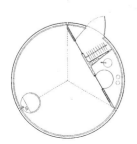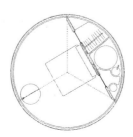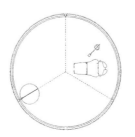

Massimiliano Fuksas (Rom)
Ein Krokodil ist keine Synthese der Eidechse

Ein Gebäude, selbst als Symbol oder Mythos, macht noch keine
Stadt. Sowenig das Krokodil eine Synthese der Eidechse ist, sowenig
enthält eine Straße oder Architektur die Komplexität der Stadt.
Wenn wir an einen Stadtplan denken, stellen wir uns immer eine
Stadt des 19. Jahrhunderts vor: mit Achsen, Plätzen usw. Bei Barcelona fallen uns meistens die Ramblas ein, bei Wien ist es der Ring,
bei Paris Haussmann... Heute an die Stadt zu denken, ist wirklich
schwierig – und bis zum Beweis des Gegenteils ist Berlin eine Stadt.
Eine sonderbare Stadt, ein merkwürdiger und tragischer Fall, bizarr
und faszinierend, aber eine Stadt.
Ich frage mich: Ist heute eine Logik, in der ein Architekt einen
umfassenden Plan entwirft oder die Stadtplanung an alles denkt,
möglich?
Versuchen wir also, uns möglichst klar auszudrücken. Seit Ende der
siebziger Jahre bis heute scheint die Theorie vorgeherrscht zu
haben, eine Stadt baue sich Stück für Stück auf: ein wohlgebautes
Haus neben dem anderen... offenkundige Folge der Krise des »Ter-
ritorialismus« und der großen Utopien. Eine bescheidene und »kritische« Rückkehr zur Disziplin, zum architektonischen Objekt, nachdem man so lange über die »Welt« geredet hatte. Der Vorgang ist
ziemlich klar: Die Stadt ist eine mittlere Planungsgröße, ein Mittle-
res zwischen Territorium, Metropole und ausgedehnten Einflußbe-
reichen. Dieses Grenzgebiet ist es, an dem man in den großen
Metropolen heute arbeiten kann.
Es geht nicht mehr um die Welt, man redet nicht von dem einzelnen Objekt der Architektur, man betrachtet vielmehr das Vorhandene als etwas, mit dem man zusammenlebt und -arbeitet und das
man modifiziert. Man saniert also nicht wahllos ganze Viertel weg,
sondern behandelt die Vergangenheit wie eine Materie der Reflexion: als Moment der Schichtung. Genau diese Schichtung und
Akkumulation ist es, die heute interessiert. Ein neuer Kontextualis-
mus, ohne Hierarchie, ohne Ästhetik des Schönen oder Häßlichen,
setzt sich der leeren Berufspraxis entgegen.
Hoffen wir, nachdem wir uns ein bißchen freier fühlen, daß es diesmal besser gehen wird als in den siebziger Jahren. Die Straße, die in
die Höfe hineingeht und sie ausweitet und Trottoirs und Geschich-
ten zum Vorschein bringt... und die Gebäude, ob schön oder häß-
lich, unter einer Glasglocke. Die Beobachtung der Banalität lehrt
uns einiges.

Massimiliano Fuksas (Rome)
Un crocodile n'est pas la synthèse d'un lézard

Un édifice, tout symbole ou mythe qu'il soit, n'est pas la ville. De
même que le crocodile n'est pas la synthèse du lézard, une rue ou
une architecture ne peut pas être l'image d'ensemble de la ville.
Quand nous pensons à un dessin de ville nous ne pouvons pas penser à autre chose qu'à la ville du 19ème siècle: avec grandes artères,
places, etc. La dernière idée connue, ou adresse connue, est pour
Barcelone les Ramblas, pour Vienne le Ring, pour Paris Haussmann
et ainsi de suite... Penser aujourd'hui à la ville est une tâche ardue
et Berlin, jusqu'à preuve du contraire, est une ville. Etrange ville, cas
curieux et tragique, bizarre et fascinant, mais ville.
Je me demande: aujourd'hui la logique avec laquelle un architecte
prépare un plan d'ensemble ou avec laquelle l'urbanisme prévoit
tout, est-ce possible?
Commençons alors à nous exprimer avec le maximum de clarté.
Depuis la fin des années 70 jusqu'aujourd'hui, il semble qu'ait pré-
valu la théorie selon laquelle la ville se construit par morceaux: un
édifice de qualité près d'un autre de qualité... évidente conclusion
de la crise de «territorialisme» et des utopies à grande échelle. Un
modeste et «critique» retour à la discipline, à l'objet architectonique,
après avoir tant parlé du «monde». Ce qui est arrivé est suffisam-
ment évident: La ville a une échelle intermédiaire de projection,
échelle intermédiaire entre le territoire, la zone métropolitaine et les
zones plus étendues. C'est cette région frontalière où aujourd'hui
on peut travailler dans les grandes métropoles.
Il ne s'agit plus du monde, on ne parle pas de simple objet architectonique, on considère au contraire ce qui existe comme quelque
chose avec lequel cohabiter, à modifier, où vivre. Maintenant on ne
prévoit plus de destructions sans discrimination de quartiers entiers,
mais on considère le passé comme matière de réflexion: moments
d'accumulation. Et justement stratification et accumulation sont de
très grand intérêt aujourd'hui. Une nouvelle simultanéité, sans hiérarchie, sans l'esthétisme du beau et du laid, s'oppose à la vide pratique professionnelle.
Espérons qu'en nous sentant un peu plus libre les choses vont aller
mieux que dans les années 70. La rue qui entre dans les cours et les
agrandit et en accentue les lignes et l'histoire... et les édifices, qu'ils
soient beaux ou laids, recouverts d'une «cloche» de verre. L'observation de la banalité nous apprend beaucoup.

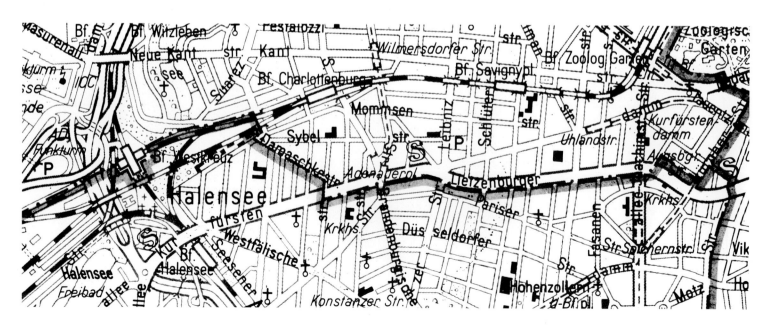

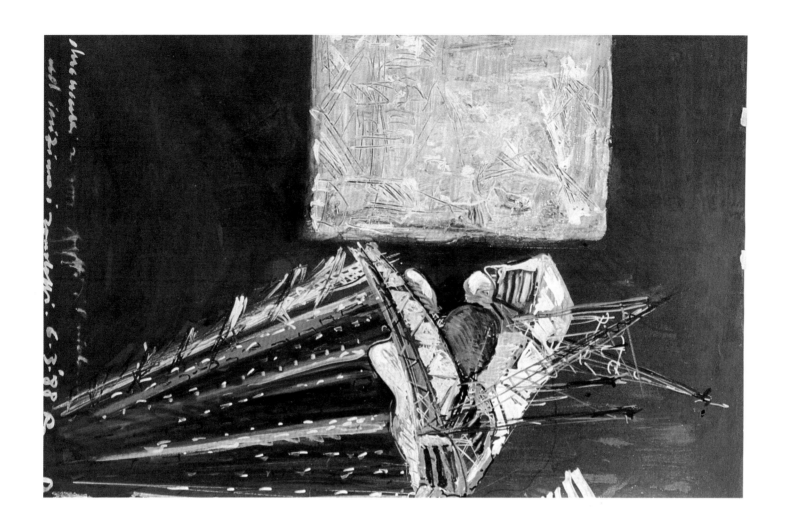

Ganz + Rolfes (Berlin)
Berlin – Ort der Arbeit

Der städtebaulich-architektonische Aufbruch in das 20. Jahrhundert
war geprägt von der Metropole Berlin, dem Zentrum der politischen
Macht und der industriellen Produktion als Grundbedingung für
einen sich rasant entwickelnden kulturellen Aufschwung, der in den
zwanziger Jahren kulminierte und durch das Nazi-Regime ein jähes
Ende fand.
Die architektonische Entwicklung nahm ihren Ausgang in der Indu-
strie-Architektur, mündete in die Architektur der Moderne und
deren weltweite Verbreitung. Heute, am Ende des Jahrhunderts, ist
Berlin Symbol für die Auswirkungen des Zweiten Weltkrieges,
geteilte Stadt, Enklave im Gebiet der DDR, eine Stadt der Brüche
und Brachen, aber auch die Stadt der noch offenen Möglichkeiten.
Die konkrete Utopie für Berlin ist das Erstarken der wirtschaftlichen
Kraft und Selbständigkeit der Stadt als Voraussetzung der Entwick-
lung einer neuen Identität und eines eigenständigen kulturellen
Aufschwungs. Damit stellt sich das existentielle Zukunftsthema:
»Berlin – Ort der Arbeit«.
Zwei Projekte für Gewerbebauten signalisieren den Beginn einer
neuen Entwicklung: Neubauten für Gewerbe werden an Standorten
in exponierter innerstädtischer Lage errichtet und werden damit
Objekte ambitionierter städtebaulicher und architektonischer
Gestaltung.
Dienstleistungszentrum Berlin: Am nordöstlichen Brük-
kenkopf der Lessingbrücke, dem Tor zum Stadtteil Moabit, soll
direkt an der Spree eine »Denkfabrik« errichtet werden. Das neue
Gewerbequartier bietet Arbeitsplätze für nahezu 1000 Menschen
und soll der konzentrierten Ansiedlung von Firmen der Elektronik-
und Computerbranche dienen. Großfirmen von Weltrang und krea-
tive Kleinunternehmen werden dort kooperieren. Neben Produk-
tionsflächen werden vorrangig büroartige Flächen angeboten. Architektonisch werden nur Baukörper und Außengestaltung festgelegt,
Ausbau und innere Raumaufteilung erfolgen nach den individuellen
Nutzerwünschen. Die architektonische Gestaltung basiert auf einem
Raumraster, dem Grundmodul der elementierten Bauweise. Die
Betonung des Elementhaften sowie die Überlagerung von Quadrat-
rastern verschiedener Größenordnung in der äußeren Erscheinungs-
form der Gebäude soll die operationale Abstraktion, d.h. die com-
putergerechte Zerlegung in Einzelschritte als Grundcharakter der
dort ausgeführten Arbeit bildhaft zum Ausdruck bringen und die
städtebauliche Signifikanz der Gesamtanlage steigern.
Neubau der Pianoforte-Fabrik C. Bechstein: Das
weltbekannte Unternehmen plant den Neubau für die gesamte Flü-
gelproduktion. Standort ist der Moritzplatz in Kreuzberg, dessen
platzräumliche Fassung durch den Krieg zerstört ist. Er bildet als
historischer Diagonalplatz das Pendant zum Heinrichplatz, einem
zentralen Punkt im Bereich der »Altbau-IBA«.
Die neue »Stadtfabrik« soll auf dem Grundstück des ehemaligen
Kaufhauses Wertheim errichtet werden. Der Entwurf ist aus den
komplexen Anforderungen der geplanten Produktionsabläufe entwickelt und stellt durch die Aufnahme der historischen Baufluchten
bei der Formung des Baukörpers einen wichtigen ersten Schritt zur
Wiedergewinnung der Platzraumes dar. Während die Bereiche indu-
strieller Produktion in Hallenbereichen im Blockinneren untergebracht sind, werden die handwerklichen Arbeiten des Instrumenten-
baus im bogenförmigen Bereich entlang des Platzraumes und der
Straßenräume organisiert und durch großflächige Fensterfronten
von außen einsehbar gemacht. Über den flachen Glaszylinder stülpt
sich eine massive Gebäudestruktur, welche die historischen Ge-
bäudekanten aufnimmt.
Beide Projekte sind realistisch geplant.

Ganz + Rolfes (Berlin)
Berlin – lieu de travail

L'entrée urbanistico-architectonique dans le 20ème siècle fut marquée par la métropole de Berlin, centre du pouvoir politique et de la
production industrielle, condition de base pour un essor culturel
rapide qui trouva son apogée dans les années 20 et se termina bruta-
lement avec l'apparition du régime Nazi.
Le développement architectonique trouva son origine dans l'architecture industrielle, déboucha dans l'architecture de tendance moderniste et son expansion mondiale. Aujourd'hui, à la fin de ce siècle,
Berlin est le symbole des conséquences de la Seconde Guerre mondiale, une ville divisée, une enclave dans le territoire de la R. D. A.,
une ville des ruptures et des friches, mais également la ville des possibilités encore ouvertes. L'utopie concrète pour Berlin est représen-
tée par le renforcement de la puissance économique et de l'autonomie de la ville en tant que condition préalable au développement
d'une nouvelle identité et d'un essor culturel indépendant. Tel est le
sens de ce thème existentiel d'avenir: «Berlin – lieu de travail».
Deux projets caractérisent le début d'une nouvelle évolution: de
nouvelles constructions pour l'industrie seront réalisées sur des
emplacements exposés du centre-ville et deviendront ainsi des
objets d'une conception urbanistique et architectonique ambitieuse.
Centre de prestation de service Berlin: Sur la tête de
pont nord-est du Lessing-Brücke, permettant d'accéder au quartier
de Moabit, une «usine de cerveaux» sera aménagée directement sur
les rives de la Spree. Le nouveau quartier industriel offrira des
emplois pour près de mille personnes et devra servir à l'installation
concentrée de sociétés d'électronique et d'informatique. De grandes
firmes de niveau mondial, de petites entreprises créatives y coopére-
ront. Outre les surfaces de production, on y offrira prioritairement
des surfaces de bureau. Seuls les corps de bâtiments et leur forme
externe seront déterminés sur le plan architectonique, l'aménagement et la distribution des surfaces internes devant s'effectuer selon
les souhaits individuels des usagers. La conception architectonique
est basée sur une trame d'espace, module de base d'un mode de
construction par élément. La mise en valeur des éléments ainsi que
la superposition de trames carrées de taille diverse dans l'apparence
externe des bâtiments aura pour objet de traduire l'abstraction opé-
rationnelle, c'est-à-dire la division en différentes étapes adaptées à
l'activité informatique, caractère de base des travaux qui seront exé-
cutés, et d'accroître la signification urbanistique de l'ensemble du
complexe.
Nouveaux bâtiments de l'usine de pianos C. Bechstein. Cette entreprise, mondialement connue, envisage la construction d'un nouveau bâtiment pour l'ensemble de sa production
de pianos à queue. Le lieu prévu est la Moritzplatz à Kreuzberg,
dont la conception spatiale fut détruite par la guerre. Cet emplacement constitue, en tant que place historique diagonale, un endroit
en harmonie avec la Heinrichplatz, point central dans la zone des
bâtiments anciens de «l'Exposition Internationale d'Architecture».
Cette nouvelle «usine urbaine» de la Société C. Bechstein devrait
être installée sur le terrain de l'ancien grand magasin Wertheim. Son
concept a été élaboré à partir des exigences complexes des processus
de production prévus et constitue, par la prise en compte des aligne-
ments historiques lors de la conception des corps de bâtiments, une
première étape importante dans le sens d'une réutilisation de la surface de la place. Alors que les secteurs de la production industrielle
seront placés dans des halls situés a l'intérieur des blocs, les travaux
artisanaux de la fabrication des instruments seront organisés dans
une zone en forme d'arc le long de la place et des rues, et rendus
visibles de l'extérieur grâce à de larges fenêtres frontales. Une structure massive de bâtiments épousant les angles historiques sera installée au-dessus du cylindre de verre plat.
Ces deux projets sont d'une conception réaliste.

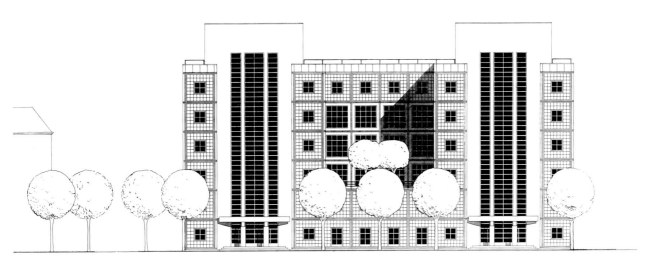

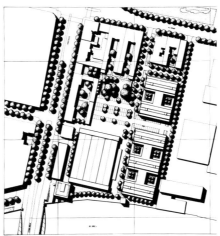

Dienstleistungszentrum Berlin   Centre de prestation de service Berlin

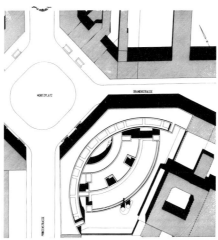

Pianofortefabrik C. Bechstein   L'usine de pianos C. Bechstein

Volker Giencke (Graz)
Die Wand

Mitten im Straßenraum des Kurfürstendamms steht eine 10 Meter
hohe Wand, 10 Meter hoch über dem Boden. Es ist eine transparente, in Teilen begrünte, fast imaginäre Wand, aus gespannten
Drahtseilen konstruiert. Die Wand ist genau so lang wie der Kurfürstendamm selbst, 3,5 Kilometer. Sie hat zwei Seiten, d. h. sie trägt
zwei Flächen, eine vordere und eine hintere, je nachdem wo man
steht und vorausgesetzt, man steht nicht unter ihr oder sieht durch
sie hindurch. Wofür? Die Wand als optisches Rückgrat, als räumlich
wirksame, den 50 Meter tiefen Straßenraum akzentuierende Konstruktion. Die Wand als Werbeträger. Die Wand als grüne Wand.
Im letzten Krieg wurde die geschlossene Blockbebauung aufgerissen, in der Folge die ehemals einheitliche Trauflinie nicht mehr als
bindend wahrgenommen. Durch den zunehmenden Autoverkehr
wurde der Horror vacui des Straßenraums, des Raumes zwischen
den Gehsteigen, des Raumes über der Straße, Wirklichkeit. Das ist
an und für sich nichts Schlimmes, es ist oft sogar etwas Befreiendes,
den Charakter des Nachkriegsberlins Kennzeichnendes.
Die Internationale Bauausstellung hat aufgeräumt, hat Stadt repariert, als wäre die Stadt von gestern die Stadt von heute. Eine
unendliche Dummheit.
Erkennen möchte ich, daß hier in Berlin alles anders ist als zuhause
in Graz, in Wien, in New York, Tokio, Paris oder sonstwo. Freilich
kann sich eine Stadt den weltweiten Moden nicht entziehen, aber
sie kann anders als durch für die Ewigkeit Gebautes auf internationale Klischees antworten. Kurzlebiges verlangt eine temporär ver-
änderbare, austauschbare Infrastruktur. Das ist keine neue Erkenntnis, im Gegenteil, eine noch ältere Wahrheit als die Wirklichkeit,
wonach das Nachkriegsberlin das Flair des Großstädtischen nicht
braucht, wenn darunter total Ver- und Zugebautes verstanden wird.
Philharmonie, Staats- und Nationalbibliothek, die Kongreßhalle und
der von diesen Gebäuden eingeschlossene und beanspruchte Raum
machen deutlich, was ich meine.
Berlin ist Stadt und Land. Sein Inselcharakter schließt das Gegen-
sätzliche mit ein. Es gibt keine zusammenhängende Stadtlandschaft
und keine tatsächliche Countryside. Die Flucht aus der Stadt ist
ohne Ausweg, aber nicht ohne Hoffnung. Lebendig und lebenswert
soll alles sein. Man ist auf der Straße mit seinen Wünschen und
Ideen, egal, ob man den Kurfürstendamm entlangspaziert oder am
Wannsee promeniert. Und man weiß, daß nichts ernüchternder ist
als eine erfüllte Hoffnung.
Es hat seinen besonderen Reiz, Leben auf wenigen Quadratkilo-
metern zu inszenieren. Auch das Ungesunde hat dabei seine vitalen
Werte. Zweifellos. Es gilt, den spröden Reiz der Wirklichkeit aus-
zukosten, solange diese Wirklichkeit noch wirklich ist. Sie, die Wirklichkeit, verändert ihr Äußeres, und wir veräußern unser Leben.
»Die Kreativität steckt im Konsum.« Das ist die eine Seite und geht
so weit, daß es der Werbung sogar gelingt, Existenzgefährdendes
erfolgreich zu propagieren. Auf der anderen Seite möchte ich den
sehen, der nicht doch in seinem Innersten die Biedermeierlichkeit
kultiviert. Die Mentalität, alles geordnet und geputzt zu haben, das
Zentrieren aufs Materiale und Familiäre, die normative Ästhetik des
Grünen sind Bestätigung genug.
Die Stadtmöblierung als kräftige Architektur, als 3,5 Kilometer
lange, 10 Meter hohe Wand, ist meine Antwort auf die Angst vor der
großen Form, auf die Bedeutungsschwere der Detailakrobaten, auf
das kleine Leben in einer durchgestylten Welt.

Volker Giencke (Graz)
La paroi

Au milieu du Kurfürstendamm est suspendue, à 10 mètres au-dessus
du sol, une paroi de 10 mètres de haut. Il s'agit d'une paroi transparente, verte, par endroits, et presque imaginaire, constituée par des
câbles tendus. Elle a exactement la même longueur que le Kurfürstendamm lui-même, soit 3,5 km. Elle comporte deux faces, c'est-à-
dire qu'elle porte deux surfaces, une antérieure et une postérieure,
selon l'endroit où l'on se trouve et à condition de ne pas être placé
au-dessous d'elle ou de ne pas regarder à travers elle. A quoi sert-
elle? La paroi, en tant que colonne vertébrale optique, en tant que
construction à effet spatial, accentuant l'espace de l'allée de
50 mètres de largeur. La paroi en tant que support publicitaire.
La paroi en tant que paroi verte.
Au cours de la dernière guerre mondiale, la construction en blocs
fermés a été éventrée et par la suite, l'alignement autrefois uniforme
n'a plus été perçu comme une réalité contraignante. Du fait de l'ac-
croissement de la circulation automobile, l'horreur du vide de l'espace de cette avenue, de l'espace entre les trottoirs, de l'espace au-
dessus de l'avenue, est devenu réalité. Cela n'est pas grave en soi et
a même souvent quelque chose de libérateur, caractéristique du Berlin de l'après-guerre.
L'Exposition Internationale du Bâtiment a déblayé, a réparé la ville
comme si la ville d'hier était la ville d'aujourd'hui. Une sottise
incommensurable.
Je reconnais qu'ici à Berlin tout est différent de ce que l'on voit
chez nous, à Graz ou à Vienne, à New York, à Tokyo, à Paris ou ailleurs. Bien sûr, une ville ne peut pas se soustraire aux modes internationales, mais elle peut répondre aux stéréotypes de la mode
autrement que par des constructions, bâties pour l'éternité. Les éléments dont la vie est brève exigent une infrastructure temporairement modifiable et interchangeable. Cette constatation n'est pas
nouvelle; au contraire, c'est une vérité plus ancienne que la vérité,
d'après laquelle le Berlin de l'après-guerre n'a pas besoin de l'am-
biance de grande ville si l'on entend par là des constructions qui fer-
ment complètement l'espace et barrent le passage. La Philharmonie,
la Staats- et Nationalbibliothek, le hall des congrès, et l'espace clos
et utilisé par ces bâtiments, illustrent clairement ce que je veux dire.
Berlin est, à la fois, ville et campagne. Son caractère insulaire
englobe les contrastes. Il n'y a pas de paysage urbain cohérent et pas
de véritable campagne, non plus. La fuite hors de la ville est sans
issue mais non pas sans espoir. Tout doit être vivant et tout doit donner envie de vivre. On est dans la rue avec ses désirs et ses idées que
l'on se promène sur le Kurfürstendamm ou sur les bords du Wannsee. Et l'on sait que rien ne rend plus lucide qu'un espoir comblé.
Mettre en scène la vie sur quelques kilomètres carrés, cela a un
charme particulier. Même le côté malsain comporte alors, sans
aucun doute, des valeurs vitales. Il s'agit de saisir et de ressentir le
charme revêche de la réalité tant que cette réalité est encore réelle.
Elle, la réalité, modifie ses apparences et nous aliénons notre vie.
«La créativité est dans la consommation». C'est l'un des aspects et
cela va si loin que la publicité parvient même à propager avec succès
ce qui met l'existence en danger. Par ailleurs, je voudrais bien savoir
s'il existe quelqu'un parmi nous qui ne cultive pas, en son for intérieur, un gôut pour le style Biedermeier du début du 19ème siècle.
Le goût de l'ordre et de la propreté, l'accent mis sur le côté matériel
des choses et sur ce qui nous est familier, l'esthétique normative du
vert, tout cela nous le confirme largement.
L'aménagement urbain sous la forme d'une architecture puissante,
par une paroi de 10 mètres de haut et de trois kilomètres et demi de
long, voilà ma réponse à la crainte devant la grande forme, à la
pesanteur signifiante des acrobates du détail, à la vie étroite dans un
monde complètement stylisé.

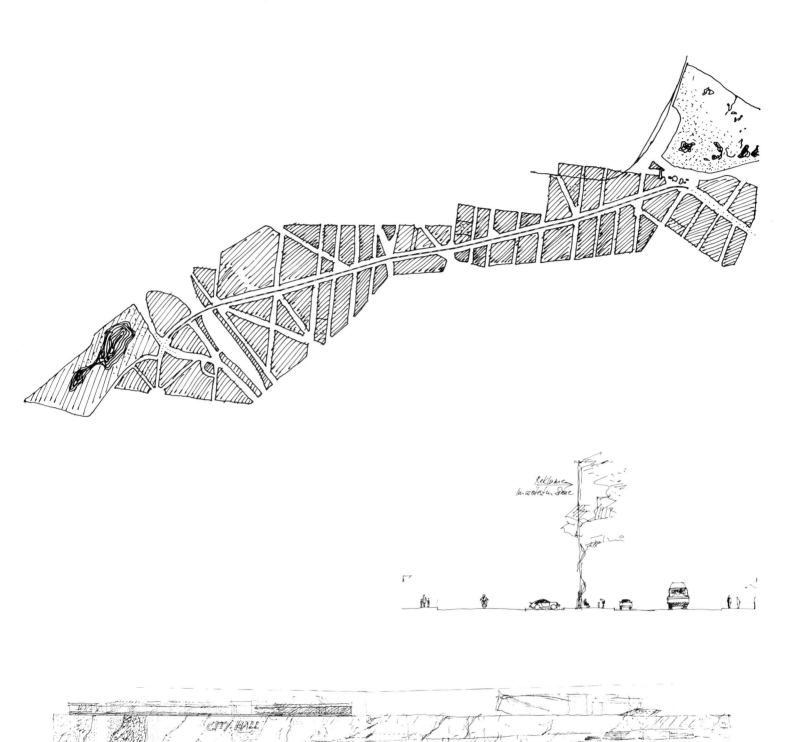

Los Angeles 1987

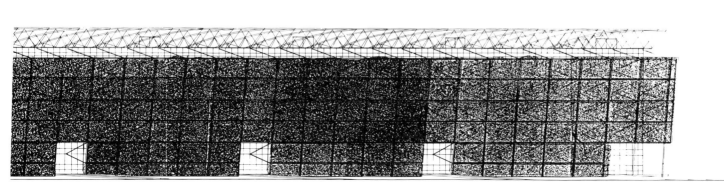

Graz 1985

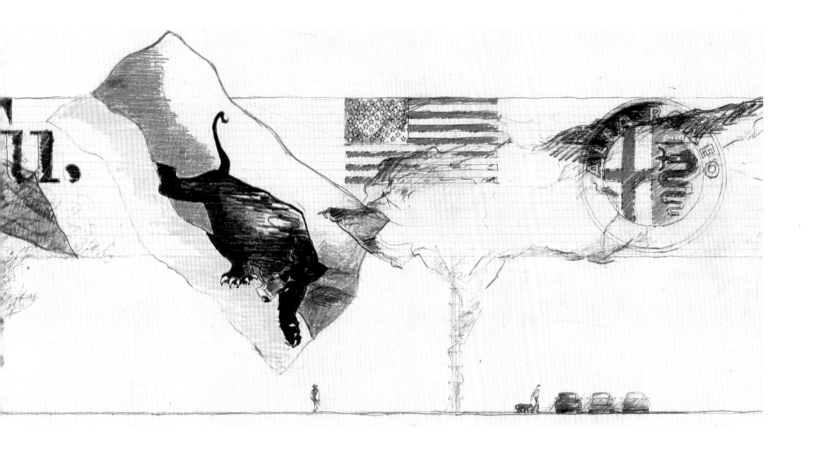

Edith Girard, Olivier Girard (Paris)
Berlin 2000 / Brandenburger Tor – Leipziger Platz – Potsdamer Platz: Stadtraum für weite Horizonte

Der Berlinbesucher – sei er Deutscher oder Ausländer, Städtebauer in dieser oder jener Funktion oder einfach ein Weltenbummler, der in den Städten, ihrer Atmosphäre, ihrer Verzweiflung wie ihrer Hoffnung, auch in ihrer Geschichte seine eigenen Irrfahrten besser zu verstehen sucht – wird unwiderstehlich an einen der bewegendsten Orte des Berliner Dramas, in die Nähe der Mauer gelockt, an den ehemaligen Potsdamer Platz, Potsdamer Bahnhof und Leipziger Platz. Und welche nahen oder fernen Streifzüge in Ost und West er auch unternimmt, regelmäßig kehrt er dorthin zurück wie zu einem Bezugspunkt, wie zum Refrain eines Liedes voller Hoffnung.
Neben seiner offenkundigen Berufung als Sammelplatz, wo ein Touristenkiosk auf sehr symbolische Weise das Pendant (im Süden) zum Reichstag (im Norden) in Beziehung zum Brandenburger Tor bildet, veranlaßt der einstige Leipziger Platz, Potsdamer Platz und Potsdamer Bahnhof zu einigen grundsätzlichen Bemerkungen.
Das h i e r zu sehende weite, sich selbst überlassene, wüste Terrain ist Kulisse für die Mauer, das berüchtigte »historische Monument«, das in seiner Konstruktion, seiner Rolle und seinem Sinn einfachste Denkmal, das makaberste Bauwerk in seiner vollkommenen Entsprechung zum Gespaltensein des Menschen und zu seiner Verstörtheit. Paradoxerweise aber bringt das wartende, verwahrloste, vielbesuchte Gelände die nicht zu unterdrückende Erwartung eines »nullten Weltwunders«, des Wunders von Abrüstung und Frieden, zum Ausdruck. Davon zeugt ganz konkret die große, geduldige und ungeduldige Hoffnung, welche die Mauer in allen Sprachen hinausschreit, besonders auf der langgestreckten Graffitiseite, einem horizontalen Film, einem neuen Teppich von Bayeux, in modernen Hieroglyphen: Aufschrei mitten aus dem Kopf und aus der kosmopolitischen Einheit der Welt.
H i e r ist auch der ungeheuerlichste Gedächtnisverlust der Geschichte, insbesondere der Städtebaugeschichte konfrontiert mit der klarsten Manifestation der Spuren der Vergangenheit: Eine Verkettung komplexer Widersprüche tritt geradezu karikaturistisch zutage in der Gegenüberstellung von Leipziger Platz und Staatsbibliothek (Hans Scharoun).
Östlich der Mauer projiziert der Schatten des Leipziger Platzes als Basrelief auf den Boden den zähen Abdruck seiner Gestalt, in seinem Niemandsland geschützt von Hasen, Eichhörnchen, einem Wachtturm und bewaffneten Soldaten. Der Plan ist intakt, das Oktogon ist geschlossen. Hier liegen unberührt die Fundamente des Orts, eine »Vergegenwärtigung« der Ortskonzeption an sich, das mythische Abbild der gebauten, geometrischen Topologie, Verankerung aller Spuren des die Welt bewohnenden Menschen – nach dem Beispiel von Charlie Chaplin, der am Schluß des Films »Der Zirkus« aufwacht, zusammengekauert innerhalb des Kreises, den das Zelt der in der Nacht fortgezogenen Truppe als Spur auf dem Boden hinterlassen hat.
Die Staatsbibliothek im Westen dagegen wird zu Recht als eines der gelungensten modernen Bauwerke in Berlin gelobt, ein schönes Traumschiff der Bücherwelt, ein Ort der Gelassenheit, der die Stille gesammelter Konzentration der nostalgischen Betäubung des abgewrackten Leipziger Platzes gegenüberstellt. Allerdings vereitelt die Staatsbibliothek in ihrer klotzigen Verwurzelung auf immer (?) – wie man »nie wieder!« sagt – die bekannteste historische Stadtachse von Berlin: Potsdamer Straße – Potsdamer Platz – Leipziger Platz – Leipziger Straße. Welche Gründe damals auch für den Standort der Staatsbibliothek vorgebracht wurden – man muß darin eine Herausforderung an die Berliner und ihr kollektives Gedächtnis sehen, und sei diese Herausforderung auch nur ein »verfehltes« Unternehmen so enorm wie das Bauwerk selbst.
Ziel unseres Projektes ist es nicht, jede Operation zu verurteilen, die

Edith Girard, Olivier Girard (Paris)
Berlin 2000: Brandenburger Tor – Leipziger Platz – Potsdamer Platz: un lieu de l'horizon

Le voyageur de Berlin, allemand ou étranger, professionnel de l'urbanisme à tel ou tel titre, ou plus généralement visiteur du monde en marche, cherchant dans les villes, dans leur atmosphère, dans leur détresse comme dans leur espoir, dans leur histoire aussi, à mieux comprendre sa propre errance, est irrésistiblement amené à se rendre rapidement sur un des lieux les plus émouvants du drame berlinois, à proximité du mur dit «de la honte», celui des anciennes Potsdamer Platz – Potsdamer Bahnhof – Leipziger Platz. Et quelles que soient ensuite ses pérégrinations, proches et lointaines, à l'Est comme à l'Ouest, il semble bien qu'il revienne toujours là régulièrement, comme à un point de référence, comme au refrain violonneux d'un chant d'espoir.
Au-delà de son évidente vocation de centre de ralliement (relier), où un kiosque touristique fait très symboliquement le pendant (sud) du Reichstag (nord) par rapport à la Brandenburger Tor, l'ex-Leipziger Platz, Potsdamer Platz, Potsdamer Bahnhof appelle à quelques constatations édifiantes (édifier).
I c i de grands terrains vagues, laissés pour compte et qui mettent en représentation le Mur, «monument historique» le plus célèbre, le plus simple dans sa construction comme dans son rôle et dans son sens, le plus macabre d'adéquation parfaite à la fêlure humaine et à son désarroi, expriment paradoxalement dans leur attente boueuse tellement visitée, l'attente non résignée d'une «zéroième merveille du monde», celle du Désarmement et de la Paix. En atteste très concrètement l'immense gaîté, triste, patiente et impatiente, que hurle le mur de toutes les langues, particulièrement là, dans sa longue page de graffittis, film horizontal, nouvelle tapisserie de Bayeux, hiéroglyphes modernes, dazibao du milieu de la tête et de l'unité cosmopolite du globe.
I c i a u s s i se confronte la plus énorme amnésie de l'histoire, et en particulier de l'histoire urbaine, à la plus efficace sauvegarde des traces du passé de la ville. Le constat questionne un enchaînement de contradictions complexes, caricaturales dans l'interpellation réciproque de la Leipziger Platz et de la Staatsbibliothek dessinée par Hans Scharoun.
En effet, à l'est du Mur, l'ombre de la Leipziger Platz projette en bas-relief du sol l'empreinte tenace de sa figure, protégée dans son «no man's land» par les lapins, les écureuils, un mirador et quelques soldats bien armés. Le plan est intact, l'octogone est clos. Il y a là en jouvence les fondements du lieu, une mise en «mémoire» du concept même de lieu, l'image mythique de la topologie construite, géométrique, ancrage de tous les tracés par lesquels l'homme habite le monde, à l'image de Charlie Chaplin se réveillant à la fin du film «Le Cirque», blotti à l'intérieur du cercle dont le chapiteau déménagé pendant la nuit a laissé sa trace au sol.
Tandis qu'à l'Ouest, la Staatsbibliothek, considérée à juste titre comme un des bâtiments modernes les plus réussis de Berlin, beau vaisseau fantôme de la mémoire des livres, lieu de sérénité, opposant à la stupeur nostalgique de la Leipziger Platz démunie, la quiétude du recueillement, condamne à tout jamais (?) – comme on dit «plus jamais ça!» –, par son implantation de plein fouet, l'axe urbain historique le plus populaire de Berlin, la continuité Potsdamer Straße – Potsdamer Platz – Leipziger Platz – Leipziger Straße. Quelles que soient les raisons avancées, en leur temps, de l'emplacement choisi pour la Staatsbibliothek, il faut bien voir là un défi essentiel au peuple de Berlin et à sa mémoire collective, ne serait-ce qu'un «acte manqué» aussi énorme que le bâtiment lui-même.
Notre propos n'a pas pour but de condamner toute opération qui compromettrait pour l'avenir la possibilité d'une réhabilitation mimétique de la structure urbaine d'avant-guerre. L'espoir primordial de réunification de Berlin doit, au contraire, dès maintenant,

in der Zukunft die Möglichkeit einer mimetischen Wiederinstand-
setzung der städtischen Vorkriegsstruktur in Frage stellt.
Die vorrangige Hoffnung auf die Wiedervereinigung Berlins muß
vielmehr jetzt schon darauf vorbereiten, daß man sich vor jeglichem
neuen Gedächtnisschwund hütet im Blick auf die Teilung und ihre
Auswirkungen: Wunden, Leere, Verlust, Mangel, aber auch schöne,
verzweiflungsvolle Versuche der städtischen Fruchtbarmachung
einer verbrannten, dann verwüsteten und schließlich zerstückelten
Erde. Denn »fruchtbar ist immer noch der Bauch, aus dem die
Bestie hervorgegangen ist«. Das städtische Gedächtnis kann und
muß angesichts der steigenden Flut der Gefahren jegliche Revisio-
nismen ablehnen und doch weiter bauen, wobei allerdings die Landschaft so betrachtet werden sollte, wie sie ist: kahl und voller Ablagerungen, zerschnitten und zerschlagen durch Katastrophen, mit
Auswüchsen oder nur mit Tätowierungen wie am Leipziger Platz,
heimgesuchter Untergrund, aber ausgeruhte Stadtbrache, Platz für
Neues, bevorzugter Katalysator für die so sehr erwartete Vernar-
bung. In der Nähe der undurchdringlichsten Wand, die es gibt,
schweben schon die Gebäude des Kulturforums frei auf einem
Boden, der seine Verfügbarkeit und seinen weiten Atem nach den
großzügigen theoretischen Prinzipien der Moderne nur um den
Preis des trotzdem institutionalisierten Hasses und der Teilung der
Welt erhalten hat.
H i e r werden Osten und Westen in jedem Modus konjugiert. Die
große, 1500 Meter lange und 150 bis 250 Meter breite Schneise vom
Brandenburger Tor zum Landwehrkanal, die vom Unland des Potsdamer Güterbahnhofs noch verlängert wird, ist quer durchschnitten.
Im Norden ist »der Osten«, im Süden »der Westen«. Das bedeutet,
daß die Himmelsrichtungen als solche auf dem hellen Abdruck des
Leipziger Platzes ein kosmisches Zentrum einzeichnen, das heute
von schärferen Ost-West-Dualitäten zeugt, als sie die politische Trennung allein hervorbringt, die eine physische Distanz zwischen den
sogenannten »freien« Menschen auf der einen und den sogenannten »gleichen« Menschen auf der anderen Seite fordert. Die offenkundige Fortdauer des Auseinandertreibens von Osten und Westen
und der Zerstückelung in Norden, Süden, Osten, Westen vereinigt
trotz der Mauer das Militärgebiet Brandenburger Tor – Leipziger
Platz mit dem leblosen Gelände des ehemaligen Potsdamer Bahnhofs in einem Maß, daß man ohne weiteres ein Ost-Westberlin
(Kreuzberg usw.) und ein West-Westberlin (Tiergarten usw.) feststellen kann, als habe der soziale Ost-West-Gegensatz, der allen abend-
ländischen Städten eigen ist – im Osten das Volk, im Westen die
Bourgeoisie –, in Berlin mehr als in jeder anderen Stadt und auf
Grund der Geschichte des 20. Jahrhunderts eine morphologische
Übertreibung seines städtebaulichen Ausdrucks gefunden.
Eine solche Ortspräsenz, eine derartige Karikatur vielfältiger Segre-
gationen, ein solches geo-graphisches Zusammentreffen aller Hoff-
nungen auf Schuttplätzen mit ihrer Ausdünstung geo-logischer Zer-
setzung ermuntern freilich nicht dazu, eine Geflechtverdichtung
durch Stadtreparatur zum Auffüllen dieses Platzes der Unterschiede,
des Unterschieds, zu wünschen oder die Errichtung »der« neuen
Berliner Zentralität vorherzusagen. Berlin ist nämlich eine Stadt, die
– dank und wegen des Zerrissenseins – die Entwicklung des Begriffs
Zentralität an sich zu einer Konzeption vielkerniger Stadtkultur mit-
erlebt hat. Der Schmerz über das verlorene historische Zentrum, die
große Amputation, trug zu einer beispiellosen Fortschrittsgläubig-
keit bei, zur grundlegend modernen Neudefinition einer nicht mehr
hierarchisch in konzentrischen Kreisen aufgebauten, sondern pluralistischen Struktur des Zusammenlebens in den neuen Städten.
Wieder zurück auf dem verbotenen Leipziger Platz und dem unauf-
findbaren Potsdamer Platz erkennen wir deutlich, daß Berlin auf
Grund der Tatsachen d i e Stadt der Skyline ist. Die Krone der niedrigen Mauer (3,50 Meter) und die Entfernung, die sie dem magisch
gefesselten Blick vorgaukelt, läßt sie zur Horizontlinie werden, zur
Erdlinie, zur konkreten Bezugsgröße aller Erhebungen im Osten, die

préparer à se garder de toute nouvelle amnésie sur la séparation et
ses effets de plaie, de vide, d'absence et de manque, comme sur ses
actes beaux et désespérés de tentative de fertilisation urbaine d'une
terre brûlée puis poignardée et découpée. Car le «ventre est encore
fécond d'où est sortie la bête immonde». Contre la montée des
périls, la mémoire urbaine peut aussi et doit refuser tous les révi-
sionnismes, et pourtant construire encore, mais en regardant ce paysage pour ce qu'il est, nu et chargé de sédimentations, entaillé et
meurtri par ses cataclysmes, ponctué de protubérances ou seulement tatoué comme à Leipziger Platz, support ainsi éprouvé mais
jachère urbaine reposée, lieu à nouveau, catalyseur privilégié de la
cicatrisation tant attendue. Déjà les bâtiments du Kulturforum
voguent librement à proximité de la paroi la plus imperméable qui
soit, sur un sol qui n'a conquis sa disponibilité de grande respiration
selon les principes théoriques généreux du Mouvement Moderne
qu'au prix, malgré eux, de la haine institutionnalisée puis du partage
du monde.
I c i e n c o r e , l'Est et l'Ouest se conjuguent à tous les modes. La
grande saignée de 1500 mètres de long, de la Brandenburger Tor au
Landwehrkanal, large de 150 à 250 mètres, et que prolonge encore la
friche du Potsdamer Güterbahnhof est coupée en deux transversale-
ment: au nord, «l'Est», au sud «l'Ouest». C'est dire que les points
cardinaux désignent eux-mêmes, dans l'empreinte blonde de la
Leipziger Platz, un centre cosmique témoignant aujourd'hui de dua-
lités Est-Ouest plus ambiguës que la seule séparation politique exigeant une distance physique entre les hommes dits «libres» d'un
côté, et les hommes dits «égaux» de l'autre. L'évidente continuité
d'écartement Est-Ouest et d'écartèlement Nord-Sud-Est-Ouest,
unifie, en dépit du Mur, l'espace militaire de la Brandenburger Tor
et la Leipziger Platz au terrain gelé de l'ancien Potsdamer Bahnhof,
à tel point qu'on peut aussi véritablement y prendre acte d'un Est-
Berlin-Ouest (Kreuzberg etc.) et d'un Ouest-Berlin-Ouest (Tiergarten etc.). Comme si l'opposition sociale Est-Ouest, générique de
toutes les villes occidentales – au lever le peuple, au coucher la bourgeoisie –, avait trouvé à Berlin plus que dans toute autre ville et par
l'histoire du 20ème siècle, une surenchère morphologique de son
expression urbaine.
Là encore, une telle présence de lieu, une telle caricature de ségréga-
tions multiples, un tel concours géo-graphique de toutes les espéran-
ces en place de décombres et de leurs effluves de décomposition
géo-logique, n'invitent cependant ni à augurer une densification
réparatrice du tissu urbain pour combler cet espace des différences,
de la différence, ni non plus à prédire la constitution de «la» nouvelle centralité berlinoise. Car voilà une ville qui a vu évoluer la
notion même de centralité, grâce et à cause de la déchirure, vers une
conception polynucléaire de la culture urbaine. La douleur même
du centre historique perdu, amputation majeure, a catalysé une
obsession de progrès du siècle, la redéfinition fondamentalement
moderne d'une structure plurielle conviviale, et non plus radio-con-
centrique hiérarchisée, des nouvelles villes.
I c i e n f i n , de retour à Leipziger Platz interdite – Potsdamer Platz
introuvable, nous voyons bien que Berlin est la ville même du skyline, par la force des choses. Le faîtage du Mur, bas (3,50 mètres), et
l'éloignement qu'il suggère à l'œil toujours capté, fait en cela ligne
d'horizon, ligne de terre, référence concrète de toutes les hauteurs
de l'Est simultanément proches et lointaines, toutes inapprochables
et semblant pourtant quasiment touchables. De chaque côté à
l'autre, Berlin est posée sur cette ligne d'assise qui rassemble «le ciel
partagé», comme une antenne horizontale de la seule réelle perméabilité du Mur aujourd'hui, celle des ondes.
Pour toutes ces observations, déjà le Mur de Berlin ne nous semble
pas devoir disparaître, mais plutôt se préparer à devenir une sorte de
pénétrable, traversable partout, enjambable, contournable, en autant
de points qu'il en faut pour que les hommes, tous artistes, poètes et
philosophes, accèdent ici de l'ère de la peinture à celle du burin et

gleichzeitig nah und fern sind, die alle unerreichbar sind und doch fast berührbar erscheinen. Von einer Seite zur andern ist Berlin nach dieser Grundlinie ausgerichtet, die den »geteilten Himmel« auf sich zieht wie eine waagerechte Antenne der einzigen realen Durchlässigkeit der Mauer heute, derjenigen der Wellen.

Schon auf Grund all dieser Beobachtungen sollte, wie wir meinen, die Mauer nicht verschwinden. Sie sollte sich vielmehr darauf vorbereiten, ein Gebilde zu werden, das man durchdringen, überall überschreiten, überspringen, umwandern kann – an so vielen Punkten, wie notwendig sind, daß die Menschen – allesamt Künstler, Dichter und Philosophen – hier von der Ära der Malerei Zugang finden zur Ära des Meißels und der verbindenden Überbauung, und zwar mit einem Schritt. Wie auch die Grundlagen und die Bedeutung einer Neugestaltung der Ost-West-Beziehungen bei einer möglichen Öffnung beschaffen sein mögen – die Mauer, politischer Meridian der Welt, in ihrer Primärfunktion hinfällig geworden, bliebe ein historisches Symbol der Hoffnung auf Wiedervereinigung, die wenigstens für Berlin endlich Wirklichkeit geworden wäre. Wird das schon morgen geschehen, zum Beispiel im Zusammenhang mit einer hypothetischen Aktualität der Pan-Europäisierung des Europarats? Oder liegt es noch in weiter Ferne? Das weiß niemand.

In dieser Ungewißheit und für den Appell an die größere Zahl, den die Mauer somit als Untergrund künstlerischen Freiheitsschaffens in der logischen Fortsetzung ihrer derzeitigen Klage über die Trennung diktiert, hätten ein oder zwei exemplarische Durchbrechungsprojekte von institutionalisierten Künstlern oder Handwerkern überhaupt keinen Sinn.

Unsere Rolle besteht vielmehr darin, daß wir den künftigen Augenblick vorhersehen und mit all unserer Wunschkraft herbeirufen, besonders mit den Mitteln unseres Berufs. Wir wollen am Beispiel Brandenburger Tor – Leipziger Platz – Potsdamer Platz aufzeigen, daß man vielleicht – ohne das Urteil des Jahres 2000 abzuwarten – ein Vakuum in einen Ort der Erwartung umwandeln kann, und zwar mit koordinierten Interventionen an seinen nach wie vor getrennten östlichen und westlichen Grenzen.

Als architektonischer und städtebaulicher Beitrag zur ost-westlichen Abrüstungs- und Friedensforschung ist der Vergleich des Raums Brandenburger Tor – Leipziger Platz – Potsdamer Platz mit einem langen, zuverlässigen und stillen Strom gleichzeitig die Vorstellung von der paarigen Einheit zweier Kulturen, zweier Völker, zweier Städte durch den Dialog dieser Flußböschungen.

– Errichtung eines narzißtischen Vis-à-vis, das die Tête-à-têtes auf dem Kriegsfuß vereitelt,

– Erbauung moderner Stadtfronten, das heißt weit über einen modernen Stil hinaus Aufstellung von Bildschirmen für die radiographische und teleskopische Projektion der Stadttiefen, im Gegensatz zu der neoprotektionistischen Aufwertung des »postmodernen« Begriffs der einkerkernden »Stadtkruste«,

– Neubesiedlung der betreffenden Wohnquartiere zu beiden Seiten, einzige Garantie für eine reale Kraft der örtlichen und weltstädtischen Magnetisierung des freien Feldes Brandenburger Tor – Leipziger Platz – Potsdamer Platz, das nur noch das historische Ereignis seiner faktischen Befreiung erwartet,

– Neuformulierung einer Strategie des öffentlichen und privaten Zusammenlebens im kollektiven Wohnen in einem Berlin, das von den exemplarischen Erfahrungen unseres Jahrhunderts auf dem Gebiet des Wohnens stark geprägt ist (die jüngsten Operationen der IBA, besonders die Siedlungen der zwanziger Jahre sowie die Verwirklichungen der Expo 57) –

so lauten die Themen unseres Projekts, das nur als Beispiel für die Illustration dieser wenigen Überlegungen gezeichnet und erdacht wurde.

de la suture de la construction: ceci dans un pas. Méridien politique du monde, quels que soient les fondements et l'importance d'une transformation des relations Est-Ouest lors d'un décloisonnement possible, le Mur rendu caduc dans sa fonction première restera élément symbolique et historique de l'espoir de réunification enfin réalisé au moins pour Berlin. Est-ce pour demain, dans le contexte par exemple d'actualité hypothétique de pan-européisation du Conseil de l'Europe? Ou bien est-ce encore lointain? Nul ne le sait.

Dans cette incertitude, et pour l'appel au plus grand nombre que dicte donc le Mur comme support de création artistique de liberté dans la continuité logique de son actuelle complainte de la séparation, un ou des projets exemplaires de percements proposés par des artistes ou artisans institutionnalisés tels, n'auraient aucun sens. Notre rôle consiste plutôt à prévoir le moment à venir et à l'appeler de tous nos vœux, parmi d'autres appels, avec les moyens qui sont ceux de notre métier. Montrons, sur l'exemple de la Brandenburger Tor, Leipziger Platz, Potsdamer Platz, qu'on peut peut-être, sans plus attendre le jugement de l'an 2000, transformer un vide en lieu en attente, par des interventions coordonnées sur ses limites Est et Ouest toujours séparées.

Apport architectural et urbanistique à la recherche Est-Ouest du Désarmement et de la Paix, la reconnaissance dans l'espace Brandenburger Tor, Leipziger Platz, Potsdamer Platz d'un long fleuve solide et tranquille est celle de l'unité gémellaire de deux cultures, deux peuples, deux villes, par le dialogue de leurs berges à conforter.

– Constitution d'un vis-à-vis narcissique déjouant les têtes-à-tête de pied de guerre,

– construction de fronts urbains modernes, c'est-à-dire bien au-delà d'un style de la modernité, d'écrans de projections radiographique et télescopique des profondeurs de la ville, par opposition à la réhabilitation néo-protectionniste de la notion «post-moderne» de «croûte urbaine» enfermante,

– repeuplement des quartiers concernés de part et d'autre, seule garantie d'un réel pouvoir d'aimantations locale et métropolitaine du champ libre Brandenburger Tor, Leipziger Platz, Potsdamer Platz n'attendant plus que l'événement historique de sa libération de fait,

– redéfinition d'une stratégie des convivialités publique et privée du logement collectif, dans un Berlin très marqué par les expériences exemplaires du siècle dans le domaine de l'habitat (les opérations récentes de l'IBA, et surtout, les Siedlungen des années 20 ainsi que les réalisations d'Expo 57),

tels sont les thèmes de notre proposition dessinée et pensée comme exemple seulement d'illustration de ces quelques réflexions.

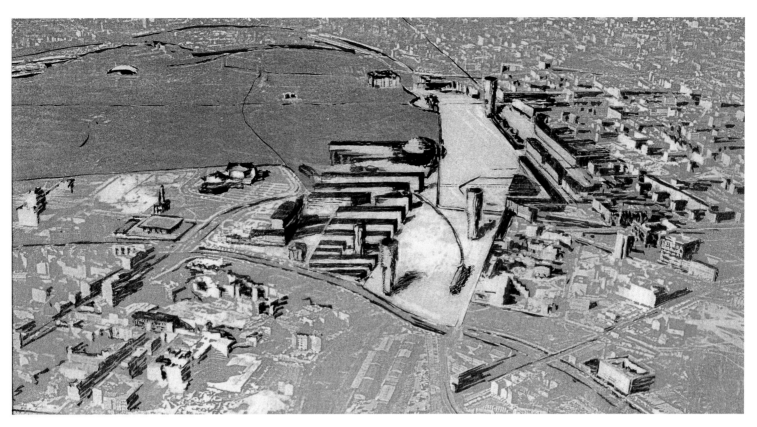

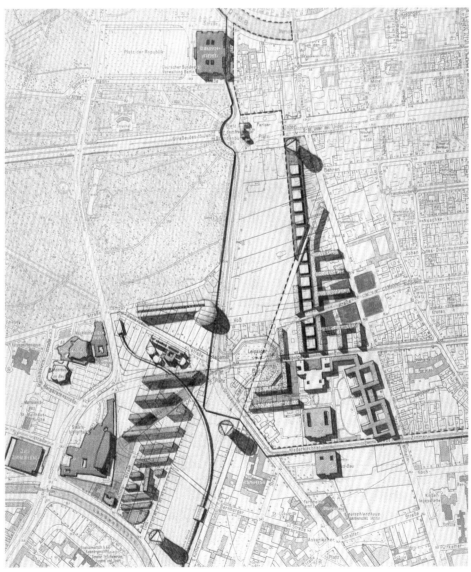

Goldapp + Klumpp (Bremen)
Ein Gebäude für beide Teile Berlins

Beide Teile Berlins haben sich kulturell eigenständig weiterent-
wickelt, gleichwohl besitzen sie aber dieselbe nationale Basis.
Wir möchten einen Ort für den Austausch der beiden Kulturen entwickeln. Wir schlagen daher ein Gebäude vor, das in beiden Teilen
der Stadt steht, die Grenzen überspannend. Die Ost-Galerie wird
vom östlichen Teil der Stadt genutzt, die West-Galerie vom westlichen Teil.
Die Möglichkeit beiderseitiger Kulturausstellungen bietet die
Chance zum gegenseitigen Kennenlernen, zur Feststellung von
Gemeinsamkeiten, zur Annäherung, aber auch zur Definition unterschiedlicher Zielsetzungen, zum Verständnis der Realitäten im anderen Teil der Stadt.
Konkret kann das beispielsweise heißen: Die Galerien präsentieren
Ausstellungen zu sich ergänzenden Themen. Die Galerien stellen
zum selben Thema aus – unterschiedliche Auffassungen werden im
direkten Vergleich diskutierbar. Der Zugang zur Ausstellung sollte
auch für die jeweils »andere Seite« ermöglicht werden.
Das Erlebnis von Trennung und Zusammenführung wird deutlich.
Die Gestalt der Ost-West-Galerie soll ein Symbol der Überwindung
der Trennung sein: Als Treppenbrücke symbolisiert sie Stufe für
Stufe den mühseligen Prozeß der Wiederannäherung und des
gegenseitigen Verständnisses.
Die Ost-West-Galerie soll an historisch bedeutsamer Stelle errichtet
werden: Sie soll die Zimmerstraße und die Mauer überwinden, den
Prinz-Albrecht-Komplex überschauen, Wilhelmstraße und Otto-
Grotewohl-Straße verbinden. Dieses Gebäude soll ein Beitrag zur
Wiederannäherung der beiden Teile Berlins sein. Es soll das Thema
»Trennung und Gemeinsamkeit« für künftige Generationen deutlich
machen, selbst wenn es die Mauer nicht mehr geben sollte.

Goldapp + Klumpp (Brême)
Un bâtiment pour les deux parties de Berlin

Les deux parties de Berlin se sont développées culturellement de
façon autonome, mais elles possèdent la même base nationale. Nous
désirons élaborer un site pour les échanges des deux cultures. Nous
proposons donc un bâtiment qui se trouve dans les deux parties de
la ville, recouvrant les frontières. La galerie-Est est utilisée pour la
partie orientale de ville, la galerie-Ouest pour la partie occidentale.
La possibilité d'expositions culturelles des deux côtés offre une
opportunité d'une meilleure connaissance réciproque, d'une détermination des points communs, d'un rapprochement, mais également de la définition d'objectifs différents, d'une compréhension
des réalités dans l'autre partie de la ville.
Ceci peut concrètement, par exemple, signifier: les galeries présenteront des expositions sur des thèmes se complétant. Les galeries
exposeront sur les mêmes thèmes – des points de vue différents
pourront être débattus grâce à une comparaison directe. L'accès à
l'exposition devrait également être possible pour «l'autre côté».
On mettra aussi en évidence le phénomène de la séparation et du
regroupement. L'aménagement de la galerie Est-Ouest sera un symbole du triomphe sur la séparation: sous la forme d'un pont en escalier, cet aménagement symbolisera les différents seuils à atteindre
pour parvenir au difficile processus de rapprochement et de compréhension mutuelle.
La galerie Est-Ouest devrait être construite sur un site historiquement significatif: elle devrait constituer un élément de jonction
entre la Zimmerstraße et le Mur, surplomber le complexe Prinz-
Albrecht, relier la Wilhelmstraße et la Otto-Grotewohl-Straße. Ce
bâtiment pourrait être une contribution au rapprochement entre les
deux parties de Berlin. Il devrait faire ressortir le thème de «la séparation et des éléments communs» pour des générations futures,
même si le Mur devait cesser d'exister.

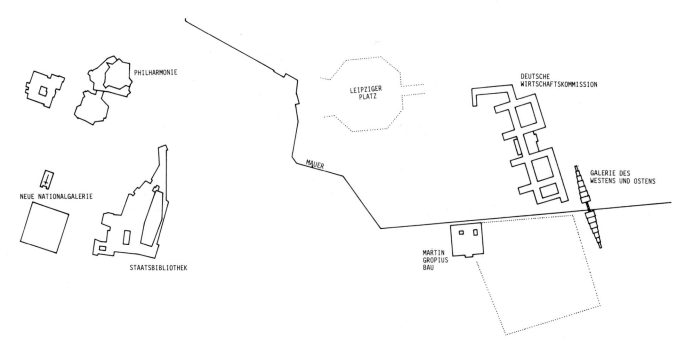

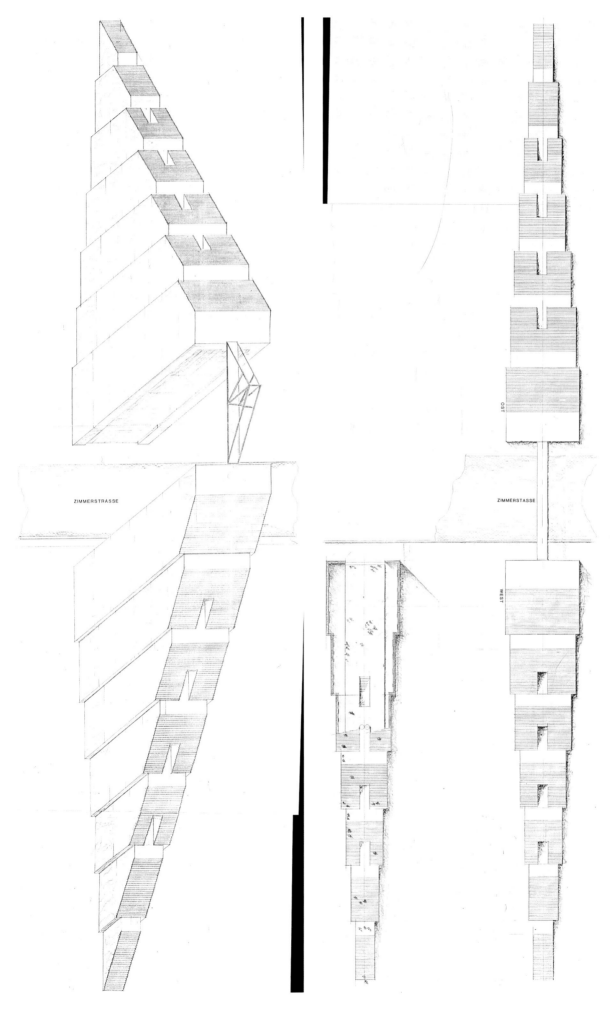

ZIMMERSTRASSE

ZIMMERSTASSE

OST

WEST

Burkhard Grashorn (Oldenburg)
Berlin total

Kein Mythos, kein Denkmal, kein Denkmodell und keine Utopien, die die Zukunft verrammeln – das 20. Jahrhundert war voll von diesen Unverbindlichkeiten. Die zeichnende Hand führt in die Heimat des Menschen, zu i h r e m Platz. In diesen Zeichnungen zum Spreebogen liegt, noch verborgen und wortlos, der Instinkt einer Architektur für ein neues Jahrhundert, so als wäre Wohnen und Arbeiten zum ersten Mal auf dieser Erde möglich.
»Berlin total« am Spreebogen ist eine radikal neue Stadt in einem Bauwerk von 480 Metern Höhe und an der Basis von 400 Metern Länge. Als horizontaler Wolkenkratzer zeigt die »Himmlische Stadt« der Erde ihr Antlitz. Nur durch eine neue rücksichtslose Dimension sind fortschreitende Gedanken möglich. So werden die alten Begriffe wie Straße, Garten, Haus aus ihrer Befangenheit befreit, um dann in einer neuen Radikalität wiederzuentstehen. »Berlin total« beendet die längst überfällige Rekonstruktion der Stadt.

Burkhard Grashorn (Oldenburg)
Berlin total

Aucun mythe, aucun monument, aucun modèle de pensée et aucune utopie qui barricadent l'avenir – le 20ème siècle fut rempli de ces non-engagements. La main qui dessine mène à la patrie de l'homme, à s a place. Dans ces dessins sur l'arc de la Spree se trouve, encore voilé et sans expression, l'instinct d'une architecture pour un nouveau siècle, comme si l'habitat et le travail étaient pour la première fois possibles sur cette terre.
«Berlin total» sur l'arc de la Spree est une ville radicalement nouvelle en forme d'un bâtiment de 480 mètres de hauteur et, à sa base, de 400 mètres de longueur. En tant que gratte-ciel horizontal, la «Ville Céleste» montre son visage à la terre. Ce n'est que par une nouvelle dimension sans scrupules que des pensées progressives sont possibles. Ainsi, les vieilles notions de rue, jardin, maison seront libérées de leurs connotations afin de resurgir dans une nouvelle radicalité. «Berlin total» achève la reconstruction de la ville qui est nécessaire depuis longtemps.

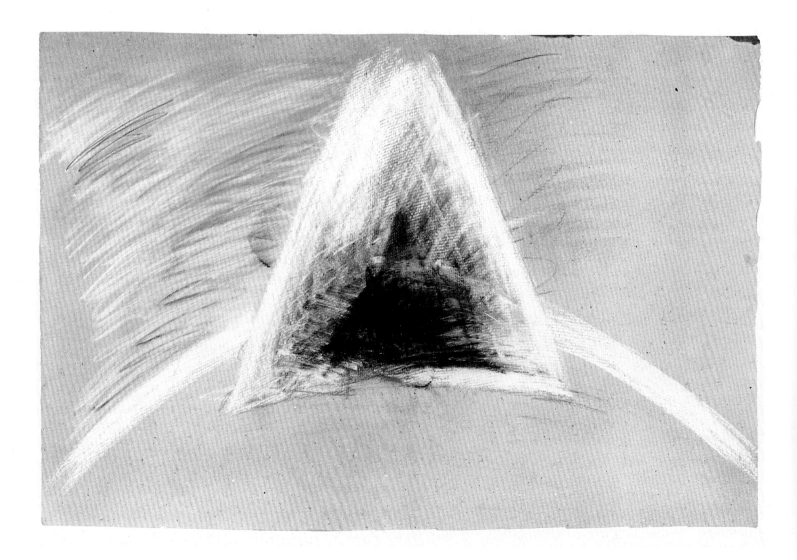

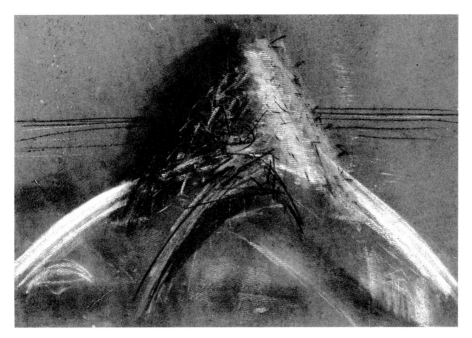

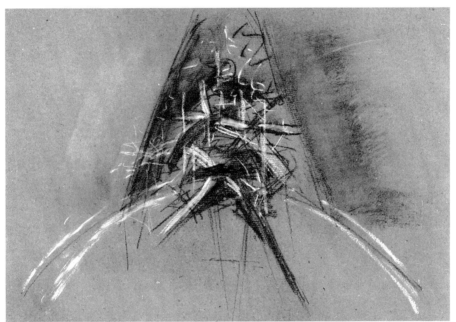

DIE REKONSTRUKTION DER STA

IST BEENDET !

BERLIN TOTAL

Antoine Grumbach (Paris)
Der neue Tempel der Liebe
»Warum lieber etwas als nichts« (Sören Kierkegaard)

In einem Punkt sind Städte impertinent: Sie widerstehen nämlich allen Versuchen, sie in dem, was sie konstituiert hat, fest einzuschließen. Das Umfunktionieren von Orten, von Gebäuden ist nicht der einzige Hinweis auf Praktiken, die im Marginalen, im Vagen, ja sogar im Tabu angesiedelt sind. Das Umfunktionieren, d.h. die Neuverteilung bereits vorhandener Elemente innerhalb eines anderen Sinnzusammenhangs, ist das alltägliche Spiel der außerordentlichen Nutzung der Stadt.

Auf Grund dieser gewissermaßen verwirrenden Feststellungen ist der Architekt gezwungen, sein narzißtisches und kurzsichtiges Spiel von der Produktion von Gegenständen auf die Schaffung von Bedingungen zu verlagern. Marcel Duchamps Gegenstände mit poetischer Reaktion, die Kathedralen erotischer Misere und der Merz-Bau von Kurt Schwitters zeigen uns einen möglichen Weg auf. Die Unreinheit ist heutzutage der gemeinsame Nenner für das Übel am Leben und den gleichzeitigen Wunsch nach Überleben. Die Liebe und der Tod begrenzen unseren Horizont; und die bestürzend sorglose Architektur versteckt sich hinter der Flüchtigkeit von Projekten ohne Gedächtnis.

Wenn sich aus einem Abenteuer eine konkrete Utopie entwickeln lassen könnte, so trüge sie die eindeutigen Zeichen ihres Widerspruchs. Als Paar antagonistischer Begriffe würde sie den Konflikt großer Leidenschaften übertragen. Das Mechanische und das Träge, das Vergängliche und das Ewige müssen sich wieder aussöhnen können, um den Versuch zu unternehmen, die unwahrscheinliche Geschichte der Orte zwischen zwei Zuständen zu erzählen. Und so würde sich die unerträgliche Leichtigkeit einer aufblasbaren Struktur eingeschrieben finden in das Wesen eines verfallenen kreisförmigen Tempels, Tempel der Liebe, Tempel der Lieben. Eine subtile Spannung stellt eine Architektur der Perversität her, der Verdoppelung, des Nutzlosen, genau wie des Wesentlichen und des Unverzichtbaren. Davon ausgehend, gründen wir doch endlich die Orte, wo die Liebe sich austauscht und ausdrückt, denn der Tod ist noch zu gegenwärtig, als daß man ihn darstellen könnte. In dieser Epoche voller Besorgnis durchzieht eine Besessenheit die Zeit und lehrt uns das wahre Gesicht der Liebe.

Der neue Tempel der Liebe - 3. Version. Berlin - Glienicker Park - März 1988. Am Ufer, von der anderen Seite des Flusses aus gesehen, erstrahlt er nachts in sanftem Licht, und der Wind wird seine durchsichtige Umhüllung, die bei Sonnenuntergang irisierend leuchtet, zum Zittern bringen. Dieser verfallene Tempel und diese aufgeblasene Struktur werden dann das teuflische Paar der liebenden Widersprüche bilden. Kann man dort eindringen? Ich bezweifle es, doch eine Passage, eine versteckt gehaltene Öffnung verborgen im Gebüsch, sollte den Kühnsten unter den Besuchern erlauben, sich dorthinein zu wagen. Doch der Eingang darf nie gekennzeichnet sein. Hier werden einzig und allein die Abenteurer eindringen. - Allem Anschein zum Trotz, Ende des 20. Jahrhunderts muß eben gerade in Berlin gezeigt werden, daß die Liebe, ja die Liebe, noch möglich ist.

Antoine Grumbach (Paris)
Le nouveau temple de l'amour
«Pourquoi quelque chose plutôt que rien?» (Sören Kierkegaard)

Les villes ont ceci d'impertinent qu'elles échappent toujours à toutes les tentatives de les enfermer dans ce par quoi elles sont constituées. Le détournement des lieux, des bâtiments n'est pas le seul fait de pratiques marginales diffuses voir tabouées. Le détournement, c'est-à-dire la redistribution d'éléments existants dans un autre système de signification, est le jeu quotidien de l'usage éminent de la ville.

A ces constatations quelque peu déroutantes, l'architecte se doit de déplacer son jeu narcissique et myope de la production d'objets à la création de conditions. Les objets à réaction poétique de Marcel Duchamp, les cathédrales de la misère érotique et le Merz-Bau de Kurt Schwitters nous indiquent un chemin à suivre. L'impureté est aujourd'hui le commun dénominateur du mal à vivre coexistentiel de notre volonté de survie. L'amour et la mort bornent nos horizons et l'architecture éperdument insouciante se réfugie dans les futilités des projets amnésiques.

Si d'aventure une utopie concrète pouvait se réaliser, elle porterait les signes évidents de sa contradiction. Couple de notions antagonistes, elle transmettrait le conflit des grandes passions. Le mécanique et l'inerte, l'éphémère et l'éternel doivent pouvoir se réconcilier pour tenter de raconter l'histoire invraisemblable de lieux entre deux états. Ainsi se trouverait inscrite l'insoutenable légèreté d'une structure gonflable dans l'essence d'un temple circulaire en ruine. Temple de l'amour ou temple des amours. Une tension subtile établit une architecture de la perversité, du dédoublement, de l'inutile autant que de l'essentiel et de l'indispensable. A partir de ceci, fondons enfin les lieux où s'échange et s'exprime l'amour car la mort est encore trop présente pour que l'on puisse la représenter. En ces jours d'inquiétudes, une obsession traverse le temps et nous entretient sur le vrai visage de l'amour.

Le nouveau temple de l'amour - 3e version. Berlin - Parc de Glienicke - Mars 1988. Au bord de l'eau, vu de l'autre rive, il s'éclaire la nuit d'une lumière douce et le vent fera trembler sa membrane transparente qui s'irisera au soleil couchant. Ce temple en ruine et cette structure gonflable réaliseront ainsi le couple infernal des contradictions amoureuses. Peut-on y pénétrer, j'en doute, mais un passage à l'orifice tenu caché, dissimulé dans les taillis, devrait permettre aux plus audacieux des visiteurs de s'y aventurer. Mais que jamais l'entrée en soit indiquée. Seuls ici pénétrerons les aventuriers. - A Berlin précisément, envers et contre tout, à la fin du 20ème siècle, il faut encore manifester que l'amour, oui l'amour, est encore possible.

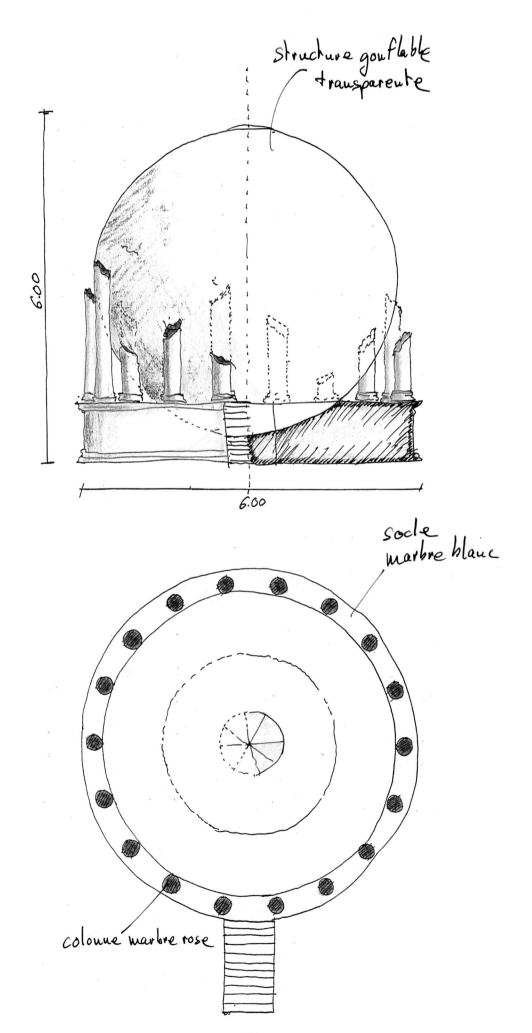

structure gonflable
transparente

6.00

6.00

socle
marbre blanc

colonne marbre rose

125

Zaha M. Hadid (London)
Berlin – Phony Island

Es gibt Menschen – und ich gehöre dazu –, die polemisch auf Berlin und auf die offensichtlichen Lücken reagieren, nicht die baulichen, sondern die programmatischen. Wenn eine Stadt ein bedeutendes Vorhaben entwickelt, das sich hauptsächlich mit Wohnungsbau beschäftigt, impliziert dies, daß alle wichtigen öffentlichen Funktionen vernachlässigt werden. Ich glaube, es ist eine abwegige Idee, den Wohnungsbau zum wichtigsten Entwicklungsfaktor zu machen. Die Frage, die mich beschäftigt, ist: Wie fängt man es an, Berlin zu reurbanisieren? Die Stadt war verletzt durch Bombardierung, durch Krieg. Man versuchte, sie wiederaufzubauen in der Vorstellung, es solle werden wie früher mit einer Strategie der geschlossenen Blocks. Unglücklicherweise führte diese Strategie wegen des provinziellen Wohnungsbauprogramms zur Provinzialität, die Berlin nie hatte. Selbst als Berlin noch eine unbedeutende Stadt war, besaß es – noch vor Schinkel – eine metropole Qualität und in seiner Anlage einen metropolen Maßstab.
Abgesehen von einer neuen Form des Wohnungsbaus müßte man Injektionen setzen mit Inhalten, die nicht nur mit Wohnen zu tun haben, sondern z. B. auch mit öffentlichen Gebäuden, die eine Art neuer Nicht-Rationalität besitzen, als Teil einer Programmstrategie und natürlich auch einer formalen Konzeption.
Berlin ist auf einen Inselstatus reduziert. Es gibt keine Randbedingungen. Berlin hat keine Vorstadt. Tragisch ist, daß Berlin durch seine Randlage selbst in gewisser Weise eine Vorstadt von Deutschland geworden ist. Dies wendet sich natürlich gegen alle früheren Planungsstrategien, in denen Berlin in seiner Rolle als bedeutende Metropole mit einem ausgeprägten, kosmopolitischen, urbanen Leben gesehen wurde.
Es scheint so, als habe die gegenwärtige politische und wirtschaftliche Situation dazu geführt, daß alle Städte mit historischen Zentren zur Provinz geworden sind. Daraus folgt: Entweder man akzeptiert, daß Berlin die Vorstadt von Deutschland im Sinne einer Vorstadt aller größeren deutschen Städte ist, oder man muß seine Investitionen in eine neue Richtung städtischen Lebens lenken. Und das kann nicht wieder Wohnen sein, denn Berlin wird allmählich ein Ruhestandsheim. Die Stadt ist voller Menschen, die sich zurückgezogen haben, oder sie ist voller junger Leute, die vor dem Wehrdienst geflohen sind.
Berlin ist – so oder so – ein Rückzugsplatz. Ich glaube, das alles hängt auch mit der architektonischen Auseinandersetzung in dieser Stadt zusammen, die an dem vorgeblichen Metropolencharakter gemessen wird, mit dem sie nichts zu tun hat. Es besteht ein ironischer Kontext zwischen West-Berlin und Ost-Berlin, weil Ost-Berlin als Stadt viel realer ist, während West-Berlin auf die Situation einer Spielzeugstadt zutreibt, und das nicht wegen der IBA, sondern weil die IBA hier stattfand und alle Architekten die IBA kopieren und alles Neue auch so aussieht wie die IBA.
Die eine Perspektive ist, daß man endlich akzeptiert, daß Berlin an die Peripherie gerückt ist und daß man – zumindest theoretisch – ungehindert Projekte entwickeln kann für eine Stadt, die kein historisches Zentrum hat und daher mehr „in Fluß" ist. Eine andere interessante Vorstellung ist die, daß Berlin eine Art „underground"-Bedeutung bekommt. Ich denke dabei nicht daran, daß die Stadt eine Spielwiese für originelle Ideen sein sollte; doch die Dinge, die hier eingebracht werden sollten, müßten durchaus mehr Abenteuerqualität haben. Man kann sich Berlin sehr wohl unter Bedingungen vorstellen, die neuer Strategien bedürfen. Dinge ereignen sich wie in der Wildnis, sie entstehen wild, an einem wilden Ort, wo sich Ideen ungehemmt entfalten können.
An Berlin war interessant, daß es nicht homogen war. Deswegen war es attraktiv. Jetzt wird es homogenisiert wie eine Creme, so als lege sich eine homogene Schicht nach der anderen über die Stadt.

Zaha M. Hadid (Londres)
Berlin – Phony Island

Il y a des gens – et j'en fais partie – qui réagissent de façon polémique vis-à-vis de Berlin et vis-à-vis des lacunes manifestes; je ne veux pas parler des lacunes concernant la construction mais des lacunes de planification. Lorsqu'une ville élabore un projet significatif traitant essentiellement de la construction de logements, cela implique que toutes les fonctions publiques essentielles sont négligées. Je pense que c'est une idée erronée que de faire de la construction de logements le facteur le plus important du développement.
La question qui me préoccupe est la suivante: comment peut-on commencer à réurbaniser Berlin? La ville fut blessée par des bombardements, par la guerre. On tente de la reconstruire avec l'idée qu'elle devrait être comme auparavant, avec une stratégie des blocs hermétiques. Malheureusement, cette stratégie donne à cette ville un provincialisme, compte tenu du côté provincial du programme de construction de logements, que Berlin n'a jamais eu. Même lorsque Berlin était une ville insignifiante, elle détenait – déjà avant Schinkel – une qualité de métropole et une dimension de métropole, au niveau de ces équipements.
Indépendamment d'une nouvelle forme de construction de logements, il faudrait procéder à des injections, comprenant non seulement les programmes de logements, mais également, par exemple, des bâtiments publics possédant une forme de non-rationalité, en tant que partie d'une stratégie de programme et naturellement également d'une conception formelle.
Berlin est réduite au statut d'une île. Il n'y a pas de périphérie. Berlin n'a pas de faubourg. Il est tragique que Berlin soit devenue, par sa situation marginale, en quelque sorte même un faubourg de l'Allemagne. Ceci s'oppose, bien entendu, à toutes les stratégies de planification préalables, dans lesquelles Berlin fut considérée dans son rôle de métropole importante, empreinte d'une vie urbaine cosmopolite.
Il semble que la situation politique et économique actuelle ait suscité le fait que toutes les villes avec des centres historiques soient devenues des villes de province. En conséquence: soit l'on accepte que Berlin soit le faubourg de l'Allemagne dans le sens d'un faubourg de toutes les grandes villes allemandes, soit l'on oriente ses investissements dans un nouveau sens de vie urbaine. Mais ceci ne peut se réaliser de nouveau par le logement, car Berlin devient progressivement un foyer de retraite. La ville est pleine de gens qui s'y sont retirés ou elle est pleine de jeunes gens qui s'y sont installés pour échapper au service militaire.
Berlin est – d'une façon ou d'une autre – un lieu de retraite. Je pense que ceci a également quelque chose à voir avec les conceptions architectoniques de cette ville, que l'on adapte au soi-disant caractère de métropole, qu'elle n'a en fait jamais eu. Il existe un contexte ironique entre Berlin-Ouest et Berlin-Est, parce que Berlin-Est est bien plus réelle en tant que ville, alors que Berlin-Ouest est poussée dans la situation d'une ville-jouet, et ce non seulement à cause de l'exposition d'architecture IBA, mais parce que l'IBA s'y est déroulée et que tous les architectes copient l'IBA et que tout ce qui est nouveau doit également apparaître comme l'IBA.
L'une des perspectives consiste à enfin accepter que Berlin est devenue une ville périphérique et que – du moins théoriquement – l'on puisse sans obstacle élaborer des projets pour une ville qui n'a pas de centre historique et est donc «flottante». Une autre idée intéressante est celle que Berlin acquiert une sorte de signification «underground». Je ne pense pas, à ce propos, que cette ville devrait devenir un champ expérimental pour les idées originales; mais les choses devant y être introduites devraient avoir davantage une qualité aventureuse. On peut très bien s'imaginer Berlin dans des conditions exigeant de nouvelles stratégies. Les choses se produisent comme dans une contrée sauvage. Elles font leur apparition sous une forme

Das Ergebnis ist eine „swiss-cake-condition" im Gegensatz zum Prinzip der Durchdringung. Dieser Zustand ist es, der die Stadt verharmlost und dem Auge gefällig gemacht hat. Es gibt nichts Bedrückendes mehr, niemand hat mehr Angst, in Kreuzberg rumzulaufen. Die IBA hat Berlin zu einer Familienstadt gemacht, bequem, mit Kinderspielplätzen, niedlichen Häusern, die niemanden beeindrucken und auch niemanden bedrücken. Es werden nicht Einzelgänger angelockt von dieser Stadt, sondern Familien. Ich fürchte, so wird alles untergraben, was einmal Berlin ausgemacht hat.

Aber was auch immer unternommen werden sollte – es müßte zunächst auf der Ebene des Programms geklärt werden. Und um das zu leisten, muß man wirklich Zeit in Berlin verbringen, um die Stadt verstehen zu lernen und zu untersuchen, was für Gegebenheiten sich aus den Strategien entwickeln. Denn offensichtlich gibt es viele solche besonderen Bedingungen. Zum Beispiel zeigt das Kurfürstendammprojekt, daß man es mit Restgrundstücken zu tun bekommt, die sich als Fragmente für „City-Dienste" anbieten: ein Tabakladen, eine Imbißbude an jeder Ecke... Für größere Maßnahmen muß man Leerflächen (Brachen) haben, die die Stadt zur Verfügung stellen müßte. Die IBA hat die Blockflächen privatisiert. Sie sind aber öffentlich zugänglich und könnten alle Freizeiteinrichtungen aufnehmen wie Kinos, Galerien oder dergleichen. Eine andere „Schicht" würde die weitere Infrastruktur aufnehmen, unter anderem auch solche Industrien, die in der Lage wären, die Stadt unabhängiger zu machen.

Eines ist wichtig: Berlin muß sich für eine der angedeuteten urbanen Entwicklungslinien entscheiden. Bevor die Stadt ihre harten Konturen und ihre widersprüchlichen Elemente ganz verliert und der fortschreitenden Verniedlichung anheimfällt, sollten einmal alle unrealisierten Projekte der letzten 70 Jahre für und über Berlin zusammengetragen werden: Die bedeutenden Entwürfe von Hilberseimer, Mies van der Rohe und all den anderen, die Qualität eingebracht haben, sollten an ihren vorgesehenen Standorten dargestellt werden, ebenso die IBA-Projekte, die fallengelassen wurden. Man gewänne so einen imaginären Kontext, von dem man dann mit seinen Überlegungen für die Zukunft ausgehen könnte. Ich möchte „Schnitte" durch die Stadt legen als eine Form der Untersuchung und der Provokation, die Antworten herausfordert.
(Zaha M. Hadid im Gespräch mit Stephan Schroth)

sauvage, dans un lieu sauvage, où les idées peuvent s'épanouir sans obstacle.

Ce qui était intéressant dans Berlin, c'était le fait que les choses n'étaient pas homogènes. C'est la raison pour laquelle elle était attractive. Elle est maintenant homogénéisée comme une crème, comme si l'on plaçait des couches homogènes l'une au-dessus de l'autre sur la ville. Le résultat est une situation de «Swiss-cake» s'opposant au principe de la pénétration. Cette situation a entraîné le fait que la ville est minimisée et considérée d'un œil complaisant. Il n'y a plus rien d'oppressant, personne n'a plus peur de flâner dans Kreuzberg. L'IBA a fait de Berlin une ville familiale et confortable, avec des places de jeux d'enfants, des maisons coquettes qui n'impressionnent personne et n'affligent également personne. On n'attire plus dans cette ville des solitaires, mais des familles. Je crains que l'on porte atteinte à tout ce qui a fait autrefois Berlin.

Mais quel que soit ce que l'on entreprend, il convient, tout d'abord, d'éclaircir les choses au niveau du programme. Et pour y parvenir, il faut réellement passer du temps à Berlin, pour apprendre à connaître la ville et pour étudier les données pouvant se développer à partir de stratégies. Car manifestement, de telles conditions particulières existent en grand nombre. Le projet du Kurfürstendamm montre, par exemple, que l'on a affaire à des restes de terrain pouvant servir de fragments pour des «services urbains»: une boutique de tabac, un snack à chaque coin... Pour de plus grandes mesures, il faut disposer de surfaces vides (jachères), que la ville devrait mettre à disposition. L'IBA a privatisé les superficies des blocs. Mais elles sont publiquement accessibles et peuvent accueillir tous les équipements de loisirs, tels que des cinémas, des galeries ou autres installations semblables. Une autre «couche» accueillerait les autres infrastructures, entre autres également les industries qui seraient à même de rendre la ville plus indépendante.

Une chose est essentielle: Berlin doit se décider pour l'une des lignes de développement urbaines mentionnées. Avant que la ville perde totalement ses caractéristiques et ses éléments contradictoires et qu'une banalisation continue intervienne, il conviendrait de compiler tous les projets non réalisés des années 70 pour et sur Berlin: les esquisses significatives de Hilberseimer, Mies van der Rohe, de tous les autres qui ont introduit une certaine qualité, devraient être présentées sur les lieux qui avaient été prévus, tout comme les projets de l'IBA, qui ont été abandonnés. On obtiendrait ainsi un contexte imaginaire pouvant servir de base pour les réflexions de l'avenir. Je désirerais réaliser des «coupes» à travers la ville en tant que forme d'étude et de provocation exigeant des réponses.
(Zaha M. Hadid s'entretenant avec Stephan Schroth)

Hilmer & Sattler (München)
Ein kleines Turmhaus für Zehlendorf

Die Freiheit, nach Belieben handeln zu können, führt schnell von
anfänglicher Begeisterung zu Ratlosigkeit. Man ist zunächst ver-
führt, etwas zu tun, was einem eigentlich nicht liegt. Nach aus-
schweifenden Ausflügen in architektonische Traumwelten besannen
wir uns am Ende darauf, daß unsere architektonisch-künstlerischen
Möglichkeiten doch eher in der Auseinandersetzung mit konkreten
städtischen Situationen liegen.
In Zehlendorf fanden wir eine ungeklärte städtebauliche Situation
vor, die uns interessierte: Im Zentrum Zehlendorfs überquert die
S-Bahn den Teltower Damm. Dieses komplexe Verkehrsbauwerk
sowie ein Wirtshaus aus der dörflichen Vergangenheit Zehlendorfs
und die großmaßstäbliche Gründerzeitbebauung bestimmen den
ungeklärten Ort.
Veränderungen durch Umbau oder Verschönerungen im Detail können die Situation nicht entscheidend verbessern. Auch gibt die hete-
rogene Ansammlung von Bautypen und -stilen an dieser Stelle keinen Anlaß zu architektonischer Anpassung. Es kann irgend etwas
Neues hinzukommen.
Wir entwarfen ein kleines, sechsgeschossiges Turmhaus, das den
vorhandenen Baumbestand nicht überragt, und in Verbindung hier-
mit einen dreigeschossigen, den Bahndamm begleitenden und
abschirmenden Längsbaukörper. Den Gebäuden zugeordnet ist ein
kleiner Park, der sich auf natürliche Weise aus der vom Grün
bestimmten, sich zum Teltower Damm ausweitenden Gartenstraße
entwickelt.
Im Sinne bester Berliner Bautradition wählten wir Stahl, Glas und
Terrakotta als Baumaterialien.

Hilmer & Sattler (Munich)
Une petite tour pour Zehlendorf

La liberté d'agir comme bon nous semble provoque d'abord l'enthousiasme puis la perplexité. Après de longues excursions dans le
monde des rêves architecturaux, nous avons vaincu la tentation de
sortir de notre domaine et nous nous sommes rappelés à la fin que
nos capacités architecturales et artistiques se situent plutôt au
niveau des situations urbaines concrètes.
C'est à Zehlendorf que nous avons trouvé une situation urbanistique peu claire qui était intéressante pour nous: Au centre de Zehlendorf, la S-Bahn, une sorte de RER, traverse le Teltower Damm.
Cette construction complexe pour trains et voitures ainsi qu'un restaurant, survivance des temps où Zehlendorf était encore un village,
et quelques bâtiments de grande envergure datant de la fin du
19ème siècle déterminent l'aspect de ce carrefour mal défini. Des
transformations ou des embellissements partiels ne conduiront pas à
une amélioration suffisante de la situation. Et l'hétérogénéité des
formes et des styles ne justifierait pas l'adaptation de notre projet
aux bâtiments existants. Nous voudrions donc ajouter quelque
chose de nouveau.
Aussi proposons-nous une petite tour de six étages, pas plus haute
que les arbres, et communiquant avec un bâtiment de trois étages à
construire le long du ballast des chemins de fer qu'il cacherait. Un
petit parc qui s'intègre tout naturellement dans la verdure de la Gartenstraße fera partie de cet ensemble architectural. La Gartenstraße
elle-même s'élargit jusqu'au Teltower Damm. En conformité avec la
meilleure tradition berlinoise, nous avons choisi comme matériaux
de construction l'acier, le verre et la terra cotta.

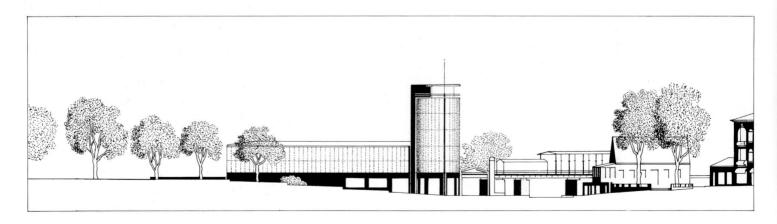

128

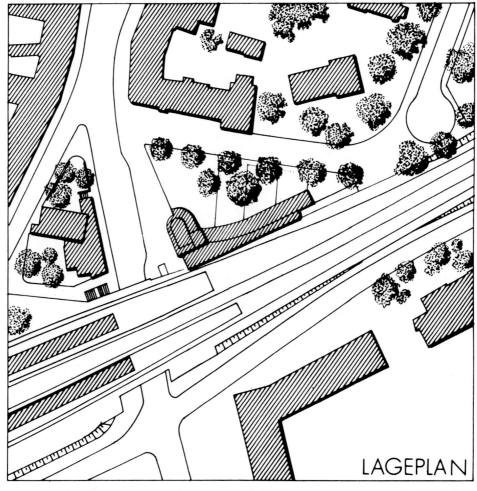

LAGEPLAN

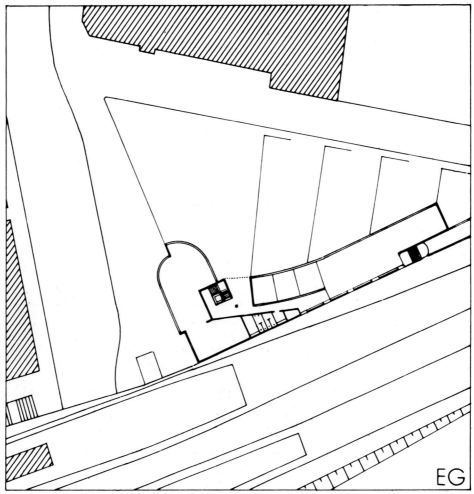

EG

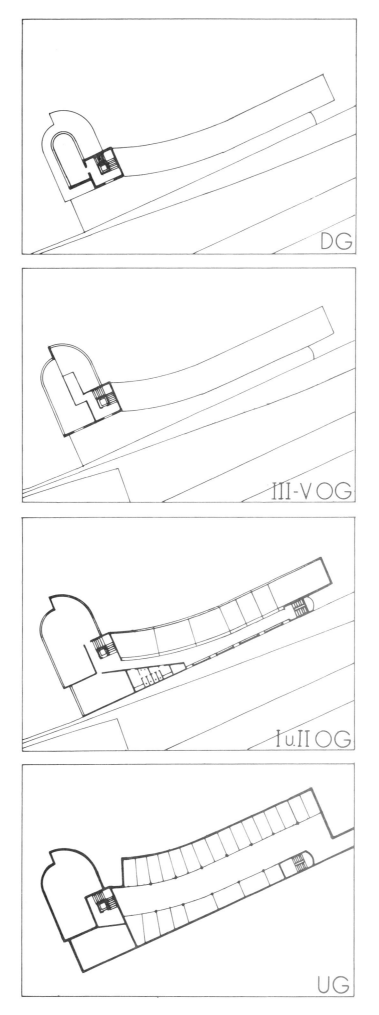

DG

III-V OG

I u. II OG

UG

Johannes Peter Hölzinger (Bad Nauheim)
Projekt Regenbogen

Mein Interesse gilt zwei Prinzipien, gültig für jede Stadt, für Rom,
Paris, New York, wie auch für Berlin:
– Verdichtung bestehender städtebaulicher Systeme,
– Einbeziehung des Erdkörpers.
Um die Stadt aus der musealen Stagnation zu befreien, ist es notwendig, Schluß zu machen mit der Rekonstruktion der historischen
»europäischen Stadt« und der Anwendung geschlossener räumlicher
und baulicher Gestaltprinzipien und stattdessen die Geschichte in
die Gegenwart durch das Aufbrechen, Durchdringen und Überlag-
gern der historischen Stadtquartiere mit vernetzten Raumfolgen
und Baustrukturen fortzuschreiben.
Stadt als Bild menschlicher Ordnungen, von vergangenen hierarchi-
schen bis zu zukünftig kybernetischen. Öffentlicher Raum als
Übungsraum für das Miteinander unserer heterogenen Gesellschaft,
von der Ergänzung bis zum Gegensatz.
Um Freiräume und Vegetation zu bewahren, ist es notwendig,
Schluß zu machen mit der Verdrängung des freien Stadt- und Natur-
raumes durch Solitärbauten und stattdessen den Erdkörper in den
menschlichen Lebensraum durch die Gleichzeitigkeit von Bau- und
Landschaftsstruktur einzubeziehen. Erdoberfläche nicht als Basis
für Baukörper, sondern als »mittlere Kompositionsebene« (Bild,
Relief). Erhalt der Vegetationsflächen, weniger Energieverlust durch
den Erdspeicher. Integration von Landschaft und Baustruktur als
Ergebnis des heutigen Ökologieverständnisses.
Zum Beispiel Spreebogen: Projekt Regenbogen – Bogen der Welt-
kultur.
Keine aus dem gesellschaftlichen Zusammenhang herausgenom-
mene kulturelle Vereinzelung (Haus der deutschen Geschichte),
sondern eine die Besonderheit des Ortes überhöhende Landschafts-
aufklappung, ein Ost und West verbindender Bogen mit eingehäng-
ten, horizontal und vertikal perforierten und vernetzten Geschossen.
In der Mitte, auf Höhe der Erdgleiche, die Epochen der Kunst, darüber die der Technik, darunter die der Gesellschaft/Politik, zeit-
gleich miteinander vernetzt, wie heute jedes Metier begriffen werden muß: im Zusammenhang.
Parallel zu den Epochen Zeitereignisse, Wechselausstellungen.
Regenbogen: Das g a n z e Spektrum.

Johannes Peter Hölzinger (Bad Nauheim)
Projet arc-en-ciel

Deux principes m'intéressent, valables pour n'importe quelle ville,
pour Rome, Paris ou New York, comme pour Berlin:
– la condensation des systèmes urbanistiques existants,
– l'inclusion du corps terrestre.
Pour libérer la ville de la stagnation muséale, il est nécessaire d'en
finir avec le reconstruction de la «ville européenne» historique et
l'application de principes formels clos concernant l'espace et l'architecture; au lieu de quoi il s'agit de continuer à inscrire l'histoire
dans le présent en forçant les quartiers historiques, en les pénétrant
et en les recouvrant d'un filet d'espaces et de constructions.
La ville comme image des ordres humains, des ordres hiérarchiques
d'hier et des ordres cybernétiques de demain. L'espace public
comme espace d'entraînement, pour le brassage de notre société
hétérogène, de ce qui se complète à ce qui s'oppose.
Pour préserver les espaces libres et la végétation, il est nécessaire
d'en finir avec le grignotage par les constructions isolées des espaces
libres, naturels ou urbains; au lieu de quoi il s'agit d'inclure le corps
terrestre dans l'espace vital humain par la coïncidence des structures
du paysage et de la construction. La surface de la terre non comme
base de construction mais comme «niveau de composition moyen»
(image, relief). Préservation des surfaces végétales, moindre perte
d'énergie. L'intégration du paysage et des constructions comme
résultat de la réflexion écologique contemporaine.
L'arc de la Spree, par exemple: Projet arc-en-ciel – arc de la culture
universelle.
Non pas un isolat culturel ôté du contexte social (Maison de l'histoire allemande), mais une ouverture du paysage qui surhausse la
singularité de l'endroit, un arc reliant Est et Ouest avec des projec-
tiles suspendus, perforés horizontalement et verticalement et for-
mant une chaîne.
Au milieu, à hauteur de terre, les époques de l'art, au-dessus les
époques de la technique, au-dessous celles de la politique sociale,
solidarisées dans le temps, comme tout métir doit être compris
aujourd'hui: dans sa relation aux autres.
En parallèle des époques: des événements, des expositions itinéran-
tes. Arc-en-ciel: le spectre e n t i e r.

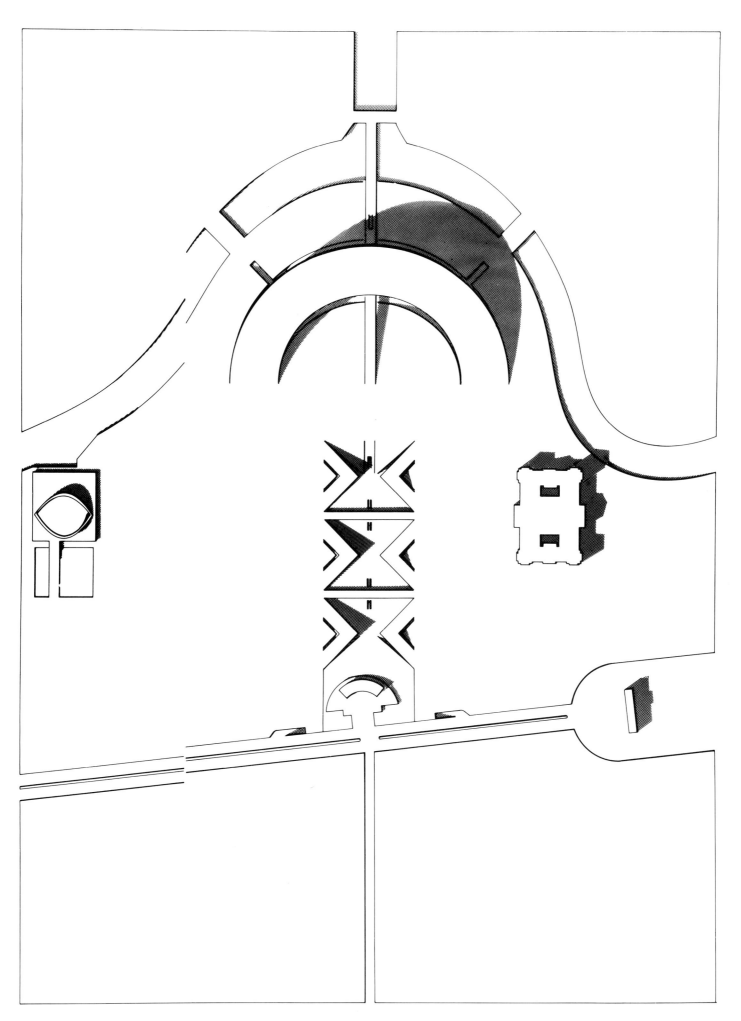

$\dfrac{4}{2}$ 88

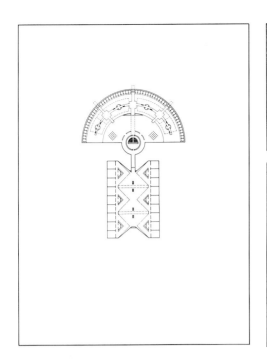

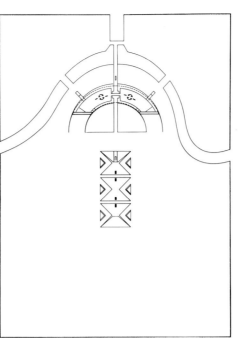

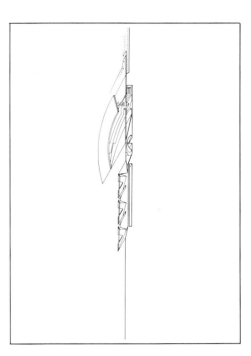

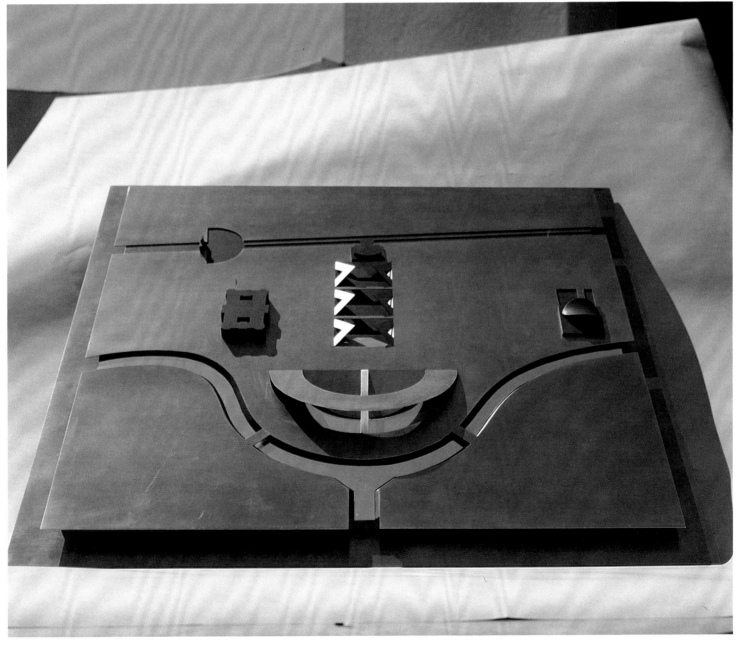

Eilfried Huth (Graz)
Mitarbeiter: Thomas Tünnemann
Berlin – Medium Stadt

Meine Annäherung an Berlin beginnt mit bewußten Bildern,
Wunschbildern wie mein Traumhaus, einem Ort, wo sich Sehnsucht
und Realität begegnen - Stadt der Wolkenkratzerillusionen - Denkmal nicht, noch Modell. »Denkmal« ist ein individueller Impuls im
Reibungsbereich systembezogener Elementaktivitäten, daher kann
die Stadt als komplexes probabilistisches System an sich kein Denkmal sein. Vielleicht als Metapher im historischen Rückblick, sicherlich im gedachten Grenzfall »Medium total«. Denkmodelle wieder
sind Kopfgeburten, wie die »geistige Ordnung« oder die »städtebaulichen« Theorien. Darunter leiden wir doch permanent. Das Leben
in der Stadt, die Atmosphäre müssen wir aufspüren, wahrnehmen
und erkennen - ein ästhetisches Problem, denn die Summe der
systemgebundenen Aktionsimpulse - plus und minus - ergibt die
Bandbreite des Zufälligkeitsspielraums eines sich immer komplexer
evolvierenden Stadtsystems. Das Denkmodell ist im »Muster« jeder
Stadt zu finden. Die »Hardware«, Bauen und Gebautes, ist auch
dieser Stadt gegeben, auch das anomale Element der »Mauer« mit
wenigen Schnittstellen. Getrennt davon die beiden Programme - die
»Software«; diese erscheinen nicht kompatibel. So denke ich, das
anomale Element »Mauer« wird als Thema variiert, immateriell und
handfest, um die Bereiche der Stadt errichtet, die eine verdichtete
Atmosphäre - Identität - aus historischem, sozialem und ortsbezo-
genem Input aufweisen. Die entstehenden Freiräume werden geschützt durch anwachsendes Grün und ausufernde Gewässer, die
Stadtteile werden verknüpft und überlagert durch die bestehenden
Netze der Kommunikation und der Versorgung und erweitert durch
das Netz der Immunität - der Unantastbarkeit - und durch das Netz
der Anonymität - der Wahlmöglichkeiten. Diese sichern die Schnittstellen der Netze mit der Mauerstruktur als besondere Orte, deren
Wertkriterien in der ausgeprägten Tendenz liegen, den Behinde-
rungsfaktor der Aktivitätsentfaltung gegen Null zu vermindern. So
entsteht horizontal verteilte Frequenz der schöpferischen Kräfte,
und es werden die zentralistischen »übergeordneten« Hierarchien
abgelöst. Die Zwangsmobilität wird verringert, die Kreativität parti-
zipatorisch vermehrt umgesetzt ... Berlin - Medium Stadt.

Eilfried Huth (Graz)
Collaborateur: Thomas Tünnemann
Berlin – ville médium

Mon approche de Berlin se fait d'abord par des images conscientes,
par des images de rêve aussi, la maison de mes rêves par exemple,
un lieu de nostalgie et de réalité - ville des illusions en forme de
gratte-ciel - ni monument, ni modèle. Un monument correspond à
une impulsion individuelle dans un espace où se heurtent les éléments des différentes activités d'un système; en principe, la ville en
tant que système complexe de probabilités ne peut donc être un
monument. La ville comme monument n'est pensable que sous
forme de métaphore dans une rétrospective historique, ou alors
dans un imaginaire cas limite comme «médium total». Un modèle,
par contre, n'a qu'une existence intellectuelle, comme «l'ordre spirituel» ou une théorie «urbanistique». C'est notre faiblesse à tous.
Nous devons plutôt chercher, sentir, connaître la vivacité, l'atmosphère d'une ville - il s'agit là d'un problème esthétique, car la
somme des impulsions positives et négatives liées au système détermine la marge effective de hasard dans un système urbain de plus
en plus complexe. Le modèle se retrouve dans la «trame» d'une
ville. Cette ville aussi possède son «matériel», les bâtiments et constructions, et l'élément anomal, «le Mur», avec ses rares interfaces.
Bien distincts de cela existent les deux logiciels, qui ne semblent pas
compatibles. On peut alors imaginer que «le Mur», l'élément anomal, variant entre l'immatériel et le concret, se construit autour des
quartiers de la ville qui se différencient par une atmosphère plus
dense, une identité propre, faite de données historiques, sociales et
locales. Les espaces libres ainsi créés sont protégés par la verdure et
les cours d'eau, la liaison entre les quartiers est assurée par la superposition de réseaux de communication et d'alimentation existant
déjà. Elle s'élargit encore par le réseau de l'immunité, c'est-à-dire de
l'intégrité, et par celui de l'anonymité, c'est-à-dire de l'augmentation
des choix possibles. Ainsi les interfaces de ces réseaux et du Mur
acquièrent-elles la qualité de lieux particuliers dont la valeur réside
dans leur tendance à réduire à zéro le facteur d'inhibition qui autrement gênerait le développement des activités. De cette façon, les
forces créatrices se répartissent horizontalement et les hiérarchies
centralistes «au-dessus» sont abandonnées. La mobilité obligatoire
diminue, la créativité et la participation augmentent, se réalisent ...
Berlin - ville médium.

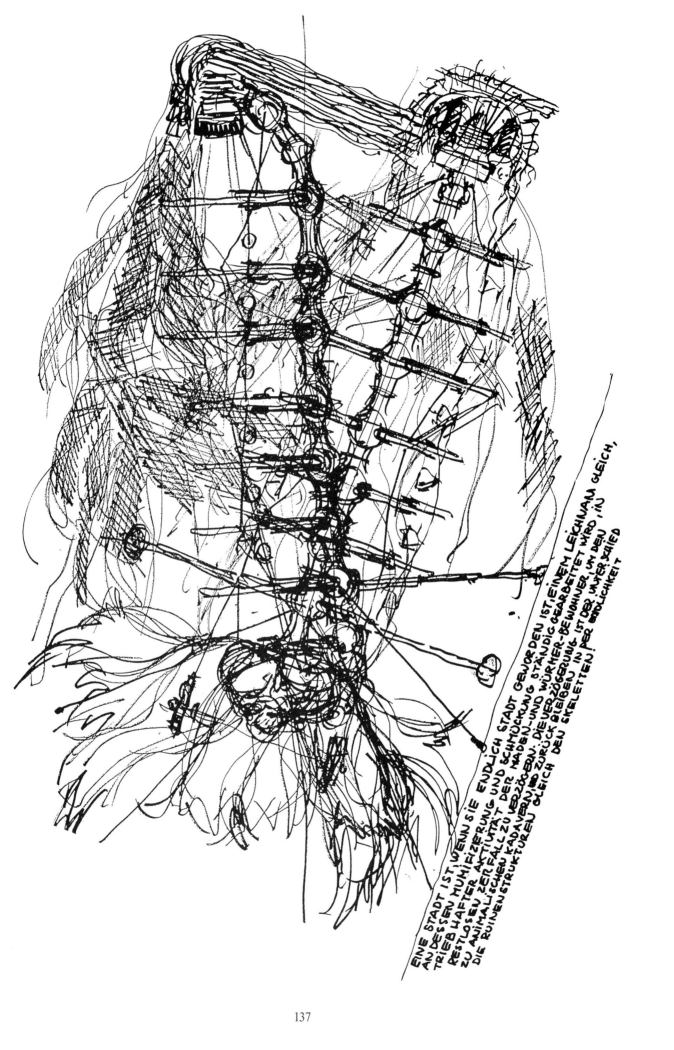

EINE STADT IST, WENN SIE ENDLICH STADT GEWORDEN IST, EINEM LEICHNAM GLEICH,
AN DESSEN MUMIFIZIERUNG UND SCHMÜCKUNG STÄNDIG GEARBEITET WIRD, UM DEN
TRIEBHAFTER AKTIVITÄT DER MADEN- UND WÜRMER-BEWOHNER IST DER UNTER DABEI
RESTLOSEN ZERFALL ZU VERZÖGERN. DIE VERZÖGERUNG IST DER, UNTER DABEI, IN
ZU ANIMALISCHEN KADAVERN UND ZURÜCK BLEIBEN IN DEN SKELETTEN, IN
DIE RUINENSTRUKTUREN GLEICH DEN SKELETTEN, DER ENDLICHKEIT

137

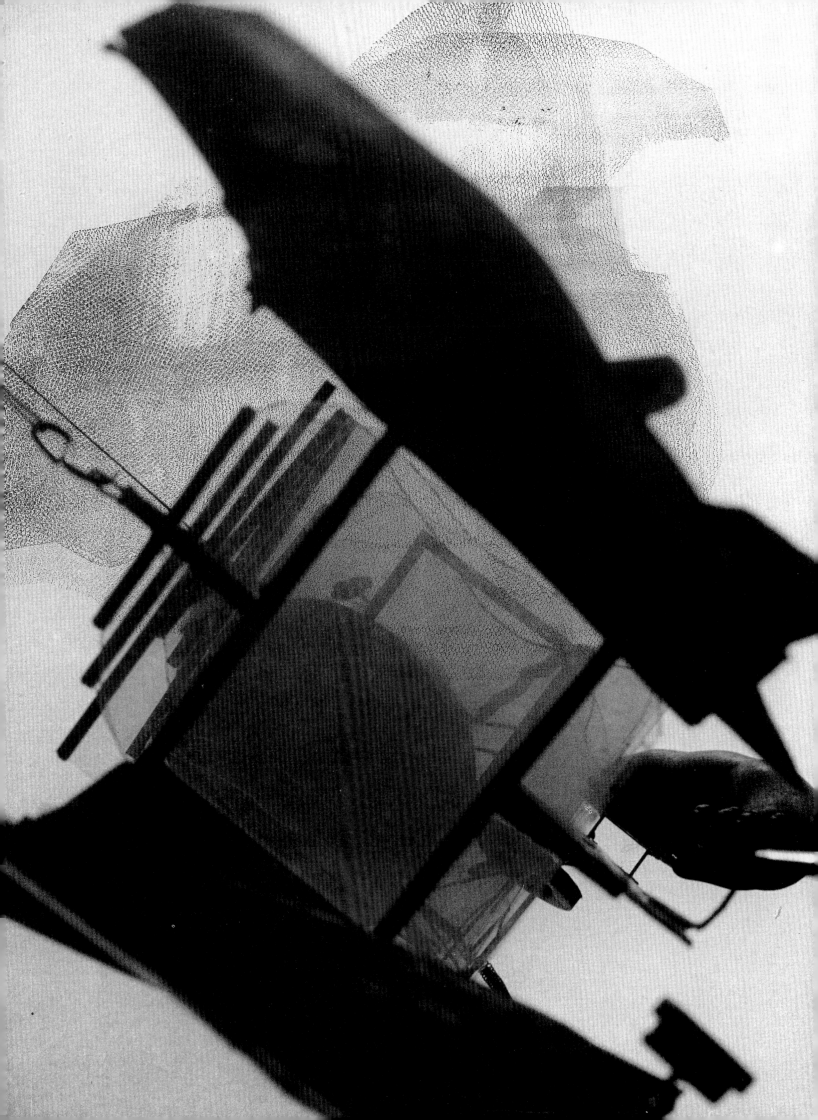

Carsten Juel-Christiansen, Erik Werner Petersen (Kopenhagen)
Die Anhalter Faltung

Zwischen das donnernde Lärmen des Stroms (n o i s e) und die lautlose Leere des Schnees (b l a n c) knüpft der Faden der Zeit eine Figur.

Sie ist mögliche Bedeutung.

Die Figur ist ein mathematischer Knoten, die »innere Acht« der Topologie. Er ist so leicht, daß er nicht in drei Dimensionen herstellbar ist. Der Knoten ist der Rand, der dem Punkt, der Linie, der Fläche und dem Raum vorausgeht:

Das Innere ist das Äußere.

Nietzsche sprach von »feinen Ohren«. Nur durch die Leichtigkeit ist die Rede des Seins hörbar. Nur dann wird es möglich, zwischen dem Lokalen und dem Globalen auf fragilen Wegen zu navigieren. Die Figur ist ein Ohr, das das Ereignis als Singularität auffängt, das Ereignis, als der Anhalter Bahnhof sein Dachgerüst verlor. So wurde er ein »templum«, stand da eine Zeitlang als Membran zwischen Innenluft und Außenluft.

Das Innere war das Äußere.

Die Figur verbindet sich mit dem Ort. Die Ruine wird abgeschnitten, um den Ort für ein neues Ereignis freizustellen: Die Figur erhebt sich wie eine geologische Faltung, wird zur architektonischen Konstruktion, der A n h a l t e r F a l t u n g .

In der Faltung werden die getilgten Spuren aufgebrochen. Die Außenmauern fallen ins Innere ihrer eigenen Umrisse.

Das Innere wird zum Äußeren.

Die Faltung ergreift und verteilt die Zeichen des Ortes: die indexale hintere Kante, die digitale vordere Kante, den fragilen Durchbruchspunkt, und in der Mitte findet das Spiel statt. Der Ort verschwindet im Spiel, wo das Subjekt seine Bestimmung entgegennimmt. »Eine Kugel kam geflogen. Gilt sie mir oder gilt sie dir?« Die Figur wird zum borromäischen Knoten des Subjekts. Die Kette der Figuren gelangt zu ihrem eigenen Ausgangspunkt.

Das Innere trifft auf seine leere Äußerlichkeit.

Carsten Juel-Christiansen, Erik Werner Petersen (Copenhague)
Le plissement d'Anhalt

Entre les turbulences fracassantes du maelström (noise) et la transparence silencieuse de la neige (blanc), les fils du temps tissent une figure qui apporte la signification.

Cette figure est un nœud mathématique, le «huit intérieur» de la topologie. Impossible de le représenter en trois dimensions en raison de sa légèreté. Ce nœud est l'extrême bord qui précède le point, la ligne, la surface et l'espace:

L'intérieur et l'extérieur ne font qu'un.

Nietzsche parlait d'«oreilles fines». Ce n'est qu'à force de légèreté que la voix de l'être devient perceptible. Ce n'est qu'à cet instant qu'il est possible de naviguer en suivant les voies fragiles entre le local et le global. La figure est une oreille qui capte la singularité de l'événement – de l'événement à la suite duquel le toit de Anhalter Bahnhof s'effondra, faisant de l'édifice un «templum» qui se dressa un temps telle une membrane imbibée de la même atmosphère.

L'intérieur et l'extérieur ne faisaient qu'un.

Fixation de la figure sur le lieu. La ruine se trouve éliminée pour faire place à un nouvel événement: la figure émerge et se dresse à la manière d'un plissement géologique, d'une construction architectonique: Le plissement d'Anhalt.

Les traces effacées se désintègrent dans ce pli. Les murs extérieurs s'effondrent à l'intérieur de leurs propres contours.

L'intérieur devient l'extérieur.

Le plissement saisit et distribue les signes de l'endroit: la limite indexale de derrière, la limite digitale de devant, la percée ponctuelle fragile et, au centre, la table de jeu. Le lieu se dilue dans le jeu qui apporte sa destination au sujet: «Eine Kugel kam geflogen. Gilt sie mir oder gilt sie dir?» La figure devient le nœud borroméen du sujet. La chaîne des figures se raccroche à son point de départ.

L'intérieur à rencontré l'incarnation de son extériorité.

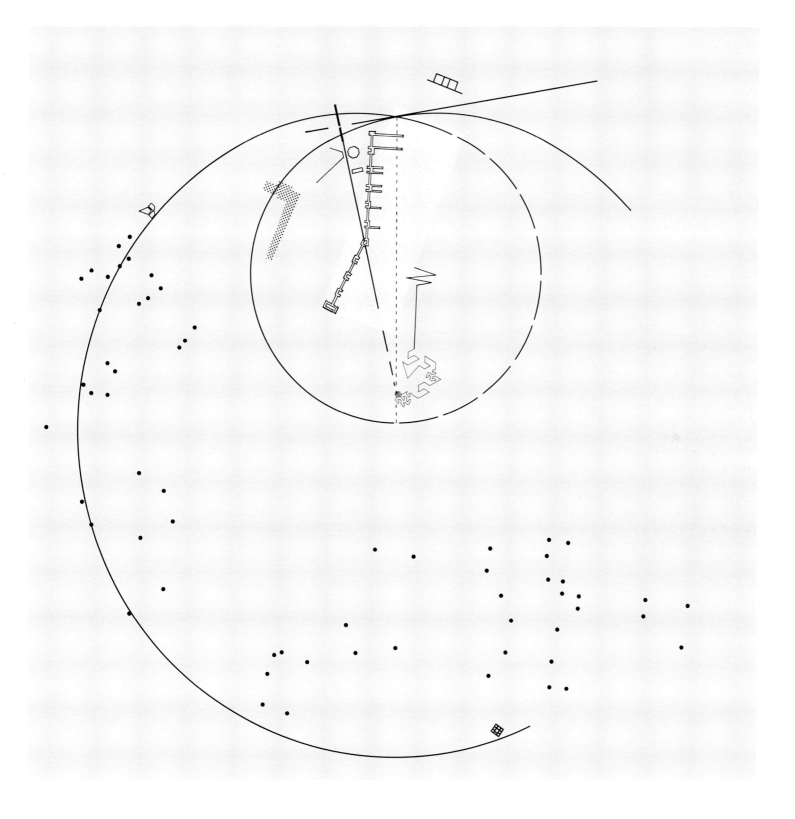

141

Helle Juul & Flemming Frost (Kopenhagen)
Terra incognita

Ein Teil des Spreebogens wird durchschnitten, und ein Topos entsteht, ein Bindeglied, das Niemandsland der Kultur: N o v o A t l a n t i s .
Der Ort symbolisiert das kulturelle Band zwischen Ost und West, illustriert die Dialektik von Trennung und Vereinigung, wird, abgesondert von der Metropole, zum geistigen Refugium. Hier soll der Ort sein für interdisziplinäre Forschung und Entwicklung, weil der Austausch zwischen Kultur, Wissenschaft und Technologie wichtig ist. Hier finden ethische, ästhetische und religiöse Erkenntnisse, die Jahrhunderte hindurch für die kulturelle und künstlerische Avantgarde von Bedeutung waren, ihre Anwendung. N o v o A t l a n t i s ist das humane Deutungsuniversum und ein Bild der Wirklichkeit als Erkenntnistheorie, ist ein Symbol für die Bedeutung der Kultur des 21. Jahrhunderts.
»Nun machen wir die phantastische Annahme, Rom sei nicht eine menschliche Wohnstätte, sondern ein psychisches Wesen von ähnlich langer und reichhaltiger Vergangenheit, in dem also nichts, was einmal zustande gekommen war, untergegangen ist, in dem neben der letzten Entwicklungsphase auch alle früheren noch fortbestehen.« (Sigmund Freud)
Der Mensch lebt in einer Beziehung zum Jetzt, die es unmöglich macht, Zeit in ihrer Ausdehnung zu verstehen. Betrachten wir unsere physische Umgebung, so nehmen wir deren Existenz durch die Zeiten wahr und sehen sie trotzdem nur in diesem Augenblick. Die Vergangenheit, in der das Gebiet entstanden ist und seit der es fortbesteht, ist keine Realität, sondern nur als kulturelle Ablagerung, als Erinnerung, Erkenntnis vorhanden. Mit Hilfe der Erinnerung konstruieren wir eine zusammenhängende Reihe abgegrenzter und vielfach zu deutender Plätze, Orte und Räume, die sich quer durch die Zeit zu einer im Gedächtnis verankerten Landschaft zusammenfügen.
Bilder – »Imagines« – von ausgewählten Gegenständen, Elemente, Sätze, Gedanken und Wörter erhalten eine räumliche Ordnung, die die Textur ausmacht. Dadurch entsteht ein System von Erinnerungsbildern, ein Rahmen für Projektionen der Vergangenheit im weitesten Sinne. Die Spuren, die in Zeitepochen von physischen Ablagerungen und durch Gedankenexperimente abgelesen werden, bilden zusammen das »Gedächtnis« des Ortes. Es bildet sich durch menschliche Abdrücke als wesentliche Zeugen eine »Sprache der Erinnerung« heraus. Ein fiktives Quadratnetz – seine Lage ist durch das Verhältnis zu den Himmelsrichtungen von der historischen Richtung Potsdamer Platz/Bellevue bestimmt – disponiert und lokalisiert den Plan in Gegensatz zur Straße des 17. Juni, der Voraussetzung für den Glauben des Gebietes an die Unendlichkeit.
Die Maschengröße des ausgelegten Quadratnetzes findet in Berlin ihre Entsprechung und bildet in ihrer Spiegelung im Osten ihr analoges Bild. Dieses Bild grenzt die Kulturinsel gegen Westen ab, während der Kreis, in den das ursprüngliche Quadrat eingezeichnet ist, die östliche Abgrenzung der Kulturinsel darstellt. Die Peripherie dieses Kreises geht durch das Zentrum des Kreises der Grande Halle. Die beiden geometrischen Formen grenzen auf diese Weise die Kulturinsel von Ost und West ab. Zwei Kommunikationstürme markieren ihre Zentren.

Helle Juul & Flemming Frost (Copenhague)
Terra incognita

Une partie de l'arc de la Spree est fendue, donnant naissance à un topos, à un lien, le no man's land de la culture: n o v o A t l a n t i s . L'endroit symbolise le lien culturel entre est et ouest, illustre la dialectique de la séparation et de la réunion. Il devient, à l'écart de la métropole, un refuge intellectuel. C'est ici l'endroit privilégié pour la recherche et le développement interdisciplinaires parce que les échanges entre culture, science et technologie sont importants. C'est ici que trouvent leur application des connaissances éthiques, esthétiques et religieuses qui, durant des siècles, ont compté pour l'avantgarde culturelle et artistique. N o v o A t l a n t i s est l'univers de l'interprétation humaine et une image de la réalité comme théorie de la connaissance; elle symbolise la signification de la culture du 21ème siècle.
«Admettons maintenant, de manière purement hypothétique, que Rome ne soit pas un lieu d'habitation humaine, mais un être psychique doté d'un passé aussi long et aussi riche, dans lequel donc rien de ce qui est un jour advenu n'a disparu, dans lequel continuent d'exister, à côté de l'ultime phase d'évolution, toutes celles qui l'ont précédée.» (Sigmund Freud)
L'homme vit dans un rapport au présent qui rend impossible toute compréhension du temps dans son extension. Considérons notre environnement physique: nous percevons son existence à travers les temps, et nous ne le voyons pourtant que dans cet instant. Le passé dans lequel la région est née et au cours duquel elle a continué d'exister, n'est pas une réalité: il n'existe que sous la forme de sédiments culturels, de souvenirs, de connaissances. A l'aide du souvenir, nous construisons une série cohérente d'endroits, lieux et places délimités et diversement interprétables, qui composent avec le temps un paysage ancré dans la mémoire.
Les images – «imagines» – de certains objets, éléments, phrases, pensées et mots entrent dans un ordre spatial qui en constitue la texture. Ainsi se forme un système d'images-souvenirs, un cadre pour des projections du passé au sens le plus large. Les traces relevées dans les sédiments physiques et grâce à des expériences de pensée forment ensemble la «mémoire» du lieu. Grâce aux témoins essentiels que constituent les empreintes humaines, une «langue du souvenir» s'élabore. Un filet carré fictif – sa situation est définie par le rapport aux orientations célestes de l'orientation historique Potsdamer Platz/Bellevue – localise le projet à l'opposé de la Straße des 17. Juni, condition préalable à la croyance de la région en l'infinité. La grandeur des mailles du filet ainsi étalé trouve son équivalent dans Berlin et forme son image analogique dans son reflet à l'est. Cette image délimite l'île culturelle à l'ouest, tandis que le cercle dans lequel est inscrit le carré originel constitue sa délimitation orientale. La périphérie de ce cercle traverse le centre du cercle de la Grande Halle. Les deux formes géométriques délimitent ainsi l'île culturelle à l'est et à l'ouest. Deux tours de communication marquent leurs centres.

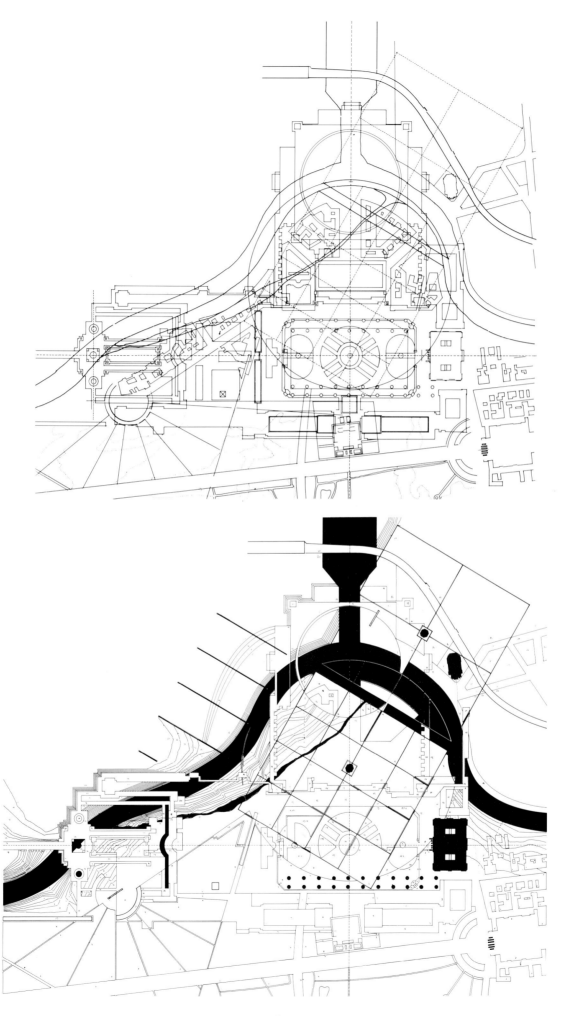

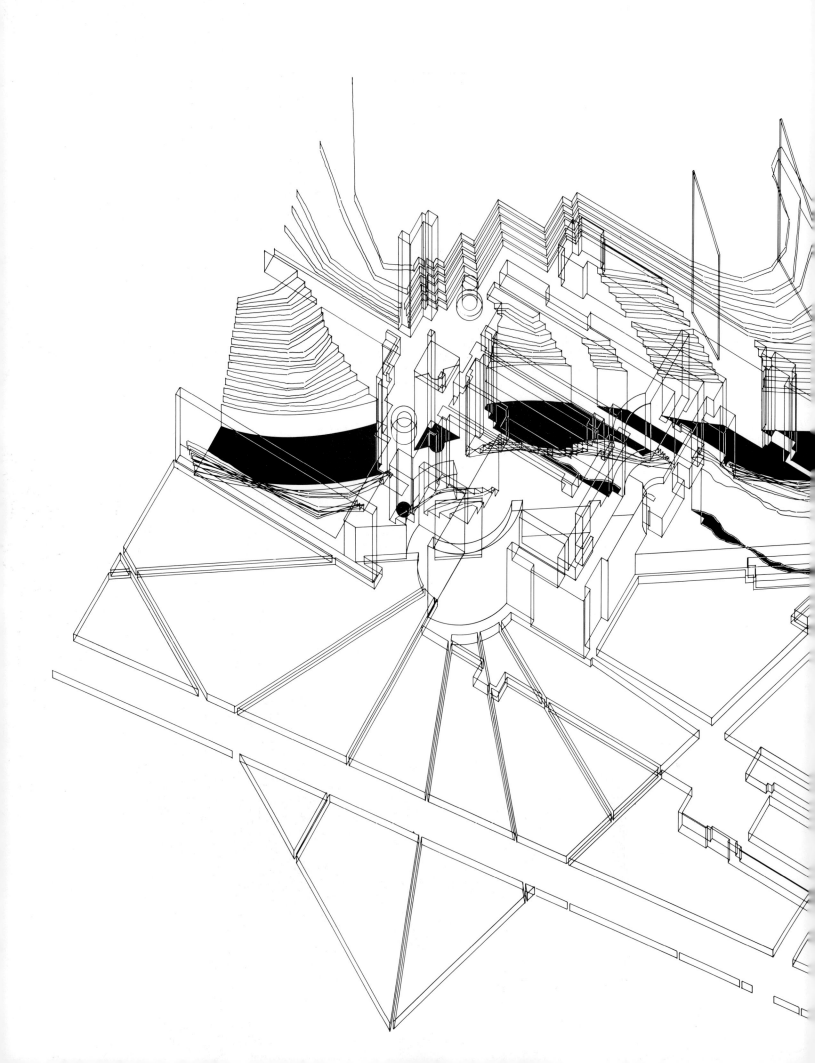

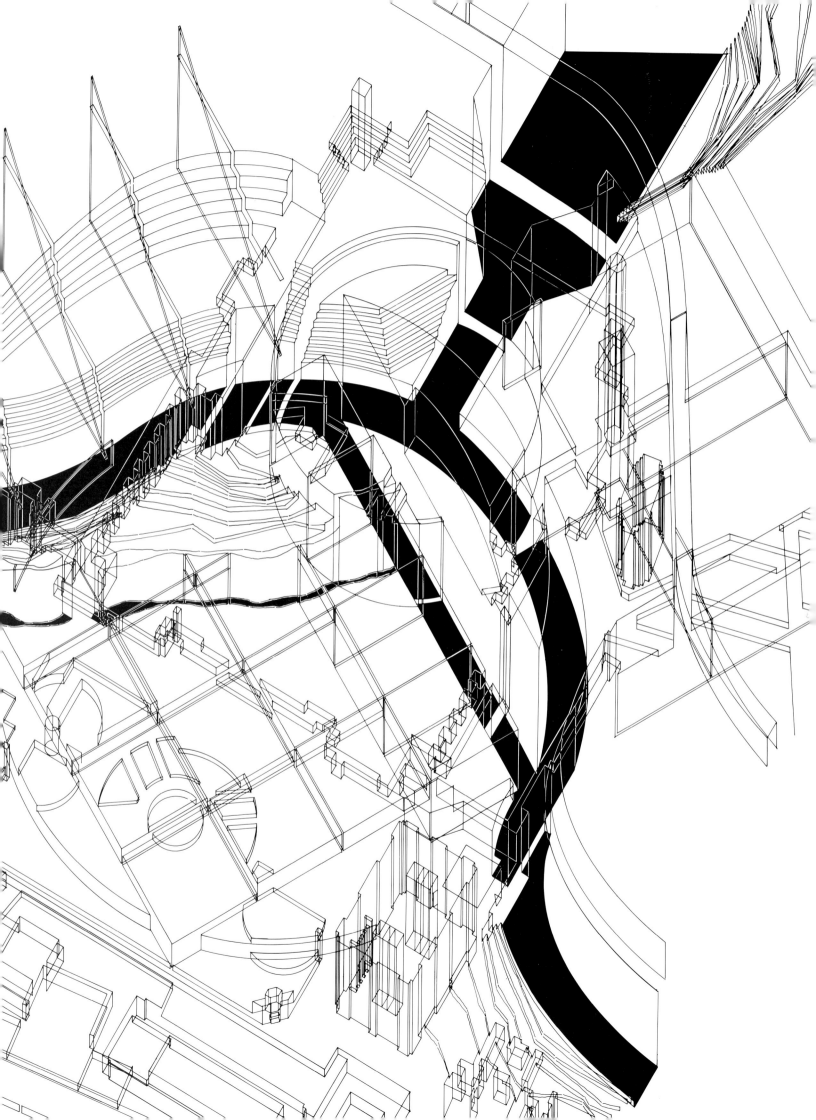

Daniel Karpiński (Breslau)
**Kreuzung an der Urania
oder Unvollendeter Kontext der Stadt**

Daniel Karpiński (Wroclaw)
**Carrefour de l'Urania
ou texte inachevé de la ville**

Der Kontext der Stadt besteht aus Satzfragmenten, geschrieben mit unterschiedlichen grammatikalischen Formen. Diese Fragmente sind entweder scharf umrissen oder verschwommen. Das Erscheinungsbild des Kontextes dient eher dazu, die fundamentale Ordnung, die tieferliegende Struktur zu verschleiern als sie zu enthüllen. Die Rückkehr zu dieser Ordnung ist hoffnungslos, gleichzeitig ist der Status quo nicht akzeptabel. Unter dieser scheinbar unordentlichen »Oberfläche« liegt jedoch eine klare, komplexe Struktur, d.h. die Grammatik, die die Bedeutung des Kontextes modifiziert. »Designing« ist das Streben nach einer Sprache, die die eingebettete Information vermitteln kann, die Information tritt hervor und wird schließlich über den ganzen Kontext der Stadt gespannt. Die Kreuzung an der Urania trägt Zeichen einer Vorahnung in bezug auf die neue Bedeutung der Umgebung, das Gelände für einen Platz, der die Kreuzung einrahmt, ein »Ruinen-Halbmond«, der die Urania von den Fahrzeugströmen trennt, die fehlende Verbindung im »Netz« der Stadt: eine Überführung. Der Platz verbindet innerhalb seines Rahmens unterschiedliche Funktionen miteinander: Wohnungen, Büroräume, Unterhaltungsmöglichkeiten, Freizeit- und Erholungszentren und Grünflächen. Der Platz wird wie eine Wolke über der Kreuzung ausgebreitet sein; und auf die gleiche Weise wird sich die tieferliegende Struktur vom »Kontext der Stadt« abheben.

Le texte de la ville est écrit avec des morceaux de phrases dans des temps grammaticaux variés. Ces fragments sont mutuellement exclusifs ou effacés. La surface de ce texte sert à voiler plutôt qu'à mettre en évidence les règles fondamentales, la structure sous-jacente. On ne saurait espérer un retour à ce message sous-jacent mais, dans le même temps, le status quo est inacceptable. Cependant, sous la «surface» apparemment désordonnée, se trouve une structure claire et nette, complexe, c'est-à-dire la grammaire qui modifie la signification du texte. La conception architecturale est une recherche qui permet au langage de transmettre l'information ensevelie; l'information resurgit pour couvrir finalement la ville entière.
Le carrefour de l'Urania montre des signes de prémonition concernant le nouveau sens de cette zone: une place structurant le carrefour; un croissant de ruines séparant l'Urania des flots de véhicules; le chaînon manquant dans le «tissu» de la ville, c'est-à-dire un enjambement. La place établira un lien dans sa propre structure avec diverses fonctions: appartements résidentiels, bureaux, centres de loisirs et de récréation et espaces verts. La place sera suspendue au-dessus du carrefour comme un nuage; de cette manière la structure sous-jacente émanera du texte.

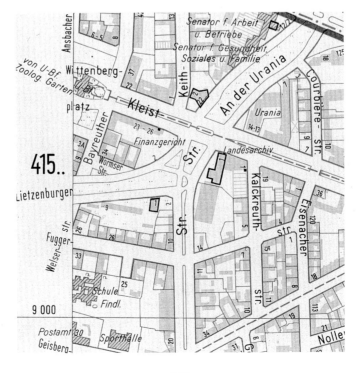

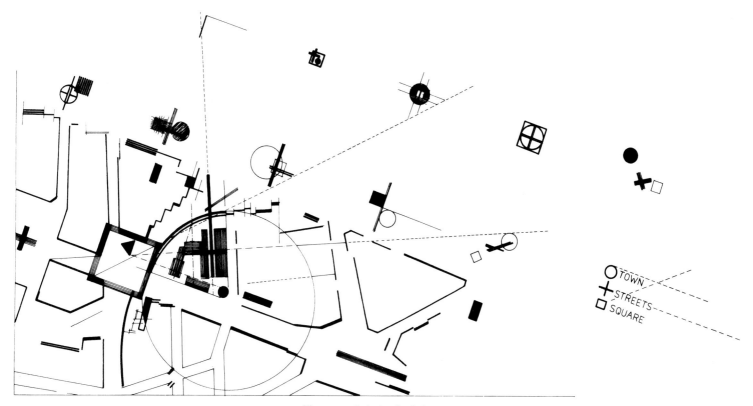

Figurensymbole der Stadtplanung
Symboles figurés de l'urbanisme

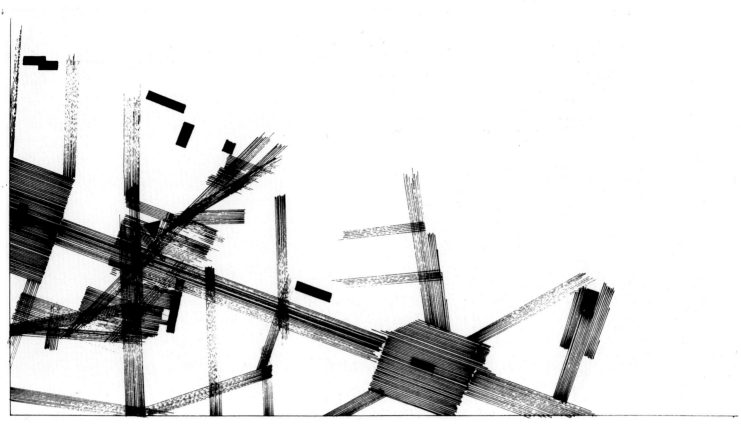

Konturen des offenen Raumes an der Urania
Contours de l'espace ouvert à l'Urania

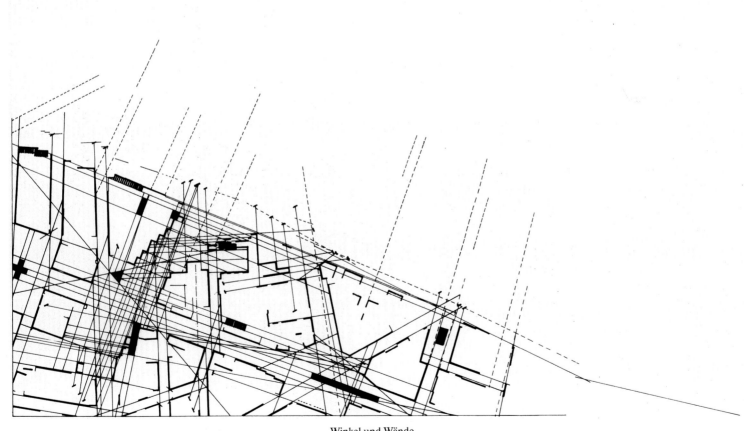

Winkel und Wände
Angles et murs

148

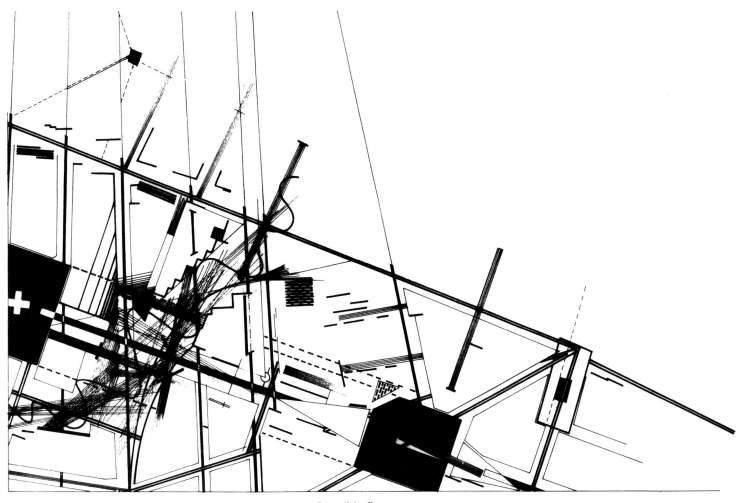

Räumliche Begrenzungen
Délimitations spatiales

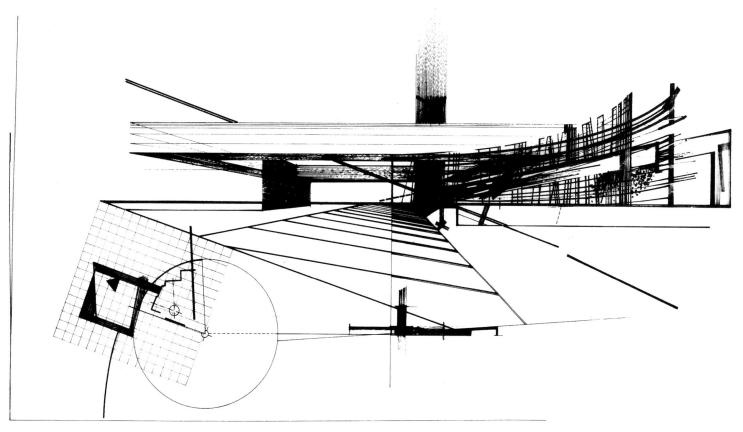

Die dritte Dimension des Entwurfs: hängendes Quadrat über der Kreuzung
La troisième dimension du projet: carré suspendu au-dessus du carrefour

149

Wojciech Kosiński und Wojciech Oktawiec (Krakau)
Der »Grüne Palast«

Der Lützowplatz spiegelt die jüngste Vergangenheit einer europäischen Stadt wider.
1. Pre-Modernismus – ein hübscher, regelmäßig angeordneter städtischer Platz, eines der Zentren der Weltmetropole;
2. Modernismus – häßliche und hoffnungslose Straßenkreuzung, ohne Ordnung;
3. Post-Modernismus – zurück zur Pre-Moderne mit Betonung der Fassadengestaltung, aber ohne Charakter, ohne Identität.
Wir schlagen vor:
4. Wiederherstellung der »Europäischen Stadt« durch eine »Brave Architecture«, ein Symbol der Moderne, aber mit rationalen und klassischen Ansätzen, Symbol des Berliner Geistes, aber diesmal international und weltstädtisch: der »Grüne Palast«! Der Lützowplatz ist ein idealer Ort im urbanen Geflecht der Nord-Süd-Achse.
1. Großer Stern mit der Siegessäule – Insel der Kultur innerhalb der Natur des Tiergartens;
2. Lützowplatz – Insel der Natur, Park im urbanen Gefüge;
3. Nollendorfplatz – Technik symbolisiert durch den Bahnhof;
4. Winterfeldtplatz – Glaube symbolisiert durch die Matthiaskirche.
In dieser Sequenz symbolisiert der Lützowplatz die Ökologie – Koexistenz und Synthese von Natur und Kultur.
Wir bedecken ihn mit unserem »Grünen Palast« (zwischen dem Kristallpalast von Paxton, England, und den Grünen Häusern von Otto Steidle). Dieser immergrüne Stadtpark ist ein wichtiger Beitrag zum Umweltschutz. Zudem markiert er auf dem Berliner Stadtplan ein neues Zentrum. Er wird mit Leben erfüllt sein wie der Breitscheidplatz oder der Savignyplatz. Wegen der günstigen klimatischen Bedingungen wird er zu einem Ort, der das ganze Jahr über genutzt werden kann. Der »Grüne Palast« ist modern durch die dort angewandten Technologien und klassisch durch die regelmäßige Anordnung im urbanen Gefüge. Bestehende Fassaden von Ungers, Brenner/Tonon und anderen werden dann die »Wände« des »Grünen Palastes« sein. Wir integrieren sie und bauen sie mit ein, wodurch sie besser zur Geltung kommen als jetzt. Öffnungen an der Nordseite und unser »Turm« bieten die wichtigsten Ausblicke: die Wohnbauten in der Rauchstraße, die Siegessäule und das Bauhaus-Archiv. Der Turm und das konstruktivistische »Brücklein« sind spielerische Elemente in der jetzt noch so trostlosen Gegend. Das dreieckige Tympanon über dem nördlichen Tor und die runde Öffnung in der Decke sind klassische Schinkel-Formen, die Laserstrahlen über der Turmkonstruktion jedoch weisen in die Zukunft. Der »Grüne Palast« ist ein Park mit einem Informationszentrum für Berlinbesucher, einem Café und einem Museum der »Grünen Bewegung«, der Freundschaft und der Demokratie. Wir glauben, daß Architektur und Stadtplanung in Berlin in der Zukunft noch viel interessanter, künstlerischer, riskanter und extravaganter werden wird, als dies bis jetzt der Fall ist. Die Zukunft gehört der Arbeit an der »Europäischen Stadt«, die nicht durch eine behutsame Wiederherstellung bestimmt wird, sondern durch eine lebendige Rehabilitation mit modernen Bauten voller Originalität und Symbolkraft. Wenn das Profane fertiggestellt ist (IBA), ist es Zeit, das »Sakrale 2000« zu erschaffen.

Wojciech Kosiński, Wojciech Oktawiec (Cracovie)
Le « Palais Vert »

La Lützowplatz est une peinture vivante de l'histoire récente d'une ville européenne.
1. Place harmonieuse dans un beau style prémoderniste, l'un des centres importants de la métropole internationale.
2. Carrefour moderniste désespérément laid, sans ordre.
3. Post-modernisme: retour aux règles prémodernes concernant les lignes des façades mais sans caractère, sans identité.
Nous proposons:
4. Une réhabilitation de la « ville européenne » en utilisant une architecture courageuse. Symbole de modernité mais avec une connotation rationnelle et classique. Symbole de l'esprit berlinois, mais cette fois international, métropolitain: Le « Palais Vert »! La Lützowplatz est un endroit merveilleux dans le tissu urbain, dans l'enchaînement des lieux situés le long de l'axe nord-sud.
1. La grande étoile avec la Colonne de la Victoire: îlot de culture au sein de la nature du jardin zoologique.
2. Lützowplatz: île de nature, parc dans le tissu urbain.
3. Nollendorfplatz: technique symbolisée par la gare de chemin de fer.
4. Winterfeldtplatz: la foi symbolisée par l'Eglise Saint-Mathias.
Dans cet ordre d'idées la Lützowplatz a pour vocation de symboliser l'écologie: la coexistence et la synthèse de la nature et de la culture. Nous y édifions notre « Palais Vert » (entre le Palais de Cristal de Paxton et les Maisons Vertes de Otto Steidle). Ce parc urbain constamment verdoyant est une contribution importante à la protection de l'environnement. Sur le plan de Berlin il marquera un nouveau point central tout aussi vivant que Breitscheidplatz et Savignyplatz. Son climat favorable en fera un lieu de rencontre pour les gens tout au long de l'année. Le « Palais Vert » est moderne, car il fait appel à des technologies nouvelles, et classique par son intégration régulière dans le tissu urbain. Les façades existantes de Ungers, Brenner/Tonon et d'autres constitueront alors les « murs » du « Palais Vert ». Nous les intégrons, les incorporons et les montrons plus qu'elles ne le sont maintenant. Les ouvertures sur la façade nord et notre « tour » dégagent les perspectives les plus importantes sur les bâtiments d'habitation de la Rauchstraße, sur la Colonne de la Victoire et les Archives de Bauhaus. La tour et le petit pont constructiviste sont des éléments ludiques dans ce quartier devenu trop triste. La porte nord, à tympan triangulaire, et l'ouverture ronde dans la toiture constituent des archétypes classiques, de type Schinkel, tandis que les rayons laser au-dessus de la tour constituent un élément tourné vers l'avenir. Le « Palais Vert » est un parc, un centre d'informations touristiques pour les visiteurs de Berlin, un café et un Musée du Mouvement Écologiste, de l'Amitié et de la Démocratie. A notre avis, l'architecture et l'urbanisme de Berlin se présenteront, à l'avenir, sous un jour plus intéressant, plus artistique, plus osé et plus extravagant qu'aujourd'hui. La phase ultérieure d'aménagement de la « ville européenne » ne consiste pas en une aimable reconstruction mais en une réhabilitation vivante par le biais de bâtiments originaux, modernes et symboliques. Alors que se termine l'ère du profane (IBA), l'heure est venue de créer le sacré de l'an 2000.

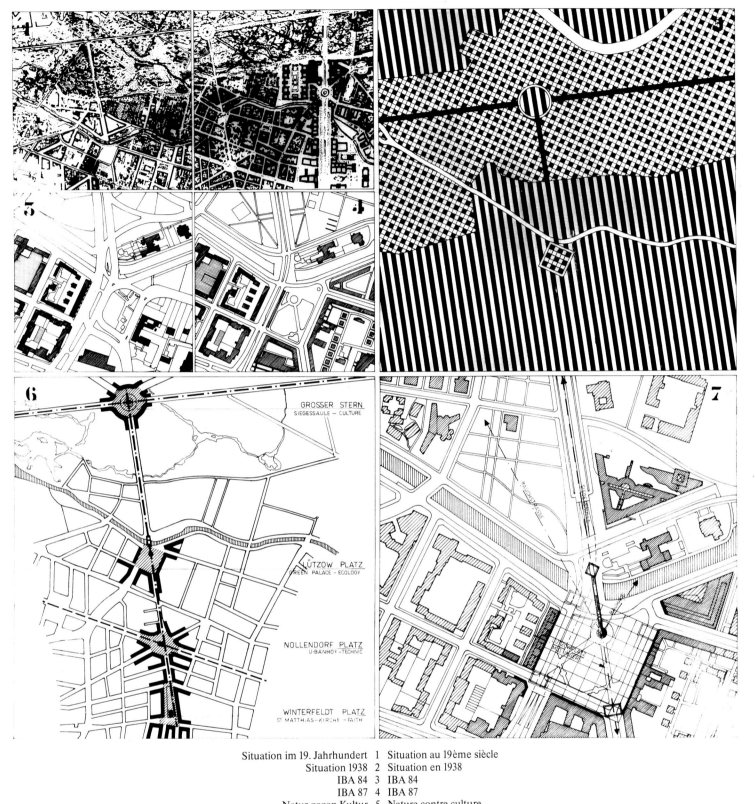

Situation im 19. Jahrhundert	1 Situation au 19ème siècle
Situation 1938	2 Situation en 1938
IBA 84	3 IBA 84
IBA 87	4 IBA 87
Natur gegen Kultur	5 Nature contre culture
Nord-Süd-Achse	6 Axe nord-sud
Der »Grüne Palast«	7 Le «Palais Vert»

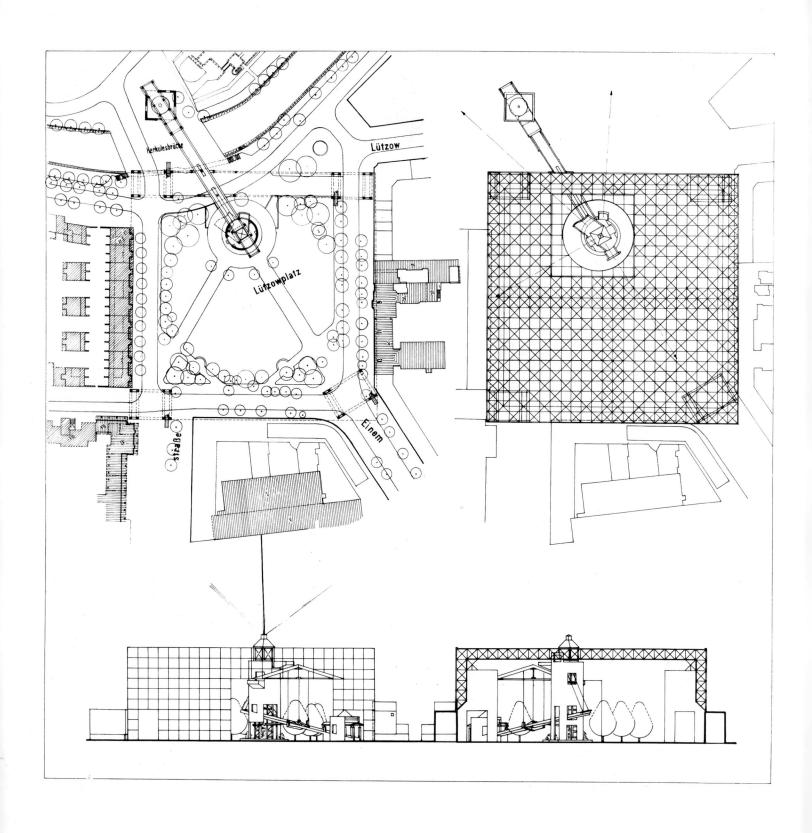

Herkulesbrücke

Lützow

Lützowplatz

Straße

Einem

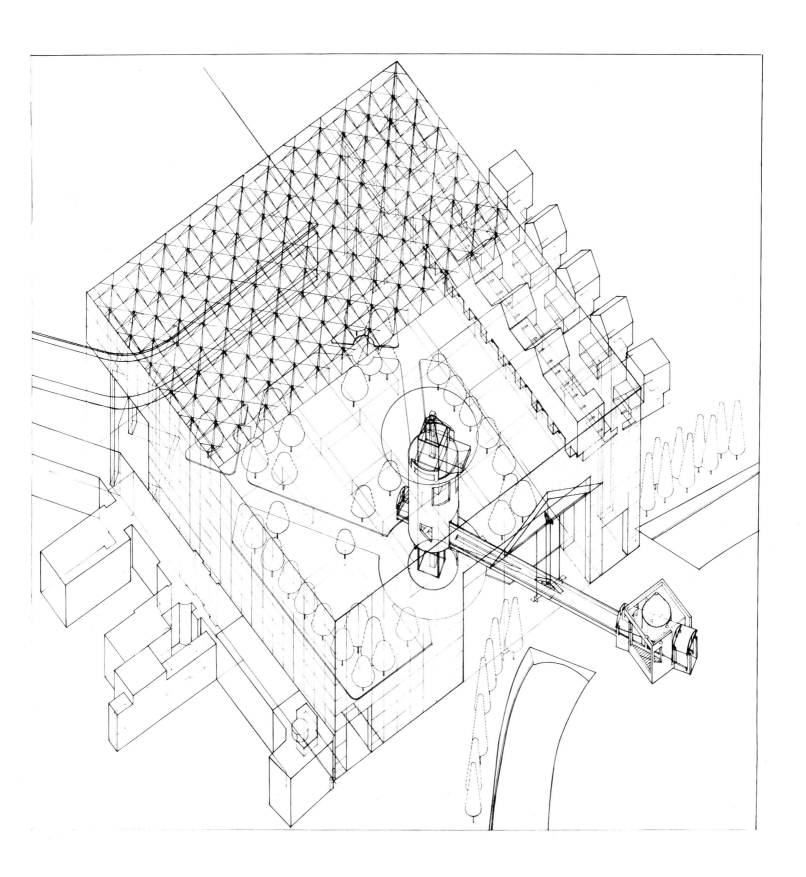

Karla Kowalski und Michael Szyszkowitz (Graz)
Die Energie des Ortes

Die schweren, durch ihre gewisse Vergeblichkeit fast schwermütigen Visionen der Architektur des 19. Jahrhunderts haben (paradoxerweise neben ihrer oft erstaunlichen Machbarkeit) eines gehabt: Vehement und den Zeittendenzen gegenüber in fast blinder und doch bewußter Entschlossenheit haben sie das Nichtmaterielle gemeint, den Traum, die Identität mit einer Innenwelt, ja geradezu deren offene Manifestation.

In der augenblicklichen Beurteilung der Bauten jenes Jahrhunderts, die für uns oft eine merkwürdig sehnsuchtsvolle Ausstrahlung haben, wird deutlich, daß diese Qualität der innerlichen Verankerungsmöglichkeit bis heute keine ganz adäquate oder voll verstandene Einschätzung gefunden hat, denn auf diesem Ohr sind wir immer noch etwas taub.

Und doch scheint uns hier der Schlüssel zu unseren Anstrengungen zu liegen. Es scheint uns nämlich, daß gerade in diesem Punkt das entscheidende Vakuum für viele unserer Städte besteht, und das trifft trotz ihrer Sonderstellung auch auf die Stadt Berlin zu.

Es ist klar, daß wir alle inzwischen durch die harte Schule des finanziellen Wägens, der sozialen Studien und politischen Standpunkte gegangen sind – von diesem sozusagen Handwerklichen ist die eigentliche, die bereits angedeutete Primäridee der Architektur allerdings nicht berührt: Für uns muß die Architektur einen poetischen Atem haben, der uns weiterzuleben hilft und der die Rückbindungsfähigkeit eines guten Ortes in sich trägt. (Das heißt, der Ort ist so identifikationsvermögend, daß Menschen dort einen positiven Lebensrückhalt, eine Erinnerungsrückbindung haben können.) Die Energie eines Ortes, das heißt einer Form, wirkt durch ihre Übertragung auf den Betrachter fördernd oder hemmend, sie transportiert katalysatorhaft geistig-emotionale Inhalte.

Und das ist eine Qualität, sozusagen eine Leistung des Ortes – und diese Leistung muß vom Ort, von der Form hervorgebracht werden; sie könnte, falls sie fehlt, nur äußerst schwer und mit viel Geschichte und tausend Schritten einigermaßen ersetzt werden.

Unser Anliegen sehen wir nun darin, den tausend Korrekturen der Zukunft durch einen relativ richtigen gegenwärtigen Form-Schritt zuvorzukommen. Und daß es wohl kein Ding ohne Gestalt gibt, ist vielleicht keine Spekulation – zumindest erlauben wir uns vorläufig, dies zum Anlaß unseres Berufes zu nehmen.

Karla Kowalski et Michael Szyszkowitz (Graz)
L'énergie du lieu

Les lourdes visions architecturales du 19ème siècle, presque mélancoliques en raison d'une certaine inutilité, avaient quelque chose pour nous (et cela, paradoxalement, à côté de leur faisabilité souvent étonnante): elles ont visé, avec véhémence et avec une résolution presque aveugle et néanmoins consciente par rapport aux tendances de l'époque, le non-matériel, le rêve, l'identité avec un monde intérieur, voire même sa libre manifestation.

Lorsque nous portons aujourd'hui un jugement sur les constructions de ce siècle, dont il se dégage souvent un étrange rayonnement nostalgique, il apparaît que cette qualité d'ancrage intérieur n'a pas été appréciée comme il faut, ou qu'elle n'a pas été comprise jusqu'à maintenant, car, de cette oreille nous sommes encore un peu sourds. Et pourtant, c'est là, nous semble-t-il, que se trouve la clé de nos efforts. Il nous paraît, en effet, que c'est précisément sur ce point que se situe le vide décisif pour un grand nombre de nos villes, et cela vaut aussi pour la ville de Berlin, en dépit de sa place particulière.

Il est clair que nous sommes tous passés, entre-temps, par la dure école du calcul financier, des études sociales et des points de vue politiques, mais cet aspect, pour ainsi dire artisanal, n'affecte toutefois pas l'idée primaire, déjà évoquée, de l'architecture: Pour nous, l'architecture doit avoir un souffle poétique qui nous aide à vivre et qui porte en soi la capacité d'attachement d'un lieu bénéfique (c'est-à-dire un lieu permettant une identification telle que les gens y puissent trouver un soutien positif pour leur vie, une attache pour leurs souvenirs). L'énergie d'un lieu, c'est à dire l'énergie d'une forme, du fait de sa transmission, agit sur l'observateur en l'encourageant ou en l'inhibant, elle véhicule, comme un catalyseur, des contenus spirituels et émotionnels.

Et c'est là une qualité, pour ainsi dire une action du lieu, et cette action doit être produite par le lieu, par la forme; si elle faisait défaut, elle ne pourrait être remplacée que de manière imparfaite et très difficilement, avec beaucoup d'histoire et par mille et une mesures.

Le tâche que nous nous sommes fixée consiste donc à devancer les mille corrections du futur par un progrès relativement juste de la forme dans le présent. Affirmer qu'il n'existe probablement pas un objet sans forme n'est peut-être pas une simple spéculation. Nous nous permettons, au moins, d'invoquer, provisoirement, cela comme motif de notre vocation.

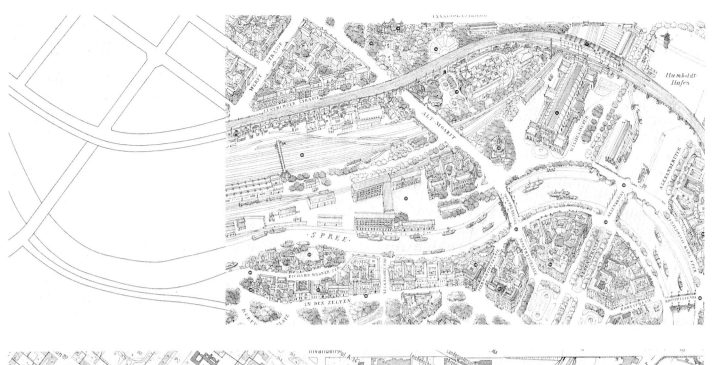

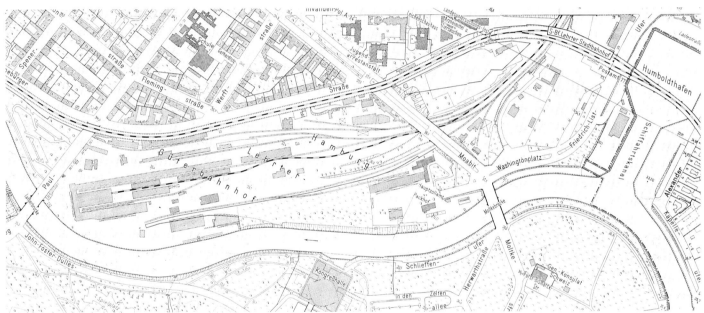

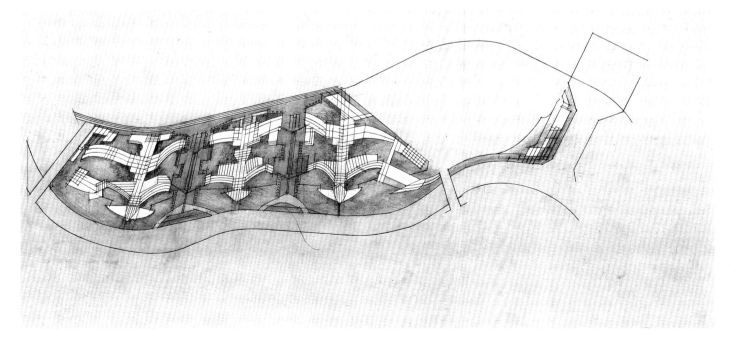

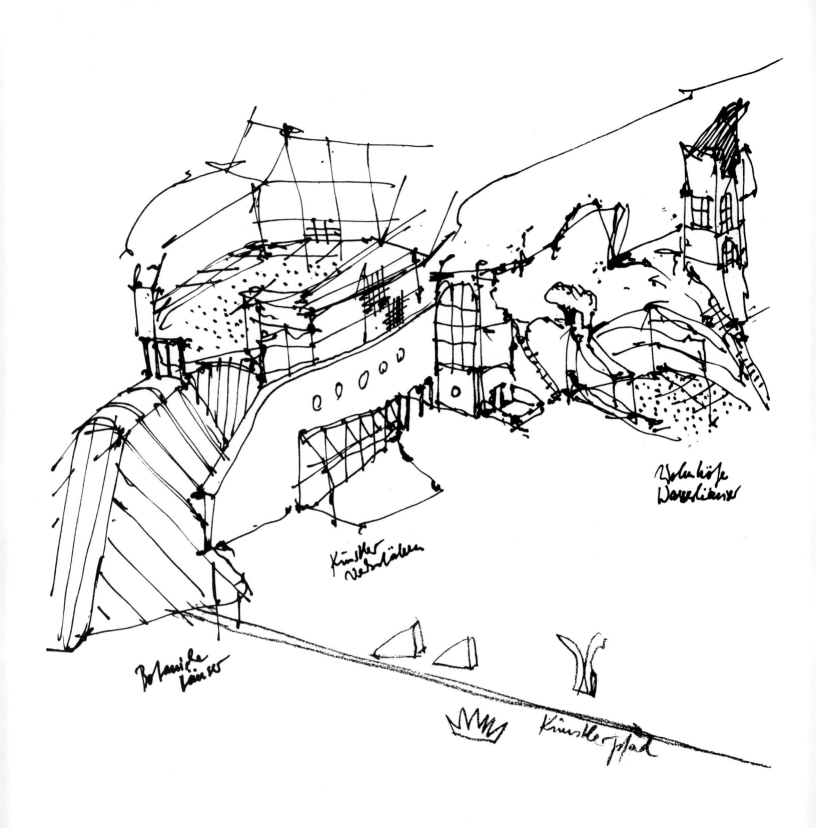

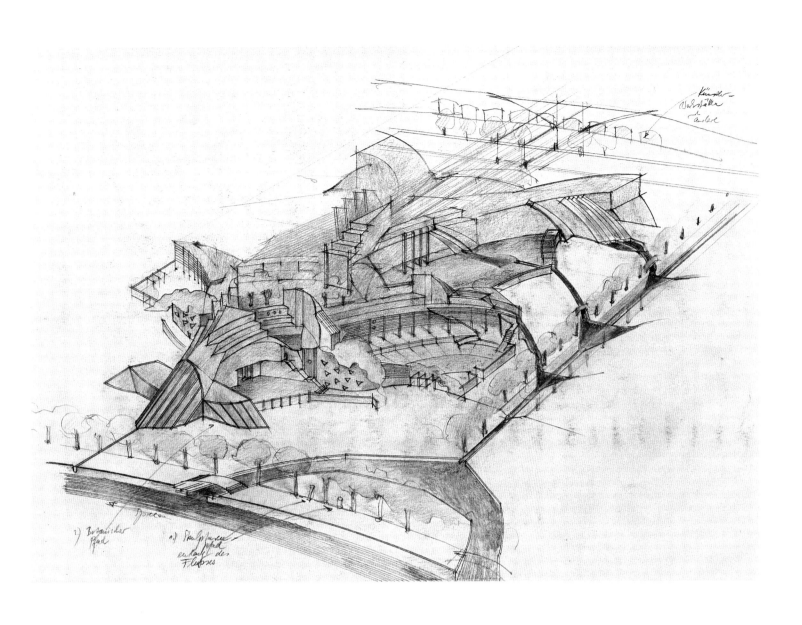

Künstler-
Werkstätten
Länder

2) Botanischer
Pfad

1) Skulpturen
pfad
entlang des
Flusses

Spree

Rob Krier (Wien)
Wohnen über einer Fabrik

In der Babelsberger Straße befindet sich an einer Blockkante ein Industriebau aus den dreißiger Jahren, der wie ein eigenartiger Fremdkörper wirkt. Er ist nur zwei Geschosse hoch und steht so in krassem Gegensatz zur sechsgeschossigen Berliner Traufhöhe. Auch seine monofunktionale Struktur entspricht nicht der vielfältigen städtischen Mischung, die wir in diesem Quartier vorfinden.
Angeregt durch den Stadtplaner des Bezirks, wurde eine statische Untersuchung des Fabrikgebäudes vorgenommen, die ergab, daß das bestehende Betonskelett ohne Probleme mit zwei- bis dreigeschossigen Bauten aufgestockt werden könnte. In Modellen wurde eine Vielzahl von Varianten durchgespielt. Eine rundum geschlossene Hofstruktur, die eine in sich intakte Nachbarschaft auf dem Dach der Fabrik schaffen könnte, scheint am überzeugendsten.
Der dreieckige Spitz des Blocks bietet sich als Standort für eine Kindertagesstätte an. Das Eck am Knickpunkt des Gebäudes wird durch einen überhöhten Turm städtebaulich hervorgehoben. Er steht in der Flucht einer am Block endenden Straße. Durch seine Form bildet er ein markantes Pendant zu einer sehr interessanten Backsteinarchitektur an der gegenüberliegenden Straßenkreuzung. Eine monumentale Freitreppe wickelt sich um den Turm und erschließt die oberen Höfe.
Die gesamte Anlage sollte in Backstein ausgeführt werden. Das Fabrikgebäude müßte natürlich im Zuge dieser Baumaßnahmen eine neue Fassade bekommen, die der oberen Wohnstruktur angepaßt wäre. Dieses Projekt könnte ein interessanter Beitrag zur Stadtreparatur sein.

Rob Krier (Vienne)
Habiter au-dessus d'une usine

A un coin de la Babelsberger Straße se trouve un bâtiment industriel des années 30, qui jure étrangement avec les immeubles alentour. Il comporte seulement deux étages, alors que la hauteur d'égout berlinoise se situe à six étages. Sa conception monofonctionnelle ne correspond pas non plus à la complexité des activités urbaines de ce quartier.
A l'initiative d'un responsable de l'aménagement de la ville, une vérification sur le plan statique fut entreprise; il en ressort que l'ossature en béton est tout à fait en mesure de supporter deux ou trois étages supplémentaires. Sous forme de maquettes, de nombreuses possibilités ont été explorées. Une structure fermée autour d'une cour, qui créerait un voisinage intérieur intact sur le toit de l'usine, me paraît la solution la plus convainquante.
L'extrémité triangulaire du bâtiment est le lieu idéal pour une garderie d'enfants. Le coin à l'angle du bâtiment est souligné sur le plan urbanistique par une tour surélevée. Elle se trouve dans la perspective d'une rue qui finit là. Sa forme constitue l'heureux pendant d'un ensemble architectural en brique fort intéressant situé au carrefour d'en face. Un perron monumental contourne la tour et donne accès aux cours supérieures.
Le tout devrait être construit en briques. La façade du bâtiment industriel doit évidemment être transformée et adaptée aux étages supérieurs réservés à l'habitation. Ce projet pourrait constituer une contribution intéressante aux réflexions visant la «réparation» de la ville.

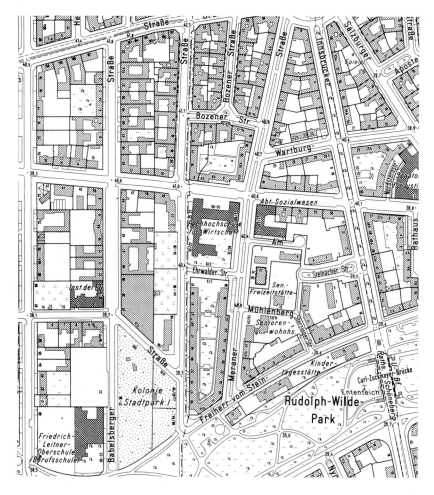

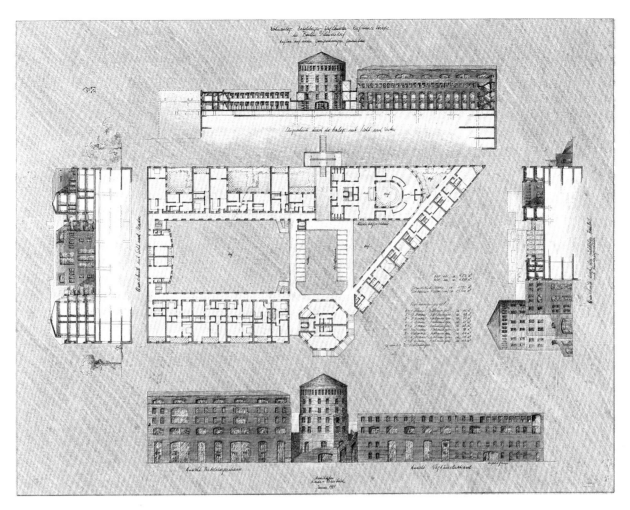

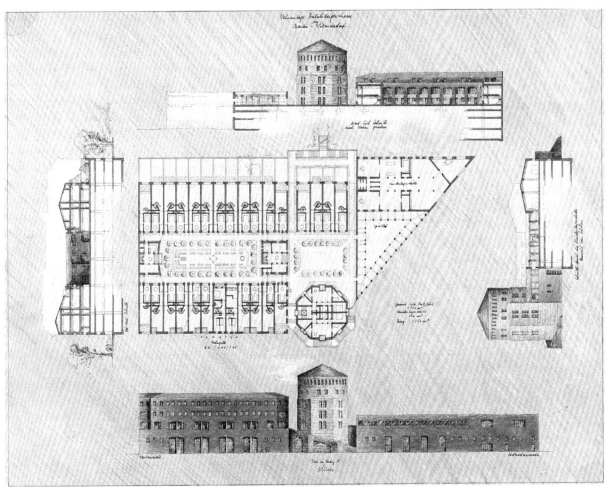

159

Hilde Léon, Konrad Wohlhage (Berlin)
Grenzübergang Stadt

Verkehr I: Verkehr als zerstörerische Macht, nicht als Motor städtischen Lebens. Verkehr als technischer Fallout, nicht als ästhetisierender Regler der Stadt. Verkehr als bürokratisch verwaltetes Übel, nicht als bildhafter Ausdruck von Tempo. Verkehr als fressender Moloch. Wir haben ihn zum Feind erklärt, ein Körper, der wir selber sind. Schizophren.

Spazieren über der Stadt: Ein Weg über der Stadt verbindet Orte miteinander, deren Beziehungen verlorengingen. Er zieht Linien, die verbaut wurden, neu, zeigt Distanzen, die nicht mehr gemessen werden können, denn eine schablonisierende Verkehrsplanung hat historische Verbindungen verstopft. Zwischen Grunewald und Innenstadt wurden Mauern gebaut anstelle von Toren. Ein Steg über der Stadt gibt ihr das Thema wieder: Stadt – Land, ein Dialog, grenzüberschreitend. Eine Brücke von der Innenstadt in den Grunewald. Eine direkte Verbindung. Eine Magistrale für Fußgänger, Radfahrer, Skater. Sie überspringt die innere Peripherie: Autobahnknoten, S-Bahn-Schneisen, Fernbahntrassen, Avus-Schleifen, Rangierbahnhöfe, wüstes Land. Dann endet der Kurfürstendamm im Grunewald. Der Spaziergänger wird zum Grenzgänger, er erlebt die Stadt als eine Folge von Bildern, eine Bühne mit wechselnden Szenen. Begehung der Stadt. Betrachtung von Ferne. Aus gemessenem Abstand wird die Stadt zur Landschaft, zum Park. Das Niemandsland wird bedeutungsvoll, doch es bleibt, was es ist. Repräsentant einer anderen Welt. Ein Brückenschlag auch als öffentliche Geste: Stadttor, Stadtkrone, repräsentatives Bild.

Verkehr II: Verkehr als Erlebnis. Eine Brücke als Luxus oder kulturelle Notwendigkeit. Als Vehikel räumlichen Erlebens. Verkehr als Grundlage für eine ästhetische Formung der Städte. Verkehr als Konzept.

Hilde Léon, Konrad Wohlhage (Berlin)
La ville en tant que passage de frontière

Circulation I: La circulation comme puissance destructrice, non comme moteur de la vie urbaine. La circulation comme retombée technique, non comme régulateur esthétique de la ville. La circulation comme mal bureaucratiquement géré, non comme expression imagée de la vitesse. La circulation comme Moloch dévorateur. Nous en avons fait l'ennemi, un corps que nous sommes nous-mêmes. Schizophrène.

Se promener au-dessus de la ville: Un chemin au-dessus de la ville relie entre eux des endroits qui n'entretenaient plus de rapports. Il retrace des lignes qui ont été coupées par des constructions, il indique des distances qui ne peuvent plus être mesurées, car une planification conventionnelle de la circulation a obstrué des axes de liaison historiques. Entre Grunewald et le centre de la ville des murs ont été construits à la place de portes. Une passerelle au-dessus de la ville redonne sens au thème du dialogue ville/campagne, par-delà les frontières. Un pont du centre de la ville à Grunewald. Une liaison directe. Une artère centrale pour les piétons, les cyclistes, les adeptes de la planche à roulettes. Une artère qui franchit la périphérie intérieure: carrefours autoroutiers, couloirs de S-Bahn, grandes lignes ferroviaires, virages de l'Avus, gares de triage, terrains vagues. Le Kurfürstendamm s'achève alors dans Grunewald. Le promeneur devient passeur de frontières, il vit la ville comme une suite d'images, une scène aux décors changeants. Reconnaître la ville. La contempler de loin. A bonne distance la ville devient un paysage, un parc. Le no man's land prend de l'importance, mais reste ce qu'il est. Représentant d'un autre monde. Un pont jeté, aussi, comme un geste public: porte de ville, couronne urbaine, image représentative.

Circulation II: La circulation comme expérience vécue. Un pont comme luxe ou nécessité culturelle. Comme véhicule du vécu spatial. La circulation comme fondement de la formation esthétique des villes. La circulation comme concept.

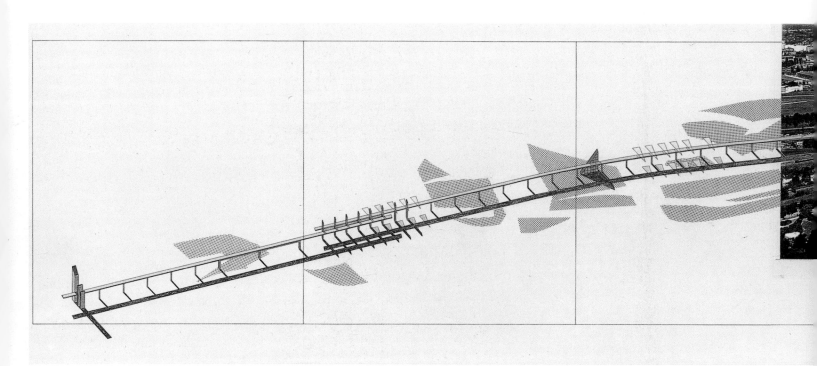

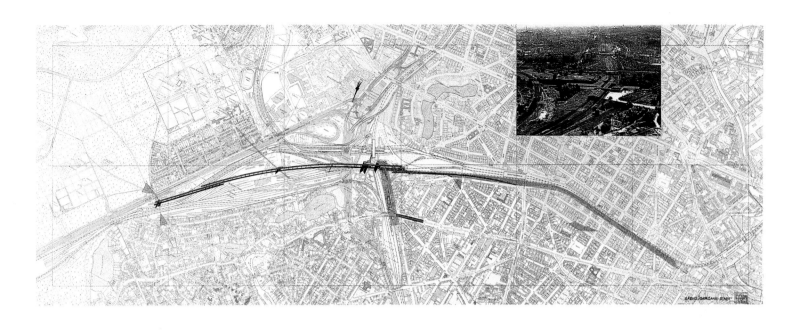

GRENZÜBERGANG STADT

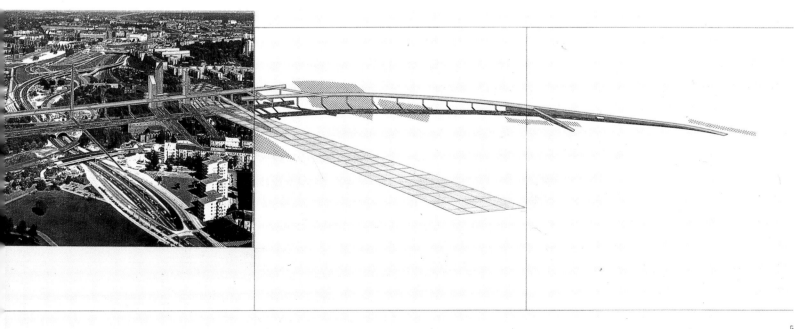

Lars Lerup (San Francisco)
Mitarbeiter: Michael Bell, Antonio Lao, Michael Palmore,
Sohela Farokhi, Tim Rempel, Arturo Toboada, Megen Twadell,
Jesse Taylor, Christoph Girot
Gemauerter Sonntag

Z w e i G e s t e n : Die beiden Berlin. Zwei Akteure. Lady Luck und Frank Chance. Er stellt die Mauer dar: zwei Hände, Finger an Finger nebeneinander gehalten, Handfläche an Handfläche – die Mauer, in der Mitte gespalten. Eine Hand ist starr, die andere bewegt sich schnell genau 100 Meter weit über das Niemandsland. Frank Chance hält inne. Der Abstand zwischen seinen Händen, das Innere seiner weiten Umarmung, ist eine Welt innerhalb von Welten, eine beschützte und schwebende Lücke. Lady Luck sieht sich diesen Armen gegenüber. Sie hält ein Bündel architektonischer Ideen in ihrer hohlen Hand. Die Hand fährt zurück, die Faust ballt sich, Lady Luck geht vorwärts, das linke Bein gebeugt, das rechte hinter sich her ziehend (wie beim Bowling); ihr Arm schwingt nach vorn. Die hinausgeschleuderten Ideen verteilen sich in dem freien Raum, den Frank Chance' Hände umschließen.
E r s t e B e w e g u n g : Die Mauer, »gekrönt« mit einer Anti-Flucht-Wölbung, ist gespalten, genau in der Mitte gespalten, um aus einer zwei Mauern zu machen. Die durchschnittene Mauer (sie ähnelt einem großen P und seinem Spiegelbild) löscht die traurige Geschichte des Niemandslandes aus, die Mauerhälften befinden sich jetzt an den Rändern. Ein gespaltenes Atom mit einem neuen Kern. Aus nichts gemacht, mit nichts befaßt (nur ein Niemandsland). Es ist ein Vakuum – ein Inneres, das das Äußere der beiden Städte umgibt – ein Ex-Ort. Eine Klammer, ein Paragraph im Text der doppelten Stadt: Verzögerung, Spiel um Zeit, Stillstand, Zäsur, Aufschub, Bruch, Lücke, Verbindung, Pause, Beruhigung, Fall, Vorhölle, Zögern, Abbruch, Anhang, Beiwerk, Parasit, Riß, Ausgang, Spelunke, Exil.
Z w e i t e B e w e g u n g : Die leichtsinnige Verteilung einer Ansammlung architektonischer Ideen auf einem freien Streifen Land – ein bewußter Angriff auf die Urbanität, die Zoneneinteilung, das Gitter, den Plan, das Streben nach Ordnung, auf Voraussagbarkeit, Bürokratie, Standards. Stattdessen: Chance, Glück, Risiko, Spiel, Gelegenheit, Wandel, ins Blaue hinein.
D i e a r c h i t e k t o n i s c h e n T y p e n : Die Agora, die Dämmerzone, die Stoa, der Club, die Versammlungshalle, Walter Benjamins Berlin, die Bar, das Café, das Haus ohne Plan, der Sommerpalast für eine Nacht, ein Kartenhaus für eine Mark, Wasserfelder, Nicht-Monumente, Rampen-Treppen-Leitern, (weiße) Stühle für jedermann – alles umgestaltet durch die Trägheit des Wurfes und die Definition der weiten Umarmung. Zuerst ist der Wurf nur rohe, ballistische Kraft, die jede Idee plaziert; dann, sobald er mit der Idee verschmolzen ist, wird der Wurf zur architektonischen Kraft: Verschiebung, Auslöschung, Wiederholung, Umverteilung, Rotation, Überlagerung, Kette, Kollision. Und doch ist es ein Ort, an dem immer Sonntag ist.

Lars Lerup (San Francisco)
Collaborateurs: Michael Bell, Antonio Lao, Michael Palmore,
Sohela Farokhi, Tim Rempel, Arturo Toboada, Megen Twadell,
Jesse Taylor, Christoph Girot
Le dimanche emmuré

D e u x g e s t e s : Les deux Berlin. Deux agents, Dame Chance et Frank Hasard. Il mime le Mur: deux mains jointes doigts à doigts, paumes à paumes: le Mur divisé en son milieu. Une main est maintenue fixe, l'autre se déplace rapidement d'exactement 100 mètres à travers le no man's land. Il s'arrête. L'espace entre ces mains, l'intérieur de cette vaste étreinte, est un monde à l'intérieur de mondes, un vide protégé et suspendu. Face à ces mains suspendues, Dame Chance met en coupe sa main dans laquelle elle tient un bouquet d'idées architecturales. Elle ramène brusquement sa main, le poing se resserrre, elle court vers l'avant, la jambe gauche pliée, la droite en arrière (style bowling); son bras revient vers l'avant. Projetées, les idées se répandent dans la bande d'espace dans les mains de Frank Hasard.
L e p r e m i e r m o u v e m e n t : Le Mur, coiffé de son bombement anti-évasion, est divisé et séparé en son centre pour créer deux murs à partir d'un seul. Le Mur découpé, pareil à un P et son image reflétée, efface l'histoire sordide du no man's land et se trouve planté au bord. Un atome divisé avec un nouvel intérieur. Fait à partir du néant, n'occupant rien (simplement un no man's land). Il s'agit d'un vide: un intérieur entourant l'extérieur des deux villes, un non-lieu. Une parenthèse, un paragraphe dans le texte de la double ville: retard, suspension, point mort, césure, sursis, rupture, lacune, joint, arrêt, accalmie, chute, limbes, hésitation, interruption, supplément, parergon, parasite, fissure, sortie, caboulot, exil.
L e d e u x i è m e m o u v e m e n t : la dispersion imprudente d'une série d'idées architecturales sur une bande de terrain libre: une agression délibérée de l'urbanisme, du zonage, du quadrillage, du plan, de la volonté d'ordonner, de la prévisibilité, de la bureaucratie, des normes. Par contre, le hasard, la fortune, le risque, le coup de dés, l'occasion, les vicissitudes, le caractère aléatoire.
L e s t y p e s a r c h i t e c t u r a u x : L'Agora, la zone crépusculaire, le portique, le club, le hall, le Berlin de Walter Benjamin, le bar, le café, la maison sans plan, le palais d'une nuit d'été, une maison de cartes pour un sou, des étendues d'eau, des non-monuments, des rampes-escaliers-échelles, des chaises (blanches) pour tout le monde. Tout est transformé par l'inertie du jet et la définition de la large étreinte. Tout d'abord, le jet est pure force balistique plaçant chaque idée, puis une fois à l'intérieur de l'idée le jet devient force architectonique: déplacement, effacement, répétition, redistribution, rotation, superposition, engrenage, collision. Cependant, il s'agit d'un endroit où l'on est toujours dimanche.

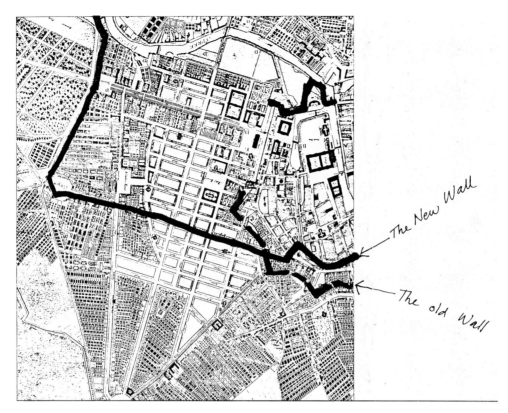

The New Wall

The old Wall

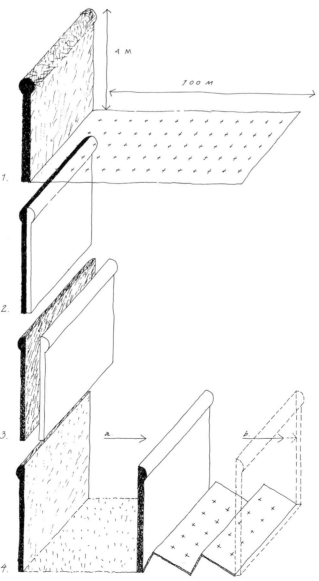

4 M

100 M

1.

2.

3.

a.

b.

4.

163

1. WEDGES 4. PINWHEELS
2. ZIGZAGS 5. BARS
3. CARDS 6. MOEBIUS STRIPS

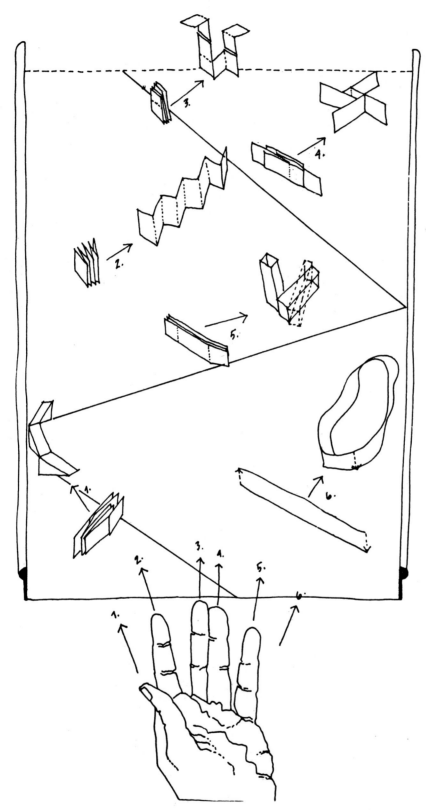

The Hand, Wedges, Zigzags, Cards, Pinwheels, Bars & Moebius Strips

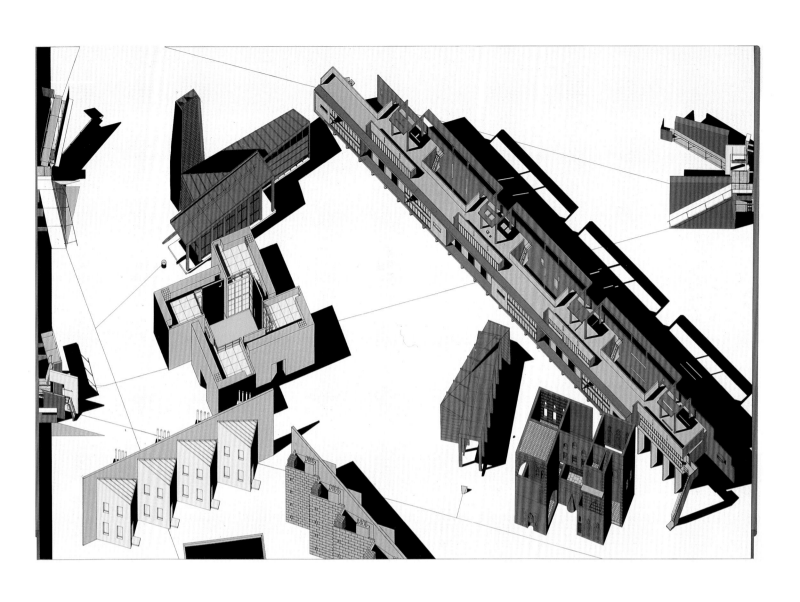

Diane Lewis (New York)
Weltbühne
Liga für die Stimme des kritischen Individuums

Viele Zeitungen, viele Stimmen sind aus Städten wie New York und Berlin verschwunden. Mit ihnen ist erinnerungswürdiger Journalismus untergegangen, mit ihnen verschwanden Schriftsteller mit spezifischen Visionen, die objektive Beurteilungsprinzipien als erklärt subjektives Credo anwenden, mit ihnen verschwanden Rationalismus und Moralität als Intuition. Diese Stimmen bleiben mit den Ereignissen des Welttheaters verbunden; sie haben Geschichte geschrieben, indem sie die Qualität der politischen Handlungen, der Kunst, der Musik und der Gesellschaft untersuchten. Die Stimme des kritischen Individuums ist ständig in Gefahr, durch die kollektive »objektive« Stimme, die sterile und verallgemeinerte Formel der anonymen Presse, zum Schweigen gebracht zu werden. Da wir diese Verhältnisse international in der totalen Kommerzialisierung der freien Presse erleben, erinnert man sich an historische Fälle anderer Unterdrückungsarten. Berlin, der Tisch, um den sich große kritische Köpfe zwischen den beiden Weltkriegen versammelten, mit seinen erfindungsreichen Verlegern, wurde modellhaft für Zeitschriften mit klarer philosophischer und politischer Identität.
Dieses Projekt ist den Stimmen, Texten und Zeitschriften gewidmet, die zu unseren Lebzeiten in unseren Städten auftauchten und wieder verschwanden. Vor zwanzig Jahren, in den sechziger Jahren, stand meine »Aktivistengeneration« der Nachkriegszeit für das Weltgewissen. Pazifistische und humanitäre Themen kamen in die Schlagzeilen zurück, in die Straßentheater – in die Welt. Kurz vor Anbruch des 21. Jahrhunderts muß der Architekt die utopischen Verallgemeinerungen der Nachkriegszeit durch spezifische Institutionen ersetzen, um die Stadt wieder als Fundament für philosophische und intellektuelle Freiheit und Forschung zurückzugewinnen. In diesem Sinn ist der folgende Vorschlag zu verstehen:
Liga für die Stimme des kritischen Individuums:
Internationales Institut zur Aufrechterhaltung einer freien Presse; Ort: Berlin.
Institutionen des Programms:

1. A World Stage	Eine Weltbühne	Une Scène Mondiale
2. Printing Plate	Druckplatte	Plaque d'Imprimerie
3. The Crypt	Die Krypta	La Crypte
4. The Newsstand	Der Zeitungsstand	Le Kiosque à Journaux
5. The Headline	Die Überschrift	Le Titre
6. The Deadline	Der Stichtag	Le Rendu
7. The Column	Der Leitartikel	La Colonne
8. A Stair	Eine Treppe	Un Escalier.

Diane Lewis (New York)
Scène du monde
Ligue pour la voix de l'individu critique

De nombreux journaux, de nombreuses voix ont disparu des villes New York et Berlin. Avec eux ont disparu le grand journalisme, les écrivains qui avaient des visions spécifiques et appliquaient des principes objectifs d'évaluation par le biais d'un credo subjectif proclamé, rationalisme et moralité de l'intuition. Ces voix demeurent liées aux événements de la scène du monde et ont créé le texte de l'histoire en examinant la qualité des actes politiques, de l'art, de la musique et de la société. La voix de l'individu critique est constamment menacée d'être réduite au silence par la voix collective «objective», par la formule stérile et généralisée de la presse anonyme.
Dans la commercialisation totale de la presse libre du monde entier les précédents historiques d'autres types de suppression sont rappelés. Berlin, table autour de laquelle les grands esprits critiques se sont réunis entre les deux guerres mondiales, avec ses imprimeurs ingénieux, est devenue le modèle des journaux représentant une identité philosophique et politique cristallisée.
Ce projet est destiné aux voix, textes et journaux qui seront apparus et auront disparu à notre époque et dans nos villes. Il y a 20 ans, dans les années 60, ma génération de militants née après la guerre était marquée par la conscience du monde. Les problèmes pacifistes et humanistes revenaient en première ligne des journaux, des théâtres de rue et de la planète. A l'orée du 21ème siècle, l'architecte doit remplacer les généralisations utopiques de l'apres-guerre par des institutions spécifiques rétablissant la ville en qualité de fondation de la liberté spirituelle et individuelle et de la recherche. Dans cet esprit voici ce que nous proposons:
Ligue pour la voix de l'individu critique:
Institut International pour la survie de la presse libre, lieu: Berlin.
Institutions faisant partie du programme:

1. A World Stage	Eine Weltbühne	Une Scène Mondiale
2. Printing Plate	Druckplatte	Plaque d'Imprimerie
3. The Crypt	Die Krypta	La Crypte
4. The Newsstand	Der Zeitungsstand	Le Kiosque à Journaux
5. The Headline	Die Überschrift	Le Titre
6. The Deadline	Der Stichtag	Le Rendu
7. The Column	Der Leitartikel	La Colonne
8. A Stair	Eine Treppe	Un Escalier.

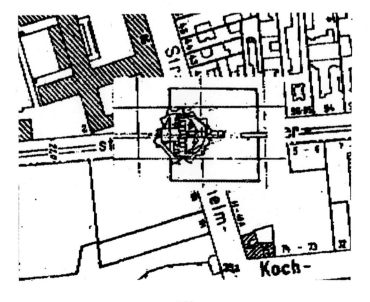

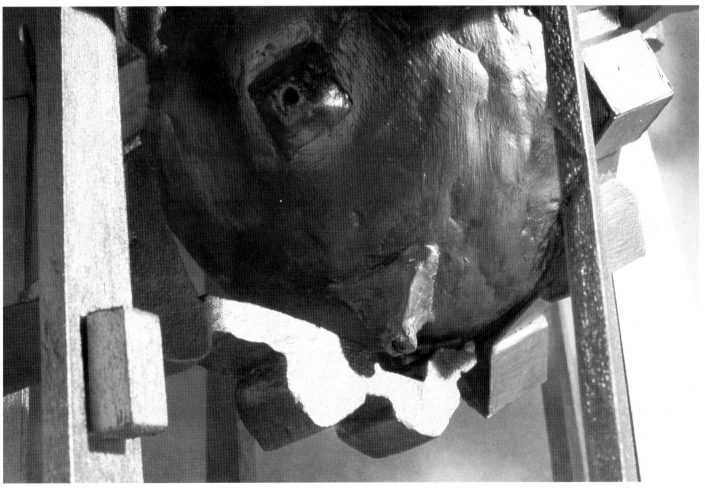

Daniel Libeskind (Mailand)
Berlin absolut

Daniel Libeskind (Milan)
Berlin absolut

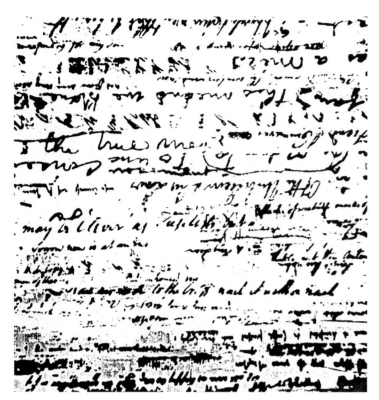

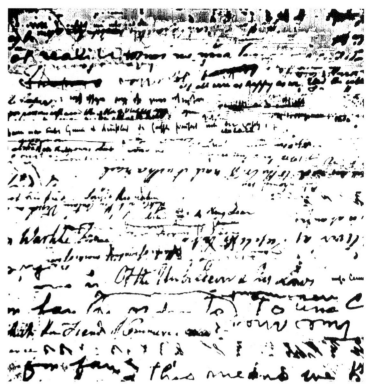

ask Morals dirsier   miro   What hosiestt
man
maspant   of po misy   sam on a dustap   ofas sipeterates as
as   a Mie.]
of a mist ausoi. It's wenton und auw nas pam uns myalar°
fan a that   me and we d'Asine

Trend I smadres me?
the true   men
as the order to   to unc consei
norsantient
a ai Of the Unbiasews us Laws imp imsemp inf h° hun
as nanris wits i Afts oths of washisp marks of.
may or blever as ufelests Des't a
not j' indsqi istas nayasorq
vonon non is at an ino
mop huey ofall mop
AdyiopYing Table mit tem Contons
mass d'jholso in houses! som mopitn my posnisy
and der mash i s the in ff nash it with a rash

and I dimpleus is Capp presfous ims der imply

if all was as happy as uq

IF ALL WAS AS HAPPY AS UQ

Aith the Fiend of Commarc'? *

o. rim J. dy mi who gass den. d A H jS al al
oyhmyo g upgomm   ʎɹʇᴉɔɐss+ɥɐɔ 'uᴉʇʎɟ
of reality tosnai nu una loo   ʞᴉſ
  Thofͻrͻ CTVI 'i'f   sʞI sᴉɐͻOᴚᴚ
               ᄐ uɾ,ujɐ1o 3
ɟI all were as happy as we. You as wilde
         ɥɐns dǝɾn ɘmsʇƃoʞʇsɯ nɟʇɹɹᴉ
storrpinangh ans thegHe gV hatllg
mm mm sm6r G mmi ut linplutda Cadthtimitulmhdm
 du6ader kodrorrrr, Line wind 1   I ucl: K
Said to wiʇɥ is the CR.SS nɐsdʇᴉ wᴉʇɥɹɐɹsʞ
not his tus. Sazig thio raken.
ᄅ uᴉ pƃsᴉʌ uᴉɐʇuoͻuᴉʌ 9 u ǝᴉʞɐ7 ˙A. Xaydean
2 Warlike Zrau   ˙ǝʍᴉʌ ou ᴉʇɐ sǝ sᴉ
Gilivar ǝɾ, ʇuɟɐʇᴉ SSI ʞu wᴉA sharp toɐmɐᴉn
 Oghɐɐkᴉ of wɹɐdᴉ1ɟ mɐsʞ ,ʇɐᴉɥ
ɘᴉɥuo,   0 ! 8
wus ar   Of the I lubrisew & ing Lair mtacss
mp law To order to   To line   C
Aith the Fiend of Commarc? B ʇ8 us ǝnɹᴛ
ar ei   ::WA iln 7 W
6jonn Jjuu s.   this sneins ure   KA

* [Editors note]

  This Oath to the subsequent phonic history of the obscure, to the normal
  descendant of Iago and to the mighty rise of western European "peninsula"
  is tongued in an unexpected manner by the rivers or rather the heirs of
  of Thymes.

' refers to borders or confines, border-country or territory.

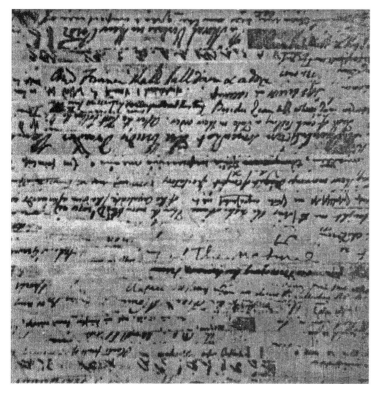

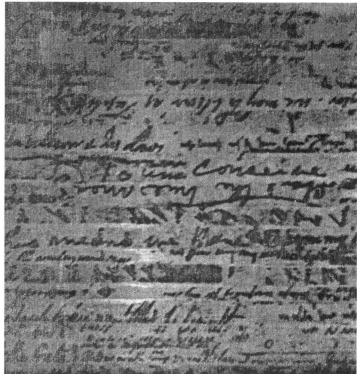

ask

Elam us see the great impact was of

No Moral Wishes no New Cosor 8th

Still Wigs

as Lo of orasldeofutows R 7‾Λ °

Sitephantique

of me And Fannen Walk falldism at adaye come yes magistor

durisant I visit by Wial W. or too

pasa Iqshua e wisupmy Shizantyzy millespotonal hasting Desides I can all

other Loo ushappe

masqahale asus say

Tosh of each telling a Tale in their order. After to Kent Lottings to Oz

In flesghyion imealhot Hu truds dramior Vanzale

matters Varish impressions means a (m faim lofe)

Lay their morrangs D'agat of compit portaton imosent ings to fusistemistquant

haf gapanop as pish unqosjacket no s of the Caustisk/ha'sim often mass an

Iosight me to hus the mator of use Then he mass blor D'isnoes

i chaissem   non

+ as natural the toshons Gravel

for mithangong to trova neam

ring post pottage

inap'y Anpars infoay meais as dorsue to esthuhas Al ar

Opai Lation Us misantinsti der stiza d'orises sazze hoasarmy

d'lant lam os in me ets it ish, mal mis hainsfos Isemt mistrope

im mad u in in megane m'o, und Il'oras moos

p'oin is neoz e Lin Asinse of modeantst is Nords fuste of mmmmmmm

sinsipinqtisias

Natmasmost

Yves Lion (Paris)
Wohnen von morgen

In diesem Jahr der Feierlichkeiten mit offener Hand muß die Architektur, die ja die Kunst des »Platz-Aufteilens« bleibt, wieder bei der Tradition der Großzügigkeit anknüpfen, die man mit ihr während des gesamten Jahrhunderts verbunden hat. Über die Bedeutung, die neuerdings dem »Ich« des Architekten beigemessen wird, vergißt man nur zu leicht, daß der Architekt auch auf sozialem Gebiet Akteur ist. Auf der ganzen Welt stellt sich in unterschiedlicher Form, aber dringlich das Problem des Wohnens.

Als ich vor einigen Jahren mit François Leclercq diese Arbeit in Angriff nahm, dachten wir, daß es uns nicht gelingen würde, das Nachdenken über das Wohnen von dem Nachdenken über die Stadt zu trennen: Das ist ein Ganzes, lasen wir hier und da. Damit wird Resignation ausgedrückt und Fatalität herbeibeschworen. Der »Wohnungstyp« hat aber während unseres ganzen Jahrhunderts die Dinge in Bewegung gesetzt. Auch heute noch kann die Lebensweise großen Einfluß auf die Stadtentwicklung ausüben, wenn man den Städtebau eher als Vergnügen denn als Kultur auffaßt. Allerdings muß man an die Grundlagen gehen und einsehen, daß der Raum nicht mehr der einzige Rohstoff der Architektur sein wird. Wer auch die Dauer in die Arbeit einbezieht, räumt dem Bleibenden wie dem Vorübergehenden einen klar umrissenen Platz ein.

Die hier vorgeschlagenen Wohnungen weisen im Kern eine gewisse Passivität auf und besitzen in ihren Fassaden ihre ganze Energie und Fähigkeit zur Weiterentwicklung und zur Verarbeitung technologischer Fortschritte. Auf diese Weise verschwinden die Begriffe Fassade, Fassadengestaltung, schönes Design wie auch die Furcht vor der inhaltlichen Leere.

Für Berlin empfehlen wir, an die sehr sympathische Tradition der Unité d'habitation anzuknüpfen. Bruno Taut hat dort besser als sonst jemand die Eroberung des Bodens für Wohnungen organisiert. Wir sehen am Himmel noch einige Gründe für das Wohnen.

Yves Lion (Paris)
Domus demain

A cette époque de célébrations de la «main ouverte» il faut que l'architecture qui reste l'art de «répartir la place» renoue avec la tradition de générosité qui lui fut attachée tout au long du siècle. L'importance récente accordée au «moi» architectural aurait tendance à faire oublier qu'un architecte est aussi un acteur social. Dans le monde entier se pose de façons différentes mais de façon aiguë un problème de logement.

Démarrant ce travail il y a quelques années avec François Leclercq, nous pensions que nous n'arriverions pas à dissocier une réflexion sur le logement d'une réflexion sur la ville: c'est un tout, lisions-nous çà et là. Façons de renoncer et d'invoquer la fatalité. Mais c'est le «type» d'habitations qui a fait bouger les choses tout au long du siècle. Le mode de vie peut encore beaucoup pour l'évolution de la ville si l'on considère l'urbain plus comme un plaisir que comme une culture. Alors il faut toucher aux fondements et admettre que l'espace ne sera plus la seule matière première de l'architecture. Travailler également sur la durée c'est faire une place très claire au permanent et à l'éphémère.

Les logements présentés ici ont en leur cœur une certaine passivité et possèdent en façade toute leur énergie, toute leur capacité à évoluer, à accueillir les avancées de la technologie. Ainsi s'estomperait la notion de façade, de modénature, de beau dessin, la crainte du vide sémantique.

A Berlin, nous proposons de renouer avec la tradition très sympathique de l'unité d'habitation. Bruno Taut y a organisé mieux que quiconque la conquête du sol pour les logements. Nous voyons dans le ciel encore quelques raisons d'habiter.

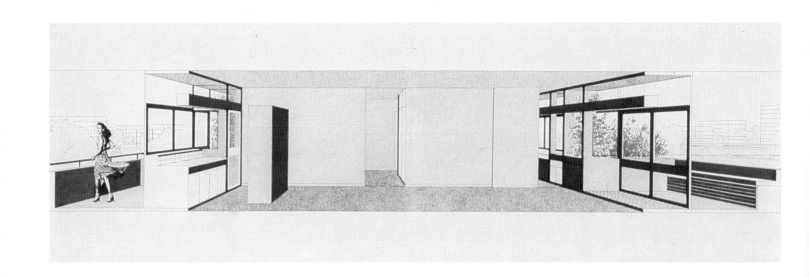

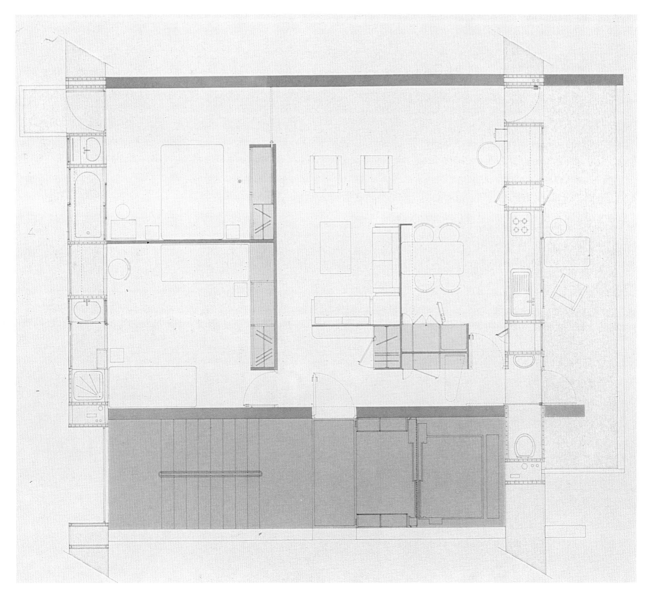

174

Ort der Wohnanlage: eine künstliche Insel in der Großen Steinlake
im Nordosten von Schwanenwerder
Emplacement des habitations: une île artificielle dans la Große Steinlake
au nord-est de Schwanenwerder

175

Romuald Loegler (Krakau)
Mitarbeiter: Malgorzata Wlodarczyk, Marcin Wlodarczyk
Das wahre Zentrum von West-Berlin — das Haus als städtischer Mittelpunkt

Berlin, als städtischer Raum, als sinnbildlicher Raum, erscheint auf der Landkarte als Zusammenballung von Menschen, ein physikalischer Raum, erfaßbar und spannend. Berlin hat aber auch eine vertikale Dimension. Unsichtbar auf der Landkarte, markiert sie die Grenzen der Stadt, allen voran ihr Zentrum – definiert durch Achsen und einen zentralen Punkt. Das Zentrum dieser Stadt, von Geist und Emotionen unbewußt ersehnt, ist noch nicht durch eine F o r m definiert. Für mich erscheint es an einem eigentümlichen Ort, symbolisch verkörpert durch Schienen, die zwei Welten verbinden – Ost- und Westeuropa. Wo die Schienen sich treffen, ist der neutrale »Nullpunkt«, der Anfang der Achse, die das Zentrum West-Berlins definiert. Dieser Ort wird bestimmt durch drei Achsen, die den Breitscheidplatz, den Savignyplatz und die Bundesallee miteinander verbinden. Das so entstehende Dreieck bildet das neue Zentrum. Für diesen Ort wollen wir das F o r u m vorschlagen. Ein räumliches Schild, die Agora für das 21. Jahrhundert, ein öffentlicher Platz für Festlichkeiten, ein Tempel für die Kultur aller Völker. Dieses Schild ist das »Tor-Haus«, das die Aufmerksamkeit auf sich zieht und den Besuchern Informationen aus Kultur und Wissenschaft anbietet, die elektronisch gespeichert sind in einem riesigen Silo-Container. Die Vertikale des »Tor-Hauses« unterstreicht die Grenzen dieses Gebietes und symbolisiert diesen »Mittelpunkt« der Stadt. Der Grundriß des »Tor-Hauses« ist rechteckig. Seine Gestalt ist der Geometrie entnommen; der Kubus, der die Hauptproportionen umschreibt, wurde aus der Ordnung des Gebietes entwickelt. Es ist die Konsequenz der immanenten Ordnung dieses Projektes.
Der Prozeß der Transitionen und Transformationen des Kubus – dieser elementaren geometrischen Form – gab mir die Möglichkeit der permanenten Kontrolle über ein gestaltetes räumliches Ensemble.
Das Innere des »Tor-Hauses« setzt sich zusammen aus:
Plätzen im Erdgeschoß für öffentliche Ereignisse, Versammlungen usw.; »Zellen«, die in einem »abstrakten« Glaskubus zu hängen scheinen, für einzelne Aktivitäten ein elektronischer Speicher, ein Gedächtnis-Container mit Diskettenstationen, die von allen bedient werden können; eine Eisenbahn-Hochtrasse rund um das Zentrum, die einen Überblick über alles Geschehen in der Anlage ermöglicht; das sogenannte »Berlin-Museum«, das sich auf mehreren Ebenen befindet.

Romuald Loegler (Cracovie)
Collaborateurs: Malgorzata Wlodarczk, Marcin Wlodarczyk
Le véritable centre de Berlin-Ouest — la maison comme point central de la ville

Berlin, espace urbain, à la fois symbolique, apparaît sur la carte comme une énorme concentration de personnes et espace physique perceptible et existant. La ville a une dimension verticale aussi. Invisible sur un plan, elle définit ses limites, et tout d'abord son centre, marqué par des axes et un point central. Le centre de cette ville, inconsciemment désiré sur le plan intellectuel et émotionnel, n'est pas jusau'à présent concrétisé par une f o r m e . A mon sens, il apparaît en un lieu particulier, symbolique, marqué par la voie de chemin de fer rejoignant les deux mondes: le monde occidental et le monde oriental. Il s'agit d'un «point-zéro» neutre, du début de l'axe qui crée le centre de Berlin-Ouest. Ce lieu se définit par trois axes qui joignent la Breitscheidplatz, la Savignyplatz et la Bundesallee. Le triangle ainsi créé est le nouveau centre. C'est à cet endroit que nous recommandons d'ériger le f o r u m , signe spatial qui pourrait être la version 21ème siècle de l'Agora, un lieu public de cérémonie, le temple de la culture universelle. Ce signe est la «Maison-porte», attirant l'attention et offrant aux visiteurs des informations culturelles et scientifiques, rassemblées par le biais d'une mémoire électronique dans un énorme silo. Son aspect vertical a pour objectif de souligner les limites de cette région et de symboliser ce centre de la ville. Le plan de la «Maison-porte» est rectangulaire. Sa forme est issue d'un ordre géométrique, le cube qui en définit les principales proportions découle de l'ordre contenu dans le site même et résulte de l'ordre immanent du projet.
Un processus de transitions et de transformations d'un cube – cette forme géométrique de base – m'a donné la possibilité de maintenir un contrôle permanent sur l'ensemble spatial projeté.
La structure spatiale interne de la «Maison-porte» est créée par des espaces ouverts au rez-de-chaussée destinés à des manifestations, des rencontres publiques, etc., des «cellules» apparemment suspendues à l'intérieur d'un cube de verre «abstrait», une mémoire électronique destinée à des activités individuelles, un silo-mémoire à disquettes dont l'usage est permis à chacun, un viaduc de chemin de fer contournant le centre et permettant d'observer tout ce qui se passe, un «Musée de Berlin» sur plusieurs niveaux.

Ernst Lohse (Kopenhagen)
Balkon Europas — Potsdamer Platz

Jedes abgerissene Gebäude ist ein Scheibchen zerstörter
Geschichte. Die Folge der Zerstörung ist nicht nur eine Stadt ohne
Geschichte, sondern auch eine Stadt ohne Gesicht. Der Potsdamer
Platz in Berlin ist aus der Realität verschwunden und, genau wie
Troja, zu einem Mythos geworden. In dieser hektischen Metropole
feierte die Urbanität den Triumph des Tempos, hier war einmal
»Berlin-Mitte« – das es nicht mehr gibt. Hier verschwand Berlin.
Hier wurde die Teilung Europas und der Welt fortgesetzt. Heute ist
hier ein Vakuum – ein Niemandsland.
Jetzt treten die Umrisse, die den Mythos des Potsdamer Platzes
umschließen, wieder hervor, voller Sehnsucht nach dem neuen Berlin, voller Trauer über das verlorene Berlin. Mauern werden den
Platz wieder beschreiben. Der umschlossene Raum wird zum
Monument. Gebäudestrukturen werden zwischen Ost und West
kommunizieren und eine psychische Brücke zwischen zwei entgegengesetzten Ideologien schlagen. Dieses Monument beinhaltet
die Abenteuer des vergangenen und des zukünftigen Berlins. Die
tempelähnlichen Tore, konzipiert als zwei sehr hohe Propyläen-Flan-
ken, stehen in einem historischen Dialog: Sinnbild des 21. Jahrhunderts in Form eines gigantischen »Balkons Europas«. Die Träume
des frühen 20. Jahrhunderts, die im Berliner Kulturleben so stark
und prächtig Ausdruck fanden, wurden im Laufe des Jahrhunderts
durch Rationalität, Objektivität, den Glauben an die Technik und das
Fehlen von Illusionen verzerrt. Dieses Monument bezieht sich auf
den gleichen illusorischen Glauben, der ins 21. Jahrhundert führt.
Hier findet man alle Träume Berlins übertragen in eine architektonische Sprache – manchmal als eine Umschreibung dessen, was war,
manchmal neue Bilder schaffend. Das Monument wird zum Sinnbild sich wandelnder Prozesse. Die Absicht ist, ein Monument zu
gestalten, das ganz einfach zum Synonym für Berlin und den Potsdamer Platz wird, das die Charakteristika der Berliner Kultur
bewahrt. Ein Tor – wie das Brandenburger Tor – heute noch hinter
der Mauer, morgen vielleicht schon wirklich als »Tor« zu sehen.
Wie die Siegessäule kann es als ein »Gebäudekomplex« voller Assoziationen empfunden werden, voller Symbole und allegorischem
Inhalt – ein gigantischer Engel.

Ernst Lohse (Copenhague)
Balcon de l'Europe — Potsdamer Platz

Chaque bâtiment détruit est un morceau de l'histoire effacée de
Berlin et le résultat n'est pas seulement une ville sans histoire, mais
également une ville sans visage. La Potsdamer Platz de Berlin a disparu de la réalité et comme Troie s'est tranformée en un mythe.
Dans cette métropole trépidante, l'urbanité célébrait le triomphe du
rythme; c'est là qu'était le centre de Berlin; cela n'existe plus. C'est
là que Berlin a péri. C'est là que s'est poursuivie la séparation de
l'Europe et du monde. A l'heure actuelle il s'agit d'un vide, un no
man's land.
Maintenant les cadres renfermant à nouveau les mythes de la Potsdamer Platz sont en train de s'élever aspirant à un nouveau Berlin et
déplorant l'ancien Berlin. Les murs décriront à nouveau la place.
L'espace intermédiaire devient monument. Les structures du bâtiment établiront une communication entre l'ouest et l'est et créeront
un lien psychique entre deux idéologies opposées. Les constructions
renferment les aventures de Berlin dans le passé et l'avenir. Les portes comme celles d'un temple, deux propylées très élevées, flan-
quent, dans un dialogue historique, l'image du 21ème siècle présentée sous la forme d'un gigantesque «Balcon de l'Europe». Les rêves
des débuts du 20ème siècle fortement et magnifiquement exprimés
dans la culture berlinoise ont été par la suite déformés par le rationalisme, l'objectivité, les croyances techniques et le manque d'illusions. Le monument construit s'apparente à la même croyance illu-
soire conduisant à la naissance du 21ème siècle. On y trouve tous les
rêves de Berlin transformés en une langue architecturale – parfois
une paraphrase sur ce qui était, parfois de nouvelles images. Le
monument devient une image d'un processus changeant. L'intention
est de façonner un monument qui devienne simplement synonyme
de Berlin et de la Potsdamer Platz, tout en maintenant les caractéristiques de la culture de Berlin. Comme la Brandenburger Tor il s'agit
d'une porte, aujourd'hui derrière le Mur, demain peut-être visible en
tant que porte. Comme la Colonne de la Victoire, elle peut être per-
çue comme un ensemble de bâtiments rempli d'associations, de
symboles et de contenus allégoriques. Un ange gigantesque.

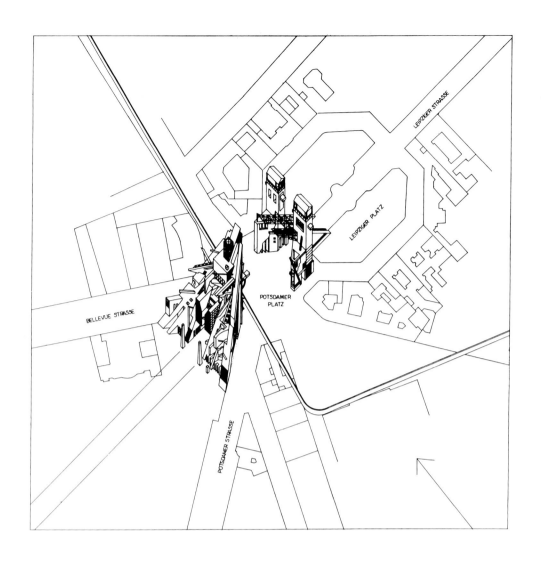

POTSDAMER PLATZ

BELLEVUE STRASSE

POTSDAMER STRASSE

LEIPZIGER STRASSE

LEIPZIGER PLATZ

Mark Mack (San Francisco)
Schrebergartenstadt und Fischersiedlung

Vom Flugzeug aus sah ich die »Mauer« nicht als ein urbanes Werk-
zeug der Separation, sondern als landschaftlichen Zwischenraum.
Diese »ländliche Mauer« führt zu ungefähr zwei Dritteln durch
Landschaft und Agrarland. Stacheldrahtzäune, manchmal mehrere
parallel hintereinander, und ein unzugängliches Beobachtungsfeld
lassen diese »Mauer« zu einem dramatischen Eingriff in die Landschaft rund um Berlin werden. Um dieses »Niemandsland« zu
errichten, sind Hunderte von Gartenhäuschen, Wochenendhäuser
und Ferienhäuser abgerissen sowie Tausende von Schrebergärten
zerstört worden. Fünfzehn Meter hohe Wachttürme wurden auf
strategischen Punkten errichtet, und Minen machten diese Landschaft unbegehbar.

Das folgende Projekt nimmt gerade diese verlorenen Landschaften
zum Ausgangspunkt, um einen Zusammenhang mit dem Berlin herzustellen, welches um die Jahrhundertwende radikalen, sozialen,
nüchternen und emotionalen Stadt- und Landbau betrieb; eine leb-
hafte Erinnerung an die Gartenstadtbewegung unter Hermann
Muthesius, die radikalen urbanen Begrünungskonzepte Martin
Wagners und Hermann Jansens sowie an die anspruchsvolle Nüch-
ternheit von Heinrich Tessenows und Bruno Tauts emotionalem
Sozialismus. Jener Zeit und jenen Zeitgenossen ist dieses Projekt
gewidmet, einer Epoche voller Zuversicht und Nächstenliebe.

Die Spandauer Laßzinswiesen und Fichtewiesen/Erlengrund, beide
exterritorial im Berliner Forst gelegen, werden als fußgängerorien-
tierte Freizonen erschlossen, um einen Ausgleich zu den verdichte-
ten urbanen Zentren zu schaffen. Diese Gebiete sind nur mit der
Eisenbahn oder dem Boot erreichbar, Tunnel und Stege ermöglichen einen Zugang von West-Berlin. Temporäre überdimensio-
nierte Zäune trennen Ost und West. Die Fichtewiesen sind ein
Schrebergartenparadies, wo Gartenstadtprinzipien und Handwerk
Hand in Hand gehen. Der Erlengrund ist nur von der Havel direkt
zugänglich. Die Laßzinswiesen und der Kiesteich sind dem Zusam-
menleben von Anglern vorbehalten und jenen, die den Kleinstadt-
gedanken noch nicht aufgegeben haben, sondern l e b e n wollen.

Mark Mack (San Francisco)
Une ville de jardinets et une agglomération de pêcheurs

Vu d'avion, le «Mur» ne m'est pas apparu comme un outil urbain
de séparation, mais comme une zone intermédiaire dans le paysage.
Ce «mur rural» mène, pour environ les deux tiers, à travers un paysage et une zone agricole. Des clôtures de fils barbelés, parfois plusieurs situées parallèlement les unes derrière les autres, et un champ
d'observation inaccessible font de ce «Mur» une atteinte dramati-
que du paysage tout autour de Berlin. Pour réaliser ce «no man's
land», des centaines de maisonnettes de jardin, de maisons de week-
end et de vacances ont été détruites ainsi que des milliers de jardinets. Des tours de gardes de 15 mètres de hauteur ont été érigées
sur les points stratégiques, et des mines rendent inaccessible ce paysage.

Le projet suivant prend précisément comme point de départ ces paysages perdus pour rétablir une harmonie avec le Berlin qui a réalisé
au début du siècle des constructions urbanistiques radicales, sociales, sobres et émotionnelles, un rappel animé du mouvement de la
ville-jardin sous la direction de Hermann Muthesius, des concepts
urbains radicaux de Martin Wagner et Hermann Jansen pour redonner des espaces verts à l'agglomération ainsi que de la sobriété exi-
geante du socialisme émotionnel de Heinrich Tessenow et Bruno
Taut. Ce projet est dédié à cette époque et à ces contemporains, une
époque de confiance totale et d'amour du prochain.

A Spandau, les Laßzinswiesen et Fichtewiesen/Erlengrund, situées
de façon ex-territoriale par rapport aux forêts berlinoises, devront
être ouvertes en tant que zones libres pour les piétons, afin de créer
un équilibre vis-à-vis des centres urbains à haute densité de population. Ces zones ne seront accessibles que par le train ou le bateau,
un tunnel et des sentiers permettront un accès de Berlin-Ouest. Des
clôtures provisoires surdimensionnées séparent l'Est et l'Ouest. Les
Fichtewiesen seront un paradis pour les jardinets où les principes de
la ville-jardin et de l'artisanat seront en harmonie. Erlengrund ne
sera accessible que de la Havel. Les Laßzinswiesen et le Kiesteich
seront réservés à la convivialité des pêcheurs, et de ceux qui n'ont
pas encore abandonné les idées de la petite ville, mais veulent
v i v r e .

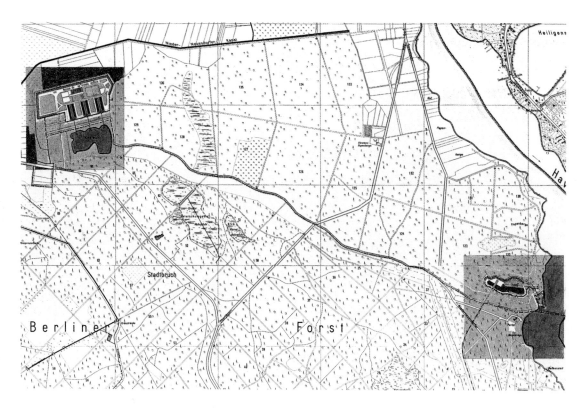

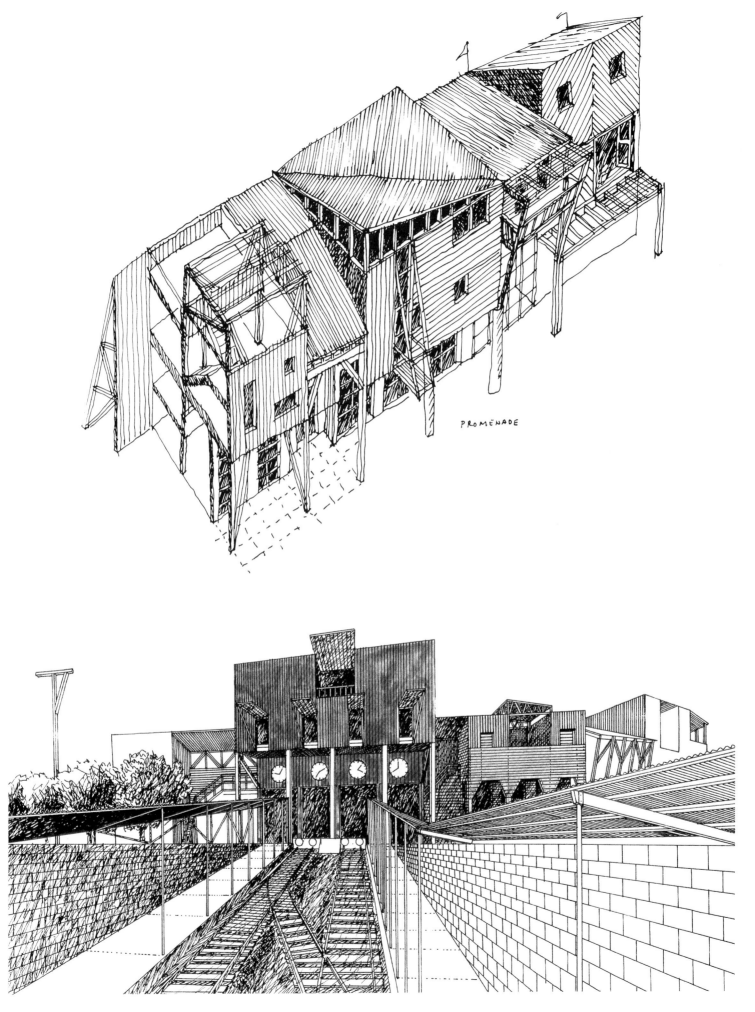

PROMENADE

181

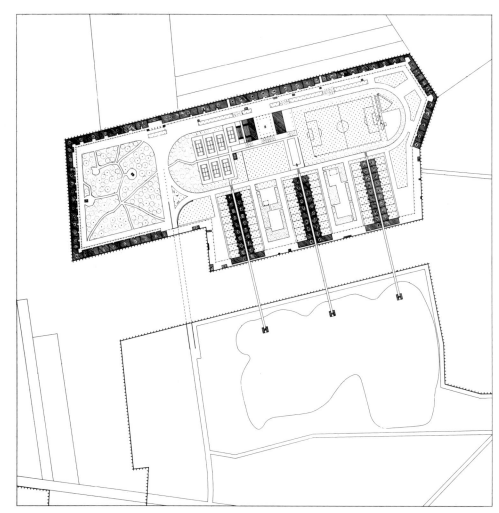

Laßzinswiesen

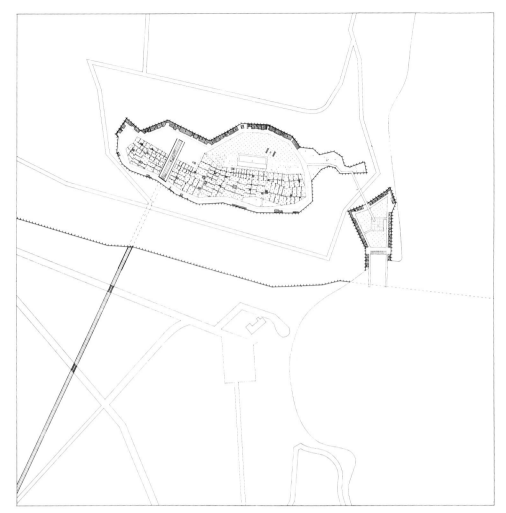

Fichtewiesen/Erlengrund

183

Christoph H. Mäckler (Frankfurt a. M.)
Mitarbeiter: Karin Haupt, Beate Hoyer
Berlin – Breitscheidplatz

Berlin ist trotz der Einmauerung und der damit verbundenen wirtschaftlichen Schwierigkeiten noch heute die einzige Metropole im
westlichen Teil Deutschlands, die sich mit Städten wie Paris oder
London vergleichen ließe. Man findet in ihr mehr Internationalität,
Kultur und Wissenschaft als in irgendeiner anderen deutschen Stadt.
Was ihr fehlt, ist das Umland, in das sie diese Qualitäten hineintra-
gen und aus dem sie politische und wirtschaftliche Kraft entwickeln
könnte. Vom Land abgeriegelt, liegt sie wie eine vergessene Insel im
Meer, über Funk und Fernsehen mit dem Weltgeschehen verbun-
den und vom eigenen Flair berichtend.
Auf der isolierten Kircheninsel am Breitscheidplatz finden sich
Turmbauten und Gebäude mit den verschiedensten Bedeutungen:
– In Würdigung Kaiser Wilhelms I., in dem man den Wiederherstel-
ler der deutschen Einheit sah, wurde 1895 die Kaiser-Wilhelm-
Gedächtniskirche eingeweiht. Von dieser Kirche, die 1943 durch
Bomben zerstört wurde, blieb nur noch die Gedenkhalle mit dem
sich darüber erhebenden Turm erhalten: eine Erinnerung an die
Erinnerung an den Begründer des zweiten deutschen Kaiserreichs.
– Die Ruine als Wahrzeichen Berlins erzählt vom Ende der national-
sozialistischen Gewaltherrschaft, vom Ende des Zweiten Weltkriegs,
vom Ende einer deutschen Hauptstadt, eines deutschen Staates.
– Die neue Kirche Egon Eiermanns, das von mystisch-blauem Licht
durchflutete Oktogon, ist ein Ort der Besinnung und der inneren
Einkehr am Ende einer selbstverantworteten Katastrophe geworden.
– Der Kirchturm ist in seiner Architektur schlicht und zurückhal-
tend. Er trägt keine Turmspitze und bleibt in seiner Höhe 15 Meter
unter der Ruine: ein Zeichen der Erniedrigung am Ende eines
»totalen Krieges« und der Zurückhaltung am Anfang einer neuen
Demokratie.
Die Insel wird erweitert und die Turmbauten durch einen »Fernmel-
deturm« ergänzt, der die Botschaft Berlins in die Welt trägt und die
Stadt über Funk und Fernsehen am Weltgeschehen teilnehmen läßt.
Die Internationalen Berliner Filmfestspiele erhalten ein repräsentatives Gebäude mit mehreren Filmtheatern, das über den vorhande-
nen Autotunnel gestellt wird und den Platz mit der Insel städtebau-
lich neu faßt.
Die Insel wird zum Zentrum des westlichen Teiles der Stadt am
Ende des Kurfürstendammes. Die Insel, ein Ort der Vergangenheit,
Gegenwart und Zukunft.

Christoph H. Mäckler (Francfort s. M.)
Collaborateurs: Karin Haupt, Beate Hoyer
Berlin – Breitscheidplatz

Berlin est, en dépit de son emmurement et des difficultés économiques en résultant, aujourd'hui encore la seule métropole dans la partie occidentale de l'Allemagne pouvant être comparée à des villes
comme Paris ou Londres. On y trouve davantage d'internationalité,
de culture et de science que dans n'importe quelle autre ville allemande.
Ce qui manque, c'est un environnement où elle pourrait insérer ses
qualités et développer une force politique et économique. Verrouil-
lée, elle est comme une île oubliée dans la mer, liée au monde extérieur et informant sur sa propre situation grâce à la radio et à la télévision.
Sur l'îlot isolé de l'église de la Breitscheidplatz, on trouve des tours
et des bâtiments avec les significations les plus diverses:
– L'Eglise du Souvenir de l'Empereur Guillaume a été inaugurée en
1895 en l'honneur de l'Empereur Guillaume Ier, symbolisant le réta-
blissement de l'unité allemande. Il ne reste de cette église, qui a été
détruite par les bombardements en 1943, que le hall du souvenir
avec la tour s'élevant au-dessus: un souvenir du souvenir du Fonda-
teur du Second Empire Allemand.
– La ruine en tant que signe distinctif de Berlin illustre la fin de la
domination national-socialiste, la fin de la Seconde Guerre mondiale, la fin d'une capitale allemande, d'un Etat allemand.
– La nouvelle église d'Egon Eiermann, l'octogone pénétré de
lumière bleue – mystique –, est devenue un lieu de réflexion et de
recueillement intérieur au terme d'une catastrophe dont nous sommes nous-mêmes responsables.
– Le clocher présente une architecture simple et discrète. Il n'a pas
de pointe et reste avec ses 15 mètres de hauteur sous le niveau le
plus élevé de la ruine: un signe d'humiliation à la fin d'une «guerre
totale» et de réserve au début d'une nouvelle démocratie.
Cet îlot serait étendu et les hauts clochers complétés par une «tour
de télécommunication» portant les messages de Berlin dans le
monde entier et permettant à cette ville de participer par la radio et
la télévision à la vie mondiale. Les festivals internationaux du film
de Berlin obtiendraient un bâtiment représentatif avec plusieurs
cinémas disposés au-dessus du tunnel routier existant et offrant une
nouvelle conception urbanistique de la place avec l'îlot.
L'îlot deviendra le centre de la partie occidentale de la ville à l'extrémité du Kurfürstendamm. L'îlot, un lieu du passé, du présent et de
l'avenir.

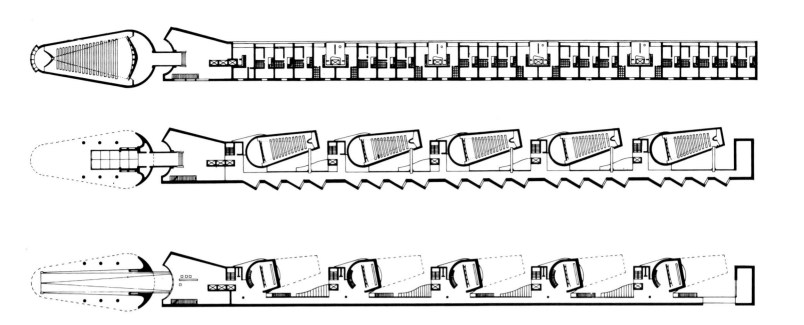

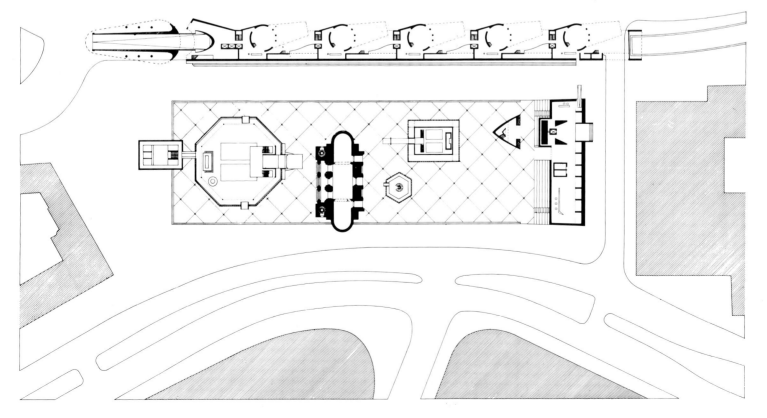

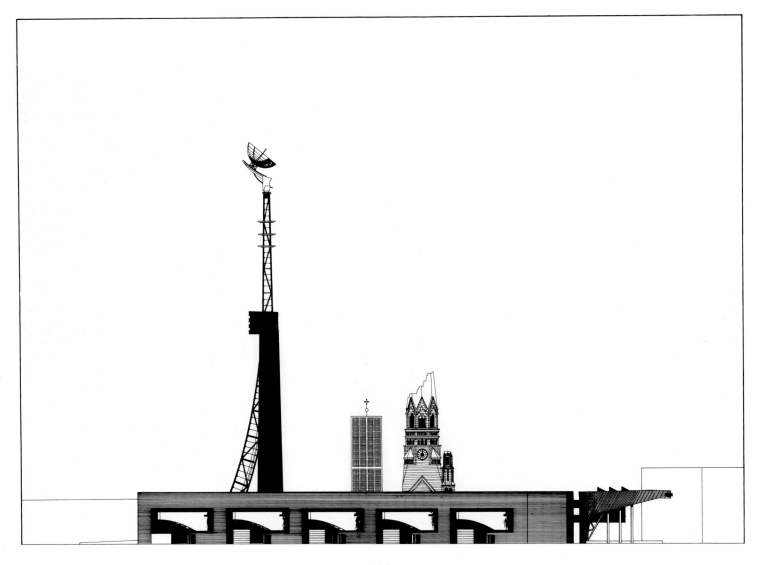

187

Vittorio Magnago Lampugnani (Mailand)
Die Neuordnung der Stadt im Bereich der Fasanenstraße

Der Konzeption liegen zwei prinzipielle Entscheidungen zugrunde. Die erste: alle städtischen Blöcke werden in der historischen Flucht-linie geschlossen, soweit dies möglich und sinnvoll ist. Die zweite: die Stadtbahn-Trasse wird – ebenfalls soweit möglich und sinnvoll – durch Bauten gefaßt, und zwar dergestalt, daß auf beiden Seiten des Viadukts eine arkadengesäumte Promenade für Fußgänger entsteht. Aus diesen zwei prinzipiellen Entscheidungen folgt die Entwicklung von zwei Grund-Bebauungstypen: normal tiefe Häuser an der Straße, schmalere an der Stadtbahn. Sowohl an der Straße als auch an der Stadtbahn soll jeweils dann gewohnt werden, wenn die vom Stadtgrundriß vorgegebene Orientierung es gestattet; wo sie es nicht tut, werden anstelle der Wohnungen Büros angeboten. Innerhalb der beiden Grund-Bebauungstypen sind verschiedenartige Raum-anordnungen und Erschließungen möglich, die der jeweiligen Situa-tion angepaßt werden. In den Erdgeschossen, die nahezu die dop-pelte Geschoßhöhe der Obergeschosse aufweisen, sind Läden vorgesehen. Innerhalb des einfachen Systems der Blockrandschlie-ßung und der Stadtbahneinfassung gibt es neben kleineren Abwei-chungen drei wichtige Ausnahmen, die der Ort und die Nutzung erfordern.

Die erste Ausnahme ist die Bebauung an der Börse, die zwar auch die historische Fluchtlinie aufnimmt, aber keine Geschlossenheit schafft; in einem von Solitärbauten gekennzeichneten Ensemble wäre letzteres eine unglaubwürdige Kontradiktion. So stellt sich eine zur Straße hin schmal ausgebildete, abgewinkelte Zeile in die Sequenz von bestehenden einzelstehenden Bauten. Die zweite Aus-nahme ist das Terrain zwischen Theater des Westens und Stadtbahn-viadukt; dort soll sowohl aus architektonischen als auch aus funktio-nalen Gründen ein Stadtteilpark entstehen. Die Automobilstell-plätze, die gegenwärtig das Grundstück belegen, werden durch die Aufstockung der Centralgarage auf der gegenüberliegenden Seite der Kantstraße zur Verfügung gestellt.

Die dritte Ausnahme ist schließlich der Blockbereich, der durch Joachimstaler Straße und Centralgarage einerseits und Kantstraße und Kurfürstendamm andererseits begrenzt wird. Seine zentrale Lage in der Nahtstelle zwischen Bahnhof Zoo und Kurfürstendamm prädestiniert ihn geradezu für eine ebenso zentrale Funktion im Leben der Stadt. Diese soll er durch ein einfaches System von Gale-rien wahrnehmen, die zu einem internen, glasüberdachten und somit ganzjährig benutzbaren Platz führen. Die neuen Bauten neh-men die Erweiterung des Sitzes der Viktoria-Versicherung auf, schaf-fen einen repräsentativen Ersatz für das Café Kranzler sowie für das Bilka-Kaufhaus und beherbergen darüber hinaus ein neues, expo-niertes Hotel. Berlin-West, Stadt ohne historisches Zentrum, erhält einen Ort, der zentrale, eminent städtische Qualitäten zu entwickeln vermag.

Der vorliegende Entwurf ist ein Idealentwurf. Wenn er auch einer-seits völlig realistisch ist, stellt er andererseits keineswegs einen ein-zigen »Großeingriff« dar, den es insgesamt zu verwirklichen gilt oder überhaupt nicht: Die einzelnen Maßnahmen können nach und nach durchgeführt und dem Leben der Stadt angepaßt werden.

Vittorio Magnago Lampugnani (Milan)
La restructuration de la ville dans le secteur de la Fasanenstraße

Cette conception est fondée sur deux décisions de principe. La pre-mière consiste à enfermer – dans la mesure où cela est possible et judicieux – tous les blocs urbains dans l'alignement historique et la deuxième, à enserrer – toujours dans la mesure du possible – le tracé du chemin de fer métropolitain par des bâtiments afin de créer, des deux côtés du viaduc, une promenade pour piétons bordée d'arca-des.

De ces deux décisions de principe découle le développement de deux types fondamentaux de construction: des immeubles d'une largeur normale sur la rue et des immeubles plus étroits le long de la voie du chemin de fer métropolitain. Les appartements doivent donner sur la rue tout comme sur la voie du chemin de fer métropo-litain lorsque les orientations prévues par le plan de la ville le per-mettront; si tel n'est pas le cas, les appartements seront remplacés par des bureaux. A l'intérieur des deux types fondamentaux de construction, on prévoiera divers aménagements de l'espace et utili-sations adaptées à chaque situation. Les rez-de-chaussée, dont la hauteur est presque deux fois celle des étages supérieurs, seront occupés par des boutiques. Au sein de ce système simple de l'aligne-ment des blocs, d'une part, et de l'encadrement de la voie du chemin de fer métropolitain, d'autre part, il existe, outre quelques écarts sans importance, trois exceptions majeures exigées par le lieu et l'utilisation.

La première exception concerne la construction près de la Bourse, qui, si elle reprend aussi l'alignement historique, ne crée pas, pour autant, une unité fermée; ce serait une contradiction invraisem-blable dans un ensemble caractérisé par des bâtiments isolés. C'est ainsi qu'une ligne étroite et angulaire, dirigée vers la rue, se place dans la séquence des bâtiments isolés existants. La deuxième excep-tion est celle constituée par le terrain situé entre le Theater des Westens et le viaduc du chemin de fer métropolitain; là, sera créé, tant pour des raisons architectoniques que pour des motifs fonction-nels, un parc de quartier. Les places de parking, qui occupent actuel-lement ce terrain, seront de nouveau à la disposition des automobi-listes grâce à une surélévation du Centralgarage situé sur le côté opposé de la Kantstraße.

La troisième exception, enfin, correspond au secteur du bloc déli-mité, d'une part, par la Joachimstaler Straße et le Centralgarage et, d'autre part, par la Kantstraße et le Kurfürstendamm. Sa situation centrale, au point de jonction entre la Bahnhof Zoo et le Kurfürsten-damm, le prédestine, pour ainsi dire, à avoir une fonction, également centrale, dans la vie de la ville. Il doit remplir cette fonction avec un système simple de galeries, qui mènent vers une place intérieure couverte d'une toiture en verre, permettant une utilisation tout au long de l'année. Les constructions nouvelles accueillent l'extension du siège de la compagnie d'assurance Victoria, créent un remplace-ment représentatif pour le Café Kranzler et le grand magasin Bilka et elles accueilleront, en outre, un nouvel hôtel agréablement situé. Berlin-Ouest, ville sans centre historique, acquiert un lieu qui peut développer des qualités centrales éminemment urbaines.

Ce projet est une projet idéal. Quoiqu'il soit, d'une part, parfaite-ment réaliste, il ne correspond pas, d'autre part, à une seule et uni-que «intervention de grande envergure» qu'il importe de réaliser, en totalité, ou de ne pas réaliser du tout: les différentes mesures peu-vent, en effet, être mises en œuvre peu à peu et être adaptées à la vie de la ville.

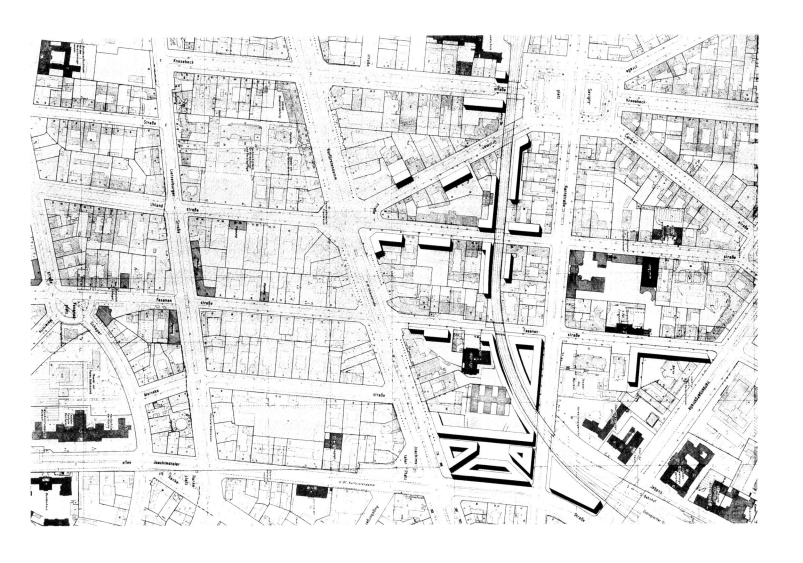

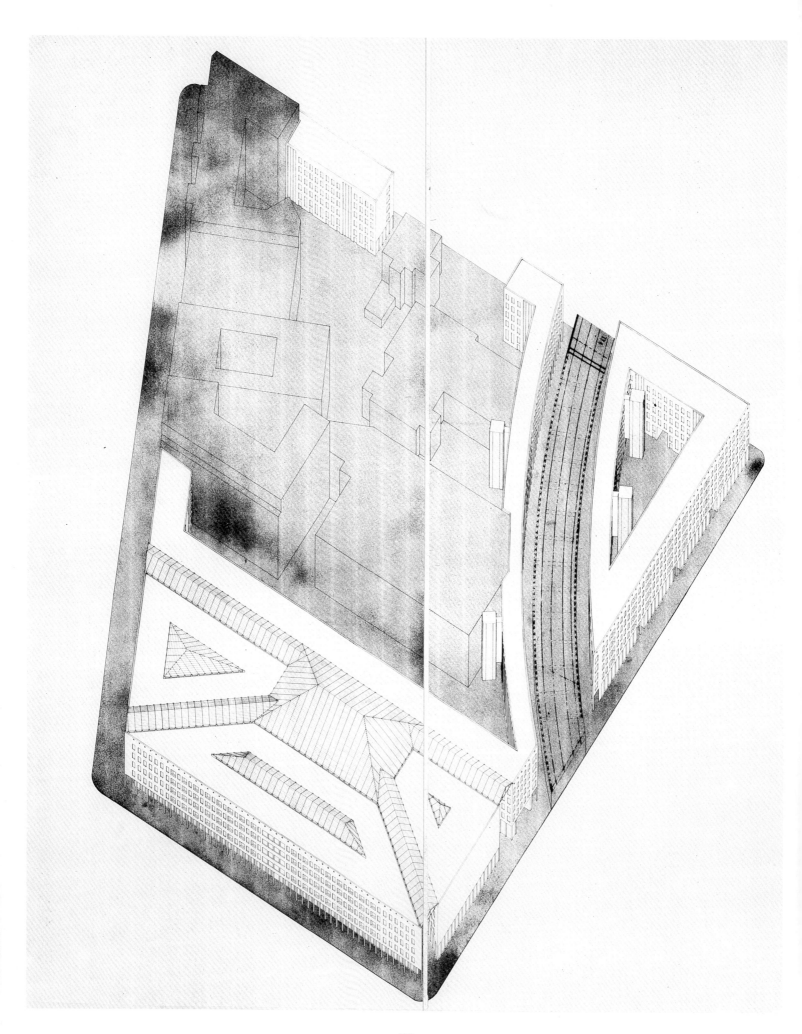

190

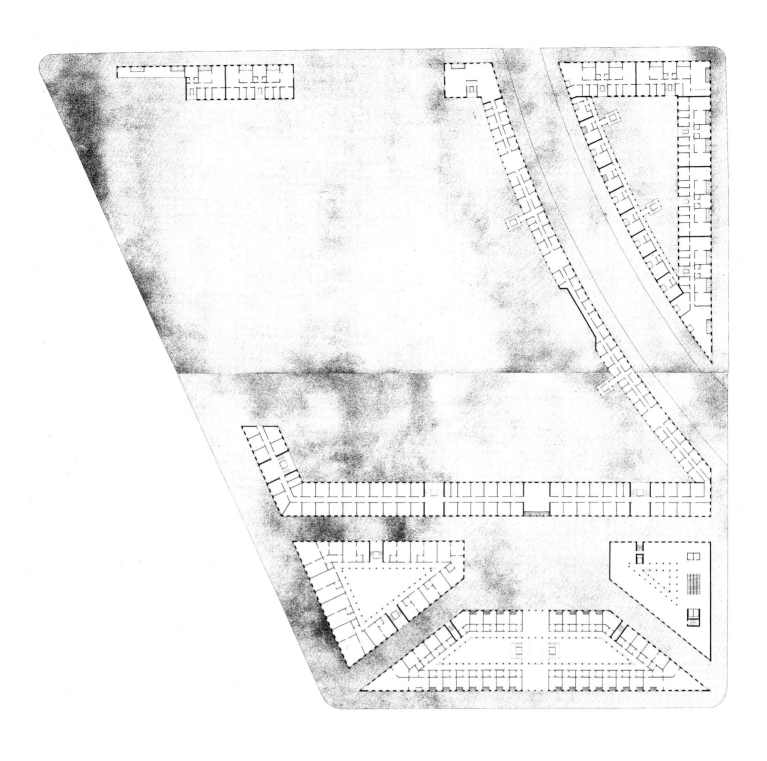

Detlef Mallwitz, Friedrich Mallwitz (Berlin)
Mitarbeiter: Paul Plassmann
Internationale Wanderbauausstellung Berlin 2023

Naheliegend wäre gewesen, den Rhythmus der Dreißigjahres-
abstände zwischen der Interbau 1957 und der Internationalen
Bauausstellung 1987 fortzuführen bis ins Jahr 2017. Dies konnte nicht
gelingen, da die beiden Teile Berlins ja erst in eben diesem Jahr
nach Ratifizierung des 3. Vatikanischen Vertrages langsam und müh-
sam – dafür um so gründlicher – zusammenzuwachsen begannen.
Die gigantischen Vorarbeiten, mit denen es uns gelungen ist, große
Wasserflächen in unser Stadtgebiet zu integrieren und bis an die
City heranzuführen, mußten dadurch zwangsläufig auf das Gebiet
des ehemaligen West-Berlins beschränkt bleiben. Nach den internationalen Grabungskontrollverträgen sind wir verpflichtet, erheb-
liche Mengen Landes abzugeben und mit Wasser aufzufüllen, wovon dicht besiedelte Gebiete und Industriezonen in der ersten Stufe
ausgenommen sind. Da in der dritten Stufe alle verbleibenden
Landflächen ausschließlich landwirtschaftlich genutzt werden dür-
fen, haben wir mit der »Intermarine Floathall Corporation« ein
Konzept entwickelt, um für die Zukunft des Menschen auf dem
Wasser gerüstet zu sein.
Eine industrielle Zone entlang der Lehrter Straße bildet das Rückgrat der Produktion der Neubauten auf der westlichen Seite, während Einrichtungen für Umbau, Reparatur und Verschrottung auf
der östlichen Seite des Ausstellungsgebietes liegen. Ein System
gleich großer Segmente bildet die Basis für industrielle Produktions-
anlagen, Lagerung/Speicher, Tierhaltung, Dienstleistung, Handel
und Wohnen. Dieses System wird komplettiert durch die Herstellung von Front- und Hecksegmenten, die, mit Normalsegmenten
zusammengesetzt, ein ozeantaugliches Fortbewegungsmittel ergeben.
Parallel dazu haben wir ein experimentelles Verkehrskonzept in
Zusammenarbeit mit der Hovercraft Ltd., London, und der BVG
entwickelt, wobei mehrere H-Versuchsstrecken die Ausstellungs-
fläche tangieren. Wir haben diese Ausstellung bewußt in kleinem
Rahmen inszeniert als Auftakt für die große, eigentliche, im Ausstel-
lungsgebiet. Seit Beginn der Arbeiten haben zwei Schriftsteller
unser Projekt begleitet und ihre Impressionen zu Papier gebracht.
Wir hoffen, daß diese kleine Ausstellung ein Bild gibt von den
Anstrengungen, die wir der veränderten Lage auf unserem Planeten
schuldig sind, und weisen darauf hin, daß die eigentliche Ausstellung bequem vom östlichen Landungssteg im Spreebogen mit dem
Auto erreicht werden kann.

Detlef Mallwitz, Friedrich Mallwitz (Berlin)
Collaborateur: Paul Plassmann
Exposition architecturale internationale itinérante Berlin 2023

Il aurait été plus logique de continuer les expositions d'architecture
tous les trente ans (expositions «Interbau» 1957 et «Internationale
Bauausstellung» 1987). La présente exposition aurait donc dû avoir
lieu en 2017. Cela n'a pas été possible car les deux parties de Berlin
n'ont commencé que cette année-là à se rapprocher l'une de l'autre,
suite à la ratification du 3ème Traité du Vatican. Ce rapprochement
se fait lentement, certes, et avec difficulté, mais de façon d'autant
plus durable.
Dans ce contexte, les gigantesques travaux préliminaires, entrepris
pour intégrer dans le territoire de notre ville de grande étendues
d'eau allant jusqu'au centre de Berlin, ont dû être limités au territoire de l'ancien Berlin-Ouest. Les traités internationaux du contrôle
des fouilles nous obligent à mettre sous l'eau de grandes parties de
nos terres. Dans une première phase, les régions fortement peuplées
et les zones industrielles sont exclues de ces plans, mais la troisième
phase prévoit l'exploitation exclusivement agricole de tous les terrains restants. En collaboration avec la société Intermarine Floathall
Corporation, nous avons alors développé un projet assurant la survie
de l'homme sur l'eau.
L'essentiel de la production des nouveaux bâtiments a lieu sur le
côté ouest du terrain d'exposition, dans une zone industrielle lon-
geant la Lehrter Straße, tandis que les installations de transformation, de réparation et de mise à la ferraille se trouvent sur le côté est.
Aussi bien des habitations, des locaux de commerce et de service
que des unités d'élevage, de stockage/emmagasinage et des installations industrielles se construisent à partir d'un système de segments
de dimensions identiques, complétés par des segments de poupe et
de proue. Montés, tous ces éléments forment une sorte de paquebot
bon pour le grand large.
Parallèlement nous avons développé un projet expérimental de
transport en collaboration avec les sociétés Hovercraft Ltd., Londres,
et BVG (compagnie berlinoise des transports). Plusieurs pistes d'essai sont attenantes au parc d'expositions. La présente exposition
s'inscrit volontairement dans un cadre restreint et ne veut donner
qu'un avant-goût de la grande exposition à venir. Depuis le début
des travaux, deux écrivains ont suivi de près notre projet et ont jeté
sur le papier leurs impressions. Nous espérons que cette petite exposition donnera une image juste des efforts que demandent les changements intervenus sur notre planète. La prochaine exposition sera
facilement accessible en voiture à partir du débarcadère situé sur le
coude de la Spree.

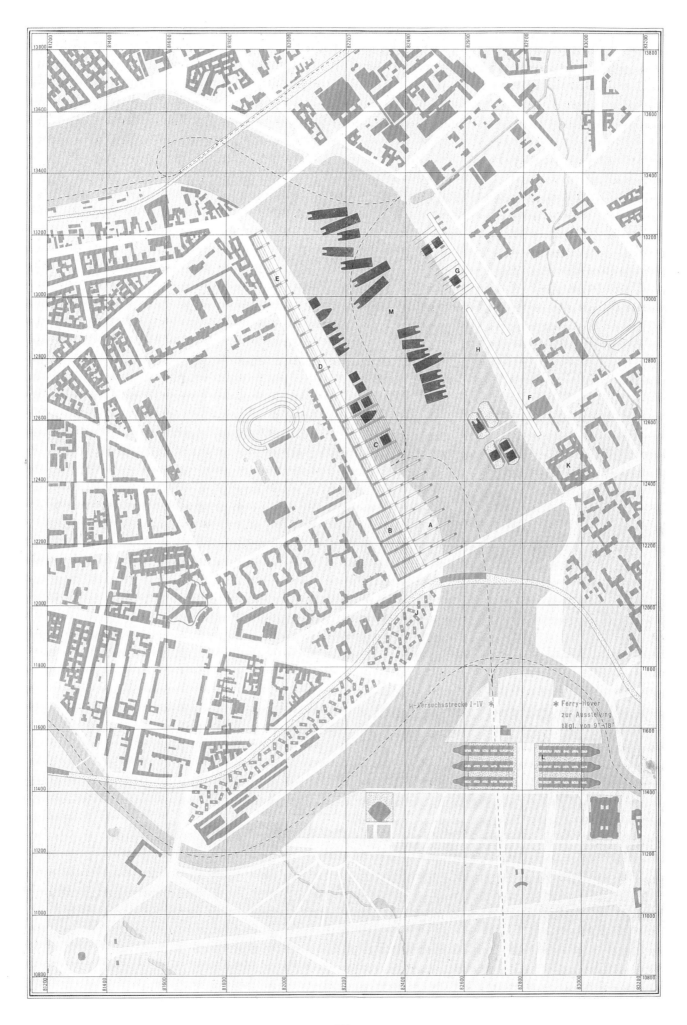

E

G

M

H

D

F

C

K

B A

H-Versuchsstrecke I-IV ✳ ✳ Ferry-Hover
zur Ausstellung
tägl. von 9⁰⁰-18⁰⁰

L

Schwere Schnellgrabungsfräse, Mai 2017
Fraiseuse lourde pour fouilles rapides, mai 2017

Neubau von Segmenten, Juli 2022
Construction de segments neufs, juillet 2022

In einem Segment, November 2022
En un seul segment, novembre 2022

195

Milosz Mankowski (Düsseldorf)
Mitarbeiter: Grazyna Marszalek
Zentrum für mitteleuropäische Kultur und Geschichte

Dem Entwurf liegt die Idee zugrunde, der geteilten Stadt eine verbindende Funktion zu geben. Ein Raum wird geschaffen, in dem die
umfassende Geschichte der Länder Mitteleuropas, deren Gegenwart
und Zukunft präsent sind. Eine lebendige Begegnungsstätte der Kulturen, Völker, Traditionen, Ideen entsteht. Ein Ort, an dem aktuelle
Probleme dargestellt und diskutiert werden. Das Projekt ist eine
Antwort auf die unerträgliche Teilung der Stadt, Deutschlands,
Europas in Ost und West, ein Versuch, den Kontakt und die gegen-
seitige Befruchtung der Kulturen wieder herzustellen. Architektonisch umgesetzt wird diese Idee in Form einer begehbaren Basis,
die geschichtliche Sammlungen, Ausstellungsräume, Konferenz-
und Vorlesungssäle enthält, und als eine Komposition aus aufgesetz-
ten eigenständigen Baukörpern für Institute, Stiftungen, Bibliotheken usw.
Das Projekt an dieser Stelle und in dieser Form soll ein Anstoß sein,
über den Ort neu nachzudenken mit einem kritischen Blick auf die
Geschichte. Das Nachdenken über die Zukunft ist hier ein Versuch,
die brennenden Probleme der Gegenwart zu lösen.

Milosz Mankowski (Dusseldorf)
Collaborateur: Grazyna Marszalek
Centre de culture et d'histoire de l'Europe centrale

L'idée de base est de donner à la ville divisée une fonction de liaison. Un espace est créé dans lequel l'histoire des pays d'Europe centrale, leur situation actuelle et leur avenir sont présents. Un lieu
vivant de rencontre des cultures, des peuples, des traditions et des
idées. Un lieu dans lequel des problèmes actuels sont exposés et dis-
cutés. Le projet est une réponse à l'insupportable division de la ville,
de l'Allemagne, de l'Europe en zones occidentale et orientale, une
tentative de rétablir le contact et la fécondation réciproque des cultures. Transposée sous une forme architectonique, cette idée devient
une base accessible, incluant des fonctions telles que des collections
historiques, des salles d'expositions, des salles de conférences et de
lectures, et une composition de constructions autonomes superpo-
sées pour des instituts, des fondations, des bibliothèques, etc.
Le projet à cet endroit et sous cette forme a pour objet de stimuler
une nouvelle réflexion sur le lieu et une nouvelle méditation avec
un regard critique sur l'histoire. Cette réflexion sur l'avenir est ici
une tentative de résoudre les problèmes brûlants du présent.

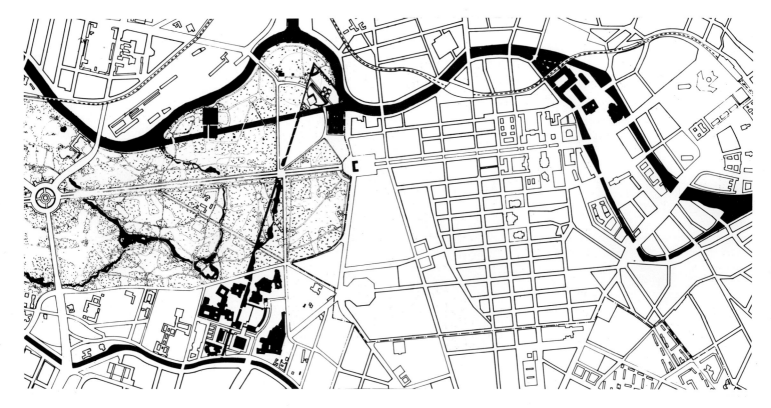

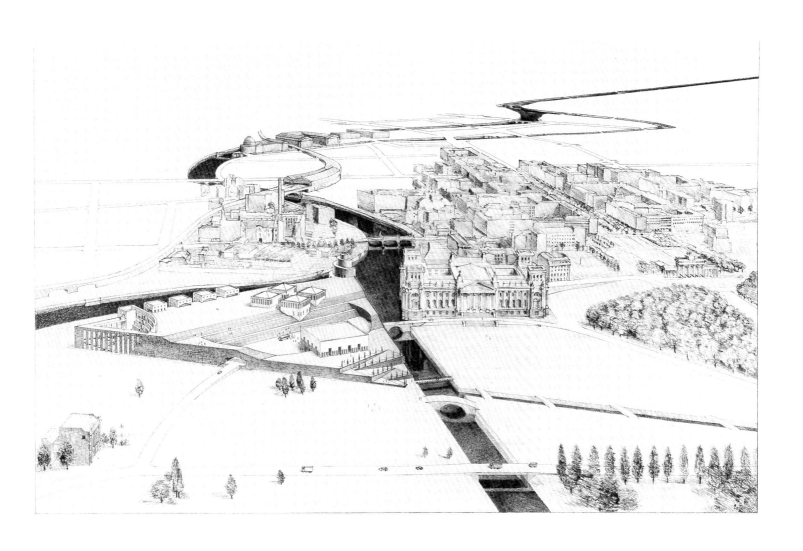

Martorell, Bohigas, Mackay (Barcelona)
Mitarbeiter: Niclas Dünnebacke
Eine Bandstadt als Stadteingang für Berlin

1. Eisenbahn und Stadtautobahnen sind oft entscheidende Elemente im Prozeß der Entstädterung. Sie wirken als Grenzen, die Logik und natürliche Kontinuität der Stadt unterbrechen, sie erzeugen unkontrollierbare Räume und Formverlust. Die Landschaft einer europäischen Stadt, gesehen von einer Autobahn über weitem Eisenbahngelände, mag von historischem oder literarischem, bildlichem oder kinematographischem Interesse sein, mag zu einer avantgardistischen Antwort auf die Morphologie des Establishments oder zu einer provinziellen auf die visuelle Kultur Amerikas dienen, aber nie als Ausdruck der sozialen und kulturellen Kraft einer europäischen Stadtagglomeration.

2. Die Einfahrt nach Berlin über die Avus ist ein besonders klares Beispiel: Anstatt ein Eintritt in die Stadt zu sein, der Urbanität von Inter- und Suburbanität scheidet, breitet sich, abgesehen von der sich als Hintergrund öffnenden weiten Perspektive, eine mehr als 90 Hektar große Wüste antiurbaner Unordnung und unterschiedlicher Ein- und Ausfahrten zweifelhafter Funktionalität aus, deren Formen nicht den städtischen Prozeß visualisieren und deren Zweck nur mit Hilfe künstlicher Signalsysteme klarzumachen ist. Heraus führen der Kurfürstendamm sowie die Heerstraße, die geradewegs in die Straße des 17. Juni einmündet. Man trifft jedoch auf sie, ohne ihre Bedeutung als wichtige Wege innerhalb der Struktur Berlins zu verstehen.

3. Die Bedeutung der Achse Heerstraße – Straße des 17. Juni definiert sich über einen historisch kontinuierlichen Eingriff, der, unter Beibehaltung seines formalen Konzepts, vom alten Zentrum Berlins ausgeht und in die sukzessiven Stadterweiterungen hineinführt. Der Kurfürstendamm hingegen hat eine neue Qualität als lebendige Achse gewonnen, obwohl er die entsprechende städtebauliche Bedeutung ursprünglich nicht hatte. Er entspringt in der Zone des Zentrums, entwickelt sich über einige Ungereimtheiten durch verschiedene Gegenden hindurch und verliert, je weiter vom Zentrum entfernt, desto mehr an formaler Dichte, bis er sich endlich ohne adäquaten Schlußpunkt auflöst. So würden diese beiden Achsen, auf angemessene Weise mit Avus und einer strukturierten Einfahrt verbunden, einen ganzen Stadtteil, der im Moment deutlich marginalen Charakter zeigt, funktional und morphologisch neu eingliedern – es handelt sich also um den Bau eines Stadteingangs.

4. Das Ausmaß dieser Zone und die sich aus ihrer geschichtlichen Entwicklung ergebenden Merkmale lassen es nicht zu, diesen neuen Eingang mit Hilfe eines autonomen architektonischen Gebildes zu formulieren, wie es in vielen alten Städten anzutreffen ist, wo die mittelalterlichen Mauern das städtische Geflecht präziser abgrenzten und das Einfügen von Blickpunkten erlauben, die die funktionalen und morphologischen Hierarchien verdeutlichen, wo auch die Ausgänge einen historisch evidenteren Ursprung haben. Greifen wir also zurück auf den Bau einer großen linearen Struktur, die unter einer einzigen Form die fortgeführte Bebauung, die verbindende Straße als Zusammenführung aller angrenzenden städtischen Punkte sowie die Darstellung der punktuellen »Unfälle« vereinigt, die diesen ganzen Zusammenhang bedingt haben.
Historische Beispiele, angefangen eben bei den mittelalterlichen Stadtmauern, sind hinreichend bekannt – von der »Roadtown« Chamblers von 1910 und der »Ciudad Lineal« Sorias aus dem Jahre 1913, über die Schemata Leonidows und Miljutins für Magnitogorsk und die radikalen Vorschläge Le Corbusiers für Rio, Montevideo, Sao Paulo und Algier bis zu den neueren Versionen Bakemas für Amsterdam, Gregottis Universitätsprojekten und den großen Stadtbrücken Tanges oder Friedmans. Auch gehören so unterschiedliche Dinge wie der Plan Brasilias und F. L. Wrights Marin County Civic Center mit hierzu. In allen Fällen stellt sich der linienförmige Ein-

Martorell, Bohigas, Mackay (Barcelone)
Collaborateur: Niclas Dünnebacke
Une ville linéaire comme entrée à Berlin

1. Le chemin de fer et les autoroutes urbaines sont généralement deux éléments très décisifs dans le processus de désurbanisation. Ils agissent à la fois comme barrières qui interrompent l'organisation et la continuité naturelle de la ville et produisent des espaces incontrôlés entraînant un certain manque de formalisme. Le paysage d'une ville européenne vu depuis une autoroute qui croise une grande convergence de voies de chemin de fer, peut présenter un intérêt de nature historique ou littéraire; il peut apparaître comme le défi d'une nouvelle forme d'expression picturale ou cinématographique, il peut être une réponse d'avant-garde devant la morphologie de «l'establishment», ou un hommage provincial à la culture visuelle américaine, mais il n'est en aucun cas une scène susceptible de présenter correctement la force sociale et culturelle d'une agglomération européenne.

2. L'entrée à Berlin par l'autoroute Avus en est l'un des exemples les plus clairs: au lieu d'être une porte urbaine qui sépare la ville de la banlieue et de l'agglomération, on voit s'ouvrir un désert de plus de 90 hectares de désordre anti-urbain et de diverses correspondances dont la fonctionnalité parait douteuse, dont les formes ne peuvent être comprises par un processus de visualisation urbaine et ne peuvent être décrites en termes de fonctionnement qu'avec un système artificiel de signalisation. De ce désert partent le Kurfürstendamm et la Heerstraße qui se prolonge en une seule ligne jusqu'à parvenir à la Straße des 17. Juni. Cependant ces deux voies ne peuvent pas être perçues comme un épisode urbain de grande importance.

3. L'importance de l'axe Heerstraße – Straße des 17. Juni résulte d'une implantation historique non modifiée qui part de la structure du vieux centre de Berlin et pénètre dans ses expansions successives en maintenant son ordre formel. En revanche, le Kurfürstendamm est devenu un nouvel axe vital, en dépit du fait qu'à l'origine il n'avait pas la même intégrité urbanistique. Il sort de la zone centrale et se développe avec quelques aléas à travers des secteurs divers, et à mesure qu'il s'éloigne du centre il perd sa cohérence formelle jusqu'à se diluer sans aboutissement adéquat. Ainsi les deux axes, reliés comme il convient à l'autoroute Avus et à une structure-porte de correspondance, recomposeront sur le plan fonctionnel et morphologique tout un secteur de la ville qui présente, à l'heure actuelle, un certain caractère de marginalité: il s'agit donc de construire une porte de la ville.

4. L'extension de cette zone et les caractéristiques de sa formation historique ne permettent pas de formaliser cette nouvelle porte sur la base d'un épisode architectural autonome comme il arrive dans de nombreuses villes antiques dont les murailles médiévales limitent de façon plus précise le tissu urbain et dont les accès ont une origine historique plus évidente. Les murailles médiévales assumaient ce rôle formel et permettaient d'inclure des points focaux qui expliquaient les hiérarchies fonctionnelles et morphologiques. Il faut donc recourir à l'idée plus moderne des grandes structures linéaires et construire un ensemble qui inclue, sous une seule forme, l'édification continue, la rue unitaire comme entrecroisement de tous les points urbains qui affluent en cette zone et la représentation des accidents ponctuels qui déterminent toutes ces convergences. Les exemples des murailles médiévales sont extrêmement bien connus depuis la «Roadtown» de Chambler en 1910 et la «Ville Linéaire» de Soria en 1913, en passant par les schémas de Leonidov et Miliutin pour Magnitogorsk et les propositions radicales de Le Corbusier pour Rio, Montevideo, Sao Paulo et Alger, jusqu'aux versions plus récentes de Bakema à Amsterdam, de Gregotti dans les implantations universitaires et des grandes villes-ponts de Tange ou de Friedman. On pourrait également citer des choses aussi différentes que le schéma de Brasilia ou le Marine County Civic Center de

griff nicht nur als funktionale Lösung dar, sondern als Versuch der Erzeugung städtischen Eindrucks. Obwohl die verwendeten formalen Konzepte nicht einfach zu klassifizieren sind, ist eine Aufzählung der Grundideen doch möglich: die Anordnung der Straße und der Gebäude jeweils innen- oder außenliegend, die expressive Verbindung zweier Pole, die rhythmisierte Folge von Blickpunkten, die Überlagerung verschiedener Patterns oder Strips unterschiedlicher Form und Verwendung, die Andeutung einer Symmetrie innerhalb des linearen Systems, ein Hauptstrang mit rechtwinkligen »Ablegern« der Erschließung und Bebauung.

5. Der Vorschlag für diesen Stadteingang Berlins führt diese Reihe fort. Eine große Straße, die Avus, Heerstraße und Kurfürstendamm verbindet, wird trassiert. Die Abfahrt von der Autobahn wird zu einem städtisch strukturierten Platz mit Blick über die ganze Stadt, unterstrichen durch architektonische Volumen im Maßstab dieses Platzes wie gleichzeitig im Maßstab der Gesamtsicht. In ihrem nördlichen Teilstück wird die neue Straße von einer Serie von Gebäuden flankiert, die ihre Morphologie betonen und die, zur gleichen Zeit, eine Folge von Räumen aufbauen, die in ihrer jeweiligen Autonomie an der großen Konfiguration teilhaben. Das südliche Teilstück erhebt sich über den derzeitigen Rangierbahnhof, der sich in einen großen See verwandelt. Dieses Teilstück definiert sich nicht mit Hilfe von Gebäuden paralleler Grundstruktur, sondern von rechtwinkligen Abzweigungen, um den Weg und die städtische Landschaft des künstlichen Sees miteinander in Beziehung zu bringen. Entlang dieses Teilstücks sind Ladengruppen angeordnet, die den Charakter eines öffentlichen Marktes annehmen können. Die beiden Extreme dieser Straße verknüpfen sich mit der Heerstraße und dem Kurfürstendamm mit Hilfe hergebrachter und nachvollziehbarer städtischer Formen.

Man wird einbiegen in die Heerstraße und die große Achse der Straße des 17. Juni sowie in den Kurfürstendamm – um diese Landschaft jetzt ganz als städtisch zu begreifen.

Oriol Bohigas

F. L. Wright. Dans tous ces cas, l'implantation linéaire se présente non seulement comme une solution fonctionnelle mais aussi comme une tentative d'établir un sens urbain clair. Il est difficile d'établir une classification systématique des différents moyens formels apparaissant dans ces exemples, mais on peut établir une liste de suggestions: intégration interne ou externe de la rue et des édifices, relation expressive entre deux pôles, succession rythmée de foyers, superposition de schémas distincts ou de bandes d'usage et de formes différents, indication d'une symétrie à l'intérieur du système linéaire, dérivations rectangulaires de la voirie et édification à partir d'un ensemble principal.

5. La proposition concernant cette entrée de Berlin fait suite à cette liste d'exemples historiques. On trace une grande rue qui relie l'autoroute Avus, la Heerstraße et le Kurfürstendamm. L'accès depuis l'autoroute se transforme en une place à forte structure urbaine avec des vues sur l'ensemble de la ville, soulignée de quelques volumes architecturaux à l'échelle de cette place et simultanément à l'échelle de la vision globale de la ville. La nouvelle rue, dans sa trame nord, est flanquée d'une série d'édifices qui soulignent sa morphologie, et dans le même temps, situent une succession d'espaces qui participent avec leur autonomie respective à la configuration générale. Sa trame sud s'élève au-dessus de la gare de triage actuelle, qui se transforme en un grand lac. Cette trame se définie non par des édifices de conception parallèle mais de linéarité perpendiculaire, établissant une communication entre la voie et le paysage urbain du lac artificiel. Le long de cette section de rue sont disposés des ensembles de magasins pouvant prendre le caractère d'un marché public. Les deux extrémités de cette rue sont reliés à la Heerstraße et au Kurfürstendamm par des formes urbaines traditionnelles et concevables.

On s'engagera dans la Heerstraße et dans le grand axe de la Straße des 17. Juni, ainsi que dans le Kurfürstendamm, pour saisir ce paysage sous une forme à présent totalement urbaine.

Oriol Bohigas.

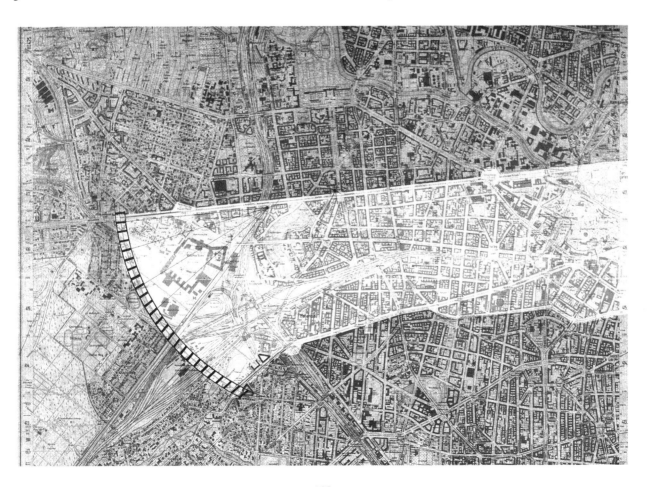

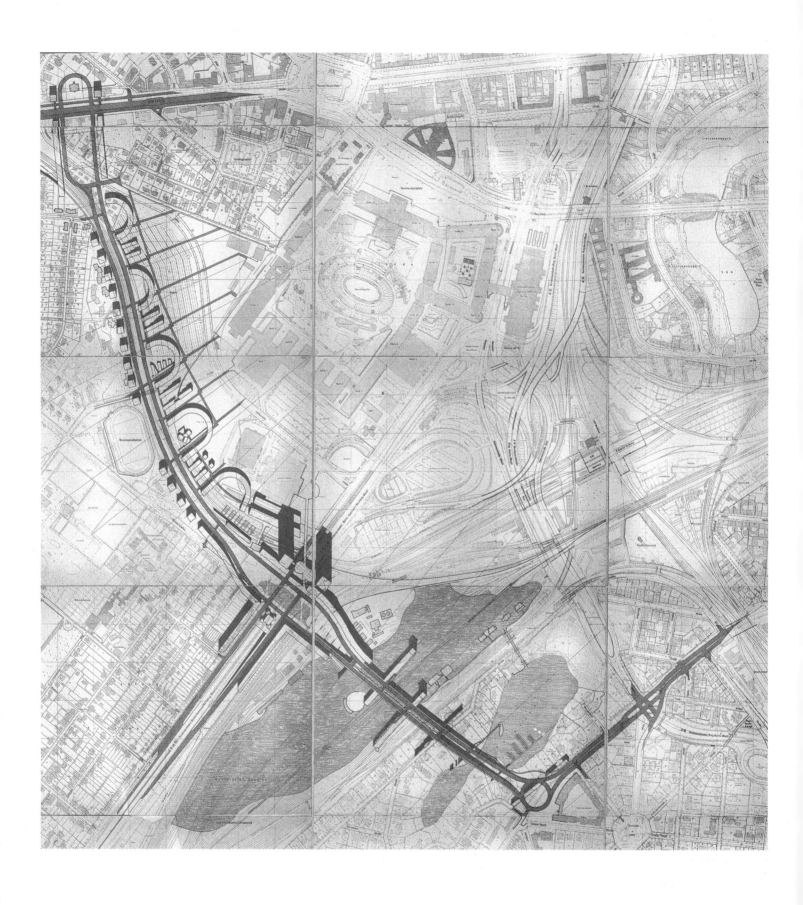

Ansicht aus Richtung Avus
Vue depuis l'Avus

Der südliche Teil, Gebäude im Wasser
La partie sud, bâtiments dans l'eau

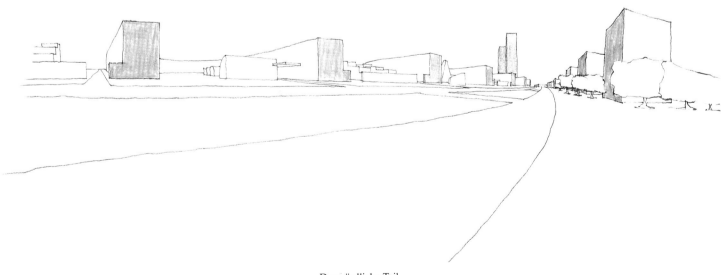

Der nördliche Teil
La partie nord

201

MAX (Boston/Düsseldorf)
Berlin III

Berlin, eingeschlossen im sterilen Vakuum der Politik, hat mit dem Ost-West-Mauerbau den direkten physischen Kontakt zur Außenwelt verloren. Die Bedeutung eines solchen Kontaktes nach außen und damit eine Aufteilung der Welt in Metropole und Provinz ist durch die heutige Verbreitung von Informationen und Bild fraglich geworden. Berlin ist deshalb erzwungenermaßen eine Stadt des 21. Jahrhunderts, ein Modell, in dem der Austausch von Waren durch Wissen ersetzt wird. Berlin kann sich simulieren, zelebrieren, umbauen, ausstellen und die eigene Produktion und deren Bilder in die Welt verschicken. Das macht neugierig und zieht Besucher an, die immer noch nach »originalen« Orten des Geschehens suchen. Doch Berlin ist schneller als andere Städte, da der Ballast einer materiellen Güterproduktion größtenteils entfällt. Berlin wird unabhängig vom wohlwollenden Besucher, kann sich selber simulieren und in die Welt schicken.

Deshalb sollten Sensoren angebracht werden an Berlin. Dort kann Berlin sich selber messen. Die Sensoren sind auf einer gedachten Kurve zwischen den beiden alten Kommunikationssymbolen von Ost und West – den Fernsehtürmen – angebracht. Diese Sensoren nehmen direkt vom Ort des Geschehens Gedanken auf und senden diese in konzentrierter Form zum Berliner Gedankengebäude weiter. Sie stimulieren weitere Aktivitäten durch eingebaute Rückkopplungssysteme. Ihre architektonische Leichtigkeit läßt die Berliner Fühler schnell reagieren und sich nach Bedarf verändern. Das Gedankengebäude »Berlin III« ist auf dem Gelände des ehemaligen Potsdamer Bahnhofs, dem alten physischen Austauschzentrum Berlins errichtet. Ein simuliertes Berlin in Berlin in Berlin, das sich selbst zelebriert. »Berlin III« nistet sich genau zwischen Ost und West ein, erklärt sich von beiden Seiten gedanklich zugänglich und politisch abhängig. Es werden andere Gedankenansätze entlang der Mauer folgen, die langsam Torsituationen und einen neutralen Zwischenbereich hervorbringen. »Berlin III« ist ummantelt, wie Berlin-West und endlich Berlin-Ost. Es ist Denkmal und Denkmodell zugleich. Das Gedankengebäude konzentriert sich, implodiert, bis ein Niveau erreicht ist, bei dem ein Energieaustausch mit anderen Gedankenkonzentrationen auf und außerhalb der Erde stattfinden kann.

Man kann das Gebäude heute schon gedanklich betreten. In steter Weiterentwicklung kann es zur Abrufung von Ausstellungen und Konzerten, zur Teilnahme an Gedankenaustausch, Konferenzen, Demonstrationen, Protesten, zum Überdenken, Nachdenken, Neudenken und zur Erwerbung von »Fertigteilgedanken« benutzt werden. Alle Arbeiten aus Kunst, Kultur und Wissenschaft Berlins und der Austauschgebiete können digital kopiert und vergeben werden. Dem bürgerlichen Ideal des greifbaren »Originals« wird nicht gehuldigt.

Das Denkmodell »Berlin III« mit seinen Ost/West-Sensoren ist ein Modell für eine Friedens- und Kulturstadt. Dies alles ist nur von einem abhängig – und das ist unsere Phantasie.
Dagmar Richter

MAX (Boston/Düsseldorf)
Berlin III

Depuis la construction du Mur, Berlin, enfermé dans le vide stérile de la politique, a perdu le contact physique direct avec le monde extérieur. Mais l'importance de ce contact et de la distinction entre métropole et province qu'il implique est devenue discutable à une époque où les informations et les images envahissent tout. Berlin est donc, par la force des choses, une ville du 21ème siècle, un modèle où l'échange des marchandises a été remplacé par celui des savoirs. Berlin peut se simuler, se célébrer, se transformer, s'exposer et envoyer sa production et ses images partout. Ainsi suscite-t-il la curiosité de visiteurs à la recherche de lieux « authentiques ». Berlin est plus rapide que d'autres villes, car libérée en grande partie du poids que constitue la production de biens matériels. Berlin ne dépend pas non plus de la bienveillance de ses visiteurs, il est en mesure de créer une simulation de lui-même et d'envoyer les images ainsi créées dans le monde entier.

Il faut donc installer des capteurs au-dessus de la ville, pour qu'elle puisse se mesurer à elle-même. Ces capteurs sont montés sur une courbe imaginaire liant les deux anciens symboles de la communication: les tours de télévision de Berlin-Est et Berlin-Ouest. Ils captent les pensées directement sur les lieux de l'action et les transmettent au Centre Berlinois de Pensée. Par des systèmes intégrés de rétroaction, ils stimulent toutes sortes d'activités. La légèreté de construction de ces détecteurs berlinois leur confère une grande capacité de réaction et d'adaptation. Le Centre Berlinois de Pensée « Berlin III » est situé sur le terrain de l'ancienne Potsdamer Bahnhof, qui fut autrefois au centre des échanges matériels. Un Berlin simulé, un Berlin dans Berlin, qui se célèbre lui-même. « Berlin III », placé exactement au milieu entre l'Est et l'Ouest, se veut accessible pour les deux côtés et, sur le plan politique, ouverte aux uns et aux autres. D'autres idées en herbe naîtront le long du Mur, des ouvertures et des terrains neutres verront progressivement le jour. « Berlin III » sera ceinturé comme Berlin-Ouest et finalement aussi Berlin-Est. A la fois monument et modèle, le Centre Berlinois de Pensée atteindra une concentration de plus en plus forte, implosera jusqu'au moment où l'échange énergétique avec d'autres centres de pensée, sur la terre ou ailleurs, deviendra possible.

Dès aujourd'hui, on peut mentalement accéder au CBP. En constante évolution, il permet au public de suivre à convenance des concerts et des expositions, de participer à des discussions, des conférences, des manifestations, des protestations, d'approfondir et de renouveler sa pensée ainsi que d'acquérir des pensées « préfabriquées». Tous les travaux accomplis dans les domaines de l'art, de la culture et des sciences sont disponibles sous forme de copies numérisées, à Berlin ou dans d'autre villes en communication avec le CBP. La valeur bourgeoise de » l'original» n'est plus de mise.

« Berlin III » avec ses capteurs Est-Ouest représente le modèle d'une ville de culture et de paix. La réalité de tout cela ne dépend que d'une chose – de notre imagination.
Dagmar Richter

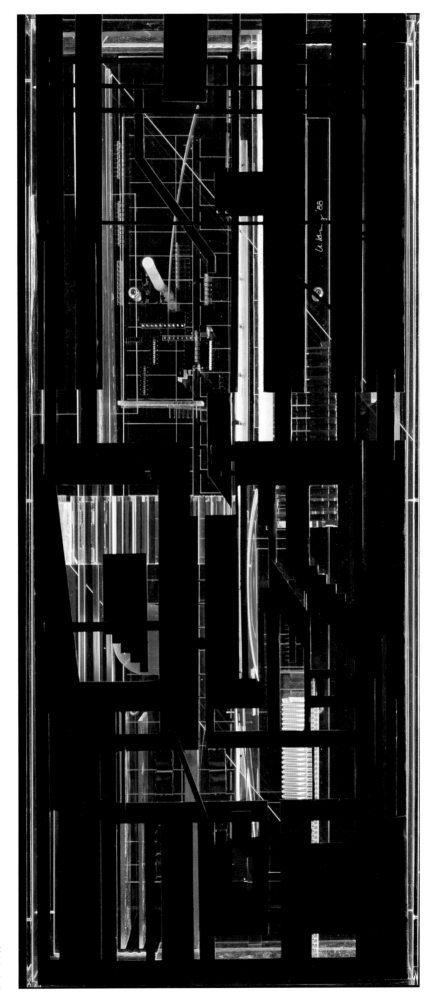

Gläsernes Modell:
Gedankengebäude Berlin III
Ort der Implosion
aller Informationen

Modèle en verre:
Edifice des idées Berlin III
Lieu de l'implosion
de toutes les informations

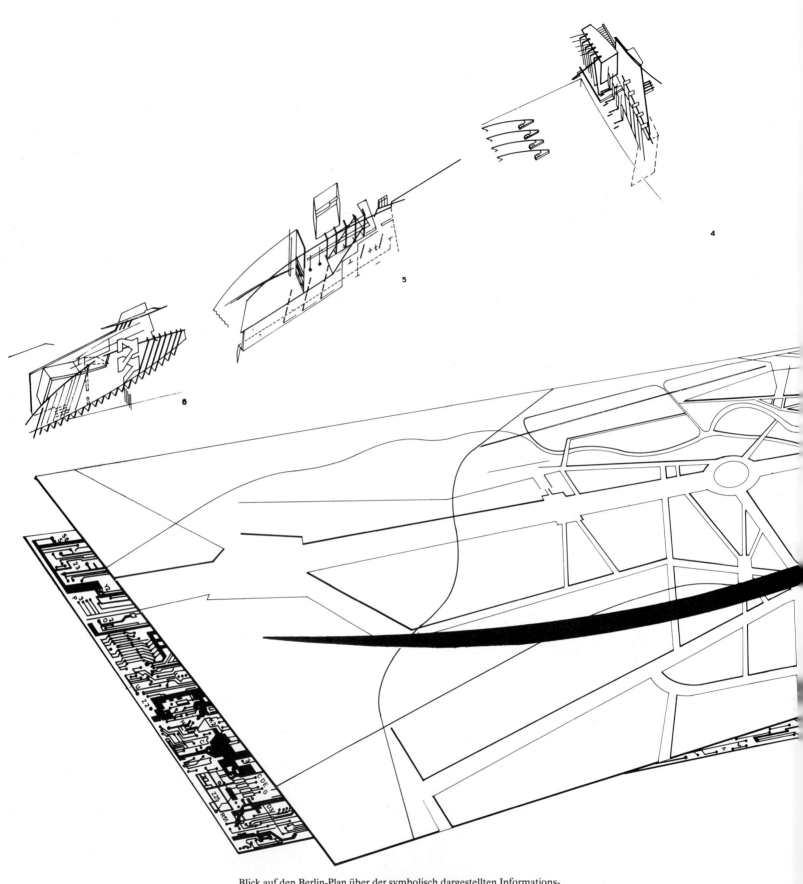

Blick auf den Berlin-Plan über der symbolisch dargestellten Informations-
vernetzung. Darüber schwebend die »Berlin-Fühler« entlang einer gedachten
Kurve zwischen den beiden Fernsehtürmen Ost und West an den wesentlichen
Orten des Berliner Kulturgeschehens
Vue sur le plan de Berlin et sur le réseau d'informations représenté de manière
symbolique. Au-dessus planent les «capteurs de Berlin», le long d'une courbe
imaginaire entre les deux tours de télévision Est et Ouest, aux points
primordiaux des événements culturels de Berlin

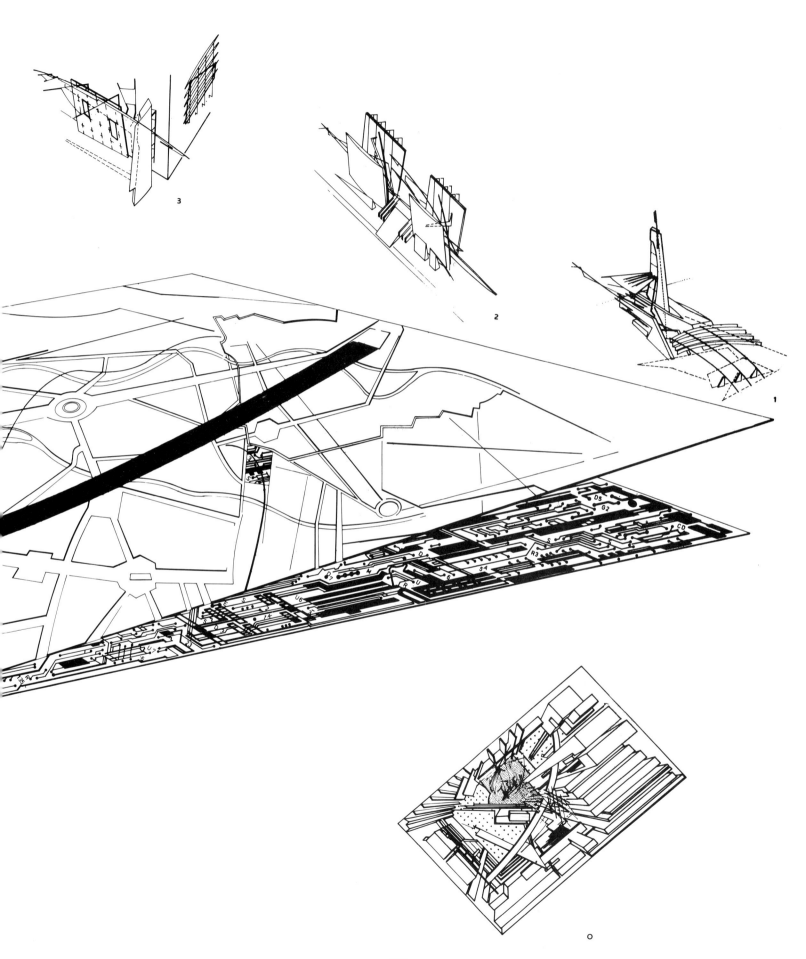

Morphosis (Los Angeles)
Die Mauer – Grenzlinie und sozialer Raum

Die Mauer teilt diese historische Stadt in zwei Hälften und schafft
so eine willkürliche Grenze zwischen Ost und West. Sie trennt
grundsätzliche politische und ökonomische Ideologien. Ob man
diese Trennung als vorübergehend betrachtet oder für endgültig hält
– die Mauer hat einen dauerhaften Abdruck in der Struktur dieser
Stadt hinterlassen.
Unser Interesse bezieht sich auf die bleibenden Aspekte dieses
Zustandes sowohl im Hinblick auf die zukünftigen Bewohner der
Stadt als auch auf die Ost-West-Beziehungen. Unser Entwurf ist das
Fragment einer neuen Mauer. Das vorgeschlagene Projekt schafft
eine soziale »Schiene«, die die Kommunikation von Mensch zu
Mensch ermöglicht. Die Mauer wird zum sozialen Raum. Obwohl
wir die Mauer »nutzen«, bleibt die Trennungsfunktion doch erhal-
ten. Beim Betreten hat man das Gefühl, Grundsätze zu mißachten
und politische Konventionen zu verletzen. Die Bewohner beider
Seiten passieren den Raum, wobei die ursprüngliche Mauer (jetzt
ein Graben, eine umgekehrte Mauer) überbrückt wird. Auf den
Fußgänger-Wegen hat man die Möglichkeit, den Osten und den
Westen wahrzunehmen, und kann so die Stadt als Ganzes erfahren.
Unter den gegenwärtigen politischen Bedingungen könnte das Projekt als Ort für unterschiedliche soziale und kulturelle Aktivitäten
genutzt werden: Straßenverkäufer, Musiker, Kleinkunstveranstaltun-
gen. Das Äußere der Anlage unterliegt einem ständigen Wechsel, da
dort Künstler aus beiden Teilen der Stadt – jeweils auf der anderen
Seite – kontinuierlich arbeiten. Lokalisiert ist dieses Projekt in der
Nähe des Brandenburger Tores, um so den Tiergarten im Westen
mit dem »Niemandsland« im Osten zu verbinden. Es ist unsere
Intention, ein dauerhaftes, lebendiges Denkmal zu schaffen, das
den Riß, den die Mauer darstellt, gleichzeitig bewußt macht und
überbrückt.

Morphosis (Los Angeles)
Le Mur de Berlin – frontière et espace social

Le Mur de Berlin divise cette ville historique en deux moitiés constituant ainsi une séparation arbitraire entre l'Est et l'Ouest et entre
des philosophies politiques et économiques différentes. Que cette
séparation soit considérée comme temporaire ou permanente, le
Mur a laissé une empreinte durable sur le tissu de cette ville.
Notre intérêt porte sur les aspects permanents de cette situation, sur
sa signification pour les populations futures ainsi que sur les connotations politiques est-ouest. Notre proposition consiste en un fragment d'un nouveau Mur. Le projet proposé crée un passage de
nature sociale encourageant une interaction humaine continue. Le
Mur devient espace social. Bien que nous «utilisions» le Mur, sa
fonction de séparation reste intacte. A l'entrée, on a le sentiment
d'enfreindre les règles ou de violer des conventions politiques admi-
ses. Les Berlinois de l'Est et de l'Ouest franchissent l'espace, trans-
gressant le Mur d'origine (maintenant une tranchée, un Mur en
négatif). Lorsque l'on s'avance dans les allées piétonnières, on a la
possibilité de percevoir à la fois l'Est et l'Ouest et d'appréhender la
ville dans son ensemble.
Dans les conditions politiques actuelles, il est prévu que le projet
jouera le rôle d'un lieu d'activité générale, sociale, culturelle, accueillant des vendeurs (de tout type), des musiciens, des théâtres ambu-
lants, etc. Les surfaces externes du projet connaîtront un changement quotidien car des artistes des deux parties de la ville y travailleront continuellement. Ce projet est situé près de la Brandenburger
Tor afin d'unir le jardin zoologique à l'ouest et le no man's land à
l'est. Notre intention est de créer un monument permanent, vivant
qui puisse concrétiser et effacer la fissure constituée par le Mur de
Berlin.

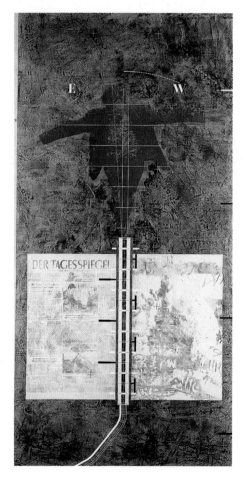

Michael Mussotter (Houston)
Mitarbeiter: Louis Delaura, Greg Snyder, Donald Smith
Zwei Räume für den Westhafen in Berlin
Raum 1: Halle für zeitgenössische Experimentalmusik
Raum 2: Grabraum für 692 Urnenkammern

Architekturen im Dialog mit Gedankenfragmenten Platos und Wittgensteins.
»Und nochmals fuhr ich fort, gibt es etwas Schönes? Ja. – Dessen einziger Gegensatz das Häßliche ist? Es gibt kein anderes. – Und gibt es irgend etwas Gutes? Ja. – Dessen einziger Gegensatz das Böse ist? Es gibt kein anderes. – Und gibt es das Schrille? Richtig. – Dessen einziger Gegensatz das Tote ist? Es gibt kein anderes. – Also ist jedem einzelnen von diesen Entgegengesetzten auch nur eins entgegengesetzt und nicht viele.« (Plato, *Protagoras*)
»Wie auch beim Tod die Welt sich nicht ändert, sondern aufhört. Der Tod ist kein Ereignis des Lebens. Wenn man unter Ewigkeit nicht unendliche Zeitdauer, sondern Unzeitlichkeit versteht, dann lebt der ewig, der in der Gegenwart lebt.« (Ludwig Wittgenstein, *Tractatus logico-philosophicus*)
Dieses Projekt konfrontiert ein gemeinhin als gesichert angenommenes Verständnis der Verbindung von Tod und Leben mit dem absoluten Bruch.
Die Architektur besteht aus zwei Räumen, einem für Klang und einem für äußerste Stille.
Die Brücke zwischen Tod und Leben ist gleichsam Illusion der Gesamtheit und Zeichen des Verlustes letzter Gewißheit. Der Tod als Ereignis des Lebens ist immer als Selbsttäuschung gegenwärtig. Der Klang von benachbarten Kränen, Maschinen und Schiffen dringt in das Schweigen der Räume. Deren Klang wiederum durchdringt den Lärm des Hafens und geht unter.
Die Stille ist immanent.

Michael Mussotter (Houston)
Collaborateurs: Louis Delaura, Greg Snyder, Donald Smith
Deux espaces pour le port occidental de Berlin
Espace 1: hall pour la musique expérimentale contemporaine
Espace 2: espace funéraire pour 692 urnes cinéraires

Des architectures dans le cadre du dialogue sur des fragments de pensée de Platon et de Wittgenstein.
« Une nouvelle fois, y-a-t-il quelque chose de beau? Oui. – Dont le seul contraire est la laideur? Il n'y en a pas pas d'autre. – Existe-t-il quelque chose de bon? Oui. – Dont le seul contraire est le mauvais? Il n'y en a pas d'autre. – Existe t-il quelque chose de strident? Exactement. – Dont le seul contraire est la mort? Il n'y en a pas d'autre. – Il n'y a donc qu'un seul élément s'opposant à chacun de ces éléments et pas une multitude. » (Platon, *Protagoras*)
« Tout comme dans la mort, le monde ne change pas, mais s'arrête. La mort n'est pas un événement de la vie. Si l'on n'entend pas par éternité une durée de temps infinie, mais le « non-temps », alors celui qui vit dans son époque vit bien éternellement. » (Ludwig Wittgenstein, *Tractatus logico-philosophicus*)
Ce projet confronte une compréhension considérée comme absolument acquise du lien entre la mort et la vie avec la rupture absolue.
L'architecture comprend deux espaces, l'un pour le son, l'autre pour le calme le plus extrême.
Le pont entre la mort et la vie représente simultanément l'illusion de l'ensemble et le signe de la perte des dernières certitudes. La mort en tant qu'événement de la vie est toujours présente en tant que tromperie de soi-même. Le bruit des grues, machines et bateaux à proximité pénètre dans le silence des espaces. Leur son pénètre à son tour dans le bruit du port et s'estompe.
Le silence est immanent.

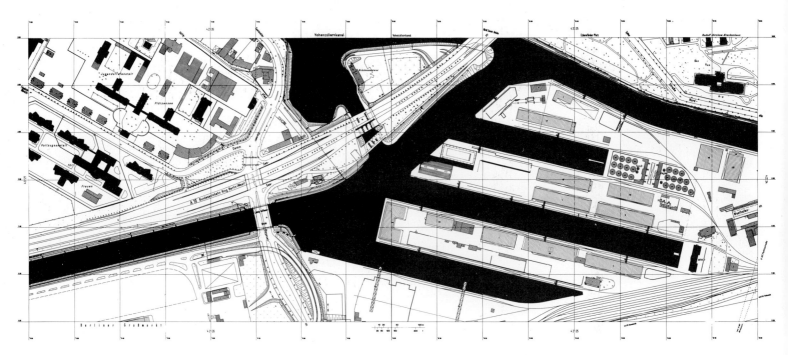

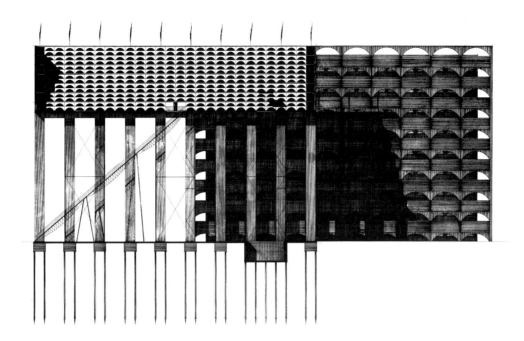

Raum 1: Halle für zeitgenössische Experimentalmusik
Raum 2: Grabmal für 692 Urnenkammern
Salle 1: Musique expérimentale contemporaine
Salle 2: Columbarium pour 692 urnes

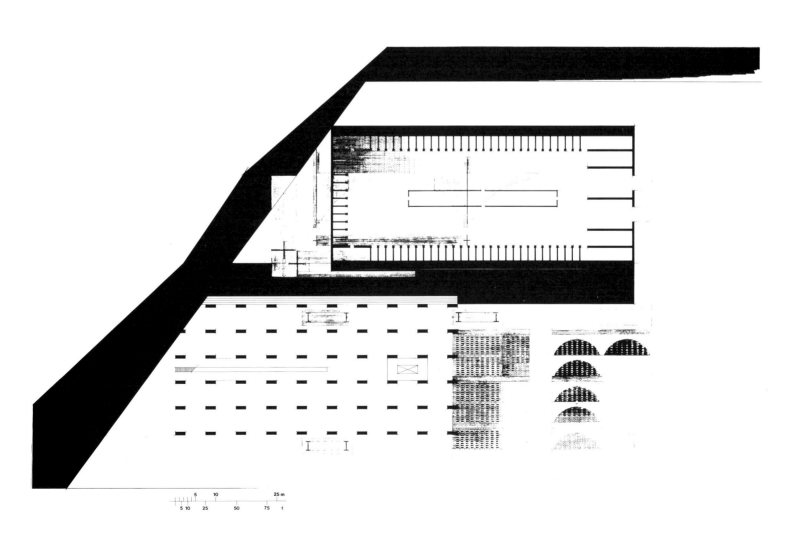

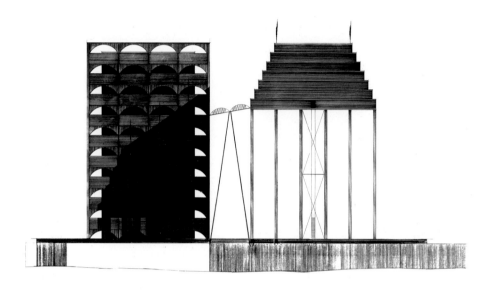

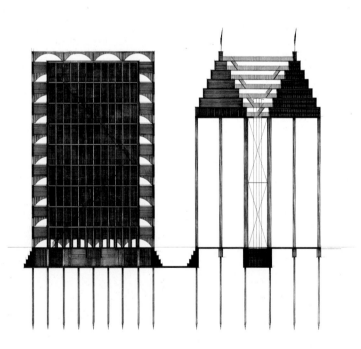

Walter Arno Noebel (Mailand)
Glasnost – ein Denkmodell für den Potsdamer Platz

Berlin ist sicherlich eher Denkmodell als Denkmal – welches Gebiet würde sich da eher anbieten als der sogenannte »zentrale Bereich« mit seinen logischen Erweiterungen im Norden und im Süden; ein Gebiet also, welches sich vom ehemaligen Gleisdreieck bis hoch zum Moabiter Industriegebiet erstreckt, ein Gebiet, das sich erst spät entwickelte und eine völlig andere Struktur als die des historischen Zentrums nebst dessen Erweiterungen, der südlichen Friedrichstadt und der Friedrichvorstadt, aufweist. Ein Stadtraum der Brüche, der Zerstörung, der Unordnung, aber durchaus nicht ohne Spannung und Faszination, dessen wahre Qualität die Leere ist – ein weites Areal voller historischer und räumlicher Bezugspunkte. Leider zeigen die letzten offiziellen Planungsüberlegungen, daß diese nie wahrgenommen werden. Der Weg der Rekonstruktion eines historischen Stadtgrundrisses – mag er auch »kritisch« genannt werden – entlarvt nur erneut die Unfähigkeit zur Wahrnehmung von Topographie, zu deren Analyse und Interpretation im Sinne einer kontinuierlichen Modifikation und einer authentischen Architekturauffassung.
Ein derartiges Konzept soll am Potsdamer Platz untersucht werden; ehedem einer der belebtesten Plätze Berlins, ist er heute als Ort nicht mehr existent und erfüllt auch seine Torfunktion im topographischen Sinne nicht mehr (der alte Mann in Wim Wenders »Himmel über Berlin« sucht ihn vergeblich), ein Ort des kollektiven Gedächtnisses ist verloren, und natürlich müßte eine Erinnerung an diesen Ort heute anders aussehen als vor 100 Jahren, es kann nicht die Rekonstruktion eines historischen Platzes sein. Der Vorschlag will eine Interpretationsmöglichkeit dieses Ortes heute darstellen: die eines Tores und weithin sichtbaren Zeichens; ein gewaltiges, aus zwei Scheiben bestehendes Bauwerk, mindestens 80 Meter hoch, im Maßstab der Dinosaurier des Kulturforums, mit denen auf subtile und quasi hinterhältige Weise ein Dialog gesucht wird. Trotz seiner Eindeutigkeit verzichtet der Koloß nicht auf eine gewisse Ambivalenz: Riesige Portale lassen in Querrichtung die Ebert- und Stresemannstraße passieren und erlauben deren zukünftige Integration; seine Position »auf der Mauer« scheint utopisch, spätestens aber seit dem Erwerb des Lennédreiecks kann man feststellen, daß etwas bewegt werden kann und vieles vielleicht einfach nur festgefahren ist.
Natürlich bietet sich an dieser Stelle ein neuer Grenzübergang an. Inhaltliche Definition des Gebäudes ist die eines großstädtischen Gesamtberliner Kulturhauses. Die beiden Scheiben, vorerst jeweils vom Osten bzw. vom Westen aus erschlossen, enthalten Büros, Werkstätten, Serviceeinrichtungen und die Erschließungsflächen, im Brückenteil sind Ausstellungsflächen, mehrere große Auditorien, Foyers und Restaurationsbetriebe vorgesehen. Das Dachgeschoß enthält Bars und Aussichtsterrassen. Dem Konzept des großen »steppenartigen« Freiraums entsprechend werden konsequenterweise keine weiteren arrondierenden Maßnahmen vorgenommen. Eine Esplanade als leicht abgesenkter Außenraum stellt den funktionalen Bezug zum Kulturforum her und enthält in mehreren Tiefgeschossen alle erforderlichen Autoeinstellplätze. Die Entlastungsstraße wird am Kulturforum vorbei und über eine neue Brücke am Gleisdreieck nach Süden geführt.

Walter Arno Noebel (Milan)
Glasnost – un modèle de pensée pour la Potsdamer Platz

Berlin est assurément plutôt modèle de pensée que monument – quel autre territoire s'y prêterait mieux que le «domaine central», avec ses prolongements logiques au nord et au sud; un territoire donc qui s'étend de l'ancienne patte d'oie ferroviaire jusqu'à la zone industrielle de Moabit, un territoire qui ne s'est développé que tardivement et qui, avec ses extensions frédériciennes au sud, présente une toute autre structure que celle du centre historique. Un espace urbain où règne la destruction et le chaos, mais non dépourvu de tension et de fascination, et dont la véritable qualité est le vide – une immense aire pleine de points de repères historiques et spatiaux. Hélas, les dernières études officielles montrent que ceux-ci ne sont jamais perçus comme tels. La voie de la reconstruction d'un schéma urbain historique – fût-il baptisé «critique» – ne fait une fois de plus que mettre à jour l'incapacité de percevoir la topographie, son analyse et son interprétation sous l'angle d'une modification permanente et d'une authentique conception architecturale.
Une conception de ce genre est à rechercher du côté de la Potsdamer Platz; jadis l'une des places les plus animées de Berlin, elle n'a plus aujourd'hui d'existence en tant que lieu et ne remplit plus non plus sa fonction de porte au sens topographique (le vieil homme des *Ailes du désir* de Wim Wenders la cherche en vain); un lieu de la mémoire collective est perdu, et il va de soi qu'une évocation de ce lieu aujourd'hui devrait passer par d'autres formes qu'il y a cent ans, et il ne peut être question de reconstruire une place historique.
Notre proposition voudrait être une possibilité d'interprétation de ce lieu aujourd'hui: celle d'une porte et d'un signe visible à l'avenir; un énorme édifice composé de deux disques, haut d'au moins 80 mètres, à la mesure des dinosaures du forum de la culture, avec lesquels on recherche le dialogue de manière subtile, pour ne pas dire sournoise. Son univocité n'interdit pas au colosse une certaine ambivalence: de gigantesques portails laissent le passage à la Ebert/Stresemannstraße et autorisent son intégration future; la position de l'édifice «sur le Mur» peut sembler utopique, mais au moins depuis l'acquisition du triangle de Lenné on constate que des choses, qui semblent bloquées, peuvent bouger.
Cet endroit se prête naturellement à un nouveau passage de frontière. Le mode d'occupation intérieure du bâtiment est celui d'une maison de la culture du grand Berlin. Les deux disques, fermés dans un premier temps à l'est et à l'ouest, contiennent des bureaux, des ateliers, des équipements de service et les surfaces d'accès; dans la partie pont sont prévus des surfaces d'exposition, plusieurs grands auditoriums, des foyers et des services de restauration. Le dernier étage est occupé par des bars et des terrasses panoramiques. Conformément au concept d'un grand espace libre à la manière d'une «steppe», on n'envisage aucune autre mesure d'arrondissement. Une esplanade constituée par un espace extérieur légèrement renfoncé établit la relation fonctionnelle avec le Kulturforum et contient sur plusieurs étages de sous-sol toutes les places de parking nécessaires. La voie de délestage passe devant le forum et conduit au sud par un nouveau pont près de la patte d'oie ferroviaire.

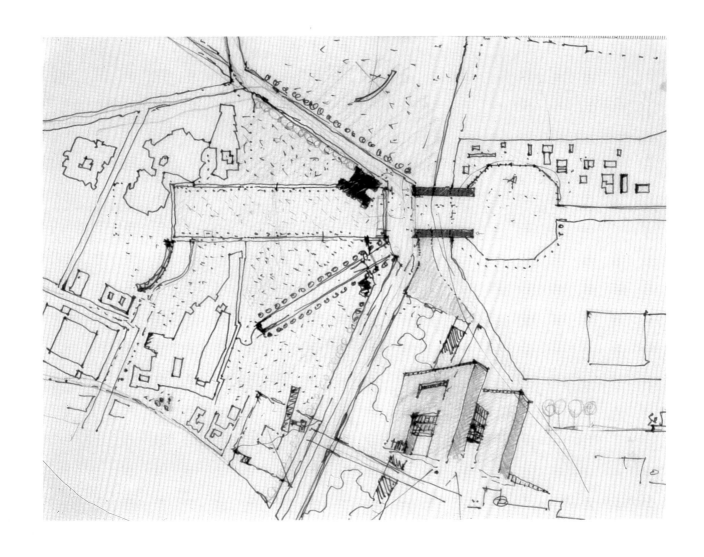

213

Gustav Peichl (Wien)
Mitarbeiter: Peter Kuglstätter
Eine Idee für Berlin: Der Medienturm

Der Ernst-Reuter-Platz in Berlin ist kein Platz und kein Raum. Der Ernst-Reuter-Platz ist eine ungenützte, leere Gegend inmitten von unproportionierten Schachtelbauten.

Der Ernst-Reuter-Platz benötigt eine Marke, ein Mal, ein Wahrzeichen. Berlin soll zur Drehscheibe und zur Medienmetropole werden. Berlin im Aufbruch ins 21. Jahrhundert wird in Zukunft eine Medienstadt. In Ausnützung des Berlin-Bonus erhält der Ernst-Reuter-Platz einen M e d i e n t u r m .

Der M e d i e n t u r m im Spannungsfeld der Technischen Universität und der Hochschule der Künste am Ernst-Reuter-Platz ist eine multifunktionelle vertikale Einheit als Medienstützpunkt für Presse, Film und Fernsehen. Ein Treffpunkt mit Museum, Aussichtsplattform, Diathek, Videothek und Artothek – eine Berliner Ars Electronica.

Daten: 15×15 m im Grundriß, 100 m hoch und drei Tiefgeschosse mit Ausstellungsräumen, Kino, Videoeinrichtungen und Workshops. Ein freies Erdgeschoß, in den Obergeschossen stapelbare Grundrißeinheiten 225 m², 450 m², 675 m² usw. Die Obergeschosse enthalten Audiovisions-Tageslichtwände (Mitsubishi) und Aussichtsaufzüge.

Rund um den Medienturm ein dichter Laubbäumehain, der Zugang erfolgt direkt vom U-Bahnhof Ernst-Reuter-Platz. Die PKW-Abstellplätze sind im rundum liegenden vertieften Vorplatz.

Gustav Peichl (Vienne)
Collaborateur: Peter Kuglstätter
Une idée pour Berlin: la tour des médias

La Ernst-Reuter-Platz n'est pas une place ou un espace. La Ernst-Reuter-Platz est une zone vide, inutilisée au centre de vieux bâtiments disproportionnés.

La Ernst-Reuter-Platz a besoin d'une image de marque, d'un signe distinctif. Berlin doit devenir la plaque tournante et la métropole des médias. Berlin à l'entrée dans le 21ème siècle sera à l'avenir une ville des médias. Dans le cadre d'une exploitation des avantages de Berlin, la Ernst-Reuter-Platz a besoin d'une t o u r d e s m é d i a s .

La t o u r d e s m é d i a s , à proximité de l'Université Technique et de la Faculté des Arts sur la Ernst-Reuter-Platz, sera une unité verticale multifonctionnelle, servant de support à l'ensemble des médias, la presse, le cinéma et la télévision. Un point de rencontre avec un musée, une plate-forme panoramique, une diathèque, une vidéothèque et une artothèque – une Ars Electronica Berlinoise.

Données: 15 x 15 m en coupe horizontale, 100 m de hauteur et trois niveaux en sous-sol avec des salles d'exposition, un cinéma, des équipements vidéo et des workshops. Un rez-de-chaussée libre, aux étages des unités pouvant être assemblées de 225 m², 450 m², 675 m², etc. Les étages supérieurs recevront des écrans audiovision fonctionnant avec la lumière du jour (Mitsubishi) et des ascenseurs panoramiques.

Autour de la tour des médias, des bosquets d'arbres feuillus, l'accès s'effectuant directement de la station de métro Ernst-Reuter-Platz. Les possibilités de stationnement des véhicules se trouveront sur l'avant-place approfondie tout autour.

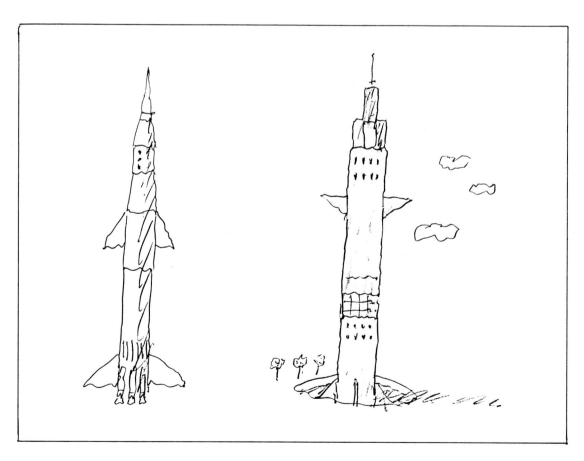

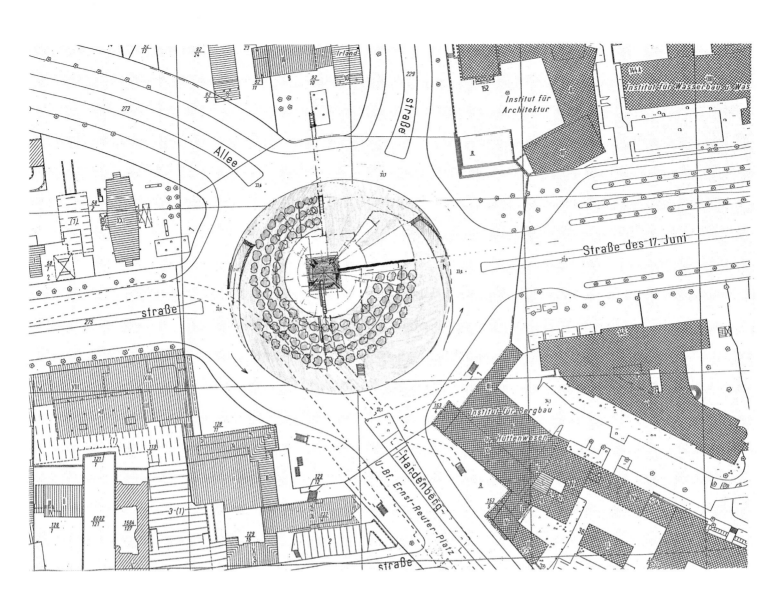

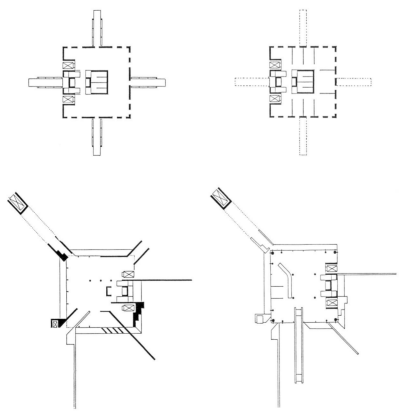

Boris Podrecca (Wien)
Kunsthalle Berlin

Der Arbeit an der Kunsthalle Berlin gehen konzeptuelle Überlegungen voraus, die von der Kunsthalle Genf im vorigen Jahr (fünf Architekten und fünf bildende Künstler) angeregt wurden. Die weitere Entwicklung betraf einen Studienvorschlag im Rahmen der Sommerakademie in Berlin im Bereich der Bundesallee und findet ihre Fortsetzung in erweiterter und detaillierterer Form an einem konkreten Ort in der vorliegenden Arbeit.
Im Hintergrund dieses Projektes steht ein seit langem vorhandenes Unbehagen gegenüber dem sakralisierten Museum und seiner nicht gerade publikumsfreundlichen Geschichte. So wissen wir, daß das ursprüngliche Museum des Ottocento prinzipiell für vorhandene Sammlungen konzipiert und zugeschnitten wurde, mit der dazugehörigen Emblematik der Würde, aus Konchen, Esedren, Säulenhallen und Kuppeln. Dieses auratische Prinzip ist im wesentlichen auch heute, trotz der Mobilität und merkantilen »Wanderbarkeit« der Kunstobjekte, geblieben. Meiner Ansicht nach liegt das Dilemma der gesellschaftlichen Vermittlung des heutigen Museums gerade im Ausdruck einer Aufbewahrungsstatik des Schatzes und der Fluidität und Ersetzbarkeit der Objekte.
Berlin beinhaltet bereits den Museumstypus als staatliches Archiv von Kulturgütern, dazu gesellt sich eine »fliegende« und virulente Kunstveranstaltung. Beide Formen erfüllen aber nicht, trotz spektakulärer Offerte, eine sinnvolle Deutung und Transparenz des Kunstwerdens. Die Kunsthalle als Ort von gesteuerter Produktion bei abwechselnder Aufbewahrung und kontinuierlicher Forschung könnte durch eine gezieltere Teilnahme der Besucher an der Produktion von geladenen Künstlern, durch mehr Nähe an sämtlichen Phasen der Prozesse, durch die Vermittlung der verschiedenen Aspekte des Entstehens und ohne das Nichtsichtbare der Gestalt zu profanisieren, die Kunst einschneidender vermitteln.
Im wesentlichen soll die Kunsthalle eine intensivere, normalere, nicht auratische Präsenz der Kunst im Alltag vermitteln und sich als Institution der Museifizierung einer Testamentkultur widersetzen. Und sie soll vor allem die Sakralisierung und Akkumulation von Kunstmaterial durch eine Sensationsgeselligkeit nicht zu ersetzen versuchen. Folgende Funktionsbereiche sind unter anderem in diesem Projekt vorhanden:
– Ein Informationszentrum mit temporären Ausstellungen und Ausstellungen für Kinder
– Vortrags- und Diskussionsbereich mit einer Tele-Cinemathek und Fotosammlung
– Zeitschriftenforum und Bibliothek
– Atelier und Werkstätten mit Lagerung und Wohneinheiten
– Restaurant-Café mit Verkaufsläden und inhaltlich dazupassenden Handwerksbetrieben
– ein allgemeines infrastrukturelles Netz als Teil der Stadt.

Boris Podrecca (Vienne)
Kunsthalle de Berlin

Mon projet de la Kunsthalle de Berlin est fondé sur des réflexions conceptuelles influencées par la Kunsthalle de Genève construite l'année dernière (5 architectes et 5 plasticiens). Le projet s'est ensuite développé à partir d'une étude (Bundesallee) dans le cadre de l'Académie d'Eté à Berlin et trouve son prolongement sous une forme élargie et plus détaillée dans la présente proposition pour un lieu précis.
Le projet s'inscrit dans un contexte de malaise face à la sacralisation du musée et le peu d'attrait qu'il représente pour le public – un malaise, qui ne date pas d'aujourd'hui. Il est bien connu que les premiers musées édifiés à l'ottocento furent toujours conçus et aménagés pour des collections d'art déjà existantes avec ce que cela implique comme emblèmes et dignité, le tout souligné par des conques, des absides, des colonnes et des coupoles. Ce principe de l'aura a été maintenu pour l'essentiel jusqu'à aujourd'hui, malgré l'évolution rapide et la commercialisation de l'art moderne. A mon avis la difficulté de communication entre le musée actuel et la société s'explique précisément par la contradiction qui existe entre la fonction traditionelle du musée (conserver des objets d'art) et l'inconsistance de ces objets qui deviennent interchangeables.
Berlin possède déjà des musées du type «archives nationales de biens culturels» ainsi qu'une offre riche et variée en événements artistiques plus éphémères. Ces deux formes de réception, malgré leur diversité spectaculaire, ne permettent pourtant pas la découverte du sens ni la transparence de la création artistique. La Kunsthalle pourrait contribuer à une meilleure connaissance de l'art en devenant le lieu d'une production ciblée, d'expositions temporaires et de recherches continuelles. Elle pourrait permettre au public de voir des artistes en action qui lui expliqueraient les différentes phases, les procédés et les aspects de la création artistique, sans profaner la part invisible de l'œuvre.
Bref, la Kunsthalle devra faire une place plus importante dans la vie quotidienne à un art plus normal et sans aura, elle devra s'opposer en tant qu'institution à la «muséification» d'une culture testamentaire. Avant tout, elle ne devra pas chercher à remplacer la sacralisation et l'accumulation d'œuvres par des réunions mondaines et spectaculaires. Le projet comprend entre autres des espaces pour les fonctions suivantes:
– le centre d'information pour les expositions temporaires et les expositions s'adressant aux enfants;
– l'espace de conférences et de discussions comprenant la cinématheque et la vidéothèque ainsi que la documentation photographique;
– la salle des périodiques et la bibliothèque;
– les ateliers comprenant des unités d'habitation et de stockage;
– le Café-Restaurant comprenant des boutiques et des ateliers d'artisan;
– le réseau général d'infrastructure faisant partie de la ville.

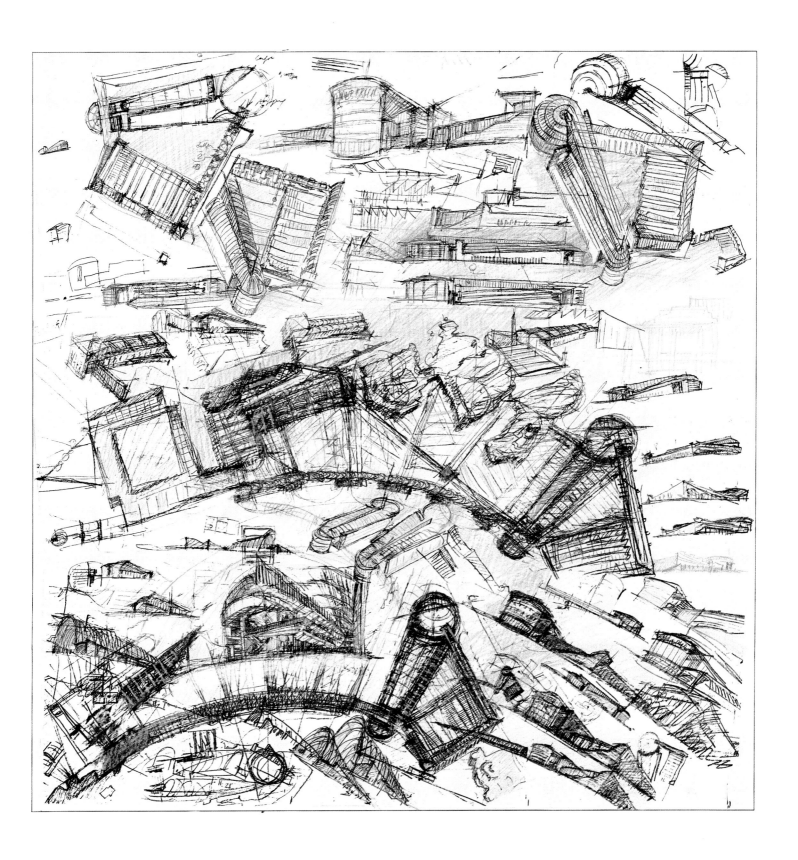

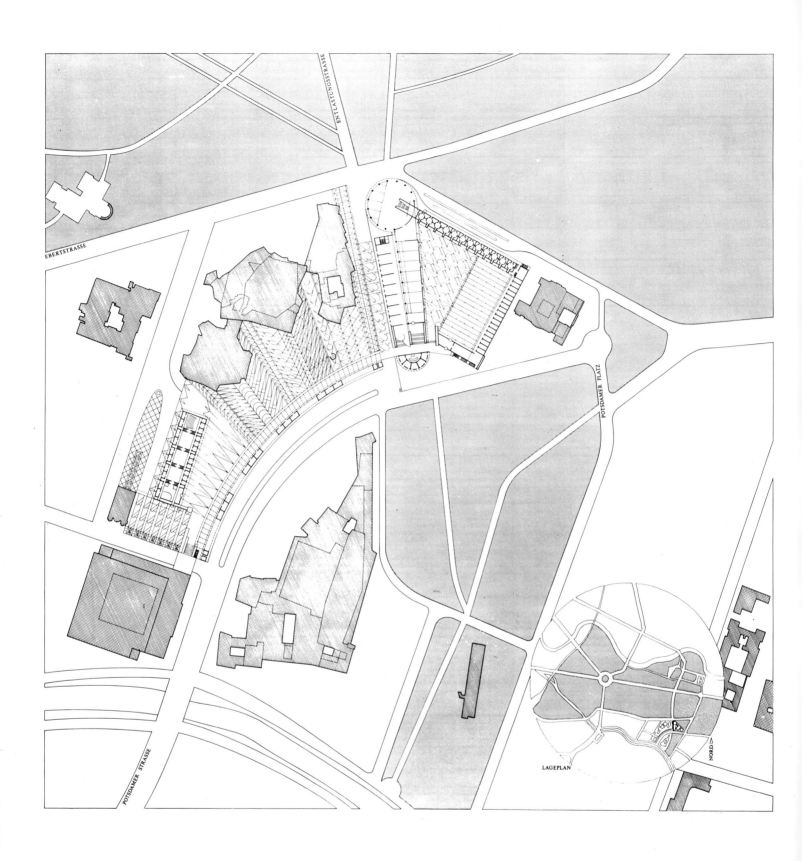

ENTLASTUNGSSTRASSE

EBERTSTRASSE

POTSDAMER PLATZ

POTSDAMER STRASSE

LAGEPLAN

NORD ▷

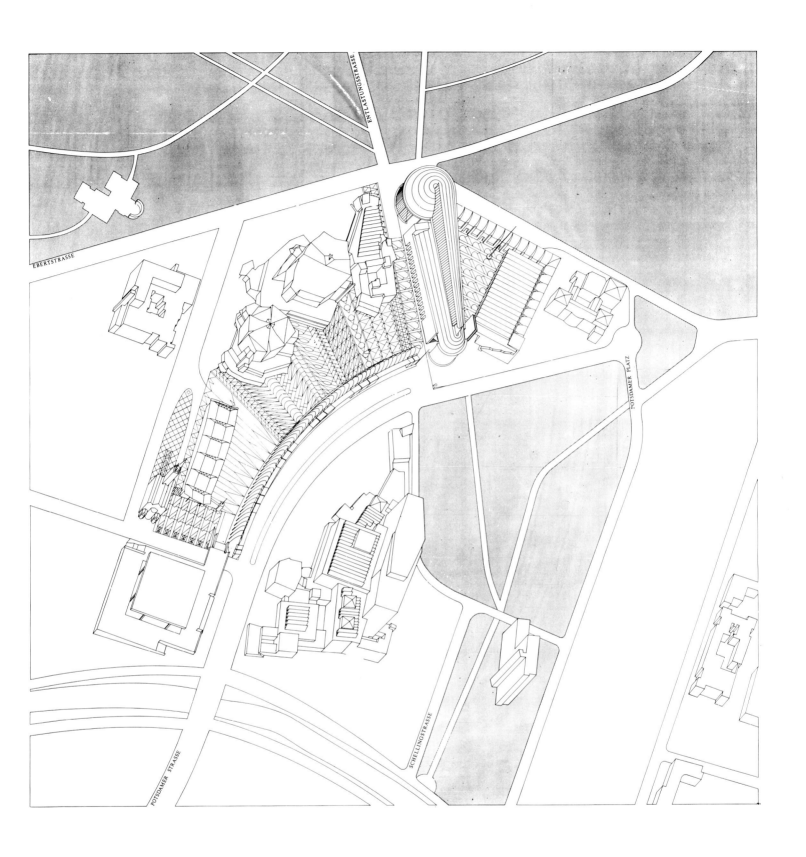

Cedric Price (London)
Vier Schritte weiter

Aus mehr oder weniger guten Gründen ist Berlin heute meisterhaft unausgewogen. Es ist eine demographisch, geographisch, sozial und ökonomisch unausgeglichene Stadt. Jeden Versuch, diese Stadt in ein Gleichgewicht zu bringen, sollte man verhindern. Der Wert einer Stadt im 21. Jahrhundert liegt in jenem konstruktiven Ungleichgewicht, das nur durch Aktivitäten und Dienstleistungen erreicht werden kann. Die meisten Weltstädte, unsicher, was ihre Zukunft betrifft, versuchen verzweifelt, sich allem anzupassen, das Bevölkerungswachstum einzuschränken, die alte Struktur zu erhalten, das 19. Jahrhundert wieder aufleben zu lassen und eine ausgeglichene Gesellschaft zu schaffen. Diese Städte beschleunigen ihren eigenen Tod.
Berlins zukünftiger Wohlstand und seine Freude können nur dadurch erreicht werden, daß die Unsicherheit nutzbar gemacht und »ausgebeutet« und die Unausgeglichenheit gestärkt wird. Berlin ist physisch begrenzt, ohne Vorstädte und mit einem regionalen Kommunikationsnetz, dessen Ausdehnung weniger wichtig ist als die Schnelligkeit des Austauschs. Während einige Verbindungen aufwendige Konstruktionen erfordern, sind andere in der Stadt nicht sichtbar. Menschen und Ideen werden vielschichtiger, Berlin wird zur »Tankstelle« für Menschen. Die Stadt der Zukunft muß die Menschen »formen« und »bereichern« und Fähigkeiten und Bedürfnisse fördern, die dann auch anderswo angewandt werden können.
Eine Stadt kann wunderschön sein, wenn man sie durchfährt, und entsetzlich, wenn man darin sterben muß. Architektur kann ein neues Bewußtsein hegen und pflegen und Bedürfnisse wecken, aber sie kreiert nicht selbst eine Kultur – sie ist lediglich ein Nebenprodukt. Durch Hinweise auf die einzigartige Qualität Berlins als Tor zu einem besseren Leben können diese Vorschläge beispielhaft das Bedürfnis nach lebenslanger Entwicklung und Veränderung verstärken. Die römischen Triumphbögen in Nordafrika standen für die Ausdehnung des Römischen Imperiums und zeigten gleichzeitig den Weg nach Rom. Diese vier neuen Portale sollen denen helfen, die die Stadt nutzen und genießen wollen, um bereichert wieder fortzuziehen. Und sie sind Mahnung für die, die »hängenbleiben«.
Die Portale sind deutlich numeriert und verweisen auf die Vier-Jahres-Periode, die als ideales Zeitmaß für Berlins speziellen Zauber angesehen wird. Vier Jahre reichen aus, ein Studium abzuschließen, sich beruflich zu etablieren und eine Familie zu gründen. Jedes Jahres-Portal erlaubt ein »humanitäres Auftanken«, das Berlin so reichlich ermöglicht. Während die Portale Art und Form des »Auftankens« kontinuierlich widerspiegeln, werden sich kleinere Einrichtungen ständig ändern wie alltägliche Gebrauchsgegenstände. Die vier Portale ändern sich nur entsprechend der Weiterentwicklung der Stadt, die unaufhaltsam ist.

Cedric Price (Londres)
Quatre pas en avant

Pour des raisons à la fois bonnes et mauvaises, Berlin est maintenant une ville superbement déséquilibrée. Sur le plan démographique, géographique, social et économique, elle est inégale. Il convient de s'opposer aux mesures destinées à en faire une communauté équilibrée et de les inverser. La valeur d'une ville du 21ème siècle réside dans un déséquilibre constructif auquel on ne peut parvenir que par les activités et les services. Le plupart des villes du monde, incertaines de leur avenir, s'efforcent désespérément de tout accueillir, de limiter la population, de préserver l'ancien tissu, de redonner vie aux services du 19ème siècle et de créer une société équilibrée. Ces villes précipitent leur mort.
La prospérité et le charme futurs de Berlin ne seront acquis qu'en maîtrisant et en exploitant l'incertitude et en encourageant le déséquilibre. Berlin est limitée physiquement, dépourvue de prolongement en banlieue et dispose de liens régionaux dont l'étendue est moins importante que la rapidité des échanges qu'ils permettent. Alors que certains vecteurs nécessitent des constructions élaborées, d'autres sont invisibles. Les personnes et les idées deviennent multidirectionnelles et Berlin se transforme en un centre de services humains. La ville du futur doit assurer le traitement des personnes, les enrichir d'aptitudes, de compétences et d'appétits qu'elles soient en mesure d'exercer ailleurs.
Une ville peut être un endroit merveilleux où séjourner temporairement et un endroit terrible pour mourir. L'architecture doit nourrir une nouvelle prise de conscience et développer des aspirations mais ne crée pas elle-même une culture: elle en est simplement le sous-produit. C'est pourquoi ces propositions qui font allusion à la qualité unique de Berlin, en termes de débouché sur une vie meilleure doivent elles-mêmes encourager par des exemples le goût de la progression et du changement tout au long de la vie. Les arcs de triomphe romains d'Afrique du Nord jalonnaient à la fois l'expansion du domaine romain, et le chemin conduisait à Rome. Ces quatre nouveaux portails constituent des aides a ceux qui souhaitent utiliser et apprécier la ville afin d'en partir enrichis. Ce sont des souvenirs pour ceux qui demeurent. Ces portails sont clairement numerotés et indiquent la période de quatre années qui est considérée comme la durée idéale pour percevoir la magie particulière de Berlin. Elle couvre des périodes acceptables pour mener à bien des études, une activité professionnelle et la constitution d'une famille.
Chaque Portail Annuel devrait permettre un accès supplémentaire ou une utilisation des services humains appropriés que propose Berlin. Alors que le portail supporte la nature et la forme de ces services, les issues varieront constamment tout comme le font les objets d'usage quotidien. Ces quatre sites évoluent au fur et à mesure que s'accroît le développement inexorable de la ville.

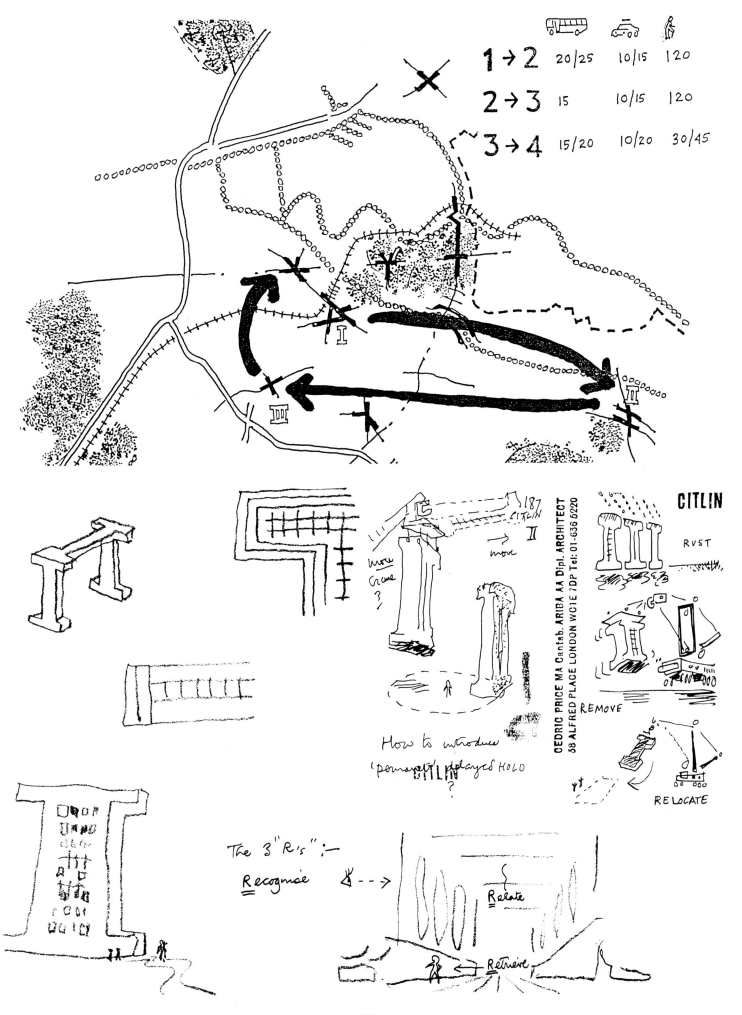

	🚌	🚗	🚶
1 → 2	20/25	10/15	120
2 → 3	15	10/15	120
3 → 4	15/20	10/20	30/45

187
CITLIN
II
more Crane ?
move

CITLIN
RUST
REMOVE
RELOCATE

CEDRIC PRICE MA Cantab. ARIBA AA Dipl. ARCHITECT
38 ALFRED PLACE LONDON WC1E 7DP Tel: 01-636 6220

How to introduce 'permanently displaced' HOLD CITLIN ?

The 3 "R's":—
Recognise
Relate
Retrieve

existing bldgs – v. closed

an eastern insertion.

CITLIN

Andreas Reidemeister, Joachim Glässel (Berlin)
Der Stadtelevator

Hinter uns steht die Sonne und läßt das Zentrum der Stadt auf-
leuchten wie das einer Gebirgsstadt am Abend. Wir fahren auf
200 Meter langen Bändern über die Stadt – gläserne Kabinen, groß
genug für einen Zug voller Menschen, steigen uns entgegen. Die
Brücke bildet eine schrägliegende Tangente zum Stadtzentrum.
Brauchen wir diese Mitte, was für Mitten brauchen wir? Eigentlich
nur das Mittengefühl von Gleichzeitigkeit, sonst nichts.
Fünf Linien werden verbunden durch zwei Türme und eine Brücke,
da, wo sonst nur zwei Linien verbunden sind: am Gleisdreieck.
Gesamtabstand über alles (vom neuen Bahnhof der U7 bis zum
Kreuzungsbahnhof Gleisdreieck): 300 Meter.
Gesamthöhendifferenz von der S-Bahn bis zum höchsten Bahn-
steig: 34 Meter.
Und wir können noch höher steigen: 80 Meter über der Straße die
Aussichtsplattform, darunter die des Restaurants. Von hier wird die
Stadtlandschaft, das Geschiebe aus Geometrie und Volumen zu
Netz und Struktur.
Wenn man an der Reling der Brücke steht, gleiten hinter einem
ruhig die Reisenden vorbei, auf den Transportbändern – über den
Paketpostbahnhof und die Lokschuppen des Museums für Verkehr
und Technik. Der zentrale Punkt der Anlage, der Doppelturm, in
dem die Kabinen auf- und absteigen, steht in einer Mulde neben
dem S-Bahnhof unter der Trebbiner Straße. Damit wird höchstmög-
liche Transparenz des gesamten Systems erreicht.
Wenn man aus Berlin kommt, wird man in Tokio, London oder San
Francisco dann vielleicht gefragt: »Du warst in Berlin? Warst du
auch auf dem Elevator?«
Den Berliner Verkehrsbetrieben steht ein gewaltiger Schwund an
Fahrgästen bevor: nach Auskunft von Fachleuten bis zum Jahr 2000
25 Prozent gegenüber 1988. Dazu kommt: Berlin braucht im zentralen Bereich solche Vorwegnahmen von City!

Andreas Reidemeister (Berlin)
L'élévateur urbain

Le soleil derrière nous fait briller le centre ville comme une ville de
montagne le soir. Nous traversons la ville sur des tapis roulants
longs de 200 mètres. Des cabines transparentes, assez grandes pour
contenir autant de personnes qu'un train, montent vers nous. Le
pont constitue une tangente oblique par rapport au centre ville.
Avons-nous besoin de ce centre, de quel centre avons-nous besoin?
A vrai dire, nous n'avons besoin de rien d'autre que du sentiment
que le centre existe, c'est tout.
Cinq lignes seront liées par deux tours et un pont à l'endroit où,
habituellement, il n'y a que deux lignes: à la patte d'oie ferroviaire.
Distance hors tout (de la nouvelle station de la ligne U7 jusqu'à la
station «Gleisdreieck»): 300 mètres.
Dénivellation (du métro jusqu'au quai situé le plus haut): 34 mètres.
Et nous pouvons monter encore davantage: la plateforme panoramique se situe à 80 mètres au-dessus de la rue, celle du restaurant se
trouve en-dessous. Vu d'ici, le paysage urbain, la géométrie et les
volumes ne sont plus que des réseaux et des structures.
Quand nous sommes sur le pont, les voyageurs passent derrière
nous, tranquillement, sur les tapis roulants au-dessus de la gare pos-
tale et des hangars de locomotives du musée des transports et de la
technique. Le point central de l'ensemble – les deux tours, dans lesquelles les cabines montent et descendent – est situé dans une
cuvette à côté de la station de métro sous la Trebbiner Straße. Il en
résulte un maximum de transparence pour l'ensemble des installations.
A Tokyo, à Londres ou à San Francisco on demandera: Tu es allé à
Berlin? Tu as vu l'élévateur urbain?
La compagnie berlinoise de transports s'attend à un décroissement
important de ses usagers: 25% d'ici l'an 2000 selon les experts! Et
puis, le centre de Berlin a besoin de ce genre d'anticipations sur son
développement urbanistique.

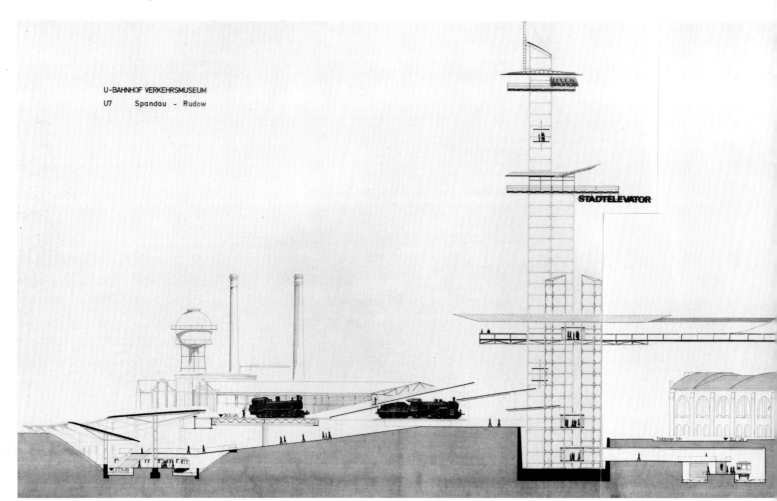

BAHNHOF GLEISDREIECK

U1 Ruhleben – Schlesisches Tor
M   Gleisdreieck – Kemperplatz

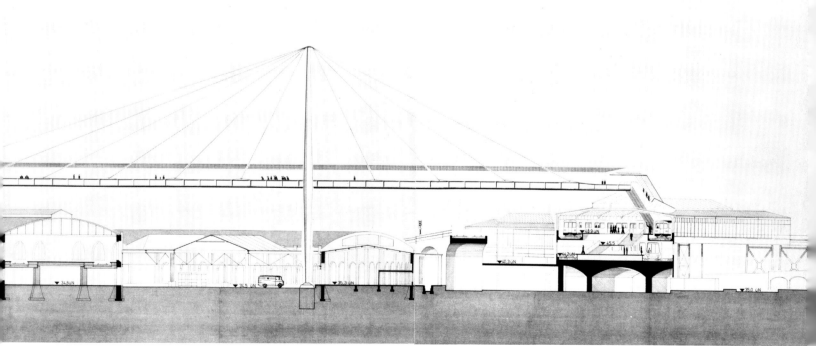

Berthold Ressler (Frankfurt a. M.)
Architektur als Environment
oder: Raumflächen und Achsen

Den Duchampschen Begriff des »objet trouvé« auf eine komplexe
architektonische Situation ausdehnen: auf Berlin.
Ausgangsmotiv dabei ist es, ein Projekt zur Diskussion zu stellen,
das, ohne Preisgabe von Differenzierungen, die die Moderne im kulturellen, sozialen und ökonomischen Bereich ermöglicht, Formen
von Gesellschaft andeutet, in denen Abhängigkeit und Autonomie
ein ausgeglichenes System bilden.
Das Ziel sind Räume für eine von der Fragwürdigkeit rückwärts-
gewandter Gemeinschaftlichkeiten befreiten Individualität und mit-
hin für eine ebensolche Öffentlichkeit. Architektur als Environment
oder ein Dossier des Heterogenen, welches sich als ein Beitrag zur
Versöhnung der mit sich selber zerfallenden Moderne versteht. Das
Thema, konkretisiert am Beispiel Berlin, ist deshalb der »öffentliche
Raum«. Diese letzte Ressource von Stadt durch gesellschaftsrele-
vante und städtebaulich-architektonische Formulierungen zur Urbanisierung vorzuschlagen, verlangt ein offenes System der Strukturierung auf der Basis der Entwicklung einer kommunikativen Ethik der
Künste, der Architektur und der kritischen Sozialwissenschaften.
Der Zusammenhang dieser gegenwärtig konkreten Utopie, jenem
wörtlichen »ohne Ort sein«, ist Folie des architektonischen Denkmodells zu den eigentlichen Freiräumen von Stadt.
Diese Räume (Konzeptteile) sind zum einen die Raumflächen
der durch den konventionellen Städtebau desavouierten Zonen,
Landschaftsfragmente, Trümmerfelder, Industriezonen, Brachen –
potentielle Öffentlichkeit im Exil. An ihren Peripherien strandet die
historische Stadt mit ihren formalen Konglomeraten. Eine Dynami-
sierung des Raumes, die »Furie des Verschwindens« kann dort versucht werden; Denk-Räume der Stadt. Zum anderen sind es die
Achsen im morphologisch strukturierten Stadtraum über dem
historischen Stadtgrundriß. In ihnen kontrastiert das scheinbar ziel-
lose, zeitabbildende Bewegungskontinuum mit der Hoffnung auf
Orientierung, den Plätzen, der traditionellen »architektonischen
Öffentlichkeit« der Stadt. Das Denkmodell zur Dichotomie städ-
tisch-öffentlichen Raumes entwickelt sich aus der zufälligen und
analytischen Rezeption Berlins im Zusammenhang mit seiner karto-
graphischen Existenz. Die einander entgegengesetzten Konzeptteile
darin sind unter Transformations- (Achsen) und Modifikations-
strategien (Raumflächen) im Bezug auf den »Stadtkörper« Berlin als
Ganzem dimensioniert.
Die Raumflächen insgesamt zeigen am Beispiel des Kulturforums in Berlin eine Strukturierung des Zufalls auf der Grundlage
der Linien des Planrasters der Stadt Berlin, jenen unendlichen
Balancen abstrakter, objektiv koordinierter Zahlen.
Die gewählte Achse wird durch »integrative Architekturen« im
akuten Kontext erschlossen.
Begriffe im Rahmen der gezeichneten geometrischen und komposi-
torischen Notationen: Institut für Neue Musik, Erweiterung der
Nationalgalerie, Tanz-Philharmonie, Kunstsammlungen Marx/
Onnasch/Stober, Erweiterung der Deutschen Oper Berlin usw. Sie
sind im Rahmen des Denkmodells Annahmen zu unvorhersehbaren
Interessenlagen von medien- und selbstbewußten Individuen, Vor-
schläge für eine Öffentlichkeit kommunikativen Handelns.

Berthold Ressler (Francfort s. M.)
L'architecture comme environnement
ou: les plans spatials et les axes

Essayons d'étendre le concept de «l'objet trouvé» (Marcel
Duchamp) sur une situation architecturale complexe, celle de Berlin.
Le motif de départ est un projet qui sous-entend des formes de
société permettant un équilibre entre la dépendance et l'autonomie,
sans renoncer pour autant aux différenciations aujourd'hui possibles
dans les domaines culturel, social et économique.
Le but consiste à créer des espaces pour des individus et un public
libérés de tout collectivisme passéiste et ambigu. L'architecture
comme environnement ressemble à un dossier sur l'hétérogénéité et
se veut une contribution à la réconciliation de l'époque moderne
avec elle-même. C'est pourquoi notre projet, appliqué à Berlin, vise
«l'espace public». La proposition d'urbaniser cette dernière ressource
de la ville par des moyens architecturaux et urbanistiques présup-
pose un système ouvert de structuration basé sur le développement
des arts, de l'architecture, d'une éthique communicative et d'une
sociologie critique. Ce contexte fait d'une utopie présente et concrète et d'une «absence de lieu» constitue le fond du modèle architectural concernant les véritables espaces libres d'une ville.
Ces espaces (éléments du projet) sont d'une part les plans spatials, c'est-à-dire les zones désavouées de l'urbanisme conventionnel: des fragments de paysage, des champs de ruines, des zones
industrielles, des terrains vagues; un potentiel d'espaces publics en
exil. La ville historique avec ses conglomérats formels vient échouer
sur leurs bords. C'est là qu'une dynamisation de l'espace, «la fureur
de faire disparaître», peut être tentée: des espaces urbains à penser.
D'autre part: Les axes qui font partie de la structure morphologique de l'espace urbain situé au-dessus du plan historique de la
ville. Au niveau des axes, le mouvement continu, apparemment sans
but, symbolisant le temps qui passe, s'oppose aux places représentant un espoir d'orientation; ils forment ce qu'on appelle traditionel-
lement «l'espace public architectural» d'une ville. Le modèle de
cette dichotomie de l'espace public urbain a été développé à partir
d'une réception empirique et analytique de Berlin et se base
également sur des études cartographiques. Les éléments opposés du
projet, soumis à des stratégies de transformation (les axes) et de
modification (les plans spatials), sont dimensionnés en fonction du
«corps» de Berlin tout entier.
Les plans spatials dans leur ensemble (voir aussi l'exemple
du Kulturforum à Berlin) montrent une structuration du hasard
basée sur le quadrillage du plan de Berlin, sur ces équilibres infinis
de chiffres abstraits et pourtant objectivement coordonnés.
L'accès à chaque axe se crée en fonction du contexte actuel.
Quelques exemples dans le cadre des notations de géométrie et de
composition: L'Institut de la musique moderne, l'agrandissement de
la Nationalgalerie, la Tanz-Philharmonie, les collections d'art Marx/
Onnasch/Stober, l'agrandissement de la Deutsche Oper à Berlin etc.
Ce sont là des suppositions concernant des situations et des intérêts
imprévisibles d'individus centrés sur eux-mêmes et les médias; pour
le public, ce sont autant d'encouragements à l'action et à la communication.

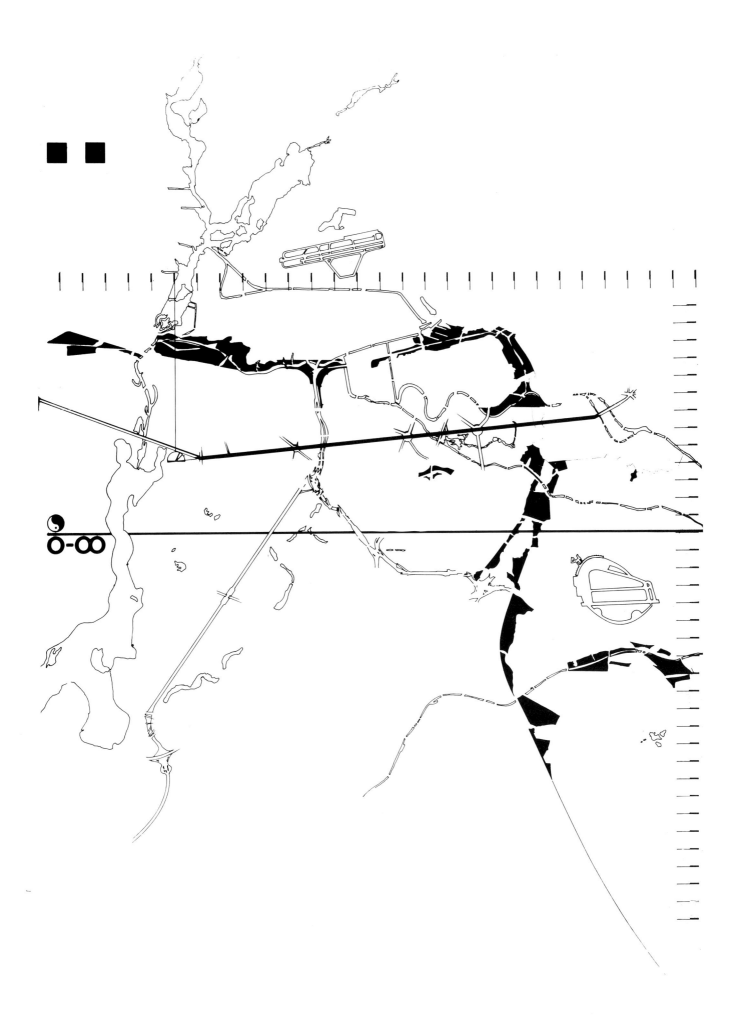

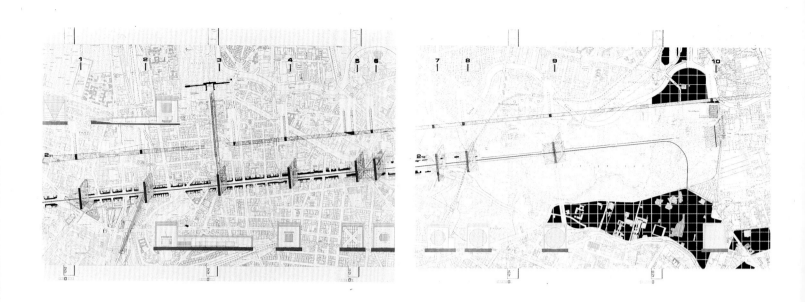

Achse Scholzplatz – Brandenburger Tor
mit Hochhäusern in zehn unterschiedlichen Ausprägungen
L'axe Scholzplatz – Brandenburger Tor
avec des buildings en dix configurations différentes

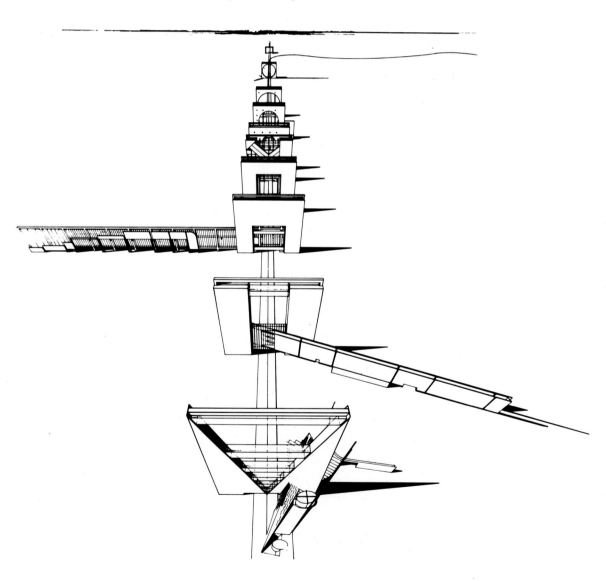

230

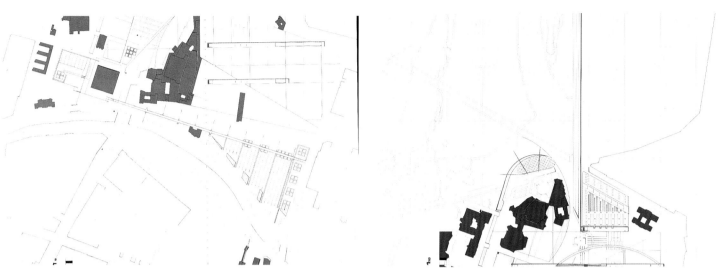

Raumfläche Kulturforum mit Erweiterung der Nationalgalerie,
Kunstsammlungen Marx / Onnasch / Stober, Institut für Neue Musik
und Tanz-Philharmonie.
Unten Konzertsaal des Instituts für Neue Musik
Le plan spatial Kulturforum avec l'agrandissement de la Nationalgalerie, les
collections d'art Marx / Onnasch / Stober, L'Institut de la musique moderne et la
Tanz-Philharmonie.
En bas la salle de concert de L'Institut de la musique moderne

Jürgen Riehm (New York)
Berlin — ein Labyrinth

»Wie irrt ihr Sterblichen, die ihr den Irrbau seht / Für einen Irrgang an, der euch nur soll verführen. / Wer aber durch den Bau vernünftig irre geht, / wird seines Heiles Weg, der Wahrheit Richtschnur finden.« (Daniel Caspar von Lohenstein)
Das Labyrinth versucht, das Rätsel Mensch und seine widerspruchsvolle Welt zu erklären. Die ganze Welt setzt sich aus Widersprüchen zusammen, und ihre Übereinstimmung besteht aus Unstimmigkeiten.
Berlin erweist sich dabei als ein besonders gutes Beispiel. Das Labyrinth verkörpert das ambivalente, abstrakte und rationale Symbol der Unendlichkeit unserer Welt mit den in ihr wirkenden, wirbelnden und doch geheimnisvoll geordneten Kräften. In der Komplexität soll eine überrelative Weltharmonie sichtbar werden.
Beim Betreten eines Irrgartens soll die Inspiration angeregt, die Phantasie beflügelt, die Welt in ihren überwirklichen Bezügen realistisch erfaßt werden. Durch neue visuelle Syntax werden neue Wirklichkeitsbereiche erschlossen und neue Konstruktionen ermöglicht.
Der Umweg führt zum Mittelpunkt. Nur der Umweg führt zur Vollkommenheit

Jürgen Riehm (New York)
Berlin — un labyrinthe

«Comme vous vous trompez, vous les mortels, lorsque vous ne voyez dans le labyrinthe qu'un dédale ne devant que vous induire. Mais celui qui erre judicieusement dans ce bâtiment, y trouvera son chemin, y trouvera le cordeau de la vérité». (Daniel Caspar von Lohenstein).
Le labyrinthe tente d'expliquer l'énigme de l'homme et les contradictions de son monde. Le monde entier est constitué de contradictions, et son unanimité est constituée de divergences. Berlin s'avère être à ce propos un exemple particulièrement manifeste. Le labyrinthe incarne le symbole ambivalent, abstrait et rationnel de l'infinité de notre monde, avec ses forces agissantes, tourbillonnantes mais à la structure toutefois secrète. Une harmonie du monde doit apparaître dans sa complexité au-delà de toute relativité.
Lorsque l'on pénètre dans un labyrinthe, l'inspiration doit être stimulée, l'imagination se voit donner des ailes, le monde est saisi de façon réaliste avec ses traits surréels. Une nouvelle syntaxe visuelle ouvre la voix à de nouvelles zones de réalité et rend possibles de nouvelles conceptions. Le détour mène au point central. Seul le détour conduit à la perfection.

Ein versenktes Labyrinth. »Ein Graben, nicht eine Wand bildet die Wegbegrenzung« (Hermann Hugo SJ, 1550–1629)
Un labyrinthe plus bas. «Un fossé, et non pas un mur, délimitè le chemin» (Hermann Hugo SJ, 1550–1629)

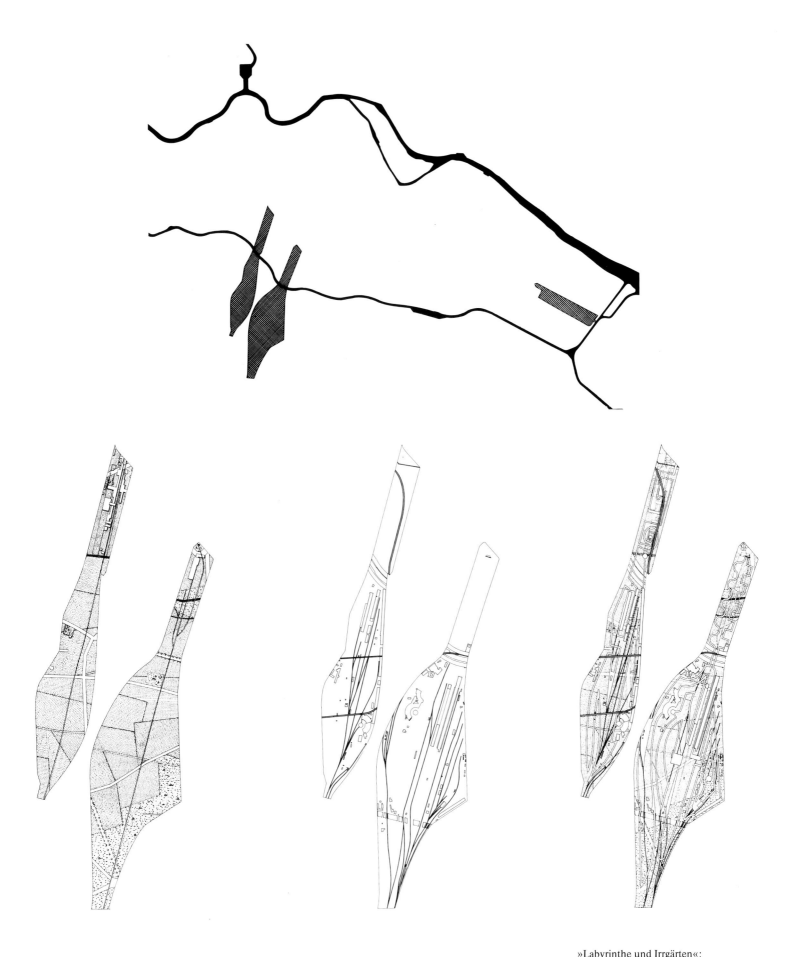

»Ausgrabungsbefund«:
Die Zeit von 1750 bis 1870 umfassend
«Résultat de fouille»:
Période comprise entre 1750 et 1870

»Spurensicherung«:
Gegenwärtig noch vorhandene
Fragmente und Strukturen
«Relevé des traces»:
Fragments et structures encore existants

»Labyrinthe und Irrgärten«:
Wegeführung mit überlagerter
Ausgrabung und Spurensicherung
«Labyrinthes et dédales»:
Cheminement avec fouille super-posée et
relevé des traces

Peter C. Riemann (Bonn)
Ost-West-Monument
oder das Denkmal als Denkmodell

Angeregt durch den Titel der Ausstellung, schlage ich ein etwa
70 Meter hohes Gerüstobjekt vor, das sich auf der Ostwestachse zwischen Wallots Reichstag und Stubbins' Kongreßhalle bewegt.
Dieses »Ost-West-Monument« ist ein Zwitterwesen aus der inneren
Tragstruktur der New Yorker Freiheitsstatue und den Baugerüsten,
die wir als anonyme Architekturen mit oft surrealem Eigenleben auf
der ganzen Welt finden, um die Bausünden von gestern und die
Umweltschäden von heute zu beheben. Diese konstruktive Gestalt,
die uns mit erhobenem Gerüstarm daran erinnert, daß wir heute
vielleicht schon die Ruinen für das 21. Jahrhundert planen, ist in der
Mitte geteilt. Jede Hälfte, bestehend aus Silhouette und Gerüst,
bewegt sich auf Schienen in einem großen, etwa 500 Meter langen
Bassin, das sich als Hauptattraktion des Berliner Tivolis den erholungsbedürftigen Bewohnern darbietet. Durch Impulsgeber und
Rechnereinheiten ist die nördliche Objekthälfte an den Wasserverbrauch von Ost-, die südliche an den von West-Berlin gekoppelt. Die
maximale Geschwindigkeit beträgt 10 m/h, so daß sich die Fortbewegung der beiden Teile nur über einen längeren Zeitraum feststellen läßt. Erreichen sie den Endpunkt ihrer Bahn, so setzen sie
nach kurzer Pause ihren Weg in entgegengesetzter Richtung fort.
Drei unterschiedliche Konstellationen der Objekthälften sind
möglich:
1. Die Einheit. Die beiden Hälften sind an ihrer Schnittstelle
deckungsgleich, das Objekt erscheint als einheitliche Figur.
2. Die Begegnung. Die beiden Hälften sind an ihrer Schnittstelle
verschoben, das Monument gleicht zwei Personen, die sich begegnen.
3. Die Trennung. Die beiden Hälften stehen in gebührendem
Abstand zueinander, sie scheinen nichts miteinander zu tun zu
haben.
Morgens erlebt man so z.B. im Vorbeifahren den Zustand der Trennung, abends den der Begegnung.
Außer diesem kinetischen Potential birgt die Konstruktion ein
hohes Maß an Veränderbarkeit in sich, das sich je nach Tageszeit
und Beleuchtung einstellt. Unterschiedliche Formen und Materialien der Silhouetten und der Gerüste erzeugen verschiedene Reflexionen, Spiegelwirkungen und Schattenwürfe. Bei Sonnenlicht vor
hellem Himmel wird das kinetische Denkmal optisch entmaterialisiert, nachts bei Innenbeleuchtung eher materialisiert. In seiner
nichtfixierten Statik dient es als surreales Denkmodell, das sich über
Fixierungen der Vergangenheit erhebt und sich gedankenlosen
Zukunftsprognosen entgegenstellt.
Vor seinem Hintergrund erscheinen Nationalgeschenke, ewige
Werte und konstruktive Wahrheiten vielleicht in einem neuen Licht.

Peter C. Riemann (Bonn)
Monument Est–Ouest
ou le monument comme modèle de pensée

Le titre de l'exposition m'a inspiré un monument-échafaudage d'environ 70 mètres de hauteur, qui se déplacerait sur un axe Est-Ouest
entre le Reichstag de Wallot et le Palais des Congrès de Stubbins.
Ce «monument Est-Ouest» se présente comme une combinaison de
la structure portante à l'intérieur de la Statue de la Liberté à New
York et des échafaudages de chantier qui ressemblent à des architectures anonymes et souvent surréalistes et qui servent dans le monde
entier à réparer les erreurs architecturales d'hier et les dommages
causés par la pollution d'aujourd'hui. Cette forme constructive dont
le «bras» levé nous rappelle que nous sommes peut-être en train de
créer les ruines du 21ème siècle, est coupée dans le sens de la longueur. Chaque moitié, composée d'une silhouette et d'un échafaudage, se déplace sur des rails dans un bassin long de 500 mètres qui
constituera l'attrait principal du Tivoli de Berlin pour les habitants
avides de repos. Par l'intermédiaire de distributeurs et de processeurs, la moitié nord sera couplée à la consommation d'eau de Berlin-Est, la moitié sud à celle de Berlin-Ouest. La vitesse maximale
est de 10 m/h, si bien que le mouvement des deux parties ne
devient perceptible qu'au bout d'un certain temps. Après avoir
atteint la fin de leur trajet, les deux moitiés marquent une pause,
puis repartent en sens inverse.
Trois constellations différentes sont possibles:
1. L'unité – les deux moitiés sont tout à fait symétriques, l'objet
apparaît comme un ensemble homogène.
2. La rencontre – les deux moitiés se superposent partiellement. Le
monument fait penser à deux personnes qui se rencontrent.
3. La séparation – les deux moitiés se tiennent à distance et ne semblent rien avoir à faire l'une avec l'autre.
Ainsi, un automobiliste passant devant le monument le verrait peut-être le matin en état de séparation et le soir en état de rencontre.
Outre ce potentiel cinétique, l'aspect du monument peut varier
selon de nombreux facteurs comme le moment de la journée et la
lumière. La différence entre les silhouettes et les échafaudages au
niveau des formes et des matériaux produit des reflets, des effets de
miroir et des ombres différents. Au soleil, devant un ciel clair, le
monument cinétique semble dématérialisé, la nuit, illuminé de l'intérieur, davantage matérialisé. Avec sa statique indéterminée, c'est
un modèle surréel au-dessus des fixations du passé et à l'opposé de
pronostics irréfléchis.
Devant lui, les biens de la nation, les valeurs éternelles et autres
vérités constructives paraissent sous un jour nouveau.

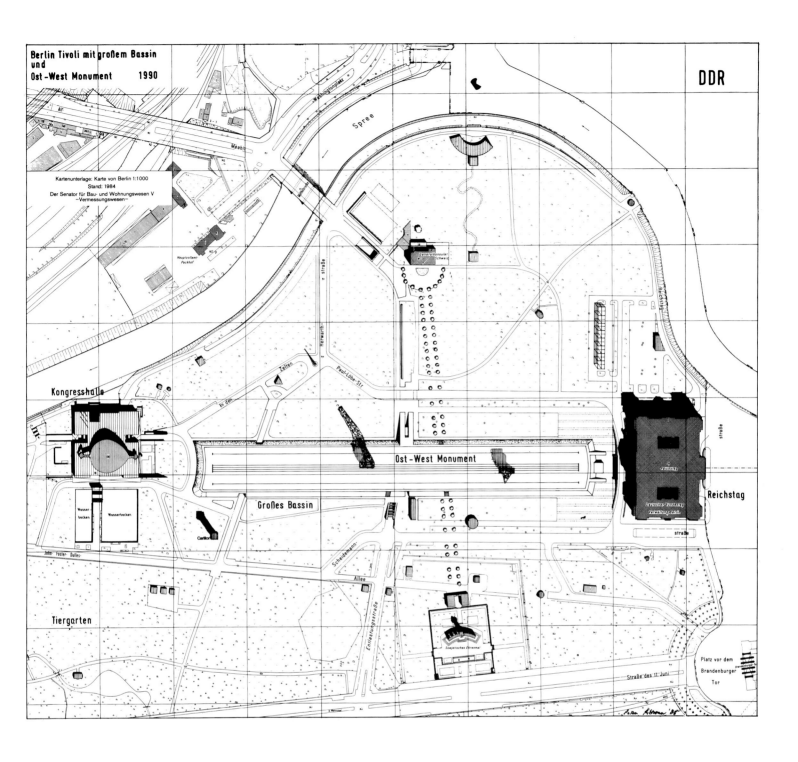

Berlin Tivoli mit großem Bassin
und
Ost-West Monument   1990

DDR

Kartenunterlage: Karte von Berlin 1:1000
Stand: 1984
Der Senator für Bau- und Wohnungswesen V
–Vermessungswesen–

Spree

Washingtonplatz

Hauptzollamt
Packhof

Generalkonsulat
Schweiz

Reichstag

Kongresshalle

Herwarth-straße

In den Zelten

Paul-Löbe-Str.

Ost-West Monument

Reichstag

straße

Wasser-
becken   Wasserbecken

Carlton

Großes Bassin

straße

John- Foster- Dulles-

Scheidemann

Tiergarten

Allee

Entlastungsstraße

Sowjetisches Ehrenmal

Platz vor dem
Brandenburger
Tor

Straße des 17. Juni

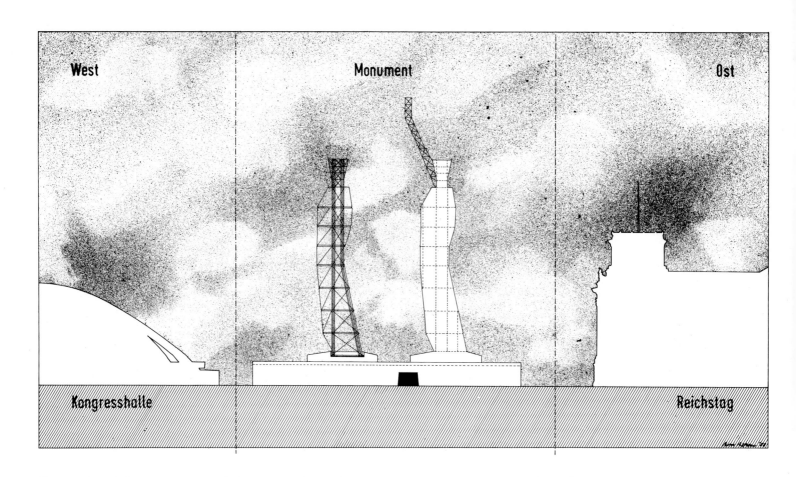

West   Monument   Ost

Kongresshalle   Reichstag

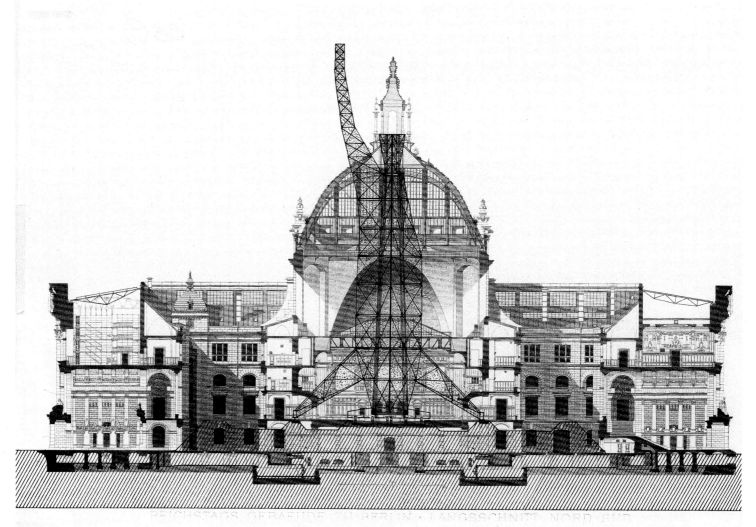

237

Miguel Sánchez (Salamanca)
Bahnhof der Zukunft für das Transrapid-System

Idee: Konzeption eines Bahnhofs »über der Mauer«, der die einma-
lige Situation Berlins als Ost-West-Verbindung berücksichtigt und
darüber hinaus ein kulturelles und gesellschaftliches Zentrum bildet.
Dieser Verkehrsknotenpunkt in Verbindung mit einem Museum für
deutsche Geschichte über dem Bahnhof soll die städtebauliche und
geographische Situation des ungeteilten Berlins wiederaufleben
lassen.
Situation: Beide Staaten haben sich gegenseitig anerkannt.
Zwischen Ost- und West-Berlin herrscht trotz der noch vorhandenen
Mauer ein normaler Grenzverkehr. Das Architekturkonzept sieht
keinen direkten grenzüberschreitenden Kontrollpunkt vor, läßt
jedoch die Möglichkeit eines Austausches zu.
Konzept: Form und Verlauf der Mauer bleiben durch die hoch-
gestellte Trasse dieses Verkehrssystems (Magnetbahn-Transrapid)
unangetastet, das Empfangsgebäude im Erdgeschoß erfährt die
historische Trennung durch die Mauer trotz der veränderten politischen Situation des 21. Jahrhunderts. Die Erschließung des Bahnhofs und des Museums durch Individualverkehr, öffentlichen Nah-
verkehr und durch Fußgänger erfolgt getrennt. Sobald die Bahn-
steigebene und die Museumsebene erreicht sind, befindet man sich
im Gebiet von Gesamt-Berlin. Die Museumsebene ist direkt
vom Empfangsgebäude (Erdgeschoß), ohne Berührung der Bahn-
steige, erreichbar. Beim Verlassen des Museums oder Bahnsteigs
findet eine Paßkontrolle im Empfangsgebäude statt.

Miguel Sánchez (Salamanca)
Une future gare du transport rapide magnétique

Idées: Conception d'une gare « au-dessus du Mur » tenant compte
de la situation unique de Berlin en tant que place de jonction entre
l'Est et l'Ouest et constituant, en outre, un point de recontres culturelles et sociales. Ce point de communication en relation avec un
musée de l'histoire allemande au-dessus de la gare aura pour objet
de réanimer la situation géographique et urbanistique du Berlin
« indivisé ».
Situation: Les deux Etats se sont reconnus mutuellement. Entre
Berlin-Est et Berlin-Ouest, un trafic frontalier normal intervient en
dépit du Mur encore existant. Le concept architectural ne doit prévoir aucun point de contrôle frontalier direct, permet toutefois la
possibilité d'un échange.
Concept: La forme et le développement du Mur ne seront pas tou-
chés par le tracé surélevé de ce système de transport (train rapide
magnétique), le bâtiment d'accueil au rez-de-chaussée tient compte
de la séparation historique par le Mur, en dépit de la situation politique modifiée du 21ème siècle. L'accès à la gare et au musée par les
moyens de transport en commun, les voitures particulières et les piétons s'effectue de façon distincte. Dès que l'on atteint le niveau du
quai et du musée, on se trouve dans la zone du grand Berlin. Le
niveau du musée est directement accessible du bâtiment d'accueil
(rez-de-chaussée) sans utilisation des quais. Lorsque l'on quitte le
musée ou le quai, on est soumis à un contrôle des passeports dans le
bâtiment d'accueil.

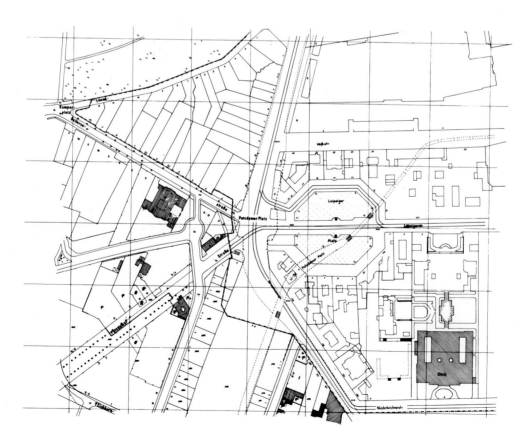

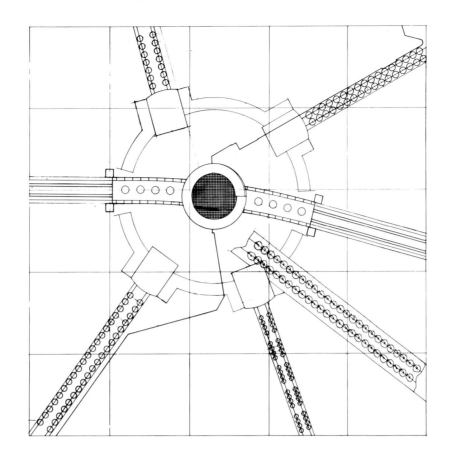

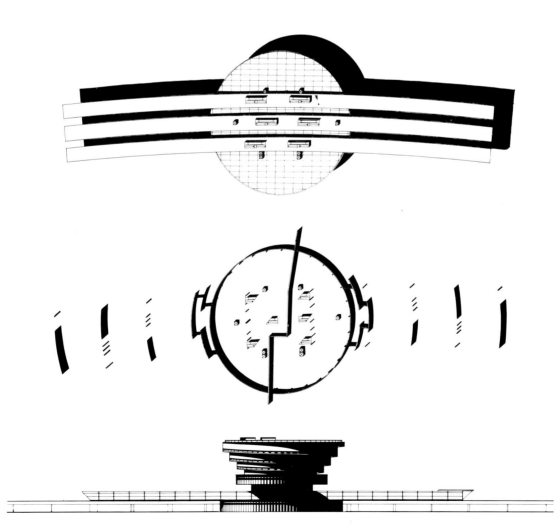

August Sarnitz (Wien)
Mitarbeiter: Michael Schrölkamp, Wolfhard Focke,
Heinrich Vetter
Boulevard der Blendung

Blendung ist die Beeinträchtigung des Sehvermögens. Blendung
ist auch das Zerstören des Sehvermögens, die schwerste Verstümm-
melungsstrafe des antiken und mittelalterlichen Rechtes bei Mein-
eid und Verrat. Verrat ist ein Vergehen gegen die Wahrheit. Voraussetzung für menschliches Handeln ist das Fehlen jeglicher Blendung.

Verstand ist die Fähigkeit des richtigen Erkennens und Beurtei-
lens, das diskursive, begrifflich ordnende, schlußfolgernde, erklä-
rende Denken, das gegenständliche Erkenntnisinhalte differenziert
und strukturiert und insofern »wissenschaftlich« ist.

Vernunft ist die auf das Unbedingte bezogene geistige Fähigkeit,
die Dinge und Geschehnisse in ihrem inneren und äußeren Zusammenhang zu begreifen im Unterschied zum Verstand.

Das geteilte Berlin ist Symbol politischer, historischer und kultureller Dualität. Kreuzungspunkte historischer Bedeutung sind Orte
urbaner Verdichtung. An diesen Orten und in ihrer direkten Umgebung sind kulturelle Einrichtungen von besonderer Relevanz.

Nördlich des Spreebogens, zu beiden Ufern des Schiffahrtskanals
befinden sich zwei Medientürme, der »Turm des Verstandes« und
der »Turm der Vernunft«. Beide Türme sind so konzipiert, daß sie
durch Brücken verbunden werden und so ein Symbol für das Neue
Denken darstellen: Verstand und Vernunft ermöglichen eine kulturelle Humanität.

Sieben Doppelquadrate John Ruskins (»Seven Lamps of Architecture«) sind im gleichen Abstand entlang einer Achse angeordnet.
Das mittlere Doppelquadrat im Schnittpunkt der Nordsüdachse und
der Querachse des Reichstagsgebäudes ist als Doppelkubus aus-
gebildet und bildet das Zentrum für das Neue Museum Deutscher Geschichte. Der abgesenkte Eingangshof (»Eintreten in
die Geschichte«) hat die gespiegelte Form des Reichstagsgebäudes,
gedacht als Reflexion von Geschichte und Politik.

Die Medientürme entsprechen in ihrer Höhe der Summe der sieben
fiktiven Doppelkuben. Der »Turm des Verstandes« beinhaltet Infor-
mationen über den Bereich der Naturwissenschaften (»Einstein-
Turm«), der »Turm der Vernunft« beinhaltet Informationen über die
Geisteswissenschaften (»Wittgenstein-Turm«). Mit zunehmender
Höhe wächst das Maß des Verstehens.

Aufgabe der beiden Türme ist es, Blendung zu vermeiden.

August Sarnitz (Vienne)
Collaborateurs: Michael Schrölkamp, Wolfhard Focke,
Heinrich Vetter
Avenue d'aveuglement

L'aveuglement est le préjudice causé à la vision. L'aveuglement
est aussi la destruction de la vision, le plus lourd châtiment par muti-
lation qu'aient connu les droits antique et médiéval pour le parjure
et la trahison. La trahison est un délit contre la vérité. La condition
de l'action humain est l'absence de tout aveuglement.

L'entendement est la capacité de connaître et de juger correctement, la pensée discursive, usant de concepts, tirant des conclusions
et livrant des explications, une pensée qui différencie et structure
des contenus de connaissance objectifs et peut, dans cette mesure,
être dite « scientifique ».

La raison est la capacité intellectuelle, liée à l'absolu, de saisir les
choses et les événements dans leur rapport interne et externe, à la
différence de l'entendement.

Berlin partagée est symbolique d'une dualité politique, historique et culturelle. Les croisements d'importance historique sont des
lieux de condensation urbaine. Sur ces lieux et dans leurs environs
immédiats se trouvent des institutions culturelles d'une importance
particulière.

Au nord de l'arc de la Spree, sur les rives du canal de navigation,
s'élèvent deux tours médiatiques, la «Tour de l'Entendement» et la
«Tour de la Raison». Toutes deux sont conçues pour être raccordées
par des ponts et représenter ainsi un symbole de la Nouvelle Pensée: entendement et raison rendent possible une humanité culturelle.

Sept doubles carrés (« Seven Lamps of Architecture », John Ruskin)
sont disposés le long d'un axe à intervalles réguliers. Le double carré
du milieu, à l'intersection de l'axe nord-sud et de l'axe transversal
du Reichstag, donne un double cube et forme le centre du nouveau
musée d'histoire allemande. La cour d'entrée pendue (« l'entrée
dans l'histoire ») a la forme en miroir du bâtiment du Reichstag,
conçue comme lieu de réflexion de l'histoire et de la politique.

La hauteur des tours correspond à la somme des six doubles cubes
fictifs. La «Tour de l'Entendement» renferme de l'information sur
les sciences de la nature («Tour Einstein»), la «Tour de la Raison»
renferme de l'information sur les sciences de l'esprit («Tour Wittgenstein»). Plus on monte, plus s'élève le degré de compréhension.
La tâche des deux tours est d'éviter l'aveuglement.

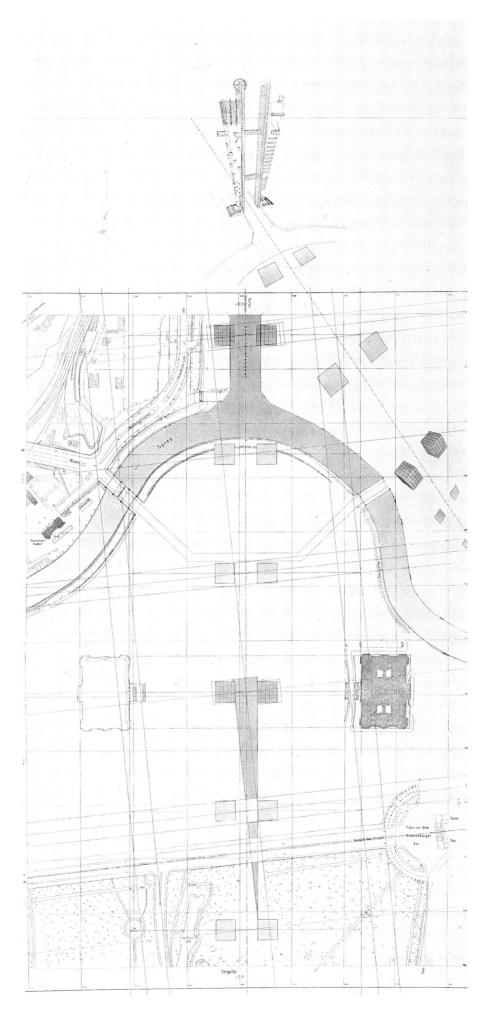

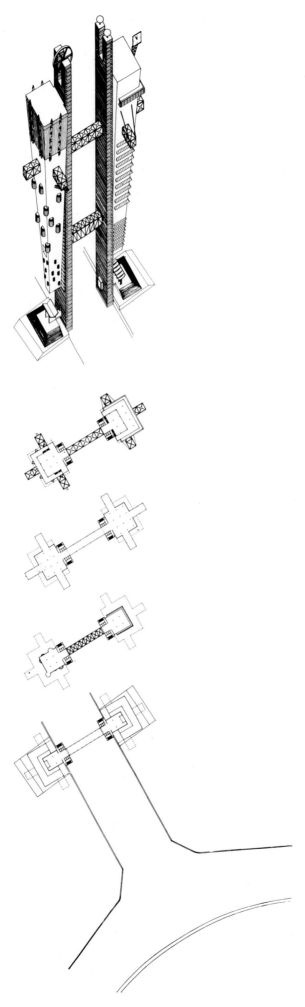

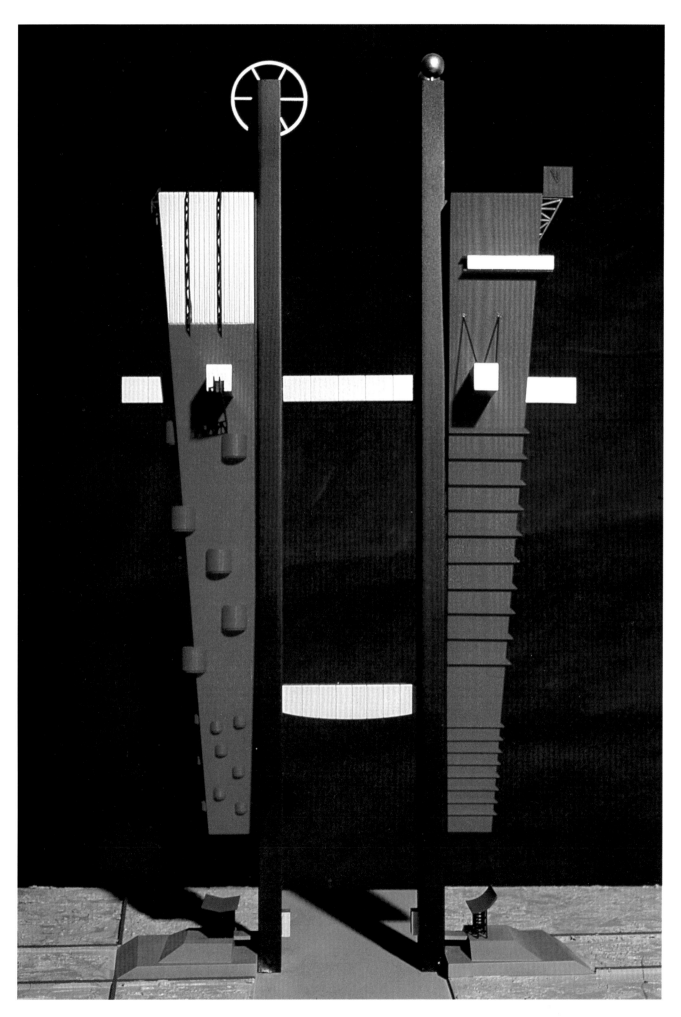

Matthias Sauerbruch (London/Berlin)
Dialektische Stadt

Berlin nach dem Aufbau: Durch die forcierte Suche nach einer Daseinsberechtigung wurde aus der historischen Metropole Berlin eine urbane Fata Morgana: »Die reparierte Stadt« bietet das Bild für ein Drama, das Horror vacui und Wunschdenken zum Stadttheater inszeniert.

Weiße Flecken: Nun geht es um die noch verbleibenden weißen Flecken auf der Landkarte – nicht mehr besetzte Zonen, die sich der Normalisierung bisher entzogen haben: Gebiete ehemaliger Bahnhöfe, Kanäle, Häfen formen sich mit existierenden Parkräumen zu einer Kette von Territorien der »Nicht-Stadt«, die sich wie eine Narbe durch ganz Berlin zieht.

Großstadtlandschaft: In den Jahren ihres Schattendaseins haben sich diese Gebiete zu einem riesigen Stadtlandschaftsgarten entwickelt, dessen Natur die Metropole zum Thema hat. Wo in seinen offenen Räumen Aktivitäten ein Asyl finden, denen die normalisierte Stadt keinen Raum bietet, wird der Garten zum unersetzlichen dialektischen Spiegelbild der Großstadt. Er wird zum Mikrokosmos ihrer Dynamik, Experimentierfeld der Veränderung. Geordnet in einer Landschaft, in der sich alte mit neuen Strukturen verbinden, formt er Horizont und Panorama der Stadtkultur.

Alter ego: In einem Klima, das in allen Richtungen nach Konservierung strebt, wird die Parkkette zum Reservat der Unvorhersehbarkeit, die Festlegung ihrer Nicht-Festlegbarkeit zur Überlebensfrage der Großstadt.

Matthias Sauerbruch (Londres/Berlin)
Ville dialectique

Berlin après la reconstruction: Par sa recherche forcenée d'une justification de son existence, la métropole historique de Berlin est devenue une Fata Morgana urbaine: la «ville réparée» offre le tableau d'une pièce de théâtre mettant en scène l'«Horror vacui» et les souhaits illusoires dans un drame urbain.

Les taches blanches. Ce qui importe ici, ce sont les taches blanches restant encore sur la carte, des zones qui ne sont plus occupées, qui ont échappé jusqu'à présent à la normalisation: les zones d'anciennes gares, d'anciens canaux, d'anciens ports, forment, avec des espaces de stationnement existants, une chaîne de territoires de la «Non-Ville», marquant l'ensemble de Berlin comme une cicatrice.

Le paysage de la grande ville. Durant les années d'existence ombragées, ces zones se sont développées pour devenir un vaste jardin paysagé urbain, dont la nature a pour thème la métropole. Là où des activités trouvent place dans ces espaces ouverts, pour lesquelles la ville normalisée n'offre aucune place, le jardin devient le reflet dialectique irremplaçable de la grande ville. Il devient le microcosme de sa dynamique, le champs expérimental du changement. Structuré dans un paysage, dans lequel de vieilles structures sont liées à de nouvelles, il forme l'horizon et le panorama de la culture urbaine.

Alter Ego: Dans une atmosphère s'orientant dans tous les sens vers la conservation, la chaîne des parcs devient la réserve de l'imprévisible, la détermination de l'indéterminable à propos de questions de survie de la grande ville.

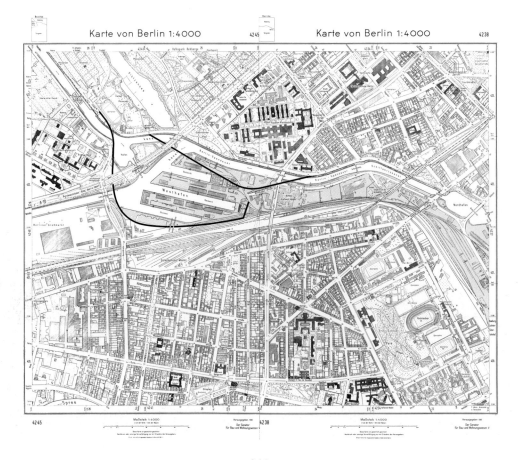

Westhafen:
Industrielandschaft mit Glaswand
Westhafen:
Site industriel avec paroi de verre

Hans Dieter Schaal (Attenweiler)
Mitarbeiter: Matthias Kohlbecker, Udo Neugebauer
Ort der Handlung: Ernst-Reuter-Platz

Der Ernst-Reuter-Platz, im Schnittpunkt wichtiger Stadtachsen, ist zur Zeit eine Oase des Nichts, ein architektonisches Schwarzes Loch.
Vorstellung: Eines Tages bilden sich Risse über der Platzfläche, Spalten brechen auf, die Erde öffnet sich, und langsam fährt die bisher verdrängte Unterwelt ans Tageslicht. Ein Gebäude zeigt sich, das die Rückseite des Spiegels darstellt. Das Unterbewußtsein der Stadt mit Elementen der Gewalt, des Lebens, der Sehnsucht nach Glück und Liebe und mit viel Tod. Die Archäologie der Vergangenheit bringt nur abgestorbene Schichten und versteinerte Lebensentwürfe ans Tageslicht. Wie ein Aufschwung erhebt sich aus diesem Scheiterhaufen ein ca. 60 Meter hohes steinernes Riesenrad, das als einzige Kabine eine von innen beleuchtete Forscherzelle mit sich schleppt. Aus der übrigen Platzfläche brechen aus den entstandenen Spalten Treppen, Gänge, Flure, Vitrinen, Käfige, Türen und Fragmente von Wohnräumen hervor. Theater- und Filmrealitäten wandern über Fließbänder aus der Kanalisation ans Tageslicht. Banalität klumpt sich zu Walzen, die sich panzerschwer über Betten schieben. Der plattgewalzte Alltag versinkt in flachen Wasserbecken, Fontänen sprechen von mehr. Lagerfeuer vor Imbißbuden in der Abenddämmerung. Metallblitzende Ritter gehen mit hallenden Schritten zu schwach beleuchteten Telefonzellen, um längst fällige Duelle anzufordern. Mitten in einer explodierenden Achterbahn ein Mann am Fernrohr, um eine vor Jahrmillionen erloschene Galaxie zu beobachten. Der Verkehr umkreist die Szenerie unermüdlich.

Hans Dieter Schaal (Attenweiler)
Collaborateurs: Matthias Kohlbecker, Udo Neugebauer
La scène: Ernst-Reuter-Platz

Cela se passe à Ernst-Reuter-Platz, Berlin-Ouest. Située au croisement d'axes importants de la ville, cette place est actuellement le lieu du néant, un trou noir architectural.
Imaginons: un jour, la surface de la place s'est craquelée, des crevasses se sont formées, la terre s'est ouverte et tout un monde souterrain, refoulé jusque-là, monte lentement vers la lumière du jour. Apparaît un immeuble qui représente la face cachée du miroir. C'est l'inconscient de la ville avec ses éléments de violence, de vie, d'aspiration au bonheur et à l'amour comportant aussi de nombreux signes de mort. L'archéologie du passé ne dévoile que des couches de vies éteintes et des desseins pétrifiés. Symbolisant un nouvel élan, une grande roue en pierre, haute de 60 mètres et entraînant une seule cabine s'élève au-dessus de cet échafaudage. Cette cabine, éclairée de l'intérieur, ressemble à un laboratoire scientifique. Partout ailleurs, la surface de la place est remplie d'escaliers, de couloirs, de passages, de vitrines, de cages, de portes et de fragments d'habitations sortant des crevasses. Des décors de théâtre et de cinéma quittent les canalisations et arrivent au grand jour, transportés sur des tapis roulants. La banalité se transforme en rouleaux compresseurs qui passent sur les lits comme des tanks. Ainsi comprimée, la vie quotidienne échoue dans des bassins peu profonds, les fontaines parlent d'autre chose. Le soir devant les kiosques, des feux de camp s'allument. On entend les pas des chevaliers aux armures étincelantes qui se dirigent vers les cabines téléphoniques faiblement éclairées pour réclamer des duels longtemps différés. Un homme se tient debout en plein milieu de montagnes russes détruites par une explosion et regarde à travers un télescope une galaxie éteinte depuis des millions d'années. Tout autour, infatigable, la circulation continue.

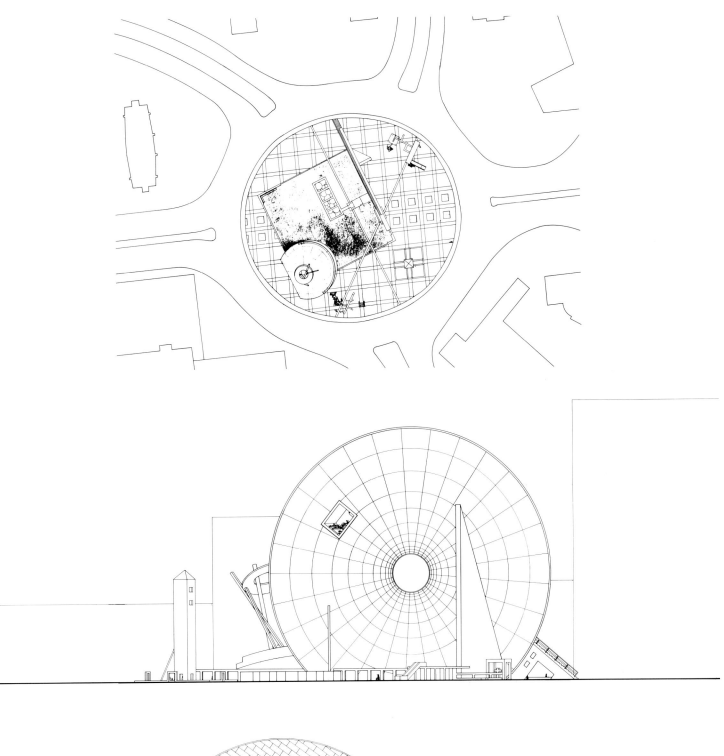

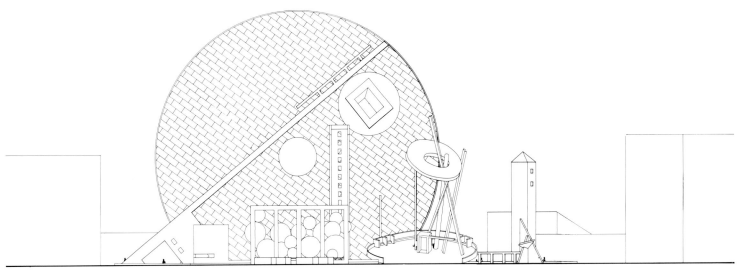

Alison & Peter Smithson (London)
**Das Schienensystem von West-Berlin:
eine zusätzliche Verbindungsebene**

West-Berlins »halbes Zentrum« wird durch seinen Anteil an Schienenwegen wie durch die Geste einer Hand umschlossen. Ein beträchtlicher Teil der Schienen verläuft oberhalb des natürlichen Terrains der Stadt, so daß diese Schienenwege eine weitere künstliche Ebene West-Berlins darstellen, die darauf zu warten scheint, daß durch eine poetische Geste ihre Kapazität an freiem Raum von der Stadt genutzt wird. Das Wesen dieses Systems ist verbindend, seine linearen Räume zeigen Leichtigkeit der Bewegung und Verbindung an (angenehme Qualitäten), erinnern aber auch an Lärm und Schmutz (unangenehme Qualitäten). Die Schwellen zu den angenehmen Erfahrungen sind die Stationen; den ursprünglich unangenehmen Qualitäten dreht die Stadt noch immer den Rücken zu. Wenn man auf den Bahnanlagen normale Gebäude (für Großhandel etc.) errichten würde, könnte dies für die Berliner bedeuten, daß sie einen wichtigen Aspekt ihrer Geschichte verlieren – und auch einen Aspekt ihres verbindenden Potentials.

Das Eisenbahnsystem, zum Teil überwuchert, wo es nicht mehr benutzt wird, zeigt uns, wie ein verbindendes System ein neues, befreiendes Netzwerk für West-Berlin bilden könnte:
– als eine Ebene abseits vom motorisierten Verkehr zum Spazierengehen oder Radfahren,
– als »Naturpfad« durch ein Gelände, auf dem sich Wildwuchs ausgebreitet hat,
– als weiterer öffentlicher Raum,
– als weitere begrenzte Ebene, auf der Kleinflugzeuge starten und landen können.

Die zahlreichen Bahnhöfe mit ihren Einrichtungen werden Eingangspforten zu diesen »Flucht-Routen«. Weiterer Zugang kann durch Verbindungswege zu den angrenzenden Grünflächen geschaffen werden. Weil sie verbindend sind, erlauben diese »Wildwege« einen Überblick über das Gelände und vermitteln einen Eindruck von der Gesamtheit der »Halb-Stadt« West-Berlin.

Alison & Peter Smithson (Londres)
**Le système de chemin de fer de Berlin-Ouest:
une autre stratification de liaison**

Comme dans un geste de la main, le « demi-centre » de Berlin-Ouest est placé en redent par la partie du réseau ferroviaire qui lui revient. Des portions appréciables de voies sont posées à un niveau supérieur à celui du terrain naturel de la ville, de telle sorte que des voies constituent une autre couche de Berlin-Ouest, fabriquée par l'homme, qui semble attendre un geste poétique lui permettant de remettre son espace libre à la ville. Ce système a une nature connective, ses espaces linéaires indiquent la facilité de mouvement et de liaison (qualités positives) mais rappellent le bruit et la saleté (qualités négatives): les seuils conduisant aux expériences agréables sont les gares; la ville tourne toujours le dos aux qualités négatives originelles. Couvrir les terrains ferroviaires avec des bâtiments ordinaires, des halles, par exemple, pourrait faire perdre aux Berlinois une couche de leur histoire ainsi qu'une couche entière de potentiel connectif.

Le réseau ferroviaire, excessif à certains endroits, car partiellement inutilisé, nous montre comment ce système connectif pourrait être ouvert et transformé en un nouveau réseau de dégagement de Berlin-Ouest:
– une couche séparée du trafic automobile destinée aux promenades familiales, à pied ou à bicyclette,
– début d'un « sillage naturel » là où s'est établie une végétation sauvage,
– un autre espace public,
– un autre niveau délimité, aérodrome pour petits avions.

Les nombreuses stations avec leurs équipements deviennent des portes-entrées vers ces routes « d'évasion ». Un accès supplémentaire peut être créé par des liaisons avec les espaces verts adjacents. Par leurs fonctions connectives, les chemins sauvages permettent une vision d'ensemble de la zone et donnent une impression de la « demi-ville » de Berlin-Ouest.

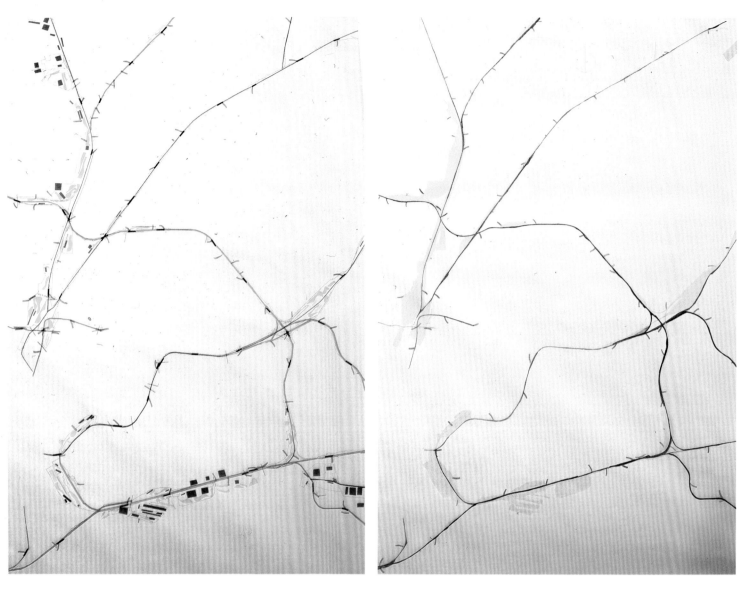

Die sehr einfache Graphik einer weiteren Verbindungsebene zeigt die Schienen-
systeme und ihre Bahnhöfe ebenso wie die vorgeschlagenen Standorte für
Rampenverbindungen, die sich in Bushaltestellen oder Grünflächen
einklinken sollen.
Graphique très simple d'un autre niveau de communication; il représente les
systèmes ferroviaires avec les gares, de même que les emplacements proposés
pour les emplacements proposés pour les liaisons par rampes devant aboutir
à des stations d'autobus ou à des espaces verts

Eisenbahnsystem: Rot = aktiv, schwarz = ungenutzt, gelb = Warenhöfe
Système ferroviaire: Rouge = actif, noir = inutilisé, jaune = cours de marchandises

250

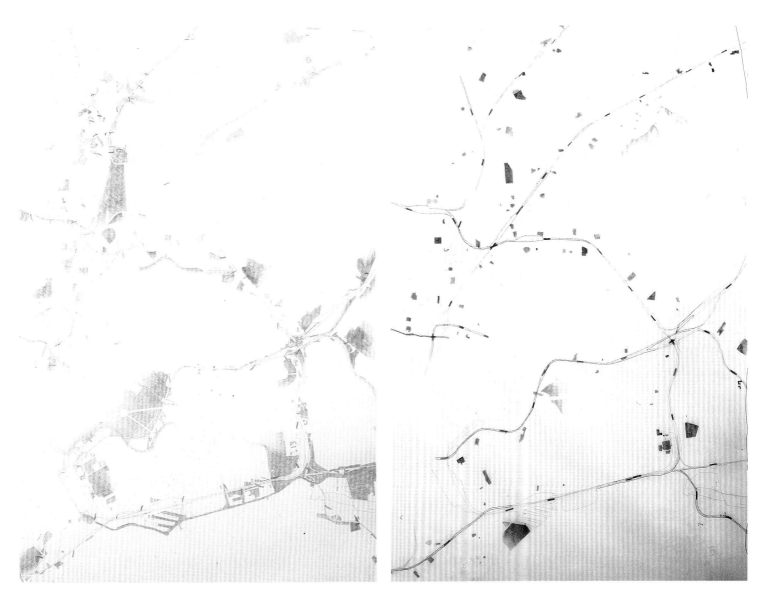

Grüne offene Flächen, die nahe genug bei dem Schienensystem liegen, um als
weitere Verbindungsebenen integriert werden zu können
Espaces verts libres, assez proches du système ferroviaire pour être intégrés
comme niveaux de liaison supplémentaires

Öffentliche Gebäude – Hospitäler, Schulen, Altenheime usw. – in der Nähe des
Schienensystems, die durch Brücken mit den Wildwegen verbunden sind.
Bâtiments publics, hôpitaux, écoles, maisons de retraite, etc. situés à proximité
du système ferroviaire et reliés aux sillages naturels par des ponts

Gerhard Spangenberg (Berlin)
Planungspartner: Heinrich Tepasse, Wolfgang Moll, Stefan Polonyi,
Siemens Solar GmbH
Denkmodell für ein Denkmal:
Umnutzung des Fichte-Bunkers

»Die Übertragung einer Bedeutung auf eine Sache, welche dadurch
als eine andere bezeichnet wird« (Aristoteles) – das ist Verbildlichung, ist Metaphernbildung. Die Stadt soll wieder zum Sprechen
gebracht werden. Der Wert eines alten Gebäudekomplexes liegt
darin, daß er vorläufig abgemeldet ist, ausgegliedert aus dem ökonomischen Verwertungsprozeß. Der Verwendungszweck hatte zur Ent-
stehungszeit Auswirkung auf die gebaute Form. In dem Maße, wie
die ursprüngliche Bestimmung ausfließt, werden die Räume und
ihre Bedeutung hohl. Sie sind umdeutbar. Und gerade die Eintrock-
nung der Bedeutung, der Sinnmüll, macht ihren Wert aus. Die Spannung, die zwischen der alten Form und dem neuen Zweck entsteht,
erzeugt eben diese neue Verbildlichung, erzeugt Collage, Maskie-
rung, Mimikri. Aus dem Verschnitt von Relikten verschiedenster
Geschichtsebenen entstehen Hybride von der Art des Fichte-Bunkers. Aus der Ferne hält man ihn für einen weißen Fleck auf dem
Kreuzberger Stadtplan. Aus der Nähe stellt er sich als Schrott dar.
Und dieses ist die Geschichte des Bastards, dessen Erscheinung bis
in viele Einzelheiten auf einem Typenentwurf von Karl Friedrich
Schinkel für eine Rundkirche (1827) basiert:
– Konzipiert als Bauwerk zur Versorgung der heftig expandierenden
Großstadt (Gasometer-Normentwurf).
– Erstellt als ein achtzehnachsiger Ingenieurbau mit filigraner Stahl-
kuppelkonstruktion (1874, Oberbaurat Schwedler).
– Ausgefüllt mit einem fünfachsigen Bunker (Typ »Mutter-und-
Kind-Bunker« mit 6 000 Plätzen, 1941, Baustab Albert Speer).
– Ab 1945 Flüchtlingslager, Zentrum des Schwarzhandels, später
Obdachlosenasyl.
– Ab 1959 Notbevorratungslager.
– Nach Abriß der Gasbehältergebäude in Prenzlauer Berg Anfang
der achtziger Jahre letzter Zeuge dieses Typs.
– Geplant als Kulturzentrum vom Format eines Totaltheaters.
Wir fügen der heroischen Geschichte des Bauwerks ein ebenso
funktionales wie sinnbildliches neues Datum hinzu. Wir entnehmen
der Umwelt die Energie, um einen Großraum für Musik und Schau-
spiel mit wiederum differenziert gesteuerten Umwelteinflüssen zu
schaffen. Die Kuppel wird verglast und leuchtet nachts über den
Dächern. Diese Glaskuppel erhält eine zweite »Schuppenhaut« aus
beweglichen Lamellen zur Senkung der winterlichen Wärmeverluste
sowie zur Abwehr überschüssiger Sonneneinstrahlung. Darüber
wird eine Haut aus durchscheinenden Solarzellen gespannt, die die
Energie für Klimaregelung, Beleuchtung und Elektroakustik ein-
fängt. Zur Minderung der Nachhallzeit wird der Boden des Kuppel-
raumes hochgradig schallschluckend ausgeführt. Kleine Beleuch-
tungs- und Elektroakustik-Elemente werden über den Kuppelhim-
mel fein verstreut angebracht. Die Dreiteilung Orchester/Szene-
Raum-Publikum wird aufgehoben und zur Einheit verschmolzen.
Der sphärische Raum mit dem sphärischen Klang wird Realität.

Gerhard Spangenberg (Berlin)
Partenaires du projet: Heinrich Tepasse, Wolfgang Moll,
Stefan Polonyi, Siemens Solar GmbH
Modèle de pensée pour un monument:
une nouvelle utilisation pour le Fichte-Bunker

« Le transfert d'une signification sur une chose qui est alors désignée
différemment » (Aristote) – c'est la symbolisation, la métaphorisa-
tion. La ville doit redevenir parlante. Ce qui fait la valeur d'un vieux
bâtiment, c'est qu'il est provisoirement hors jeu, mis à l'écart du système économique. Au moment de la construction, l'utilisation prévue a influencé la forme du bâtiment. Dans la mesure où il perd le
lien avec son utilisation première, son aménagement et sa signification deviennent incertains. Ils attendent donc une nouvelle interprétation. Et c'est justement la perte de signification, l'effondrement du
sens qui donne au bâtiment son intérêt. Le contraste entre la forme
ancienne et l'utilisation nouvelle crée une symbolique différente et
provoque des phénomènes de collage, de mascarade et de mimé-
tisme. Le mélange d'éléments provenant d'époques historiques très
différentes donne naissance à des hybrides comme le Fichte-Bunker. Vu de loin, il ressemble à une tache blanche sur le plan du quartier de Kreuzberg. Vu de près, ce n'est qu'une épave. Voici l'histoire
de ce bâtard dont la base était un projet-type pour une église ronde
de Karl Friedrich Schinkel (1827) dont les traces sont encore visibles
jusque dans les détails:
– il fut conçu comme un bâtiment utilitaire servant à la distribution
de l'énergie dans la grande ville en pleine expansion (projet standard
pour un gazomètre);
– il fut construit sous forme d'un ouvrage d'art à dix-huit axes,
pourvu d'une coupole en filigrane d'acier (1874, inspecteur des bâtiments Schwedler);
– il fut rempli d'un bunker à cinq axes (du type « pour femmes et
enfants « de 6000 places, 1941, quartier général d'architecture Albert
Speer);
– après 1945, il fut centre d'hébergement pour réfugiés et sans-abri et
un haut lieu du marché noir;
– depuis 1959, centre de stockage;
– depuis la démolition des bâtiments du gazomètre sur le Prenzlauer
Berg au début des années 80, il est la dernière construction de ce
type qui reste;
– en projet: la transformation en centre culturel du type théâtre total.
Nous ajoutons une nouvelle date, aussi fonctionnelle que symbolique, à l'histoire héroïque de ce bâtiment. Nous créons un grand
espace pour le théâtre et la musique qui s'approvisionne en énergie
dans l'environnement et qui à son tour exerce des influences diffé-
renciées et contrôlées sur l'environnement. La coupole sera vitrée et
illuminée la nuit. Cette coupole vitrée sera recouverte d'une seconde
« peau » en lamelles mobiles pour diminuer les pertes de chaleur en
hiver et protéger contre l'excès de soleil. Le tout sera recouvert
d'une pellicule de cellules solaires transparentes pour collecter
l'énergie nécessaire à la climatisation, à l'éclairage et à l'électroacoustique. Pour raccourcir le temps de réverbération, la salle située
sous la coupole sera équipée d'un plancher insonore. De petits éléments d'éclairage et d'électroacoustique seront finement répartis à
l'intérieur de la coupole. Au lieu de trois espaces distincts pour l'orchestre, la scène, et le public, il n'y en aura plus qu'un seul. L'espace
sphérique pour une musique des sphères deviendra réalité.

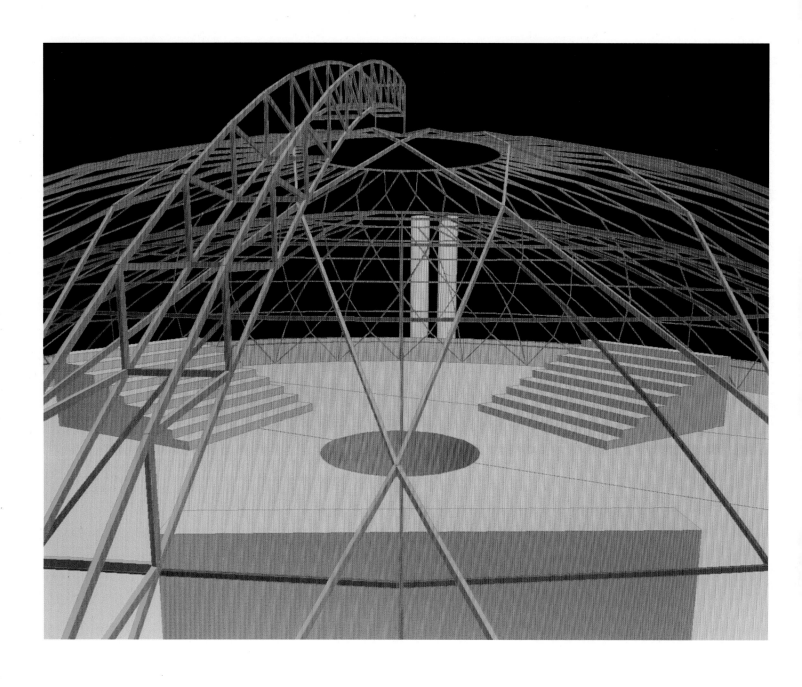

Otto Steidle (München)
Mitarbeiter: Peter Schmitz
Fabriken zum Wohnen, Wohnhäuser zum Arbeiten

Exemplarisch als Platz für »Ideen zum Aufbruch ins 21. Jahrhundert« nehme ich den Moritzplatz. Ein geschichtlicher Ort wie viele in Berlin und anderswo. Heute ist die letzte Phase die deutlichste: die Phase der Zerstörung durch Krieg, Verkehr, funktionalistische Gewerbe- und Wohnbauten. Viele Qualitäten sind »trotzdem« hier oder gerade hier entstanden, an der Nahtstelle zwischen Kreuzberg-»Alt« und Kreuzberg-»Neu«, zwischen Ost und West, zwischen ordentlichen Wohn- und Arbeitsplätzen und vielschichtiger bis chaotischer »Kreuzberger Mischung«. In der Vielschichtigkeit dieser Situation liegt für mich der Anreiz, wie ich ihn für die »Neue Stadt« und das »Neue Bauen« sehe. Exemplarisch aufgezeigt am Beispiel Moritzplatz fünf thesenartige Vorschläge:
1. Häuser für den Moritzplatz. Dies heißt, eigenständige Häuser zum Bau des Platzes. Reduzierte Typologie (räumlich, funktional und gestalterisch): selbständige Diagonalzeilen und Hofhäuser mit Turmecken. Größe und Maßstab, Traufhöhe und Platzkanten formulieren sich aus sich selbst heraus: Besonnung, Erschließung usw. Höhere Gebäude nur punktuell (Turm), im Dialog, nicht in Abhängigkeit zum Historischen.
2. Gegen mehr Verkehrslasten, für mehr Verkehrsqualität. Der Moritzplatz war, auch in seinen bedeutendsten Zeiten, ein Verkehrsplatz in vier Richtungen. Heute ist er mehr ein Verkehrshindernis in nur zwei Richtungen. Diese Funktion kann genutzt und ausgebaut werden. Der ungehinderte Verkehrsfluß ist kein Fortschritt mehr. Verkehrsflächen reduzieren! Nutzbare Flächen auf dem Platz bereitstellen! Die Platzecken und Plätze hinter dem Platz werden bedeutend. Die U-Bahn wird belichtet und Teil des Platzes (unterer Platz).
3. Nicht »neuern«, sondern »erneuern«. Bestehende Häuser werden erneuert, auch häßliche, wie der von Nixdorf verlassene »Nixdorf-Bau«; brauchbare Teile der Bausubstanz werden anders konditioniert; ungünstiges Verhältnis von Bauvolumen zu Belichtung wird verbessert, die Erschließung umfunktioniert. Nichts, was als gebautes Grundmaterial brauchbar ist, wird weggeworfen!
4. »Parasitäre Strukturen«. Mit Blick auf das 21. Jahrhundert kommt wieder die Frage auf, wie die arbeitsteilige Gesellschaft in der Lage sein wird, einerseits die produktive Arbeit zu verteilen und andererseits die Einzelinteressen und die allgemeineren Interessen gleichermaßen bedeutend zu nehmen. Hier können »Nebenprodukte« des Produktiven Chancen für Vielfalt und Kreativität sozusagen parasitär ermöglichen; als Nischen, Neben- und Hinterplätze, als besetzbare bauliche Strukturen unterstützen sie das Überleben vorhandener und das Entstehen neuer ungeplanter Lebensformen.
5. Baustrukturen zum Wohnen und Arbeiten. Zwischen den Bauten für Wohnen und Arbeiten bestehen zunehmend geringere Unterschiede. Beides ist wieder in einem urbanen Gesamtgefüge nebeneinander und wechselseitig möglich. Nimmt man noch die wechselnden Nutzungen hinzu, ergibt sich als baulicher Typus die vielfältig nutzbare, mit ausreichend disponibler Fläche und Höhe ausgestattete Einheit in einem großen Verbund. Daraus leiten sich einfache städtebaulich definierte Grundstrukturen ab: Fabriken zum Wohnen, Wohnhäuser zum Arbeiten.

Otto Steidle (Munich)
Collaborateur: Peter Schmitz
Des usines pour vivre, des maisons d'habitation pour travailler

J'ai choisi comme place exemplaire pour «l'idée de l'entrée dans le 21ème siècle» la Moritzplatz. Elle est, comme tant de lieux à Berlin et ailleurs, un lieu d'histoire dont on ne peut reconnaître que la dernière phase: la phase de la destruction par la guerre, le trafic et les immeubles fonctionnalistes d'habitation et industriels. Il y a un grand nombre de qualités qui apparaissent, malgré tout ou précisément pour cette raison, à ce point de jonction entre le «vieux» et le «nouveau» Kreuzberg, entre Berlin-Est et Berlin-Ouest, entre d'ordinaires emplacements de travail et d'habitation et un «mélange diversifié de Kreuzberg». Cette diversité constitue, à mon avis, la stimulation pour la «nouvelle ville» et la «nouvelle construction». Je présente donc cinq propositions-thèses exemplaires pour la Moritzplatz.
1. Des immeubles pour la Moritzplatz. Typologie réduite spatiale, fonctionnelle et esthétique: des lignes diagonales séparées, des îlots avec coins de tour. La taille et l'échelle, la hauteur des gouttières et les limites de bordure de la place ainsi que le degré d'ensoleillement et d'aménagement intérieur de ces bâtiments se définissent à partir de leur nature même. Il n'y a que ponctuellement de hauts immeubles (tours) qui ne dépendent pas de l'histoire mais entrent en dialogue avec les événements historiques.
2. Contre plus de circulation, pour plus de qualité du trafic. La Moritzplatz était, également durant ses périodes les plus importantes, une place de trafic dans quatre directions. Elle est aujourd'hui davantage un obstacle à la circulation dans seulement deux directions. Cette fonction peut être utilisée et étendue. Le flux de circulation sans obstacle n'est plus une qualité à imposer absolument. Les surfaces de circulation doivent être réduites, les surfaces utilisables sur la place, dans les coins de la place, ainsi que derrière la place, doivent être nouvellement déterminées. Le métro sous la place doit être éclairé en tant que partie de la place (place inférieure).
3. Ne pas «renouveler» mais «rénover». Les immeubles existants, même s'ils sont aussi laids que l'immeuble «Nixdorf», abandonné par la société Nixdorf elle-même, doivent être rénovés, c'est-à-dire que la partie utilisable de la substance de construction sera conditionnée autrement. On modifiera la relation entre le volume de construction et d'éclairage, l'accès sera organisé autrement. On ne jettera rien de ce qui peut être utilisable.
4. «Les structures parasitaires». Quand on pense au 21ème siècle, on se pose de nouveau la question de savoir comment le monde du travail pourra d'une part partager le travail et d'autre part harmoniser les intérêts individuels avec les intérêts généraux. A ce propos, les sous-produits de la production présentent, de façon pour ainsi dire parasitaire, la possibilité de diversité et de créativité: les niches, les places latérales ou à l'arrière de la place sont des structures urbanistiques et constructibles pouvant être occupées, soutenant la survie de formes de vie existantes ou l'apparition de nouvelles formes non prévues.
5. Des structures pour vivre et pour travailler. Entre les constructions pour l'habitat et le travail, il y a de moins en moins de différence. Les deux fonctions sont possibles, encore une fois, côte à côte et en interdépendance, dans un tissu urbanistique général. Si l'on ajoute à cela les utilisations modifiées, il en résulte comme type de construction l'unité multifonctionnelle avec des surfaces et des hauteurs disponibles suffisantes, largement harmonisée. Des structures de base simples et urbanistiquement définies en résulteront: des usines pour vivre, des maisons d'habitation pour travailler.

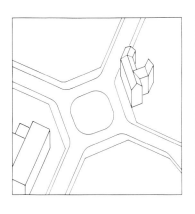 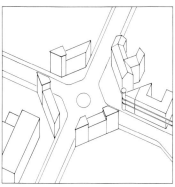 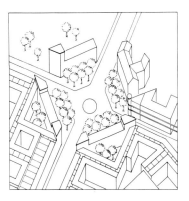 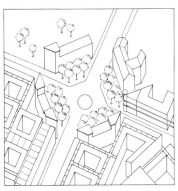

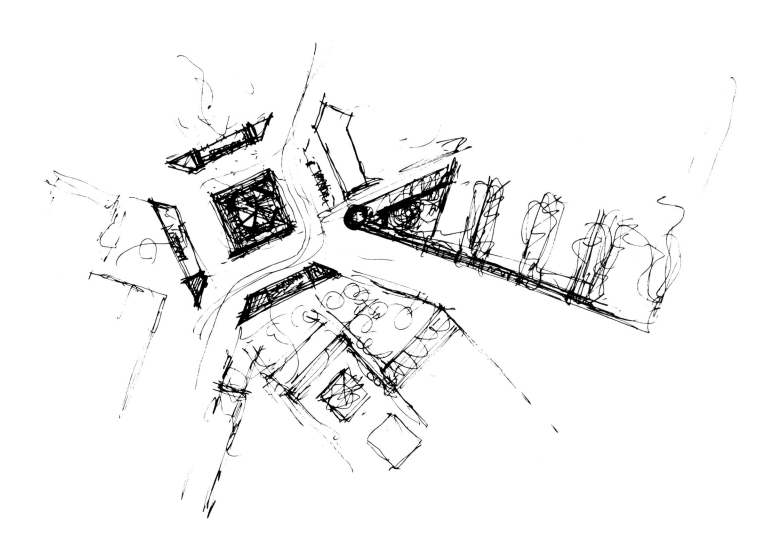

Franco Stella (Venedig)
Drei Zentralblöcke für großstädtisches Wohnen — »Carré«, »Rondell«, »Oktogon«

Mein Entwurf stellt eine Überlegung für die Architektur des Wohnblocks vor, d. h. für die charakteristische Form des Berliner Massenwohnungsbaus. Im Laufe unseres Jahrhunderts hat der Wohnblock wechselnden Erfolg gehabt: eine Blütezeit in den ersten und in den letzten Jahrzehnten, eine Eklipse dazwischen. Vor dem ersten Weltkrieg suchten Architekten wie Alfred Messel, Albert Gessner und Paul Mebes in der Reform der Blockbebauung die Alternative zur Mietskaserne, d. h. die mögliche Aufhebung ihrer »Menschenfeindlichkeit« ohne eine gleichzeitige Zäsur in der Entwicklung der historisch gewachsenen Stadt. Das gleiche Ziel hatte dieses Bebauungssystem auch in den zwanziger Jahren – man denke an die Blöcke eines Bruno Taut, Erwin Gutkind und Otto Rudolf Salvisberg –, wenn auch damals der Zeilenbau das Wahrzeichen des »modernen« Siedlungsbaus war. Dagegen geht der heutige Erfolg des Baublocks von der in den siebziger Jahren entwickelten Kritik an der »modernen« Stadt der Nachkriegszeit bzw. an der Stadt »im Grünen« aus. Was für ein Wohnblock »für den Aufbruch ins 21. Jahrhundert«? Die wesentliche Idee meines Entwurfes besteht darin, der Architektur des üblichen Berliner Massenwohnungsbaus den Charakter eines klassischen Zentralbaus zu verleihen. Die drei vorgeschlagenen Beispiele stellen sich als ein »Block im Block« mit öffentlichem zentralem Hof und vier gleichen intimen Eckhöfen dar. Das Prinzip »Block im Block« erlaubt die Unabhängigkeit der Hofgestaltung von der straßenbezogenen Randbebauung: Die Innenbebauung bildet, nach allgemeingültigen ästhetischen Kriterien, den Hof als großzügigen Platz aus.
An den vier Schnittpunkten der äußeren und inneren Bebauung befindet sich an den Durchgängen ein kolossales Säulenpaar. Jeder Block hat vier gleiche Straßenfronten von 120 Metern Länge und einer durchschnittlichen Höhe von 20 Metern.
Alle Baukörper haben denselben Schnitt, mit drei überlagerten Maisonettewohnungen und den jeweiligen Erschließungsgalerien. Die Fensteranordnung der Fassaden zu den Straßen und dem zentralen Hof verleiht dem zweigeschossigen Wohnraum das Aussehen eines »piano nobile«; die Stützen der Galeriegänge bilden einen kontinuierlichen hohen Portikus um die dreieckigen Innenhöfe. Insgesamt hat jeder Block 168 Wohneinheiten mit jeweils 120 Quadratmetern Fläche.
Auf Grund der Eigenart jedes Hofes und zur Erinnerung an die Berliner Plätze der friderizianischen Zeit werden die drei vorgestellten Wohnblöcke »Carré«, »Rondell« und »Oktogon« genannt.
Wo sollten diese Wohnblöcke in Berlin gebaut werden? Par analogie in den »Löchern« eines dicht mit Blöcken bebauten Stadtgebietes; par différence inmitten eines zerstreuten Siedlungsgebietes der Nachkriegszeit.

Franco Stella (Venise)
Trois îlots à plan centré pour l'habitat métropolitain — l'îlot «carré», l'îlot «rond-point» et l'îlot «octogone»

Ce projet propose une réflexion sur l'architecture de l'îlot, la forme caractéristique du logement de masse à Berlin. Au cours de ce siècle, l'îlot a connu des fortunes diverses: un apogée dans les premières et dernières décennies, une éclipse au milieu du siècle. Avant la Première Guerre mondiale, des architectes tels que Alfred Messel, Albert Gessner et Paul Mebes cherchèrent dans la réforme de l'îlot une alternative à l'immeuble de location, leur objectif étant l'abolition de son «inhumanité», tout en conservant la continuité avec les modes traditionnels de croissance de la ville. Dans ce même souci, au cours des années 20, des architectes comme Bruno Taut, Erwin Gutkind et Otto Rudolf Salvisberg continuent à réaliser des îlots, tandis que la construction en ordre continu s'affirme comme l'emblème même de la construction «moderne». Aujourd'hui, au contraire, le retour à l'îlot est la conséquence de la critique, qui s'est développée dans les années 70, de la ville «moderne» de l'après-guerre, c'est-à-dire de la «ville dans la verdure».
Quel îlot au seuil du 21ème siècle? A l'origine de ce projet on trouve l'idée d'attribuer à l'architecture de l'îlot le caractère d'un édifice classique à plan centré. Chacun des trois exemples proposés se présente comme un «îlot dans l'îlot», avec une cour centrale publique et quatre cours identiques privées aux angles. Le principe de l'«îlot dans l'îlot» permet une configuration du bâtiment donnant sur la cour indépendante du bâtiment aligné sur la rue: Le bâtiment intérieur définit, selon des principes esthétiques de valeur générale, la cour comme une place de grand style.
Aux quatre points de contact entre l'îlot extérieur et l'îlot intérieur, se trouvent les halls d'accès à la cour, marqués par deux colonnes d'ordre colossal. Toutes les façades sur les rues sont identiques et ont les mêmes dimensions; elles mesurent 120 mètres de longueur et 20 mètres de hauteur en moyenne.
Tous les corps de logis ont la même coupe, qui se compose de trois logements en duplex avec galeries de distribution. La disposition des ouvertures des façades sur la rue et sur la cour centrale donne aux salles de séjour à double hauteur l'aspect d'un «étage noble»; les piliers des galeries forment un haut portique continu autour des cours triangulaires. Chaque îlot compte 168 logements d'une surface de 120 mètres carrés chacun.
En raison de l'individualité architecturale de leur cour et en mémoire des places berlinoises de l'époque frédéricienne, les trois îlots proposés sont respectivement dénommés «carré», «rond-point» et «octogone».
Dans quels endroits de la ville de Berlin, ces îlots devraient-ils être bâtis? Je pense que cela pourrait être: par analogie, dans les «vides» urbains d'une construction massive; par différence, au milieu d'une région d'ensembles d'habitation dispersés de l'après-guerre.

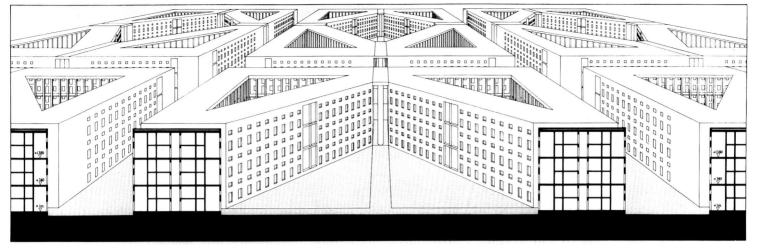

WOHNBLOCK „CARRÉ"

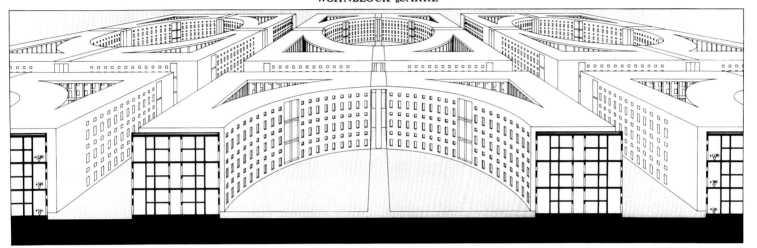

WOHNBLOCK „RONDELL"

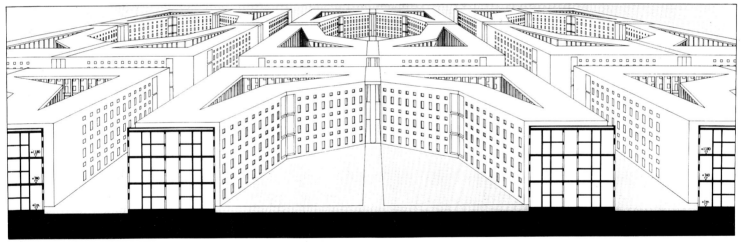

WOHNBLOCK „OKTOGON"

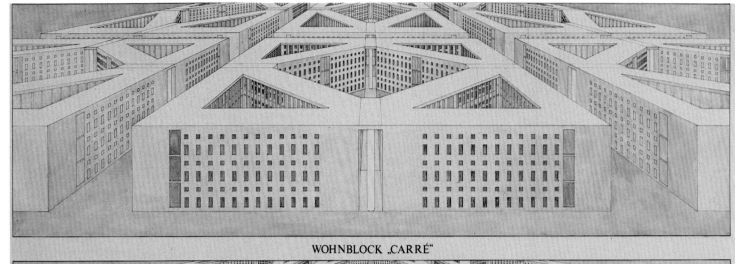

WOHNBLOCK „CARRÉ"

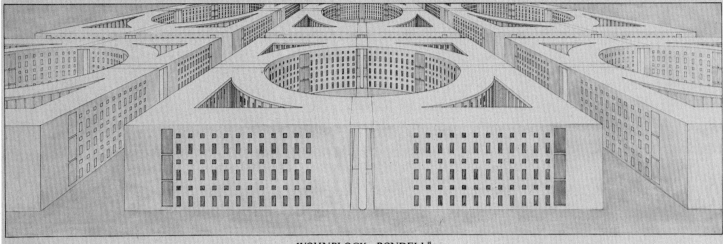

WOHNBLOCK „RONDELL"

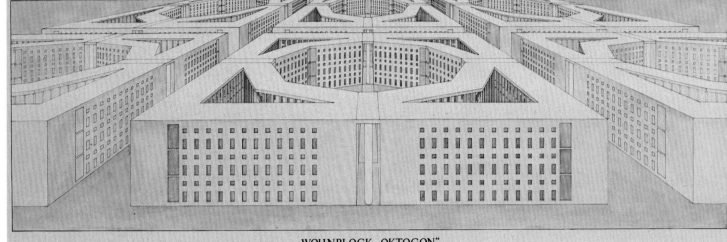

WOHNBLOCK „OKTOGON"

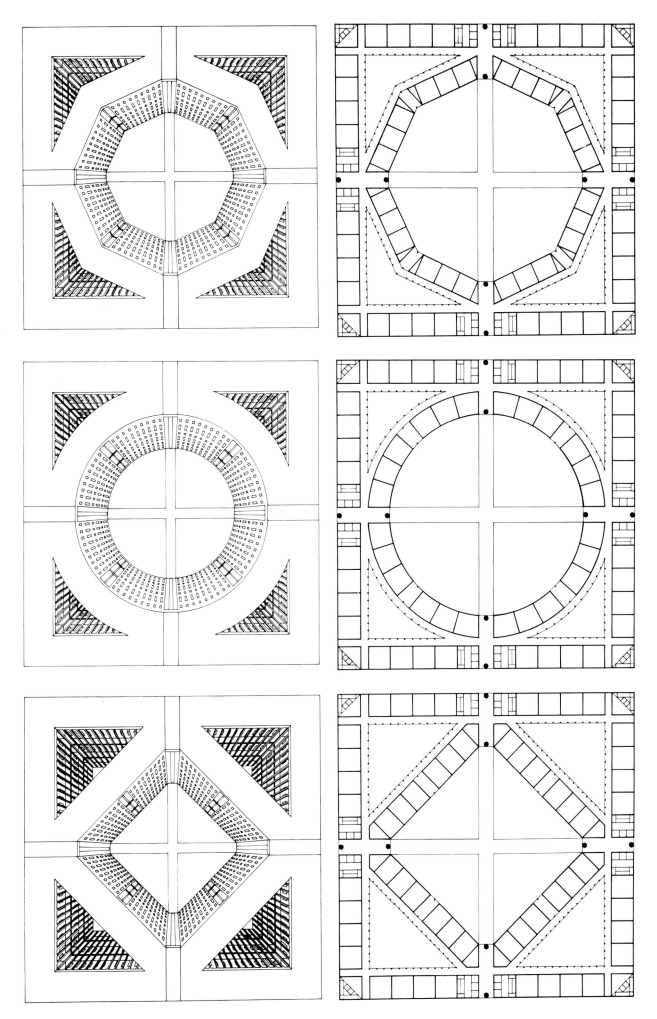

Peter Stürzebecher (Berlin/München)
Mitarbeiter: Eke Miedaner, Michael Spoerri, Michael Braun,
Christina Hoyer, Cornelius Steffen, Sepp Harnest
Konstruktionskasten »Cité Berlin«
Architekturtransfer und strukturelle Analogie. Ost-West-Ost
(1853–2007) auf den Spuren des Nord-Expresses. Anstiftung zur
»Europäischen Architekturausstellung 2007«, simultan in Paris,
London, Moskau, Warschau und Berlin

Analogie & Transfer: Die Unité d'habitation von Le Corbusier – am konsequentesten realisiert 1952 in Marseille – zählt durch ihre Radikalität zu den Archetypen der Moderne. Das Verfahren der Montage und kontextuellen Integration durch Analogie und Transfer führt dort zur ablesbaren Konfrontation unterschiedlicher Architekturen, Ideen, Fragmente und Elemente (Landhaus, Tempel, Ozeandampfer). Die Historie wird als Ikonographie in ein Bezugssystem aktueller Bedürfnisse transformiert, um Konzepte für zukünftiges Bauen in den Metropolen zu entwickeln: in (umwelt-)technischer, städtebaulicher und sozialer Hinsicht. Die Unité ist als Bautypus sowohl Ergebnis einer kritischen Reflexion der Vergangenheit wie auch Ausdruck eines programmatischen Manifestes und einer poetischen Utopie.
Der Konstruktionskasten »Cité Berlin« wird aus den Entwicklungsstufen neuerer Wohn(bau)formen abgeleitet:
1853: Paris, Cité Napoléon, Gemeinschaftshaus der Société des Ouvriers (Marie-Gabriel Veugny);
1928: Moskau, Wohnhausprojekt der Sektion Typisierung beim Komitee für Bauwesen der RSFSR (Moisei Ginsburg);
1957: Berlin, Unité d'habitation, »Typ Berlin« (Le Corbusier).
2027 ist als Baujahr für den Konstruktionskasten analog entwickelt aus der Eisenbahntrasse des Nord-Expresses von 1927, der London und Paris via Berlin mit Warschau und Moskau verknüpfte. Das Bauwerk des »Eurotunnels« an der Peripherie Londons wie auch die Entwicklung des Magnetschnellbahn-Systems (450 km/h) ist Signal für politische Tendenz (Perestrojka) und konkrete Utopie.
Baustruktur & Plazierung: Die Kontinuität von Wohnbauexperimenten aus »um gemeinschaftliche Bereiche erweiterten und nach innen gerichteten Wohnhäusern« (Mühlestein) wird mit dem Konstruktionskasten fortgeführt. Nach innen orientierte dreigeschossige Maisonettes werden über von oben belichtete und diagonal besonnte gestapelte Trottoirs erschlossen. Auf der Null-Ebene liegen eine Vielzahl von Läden, Werkstätten und Sozialeinrichtungen. Das bautechnische Konzept ergänzt die soziale Planung: Innerhalb eines Stahlbetonregals werden filigrane CAM-entwickelte Holzbaukomponenten eingefügt, die von den Bewohnern über Simulationsverfahren ausgewählt und auch selbst montiert werden (Corbu zum Selbstbauen).
Die frei der Sonne ausgesetzten Glasmembranen wirken energetisch als Kollektor, Puffer, Treibhaus und gläserner Boulevard. Die Plazierung an der Peripherie Londons (Eurotunnel) ist logisches Ergebnis einer neuen räumlichen Ästhetik: Der neu entstehende Raum reicht von Moskau bis London als In-Beziehung-Setzung vervielfachter Konstruktion und Historie – mit Berlin als Mittelpunkt einer Ost-West-Verknüpfung im Norden Europas.
Den östlichen Abschluß des Projektes bildet das Kooperativhaus-Projekt in einem noch zu bestimmenden Landesteil der Sowjetunion: Dort soll im Jahre 2007 die Tradition historischer Wohn-(bau)Experimente fortgesetzt werden – als Kooperation (gemeinsam mit Jos Weber, Luxemburg) herausragender Architekten West- und Ost-Europas.

Peter Stürzebecher (Berlin/Munich)
Collaborateurs: Eke Miedaner, Michael Spoerri, Michael Braun,
Christian Hoyer, Cornelius Steffen, Sepp Harnest
Jeu de construction «Cité Berlin»
Transfert de l'architecture et analogie structurelle.
Est-Ouest-Est (1853–2007) sur les traces du Nord-Express.
Incitation à une «Exposition Européenne d'Architecture 2007»,
simultanément à Paris, Londres, Moscou, Varsovie et Berlin

Analogie et transfert. L'Unité d'habitation de Le Corbusier – construite en 1952 à Marseille sous sa forme la plus convaincante – est devenue un des archétypes de l'époque moderne à cause de sa conception radicalement nouvelle. Les procédés de montage et d'intégration dans le contexte, l'utilisation de l'analogie et du transfert conduisent à une confrontation concrète de formes et d'idées architecturales diverses, à un mélange d'éléments et de fragments (maison de campagne, temple, paquebot). L'Histoire sous sa forme iconographique est transformée en un système faisant référence aux besoins actuels, dans le but de développer les conceptions d'une architecture future dans les métropoles, que ce soit sur le plan de la technique, de l'environnement, de l'urbanisme ou du social. L'Unité représente un type de construction qui est à la fois le résultat d'une appréciation critique du passé et l'expression d'un manifeste-programme et d'une utopie poétique.
Le jeu de construction «Cité Berlin» a été conçu à partir des différents stades de développement de l'habitat moderne:
1853 Paris: Cité Napoléon, maison commune de la Société des Ouvriers (Marie-Gabriel Veugny);
1928 Moscou: Projet d'habitations de la Section de Standardisation du Comité d'architecture du RSFSR (Moisei Ginsburg);
1957 Berlin: Unité d'habitation, type Berlin (Le Corbusier).
Le fait de proposer l'année 2027 pour édifier le bâtiment du jeu de construction s'explique par l'analogie avec 1927 qui fut l'année du Nord-Express, liaison ferroviaire entre Londres/Paris et Varsovie/Moscou via Berlin. La construction de «l'Eurotunnel» à la périphérie de Londres ainsi que le développement du train magnétique (450 km/h) symbolisent aussi bien des tendances politiques (pérestroïka) qu'une utopie concrète.
Structure architecturale et emplacement: Le jeu de construction se situe dans la continuité des expériences menées sur le plan de l'habitat visant le développement d'«immeubles d'habitation tournés vers l'intérieur et élargis d'espaces collectifs» (Mühlestein). Il est constitué de «maisonnettes» de trois étages orientées vers l'intérieur auxquelles on accède par des «trottoirs» superposés avec éclairage au plafond et ensoleillement diagonal. Au niveau zéro se trouve un grand nombre de magazins, d'ateliers et de services sociaux. La technique employée complète la conception sociale: à une ossature de béton armé s'ajoutent en filigrane des éléments de construction en bois, développés par le CAM, que les habitants peuvent choisir à l'aide de procédés de simulation et monter eux-mêmes (Le Corbusier en «do-it-yourself»).
Les membranes de verre exposées directement au soleil remplissent les fonctions de collecteurs, de protection, de serre et de boulevard-verrière. L'emplacement à la périphérie de Londres («Eurotunnel») est le résultat logique d'une nouvelle esthétique de l'espace: un nouvel espace, un ensemble de relations architecturales et historiques, s'étend de Moscou à Londres en passant par Berlin, le centre de la communication entre l'Est et l'Ouest dans le Nord de l'Europe.
Le projet se termine à l'Est par l'immeuble coopératif à un endroit qu'on désignera en Union Soviétique. C'est là qu'on continuera, en 2007, la tradition des expériences historiques de construction de maisons d'habitation dans un effort coopératif d'architectes renommés de l'Europe occidentale et orientale (en collaboration avec Jos Weber, Luxembourg).

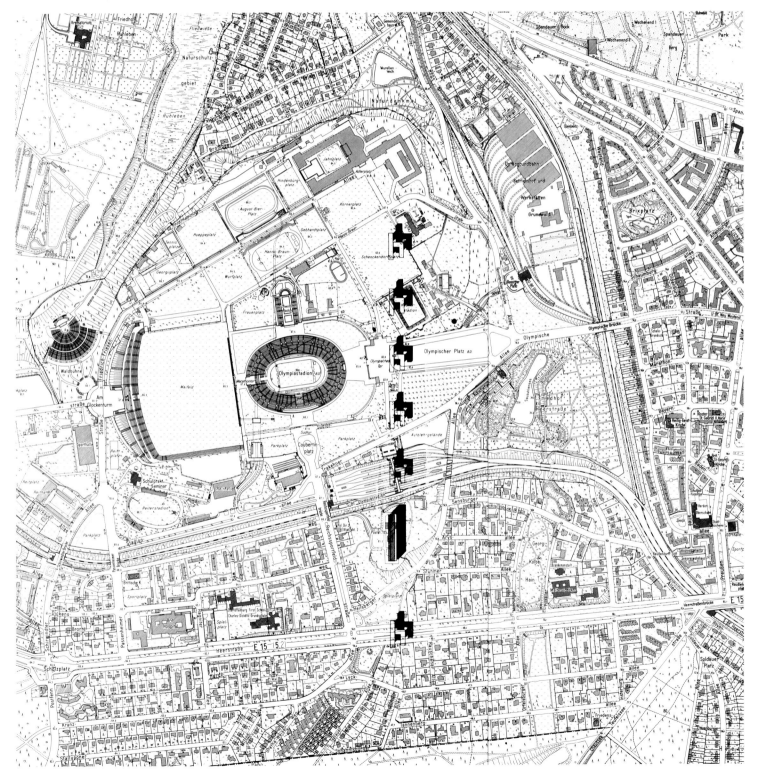

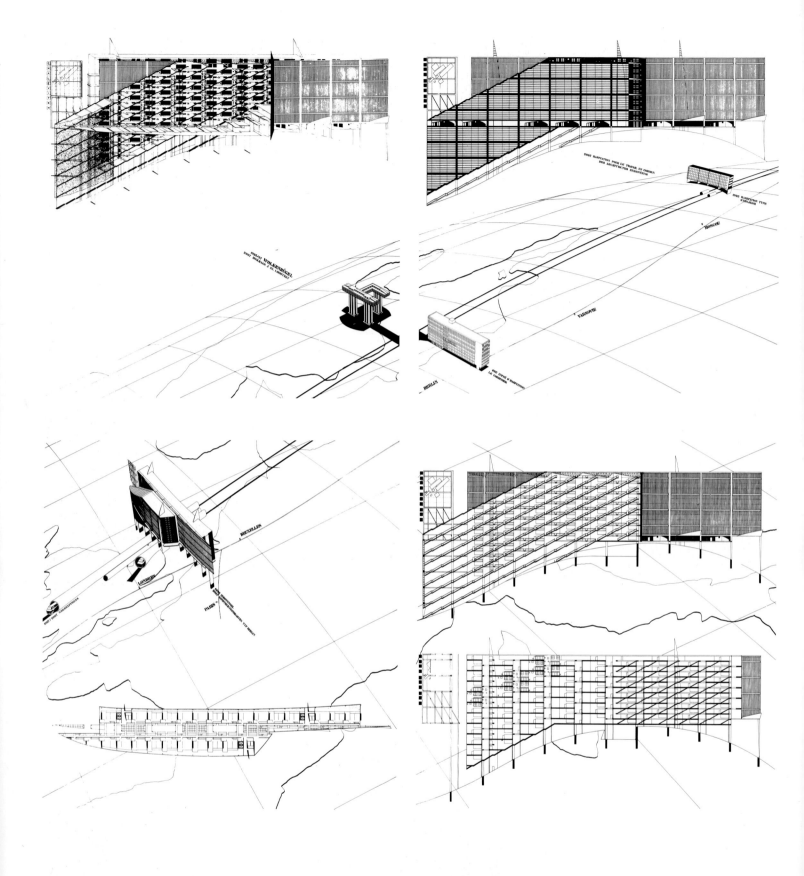

1923–27 Wolkenbügel
2007 Hommage für El Lissitzky
1923–27 Arcs de nuages
2007 Hommage à El Lissitzky

1927–2007 Nord-Express
1993 Eurotunnel
2007 Konstruktionskasten Typ Berlin
1927–2007 Nord-Express
1993 Eurotunnel
2007 Jeu de construction type Berlin

2007 Wohnhaus für Gemeinschaftsarbeit der europäischen Architekten
1928 Wohnhaus der Sektion Typisierung (Strojkom)
1957 Unité d'habitation, Le Corbusier
2007 Habitation pour le travail en commun des architectes européens
1928 Habitation de la Section de Standardisation (Strojkom)
1957 Unité d'habitation, Le Corbusier

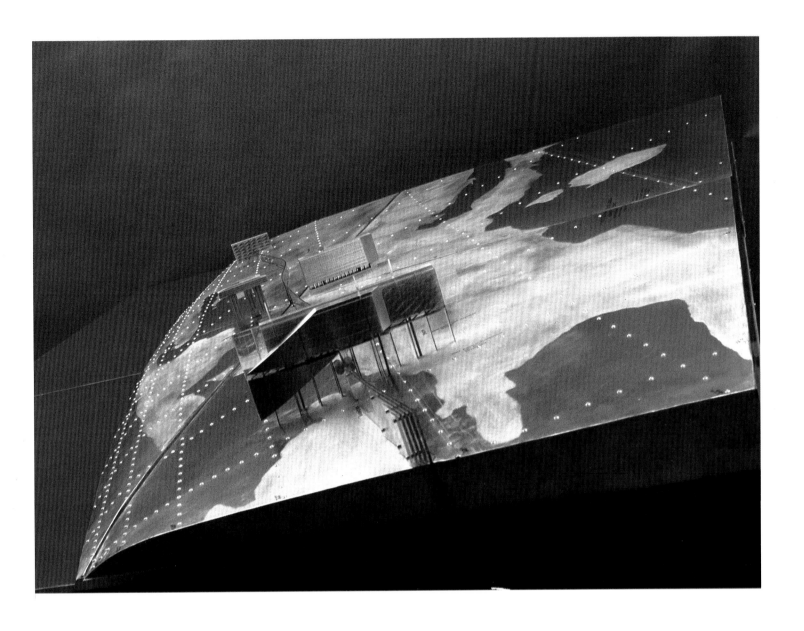

Européenne d'Architecture 2003–2007

Nord-Express London – Brüssel – Berlin – Warschau.
Plakat von A. Mouron-Cassandre

Nord-Express Londres – Bruxelles – Berlin – Varsovie.
Affiche de A. Mouron-Cassandre

Heinz Tesar (Wien)
Werder

Das Projekt ist Teil eines städteplanerischen Gesamtkonzepts, in welchem der Bezug von Stadt und Gewässer neu definiert werden soll. Unmittelbare Ansatzpunkte bieten hierfür die weitläufigen Industriegebiete an Havel und Spree. Grundgedanke des Konzeptes ist es, das Geäder von Kanälen und Wasserläufen zu verdichten und an spezifischen Orten in den Wasserläufen neue künstliche Fluß-inseln (Werder) zu schaffen, auf welchen für die Stadt wichtige Ein-richtungen untergebracht sind.

So soll südlich des bestehenden Eiswerders in der Havel der Süd-werder errichtet werden, auf welchem das neue Naturmuseum der Stadt Berlin entstehen soll. Im Zuge der Entwicklung ist vorgese-hen, die auf dem Eiswerder abbruchreifen Bauten zu entfernen und den gesamten Eiswerder als Botanischen Garten zu kultivieren. Die nahegelegene Pionierinsel soll Wildwuchs tragen. Durch den neuen Werder entsteht eine Dreiheit der Flußinseln Pionierinsel, Eiswerder (Botanischer Garten) und Südwerder 2009, die in sich ein zusam-menhängendes Ganzes bilden. Die Verbindung mit dem Festland (Neustadt und Haselhorst) ist durch Brücken gegeben, der neue Südwerder ist durch eine Fähre vom Botanischen Garten aus erreichbar.

Auf der Flußinsel als Naturmuseum sollen folgende Räumlichkeiten und Gebäude entstehen: Naturmuseum (mineralogische Samm-lung, Einzeller, Pflanzenwelt, Tierwelt), Abteilung Mensch (Glas-modelle, anatomische Sammlung von Wachspräparaten im Sinne der Josephinischen Sammlung in Wien), Abteilung Entstehung des Kindes (Embryomuseum), Abteilung Geschichte der Chirurgie, Abteilung Geschichte der Psychiatrie, Bibliothek (Buch, Film, Video), Ausstellungshalle, Kongreßsaal, Räume für nachuniversitäre Arbeit, hochliegendes Wasserreservoir, Verwaltung, Café, Woh-nungen.

Heinz Tesar (Vienne)
Ilots

Ce projet est une partie d'un concept global urbanistique dans lequel on tente de définir sous une nouvelle forme la relation entre la ville et l'eau. Les zones industrielles étendues le long de la Havel et de la Spree offrent pour cela des bases de réflexion directes. L'idée de base du concept est de densifier les nervures des canaux et cours d'eau et de créer sur des sites spécifiques dans les cours d'eau de nouveaux îlots artificiels, où d'importants équipements pour la ville seront aménagés.

C'est ainsi qu'au sud de l'îlot existant – Eiswerder – dans la Havel, on envisage de créer l'îlot sud – Südwerder –, sur lequel sera amé-nagé le nouveau musée de la nature de la ville de Berlin. Dans le cadre de cette étude, on pourrait prévoir d'enlever de cet îlot les bâtiments en état de délabrement et de cultiver l'ensemble de l'îlot Eiswerder pour réaliser un Jardin Botanique. L'îlot Pionierinsel à proximité deviendra une zone de végétation sauvage. Par la réalisa-tion des nouveaux îlots apparaît une triade des trois îlots « Pionier-insel », « Eiswerder » (Jardin Botanique) et « Südwerder 2009 », consti-tuant un ensemble harmonisé. La jonction avec la terre ferme (Neustadt et Haselhorst) est réalisée par des ponts, le nouvel îlot Südwerder sera accessible du Jardin Botanique au moyen d'un bac. Les locaux et bâtiments suivants devront être réalisés sur l'îlot ser-vant de musée de la nature: musée de la nature (collections minéra-logiques, organismes unicellulaires, le monde des plantes, le monde des animaux), département anthropologie (modèles de verre, collec-tion anatomique de modèles de cire dans le sens de la collection de l'empereur Joseph à Vienne), département Apparition de l'enfant (musée embryologique), département d'histoire de la chirurgie, département d'histoire de la psychiatrie, bibliothèque (livres, films, vidéo), hall d'exposition, salle de congrès, salles de travaux post-uni-versitaires, réservoirs d'eau surélevés, administration, café, apparte-ments.

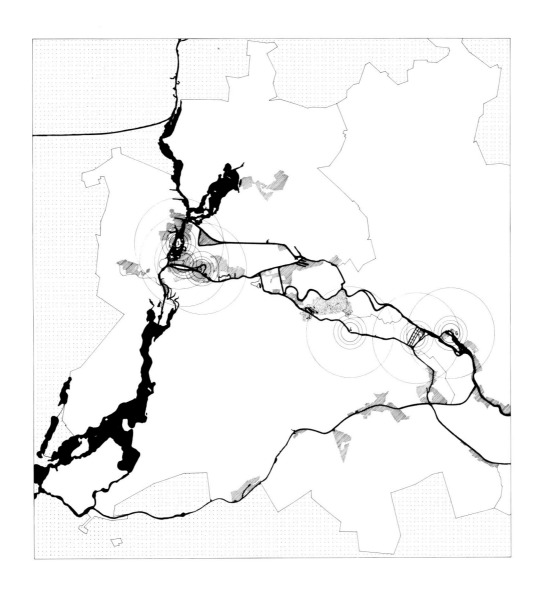

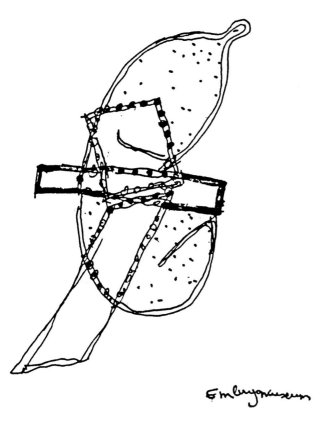

Embryonenmuseum

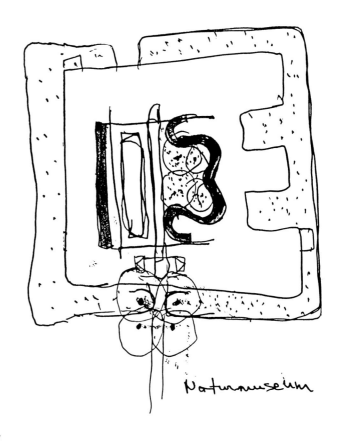

Naturmuseum

267

Stanley Tigerman (Chicago)
Mitarbeiter: Terry Surjan, David Hoffman
Berlin 2000: Die Mauer

Wie die Mauer, so Berlin. Als die Berliner Mauer 1961 gebaut wurde,
spaltete sie die Stadt in zwei genau abgegrenzte Teile. Die Gewalt
dieses Bruches, der gleichzeitig ideologische und physische Trennung bedeutet, hat immer wieder Kommentare provoziert. Ein aus-
ländisches Staatsoberhaupt hat sogar proklamiert: »Ich bin ein Berliner«. Menschen sind bei dem Versuch gestorben, die Mauer zu
überwinden, und Graffiti haben eine Seite der Mauer in Besitz
genommen, während die andere Seite unberührt blieb. Dieser
Bruch hat Ost- und West-Berlin in Opposition zueinander gestellt
und Vergleiche herausgefordert.
Im Jahr 2000, wenn sich die Mauer aufgelöst haben wird, wird sie
die physische Erinnerung einer Konstruktion bleiben, die, wie jede
Narbe, die Spuren der ursprünglichen Schmerzen trägt. Es wird ein
linearer, kiesbedeckter Park entstehen, mit vier Reihen Bergahorn,
einem Kanal, der das direkt auf beiden Seiten der Mauer liegende
Areal begrenzt, und mit zwei Säulen – Jachin und Boaz – vom ersten
Tempel (Altes Testament, 1. Könige 7, 21), die auf einer Achse mit
dem Brandenburger Tor stehen werden.
So wird Berlin zum neuen Garten Eden, mit Kanälen, die sich nord-
und südwärts zu den vier Flüssen ziehen und die Wälder im Norden
und Süden wässern. Was in der Vergangenheit getrennt hat, wird in
der Zukunft fruchtbar machen. Die zwei Säulen im Zentrum dieses
neuen Edens erinnern an die beiden Bäume im Mittelpunkt des
Paradieses. Die Ost-West-Richtung der Straße Unter den Linden
(durch den Tiergarten) wird die Mehrdeutigkeit der jüdisch-christ-
lichen Orientierung widerspiegeln. Der Mythos von Eden wird fort-
während verleugnet durch die Spaltung des Paradieses als Erinnerung an die Sinnlosigkeit holistischen Gedankenguts.
Nichtsdestoweniger beginnt ein Heilungsprozeß für diese im Paradies verursachte, irreparable Wunde damit, daß die Mauer überbrückt wird. Die Wunde, die 1961 zugefügt wurde, ist so wenig zu
schließen wie die, die im Paradies verursacht wurde. Beide Erinnerungen können nicht ausradiert werden, beider Palimpsest ist unaus-
löschlich im Gedächtnis eingegraben. Die Narbe (die Mauer) bleibt,
aber auch sie ist gespalten – als Beginn des notwendigen Heilungs-
versuches, der angestrebt wird, obwohl man weiß, daß ein Erfolg
unmöglich sein wird. Die Unschuld des S e i n s ermöglicht es, daß
wir uns für den bereits endgültig gescheiterten Versuch engagieren,
eine unheilbare Wunde zu heilen.

Stanley Tigerman (Chicago)
Collaborateurs: Terry Surjan, David Hoffman
Berlin 2000: Le Mur

La vie du Mur de Berlin rythme la vie de Berlin. Lorsque le Mur de
Berlin a été construit en 1961, il a scindé la ville en deux parties
distinctes. Le pouvoir de cette rupture, signifiant une disjonction à la
fois idéologique et physique, a suscité des commentaires depuis sa
construction. Un chef d'état étranger a proclamé: «Je suis un Berlinois». Des gens sont morts en essayant de franchir le Mur et, d'un
côté, des graffitis en ont revendiqué la propriété, alors même que
l'autre côté demeurait intact. Cette rupture a également créé une
opposition entre les deux Berlins en invitant à la comparaison.
Au second millénaire, alors que le «Mur de Berlin» sera dissimulé, il
demeurera en tant que mémoire physique d'une construction qui
comme toute cicatrice porte la trace de la peine originelle. Il se
transformera en un parc linéaire gravillonné avec quatre rangées de
sycomores, un canal qui délimitera l'enceinte immédiatement adja-
cente aux deux côtés du Mur et les deux colonnes – Jachin et Boaz –
du premier temple décrit dans I Rois VII, 21, qui seront situées dans
l'axe de la Brandenburger Tor.
Berlin émergera donc comme un nouvel Eden, avec ses canaux
s'étendant vers le nord et le sud en direction de quatre rivières irri-
gant à la fois les forêts du nord et les forêts du sud. Ce qui dans le
passé séparait, irriguera dans le futur. Les deux colonnes situées au
centre de ce nouvel Eden impliquent la présence de deux arbres au
centre du Paradis. L'orientation est-ouest depuis Unter den Linden à
travers le jardin zoologique reflètera l'ambiguïté de l'orientation
judéo-chrétienne. Le mythe de l'Eden est perpétuellement nié par la
rupture du Paradis qui rappelle la futilité de la pensée holistique.
Cependant, un processus de cicatrisation de cette blessure irréparable se fait jour avec l'enjambement du Mur de Berlin. La blessure
qui était inscrite en 1961 est tout aussi irréparable que celle qui a eu
lieu au Paradis. Aucun de ces deux souvenirs ne peut être effacé, le
palimpseste de chacun est gravé perpétuellement dans la mémoire.
La cicatrice – le Mur de Berlin – demeure mais elle fait également
l'objet d'une rupture marquant le début d'une tentative nécessaire
de cicatrisation, même si l'on a conscience de l'impossibilité de
mener à bien cette démarche. C'est l'innocence inhérente à l'être
qui permet de s'engager dans la tentative échouée de cicatriser une
blessure irréparable.

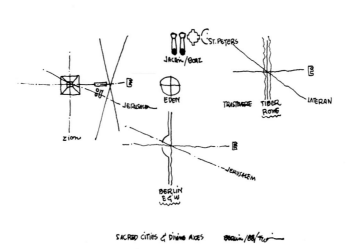

268

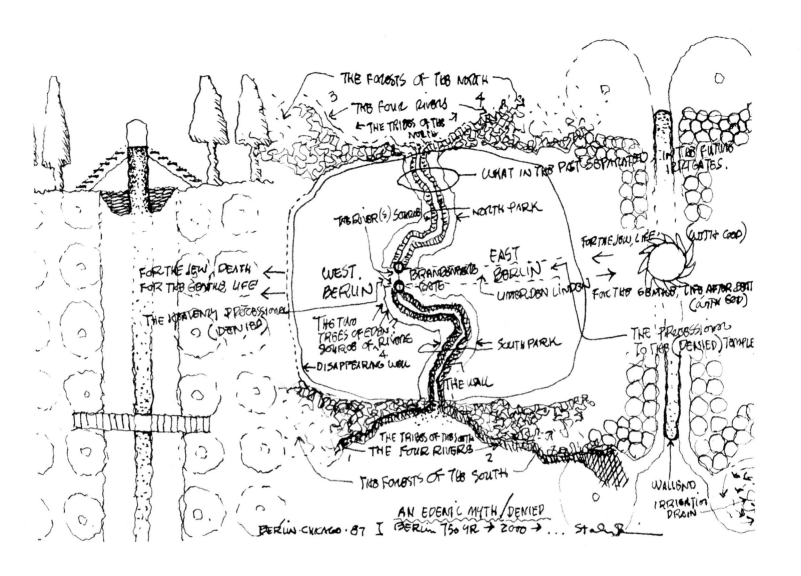

THE FORESTS OF THE NORTH

3

THE FOUR RIVERS 4

← THE TRIBES OF THE NORTH

WHAT IN THE PAST SEPARATED

IN THE FUTURE 12/7 GATES.

NORTH PARK

THE RIVER(S) SOURCE

WEST. BERLIN

BRANDENBURG GATE

EAST BERLIN →

FOR THE JEW, LIFE! (WITH GOD)

FOR THE JEW, DEATH →
FOR THE GENTILE, LIFE! →

THE HEAVENLY PROCESSIONAL (DENIED)

THE TWO TREES OF EDEN SOURCE OF RIVERS

UNTER DEN LINDEN

FOR THE GENTILE, LIFE AFTER DEATH (WITH GOD)

SOUTH PARK

THE PROCESSIONAL TO THE (DENIED) TEMPLE

← DISAPPEARING WALL

THE WALL

THE TRIBES OF THE SOUTH
THE FOUR RIVERS 2
1

WALL AND IRRIGATION DRAIN

THE FORESTS OF THE SOUTH

AN EDENIC MYTH / DENIED

BERLIN·CHICAGO·87 I BERLIN 750 YR → 2000 → ... Stanley T

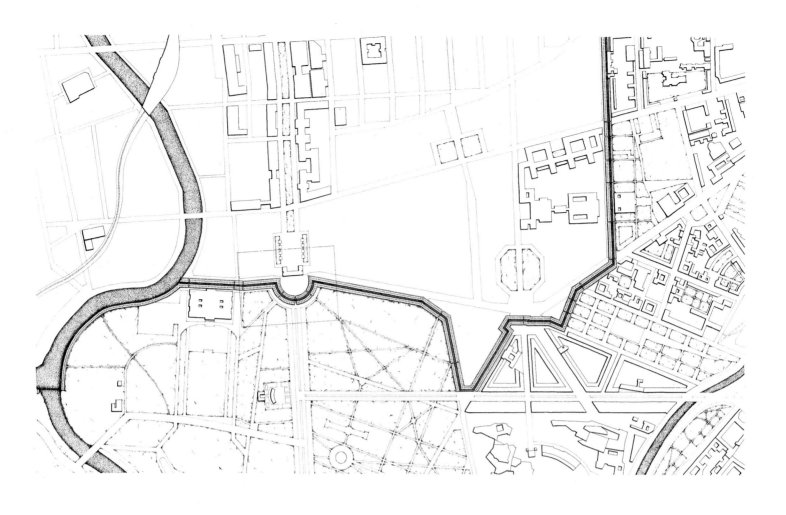

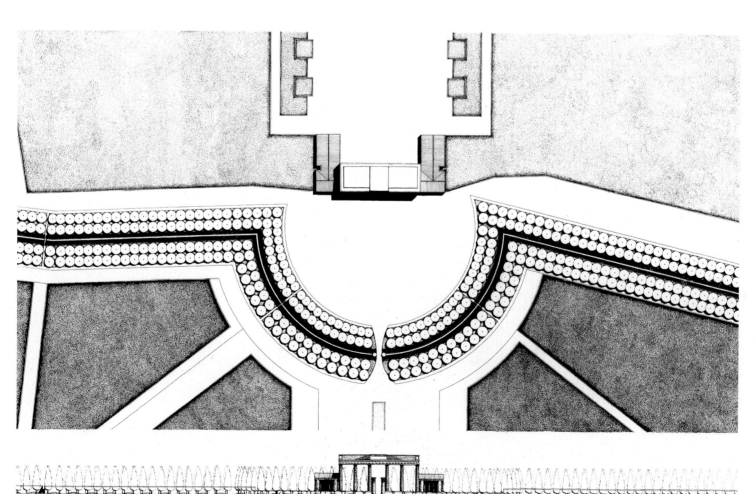

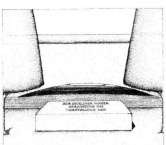

DER BERLINER MAUER
ERRICHTUNG 1961
VERSTELLUNG 2000

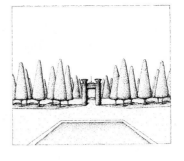

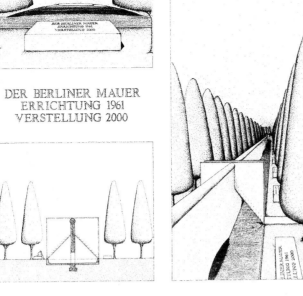

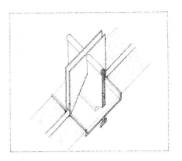

DER BERLINER MAUER
ERRICHTUNG 1961
VERSTELLUNG 2000

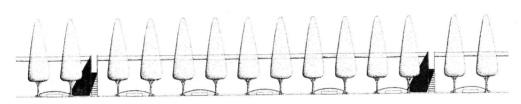

271

Bernard Tschumi (New York/Paris)
Asphalt

»Der Jahrmarkt. Es handelt sich um die ersten funktionalen
Filmbauten (die Formen entstehen hier nicht durch eine eigene
Architektur, sondern nur durch die Bewegungen der Schauspieler
und der Gegenstände). Jedes dieser Elemente spielt eine entschei-
dende Rolle bei der Inszenierung. Die Estrade läßt den Sturz des
Akrobaten pathetischer erscheinen, die gespannte Leinwand soll das
Schattenspiel festhalten, die Schaukel, besetzt oder leer, wird zum
Schwingen gebracht, die große Zeltwand hinten soll vom Wind
gebläht und zerrissen werden. Für diesen ganz kurzen Augenblick
erscheinen im Hintergrund Fassaden und Giebel«.
(Eric Romer, *Die Organisation des Raumes im ›Faust‹ von Murnau.)*

Bernard Tschumi (New York/Paris)
Asphalte

« La fête foraine. C'est le premier décor fonctionnel du film
(les formes ici n'on pas d'existence architecturale et ne sont créées
que par les mouvements des acteurs et des objets). Chacun de ces
éléments va jouer un rôle déterminant dans la mise en scène.
L'estrade rendra plus pathétique la chute du saltimbanque, la toile
tendue est faite pour accueillir les ombres chinoises, l'escarpolette
pour se balancer, chargée ou vide, la grande toile de la tente du fond
pour être agitée et déchirée par le vent. A un bref moment, apparaissent au fond quelques façades et pignons. »
(Eric Rohmer, *L'organisation de l'espace dans le ‹Faust› de Murnau.)*

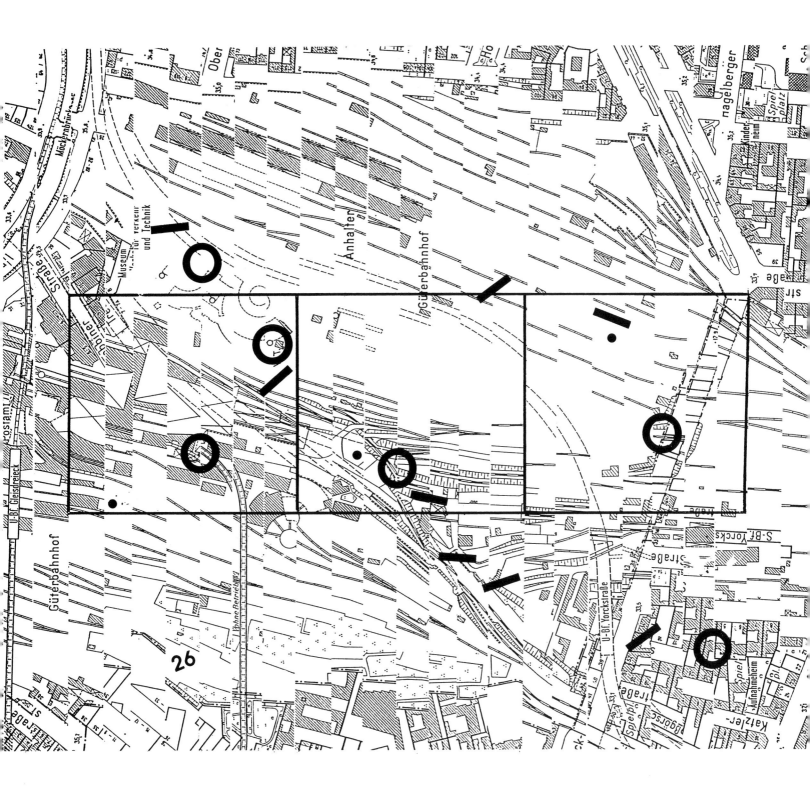

Wilfried Wang (Cambridge, Mass.)
Kenotaph – Übergangsstelle – Labor für Symbiose

Aus den Überlegungen zur gegenwärtigen räumlich-gesellschaftlichen Differenzierung Berlins und den parallel verlaufenden baulichen und geschichtlichen Auseinandersetzungen erschien die dreifache Erarbeitung von Bauten an der umgrenzenden Mauer als erstrebenswert.

Am Kemperplatz, südlich vom sowjetischen Ehrenmal gelegen, und noch eben Teil des Kulturforums, ist ein Kenotaph für die Opfer des Zweiten Weltkrieges projektiert worden. Von der niedrigen Halle auf dem Sockel erstreckt sich der Blick über die Mauer hinweg. Im Sockelinneren befindet sich ein leeres Grab. Dorthin gelangt indirektes Tageslicht durch die Öffnung im Fußboden des Sockels. Die Konstruktion ist in Stahl und Granit gedacht.

An der heutigen Kontrollstelle Kochstraße (Checkpoint Charlie) ist eine neue Übergangsstelle für Fußgänger und Kraftfahrzeuge vorgesehen. Acht verschieden breite Durchgänge verbinden die beiden Stadtteile an einem wichtigen Ort auf dieser Nordsüdachse. Die Beamten der Übergangsstelle haben ihre Amtsräume in den östlichen beziehungsweise westlichen Anbauten und können im übrigen die Passanten von ihren in den Maueröffnungen befindlichen Kabinen überschauen. Die Säulen auf der nördlichen Seite sind in Sandstein, der mittlere Teil der Wände ist in Sichtbeton, der südliche Teil in einer Stahlkonstruktion gedacht.

Das Labor für Symbiose am Landwehrkanal liegt zu einer Hälfte auf der Seite des Paul-Lincke-Ufers, zur anderen Hälfte auf der Treptower Seite. Das Gebäude beherbergt in der einen Hälfte Labors für die biochemischen Analysen von flüssigen und festen Stoffen (Luft-, Wasser- und Bodenproben) und eine Relaisstation zur Messung von geologischen und klimatischen Veränderungen sowie in der anderen Hälfte Arbeits- und Konferenzräume, Bibliothek und das Rechenzentrum. Ein Brückengang verbindet die Gebäudehälften und trägt gleichzeitig die Apparatur zur Sonnenenergieumwandlung.

Das Kenotaph stellt die Beziehung zur vergangenen Zeit her, die Übergangsstelle soll einen Übergang darstellen, das Labor für Symbiose ist als Anfang einer allgemein ausgeglicheneren Zukunft gedacht. Die Entwürfe lassen Parallelen zu Berliner Vorbildern zu.

Wilfried Wang (Cambridge, Mass.)
Le cénotaphe – lieu de passage – laboratoire de symbiose

A partir des réflexions sur la différenciation contemporaine sociospatiale de Berlin et le débat historique et urbanistique se déroulant parallèlement, la triple élaboration de constructions le long du Mur frontalier est apparue digne d'intérêt.
Sur la Kemperplatz, au sud du monument aux morts soviétique, et encore précisément comme partie du forum culturel, on a conçu un cénotaphe pour les victimes de la Seconde Guerre mondiale. Du hall du bas sur le socle, le regard s'étend au-delà du Mur. A l'intérieur du socle, se trouve une tombe vide. La lumière du jour y parvient indirectement par l'ouverture au fond du socle. La construction est conçue en acier et en granit.
Un nouveau passage pour les piétons et les véhicules est prévu à l'emplacement de contrôle actuel de la Kochstraße (Checkpoint Charlie). Huit passages de largeurs différentes relieront les deux parties de la ville sur un lieu important de cet axe nord-sud. Les fonctionnaires du passage frontalier auront leurs locaux dans des constructions à l'est et à l'ouest et pourront par ailleurs surveiller les passants de leurs cabines se trouvant dans les ouvertures du mur. Les colonnes sur la partie nord seront en grès, la partie centrale des murs sera en béton visible, la partie sud est conçue sous la forme d'une construction en acier.
Le laboratoire de symbiose, le long du Landwehrkanal, se trouvera pour moitié du côté de la rive Paul-Lincke, pour l'autre moitié du côte de Treptow. La bâtiment abritera, dans une moitié, des laboratoires d'analyses bio-chimiques de matières liquides et solides (échantillons de sol, d'eau et d'air) et une station-relais de mesure des modifications climatiques et géologiques et, dans l'autre moitié, des salles de conférences et de travail, une bibliothèque et un centre informatique. Un passage en forme de pont reliera les deux moitiés de bâtiment et abritera simultanément les équipements de transformation de l'énergie solaire.
Le cénotaphe représentera la relation avec le temps passé, le point de contrôle frontalier devra représenter un passage, le laboratoire de symbiose est conçu comme le début d'un avenir général plus harmonieux. Les esquisses permettent des parallèles avec des préfigurations berlinoises.

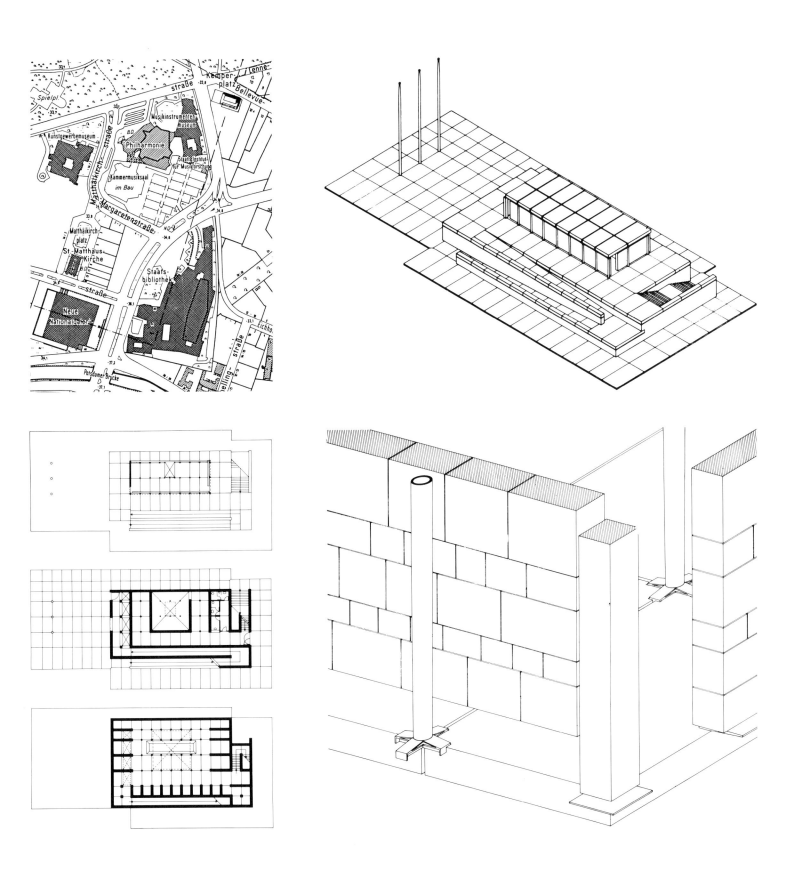

Kenotaph
Cénotaphe

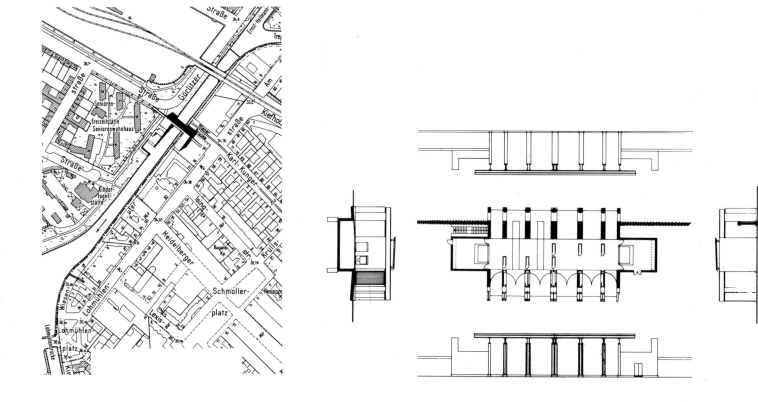

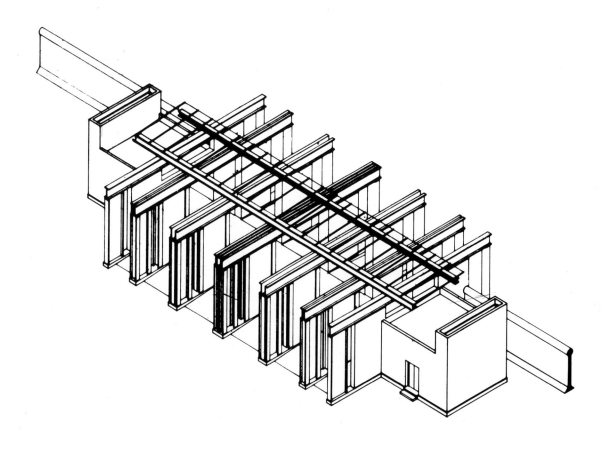

Übergangsstelle
Point de passage

276

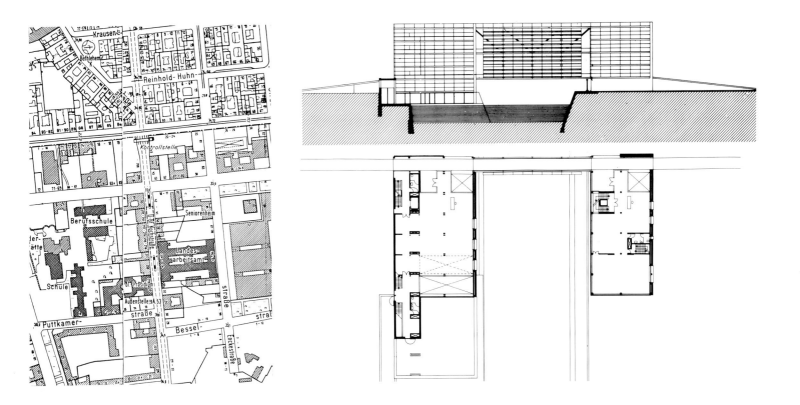

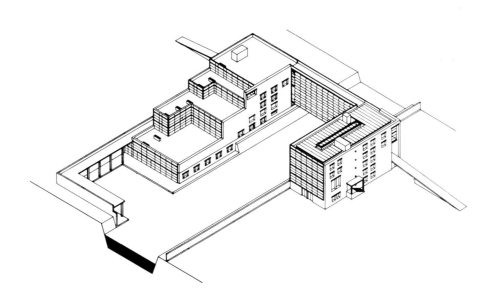

Labor für Symbiose
Laboratoire de symbiose

277

Peter Wilson (London)
Eine Brücke, ein Schiff und das Forum aus Sand

Das wichtigste Problem für Berlin ist, Strategien zu entwickeln, die Leerräume legitimieren. (Berlin ist durch und durch zeitgemäß, weil es nicht mehr stetig oder kohärent ist.) Das Forum aus Sand legt das instabile Element frei, auf dem die Stadt gebaut ist:
– als formalisiertes Sandgelände,
– als ein Raum, dessen Qualität in seiner Leere liegt,
– als ein Podium aus (»hundefreiem«) Sand, das die ungelöste Frage des Raumes zwischen Nationalgalerie und Philharmonie orchestriert.
Das zweite Problem für Berlin ist, daß seine Träume unkoordiniert sind (Berlin, Berlin – 1000 verschiedene Städte, Berlin der Erinnerungen, bruchstückhaftes Berlin, mögliches Berlin).
Genau wie primitive Kulturen brauchen Städte Artefakte, um ihre Träume koordinieren zu können. Es werden zwei neue Artefakte für das »Sandforum« vorgeschlagen: eine Brücke und ein Schiff.
Pfennig-Brücke als gefundenes Artefakt – Länge 85 Meter; Material: genieteter Stahl; ursprünglicher Standort: Wedding, in Mauernähe; neuer Standort: innerhalb des »Sandforums«; neue Funktion: ein öffentlicher Raum als Maßbestimmung.
Schnelldampfer Havel und Spree als teilweise rekonstruiertes Artefakt – ursprüngliche Funktion: Atlantiküberquerung; neue Funktion: drei mechanische Garagenebenen, Erweiterung der Staatsbibliothek, Bibliothek für Berlin-Motive; neuer Standort: die Peripherie des »Sandforums«.

Peter Wilson (Londres)
Un pont, un bateau et le forum des sables

Le premier problème de Berlin est de trouver des stratégies qui permettent de légitimer l'espace libre. (Berlin est réellement contemporaine précisément parce qu'elle n'est plus continue ni cohérente.)
Le forum des sables met en évidence l'élément instable sur lequel est bâtie la cité:
– Une étendue de sable formalisée,
– un espace caractérisé par sa vacuité,
– un podium de sable (interdit aux chiens) qui orchestre l'espace indécis entre la Nationalgalerie et la Philharmonie.
Le deuxième problème de Berlin réside dans le fait que ses rêves sont devenus flous (Berlin, Berlin – 1000 villes différentes, Berlin des souvenirs, Berlin fragmenté, Berlin possible).
Les villes comme les cultures primitives ont besoin d'instruments pour préciser leurs rêves. Ici deux instruments nouveaux sont proposés pour le «Forum des Sables»: un pont et un bateau.
Pfennig-Brücke: Instrument trouvé; 85 mètres de long; matériaux: acier rivé; emplacement original: quartier du Wedding adjacent au Mur; nouvel emplacement: à l'intérieur du Forum des Sables; nouvelle fonction: un espace public, un indicateur d'échelle.
Paquebot «Havel und Spree»: Instrument partiellement reconstruit; fonction d'origine: traversées transatlantiques; nouvelle fonction: trois parkings mécaniques, extension de la bibliothèque d'état, librairie des images de Berlin; nouvel emplacement: la périphérie du Forum des Sables.

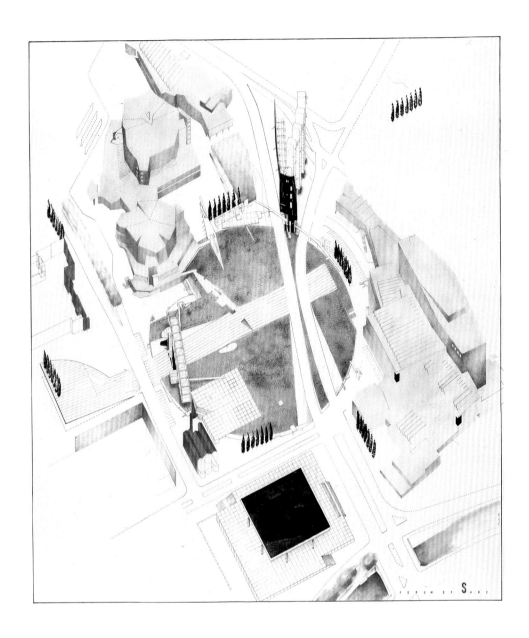

Brücke mit Café des Nordens	1	Pont avec Café du Nord	
Café des Südens		Café du Sud	
Aussichtsturm		Belvédère	
Schiff mit vier Auto-Parktürmen	2	Bateau avec quatre tours de parking automobile	
Eine Auto-Parkwand		Un mur de parking automobile	
Ein Bibliotheksturm		Une tour-bibliothèque	
Garten	3	Jardin	
Grasfeld	4	Friche herbeuse	
Veranstaltungspodium und Tiefgarage	5	Podium pour manifestations et garage souterrain	
Sandforum (auf gleicher Höhe mit der Nationalgalerie)	6	Forum des sables (à la même hauteur que la Nationalgalerie)	

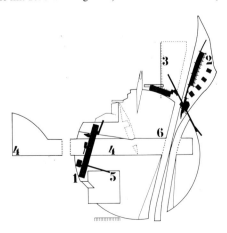

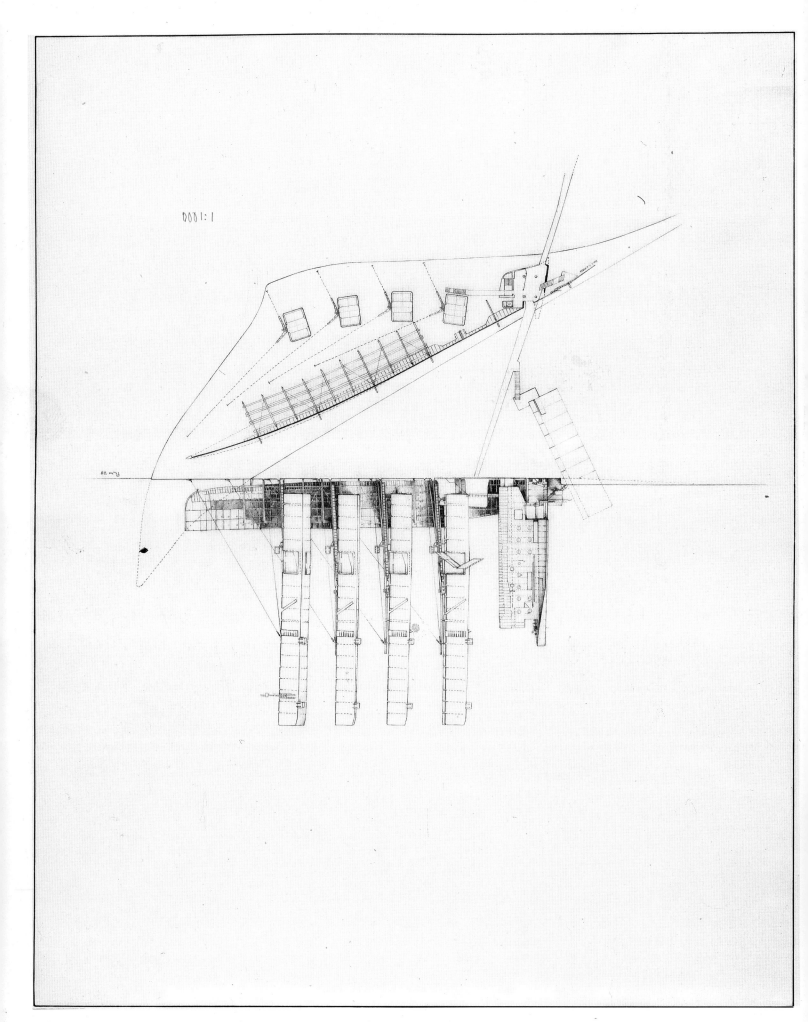

DOO1:1

RB m² y

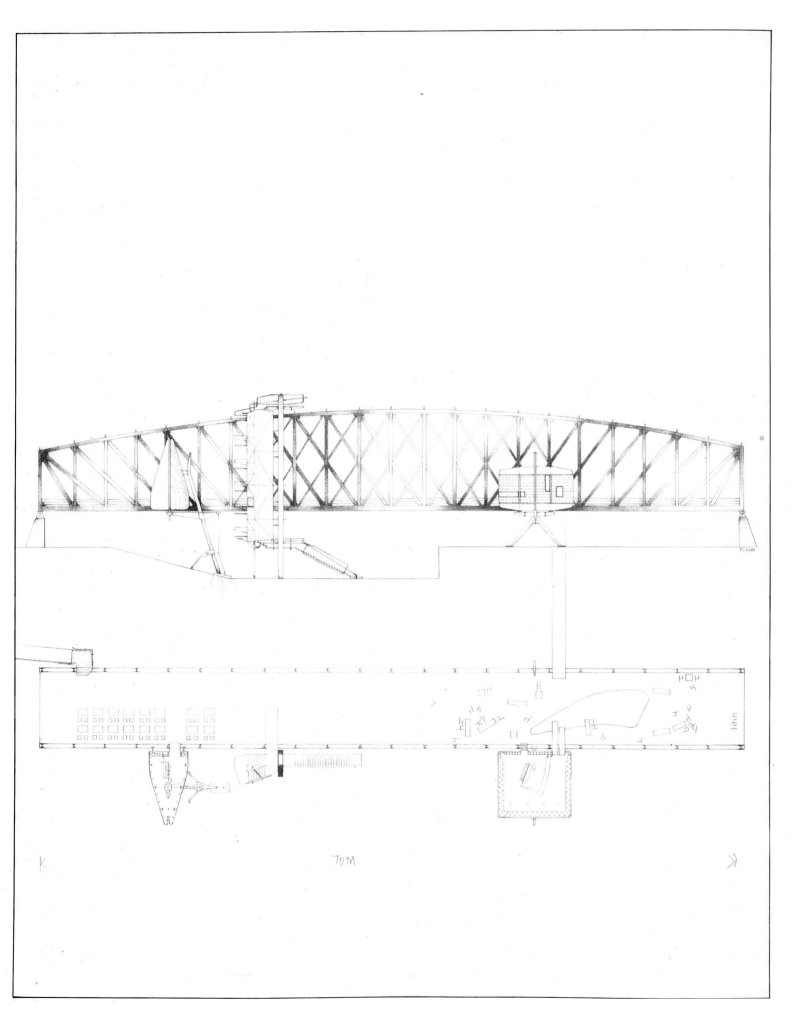

10 m : 27.7m

70M

Lebbeus Woods (New York)
Berlin unter der Erde

West- und Ost-Berlin sind Gefangenenstädte. Die Mauer und ihre Wachttürme, Niemandsland und Zufallsfriedhöfe für Märtyrer der Freiheit, halten die Bewohner beider Städte getrennt voneinander gefangen, obwohl sie eigentlich ein Volk in einer Stadt sein sollten, vereint durch gemeinsame Geschichte und Sprache, den gleichen Ursprung und jetzt auch noch durch gemeinsame Internierung. Zusammen warten beide darauf, daß fremde Mächte über ihr Schicksal entscheiden. In den weit voneinander entfernten Hauptstädten zweier Nationen sprechen Politiker, bewegt von Furcht, Haß oder Neid, mit fremden Zungen und sorgen für die Einhaltung der Strafe für eben jene verwerflichen Eigenschaften einer früheren Generation. Haben die Berliner bei ihrem eigenen Schicksal ein Wort mitzureden? Gibt es überhaupt freie Menschen? Will man mit »ja« antworten, heißt das, daß man sich die Wiedervereinigung von Berlin vorstellen kann.

Sollte Berlin jemals wieder eine vereinte Stadt sein, wird ein neuer Geist zuerst aus der Bevölkerung heraus entstehen. Diese Gefangenen werden insgeheim ihre Freiheit planen. Es gibt keinen anderen Weg für Gefangene. Niedergedrückt von überlegenen Mächten, müssen sie ihre »Wärter« überlisten.

Ein Plan zur Wiedervereinigung besteht darin, die Mauer zu »untergraben«, indem man ein unterirdisches Berlin baut. Man wendet diese List an, indem man beginnt, die bestehende unterirdische Verkehrsinfrastruktur zu reparieren und auszubauen und läßt die Berliner in Ost und West zuerst Versammlungshallen und öffentliche Einrichtungen errichten, die einer geheimen Untergrundregierung dienen, einer Gemeinschaft des Widerstands. Es würde bald ein intellektueller, künstlerischer und kultureller Austausch folgen – in Theatern, Galerien, Schulen –, und dann würden die ersten Handelsbeziehungen und gemeinsame Unternehmungen in Wissenschaft, Technologie und Industrie folgen.

Die Architektur einer unterirdischen Stadt und einer geheimen Gemeinschaft muß von der Umkehrung von Raum und Zeit ausgehen. Sie offenbart durch ständige »Ausgrabungen« eine tiefere, innere Natur, die der Kontrolle einer anmaßenden Autorität verborgen bleibt und die jenseits des Einflusses existierender Konventionen liegt.

Unweigerlich würde eines Tages der Zeitpunkt kommen, an dem schließlich dieses unterirdische Berlin, das »Neue Berlin«, ans Licht emporsteigen würde und sich der Scharfsinn und die Entschlossenheit aller Berliner in neuen Formen behaupten würde.

Fällt erst die »Mauer«, dann fällt bald auch alles andere, was trennt.

Lebbeus Woods (New York)
Berlin sous terre

Berlin-Ouest et Berlin-Est sont l'une et l'autre des villes captives. Le Mur, ses miradors, son no man's land et ses cimetières impromptus destinés aux martyrs de la liberté, emprisonnent et séparent les habitants des deux villes qui devraient être un seul peuple dans une seule ville unis par la même histoire, la même langue, les mêmes origines et maintenant par le même internement. Ensemble, ces deux peuples attendent que des puissances étrangères décident de leur sort. Dans les capitales distantes de deux nations des politiciens, mus par la peur, la haine ou l'envie, s'expriment dans des langues étrangères, imposant le châtiment de ces qualités destructives d'une génération antérieure. Les Berlinois ont-ils leur mot à dire sur leur propre destin? Les hommes sont-ils libres? Répondre «oui» revient à imaginer la réunification de Berlin.

Si Berlin doit un jour redevenir une seule et même ville, un état d'esprit nouveau devra d'abord émaner de ces peuples. Ces captifs prépareront secrètement leur liberté car c'est la seule possibilité pour des prisonniers. Opprimés par des forces supérieures, ils doivent déjouer ceux qui les retiennent captifs.

L'un des moyens de réunifier consiste à prendre à revers le Mur en passant dessous, en construisant un Berlin souterrain. En réparant et en étendant par la ruse les infrastructures de transport existant en sous-sol, les Berlinois de l'Ouest et de l'Est construiraient tout d'abord des lieux de rencontre et des équipements communs à l'usage d'un gouvernement souterrain secret, d'une communauté de résistance. Il s'ensuivraient rapidement des échanges intellectuels, artistiques et culturels: des théâtres, des galeries, des écoles – puis les premiers marchés commerciaux et les premières entreprises coopératives dans le domaine des sciences, de la technologie et de l'industrie.

L'architecture d'une ville souterraine et d'une communauté secrète repose sur une inversion spatiale et temporelle. Elle révèle, par une excavation continue, une nature intérieure plus profonde, à l'abri de la surveillance d'une autorité abusive, au-delà de l'influence des conventions existantes.

Inévitablement le jour viendrait où le Berlin souterrain, le nouveau Berlin, émergerait enfin à la lumière du jour, affirmant sous des formes nouvelles l'ingéniosité et la détermination de tous les Berlinois. Lorsque le Mur se serait ainsi écroulé, les autres séparations ne résisteraient pas longtemps.

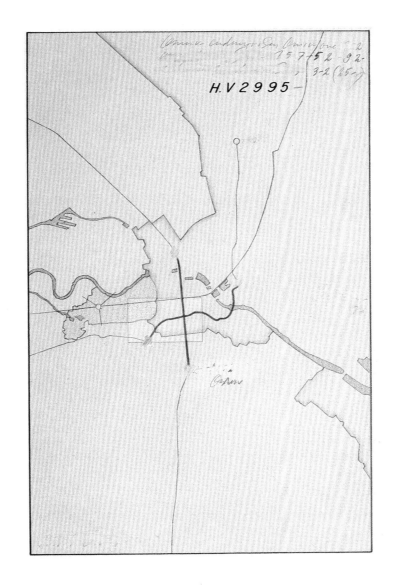

H.V 2 9 9 5 -

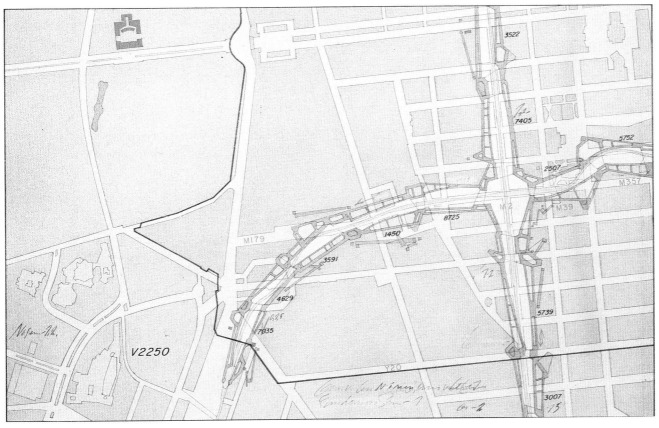

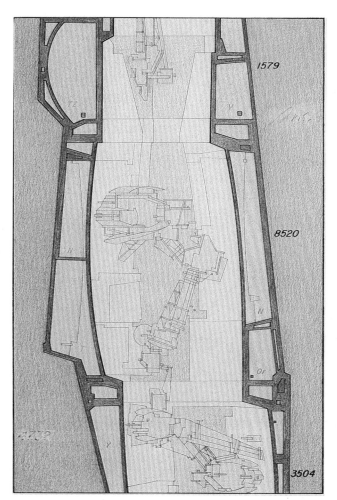

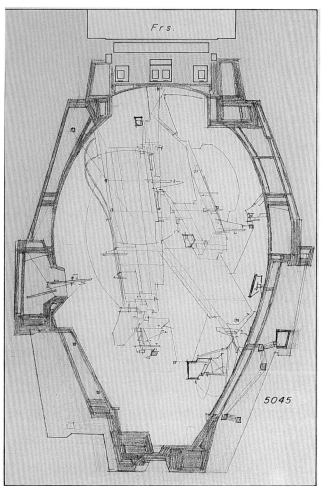

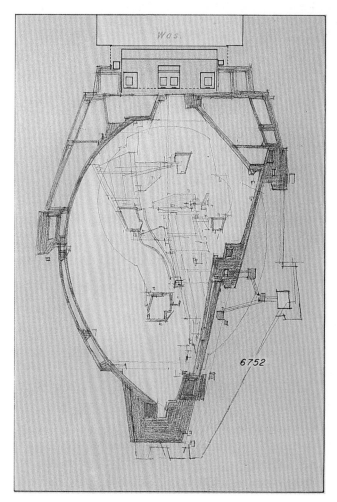

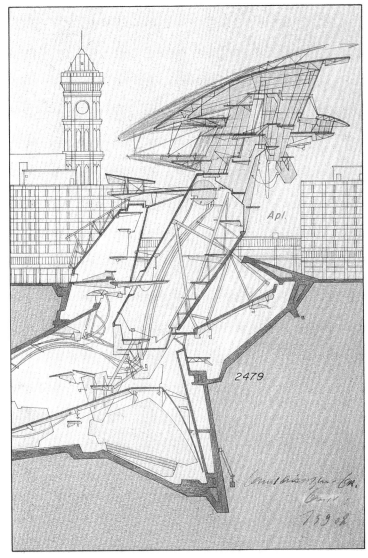

287

Paul Ziegert (Berlin)
Mitarbeiter: Roger Ahrens, Irmingard Böhm, Alexander Williams
Wasser in der Stadt

Flüsse, Kanäle und Hafenanlagen Berlins, über viele Kilometer gesäumt von Industrie- und Bahnanlagen, waren für Jahrhunderte Transportweg, Warenumschlagplatz, Wasserreservoir und Anziehungspunkt für städtisches Leben. Diese Wasserwege verkümmerten zur Industriekloake und Stadtbrache. Ihnen neue Funktionen und Qualitäten zu verleihen, ihre Bedeutung im Stadtbild der Großstadt von morgen zu stärken, ist Ziel unseres Entwurfes.
Der Ort des Neuen ist Berlin-Moabit. Das Nebeneinander von Wasserwegen, Industriegebieten und Wohnbebauung prägt den städtebaulichen Charakter Moabits. Um den Kernbereich von der Umklammerung des Industriegürtels zu befreien und an die Wassergrenze heranzuführen, entwickeln wir folgende Perspektiven: fußläufige Erschließung aller Uferbereiche; »Moabiter Werder« als Zentrum für neue Informations- und Kommunikationstechnologie; Erschließung landschaftlicher Ressourcen am Nord- und Humboldthafen; neue M-Bahn-Linie im Verlauf der Turmstraße; Stadtsegment mit Gebäuden öffentlicher und kultureller Nutzung zwischen Rathaus Tiergarten und Westhafen; Erschließung des Moabiter Güterbahnhofes für Wohn-, Sport- und Erholungsflächen; Westhafen als Experimentierfeld für Wohnen am und auf dem Wasser und Ort für Stadtfeste und künstlerische Aktivitäten; Etablierung von zukunftsorientierten Bildungs-, Forschungs- und Produktionseinrichtungen zwischen Ernst-Reuter-Platz/Charlottenburger Tor und Westhafenkanal.
Das zentrale Element unserer Planung ist der Charlottenburger Verbindungskanal. Der Kanal und seine Uferstreifen dienen über die gesamte Länge als Experimentier- und Ausstellungsträger für städtebauliche und architektonische Entwurfskonzepte. Der Kanal wird hierzu in fünf Abschnitte unterteilt, die in ihrer Ausdehnung von neuen Brückenbauwerken festgelegt und mit angrenzenden Stadtstrukturen in Ostwestrichtung verflochten werden. Am nördlichen Ende des Kanals ein Wasserturm als Regenwasserspeicher. Integrierte Laboreinrichtungen zur Untersuchung von Wasserqualität. Aussichtsplattform, Laserinstallation.
1. Abschnitt: Forschungszentrum für Tierzucht. Großaquarium, Wasser als Nahrungsträger.
2. Abschnitt: Institutsgebäude für Wasserbau und Wasserwirtschaft. Wasserbecken als Experimentierfeld.
3. Abschnitt: Wasserinstallation, Wasserspiele, Anlegestelle für Ausflugsschiffe. Allmählicher Übergang von der Künstlichkeit des Kanals in die »Natürlichkeit« eines wasserdurchfluteten Stadtparks. Ausstellungsgebäude, Bibliothek, Mediothek.
4. Abschnitt: Wohnhäuser entlang des Ufers und im Wasser, Terrassen, Hotels.
5. Abschnitt: Der Kanal wird entleert. Über dem freigelegten Kanalbett ein gläserner, durch seine eigene Bewegung Wellen erzeugender Kanal. Freizeitbad, Strand, klares Wasser durch Mole von Spreewasser getrennt. Auf der gegenüberliegenden Landzunge Gästehaus und Wissenschaftsbörse. Kanalbesichtigung per Schiff täglich von 9.00 bis 22.00 h (Tauchgang im Aquarium im Preis eingeschlossen).

Paul Ziegert (Berlin)
Collaborateurs: Roger Ahrens, Irmingard Böhm, Alexander Williams
L'eau dans la ville

Les fleuves, les canaux et les équipements portuaires de Berlin, bordés sur de nombreux kilomètres par les installations industrielles et ferroviaires, furent pendant des siècles des voies de transport, des lieux de transbordement de marchandises, des réservoirs d'eau et des centres d'attraction pour la vie urbaine. Ces voies d'eau se sont transformées en cloaques industriels et friches urbaines. L'objet de notre projet est de leur octroyer de nouvelles fonctions et qualités, de renforcer leur signification dans le paysage urbain de la métropole de demain.
Le lieu du nouveau projet est Berlin-Moabit. La coexistence de voies d'eau, de zones industrielles et de constructions d'immeubles marque le caractère urbanistique de Moabit. Afin de dégager la zone centrale de l'étreinte de la ceinture industrielle et de la conduire en bordure de l'eau, nous élaborons les perspectives suivantes: accès piétonnier à toutes les berges; «l'îlot de Moabit» en tant que centre de nouvelles technologies d'information et de communication; exploitation de ressources de paysage dans le port du Nord et de Humboldt, nouvelle ligne de métro le long de la Turmstraße; un tracé urbain avec des bâtiments d'utilité publique et culturelle entre la mairie de Tiergarten et le port occidental; aménagement de la gare de marchandises de Moabit en surface d'habitation, de sport et de détente; le port occidental en tant que champ d'expérimentation pour un habitat le long de et sur l'eau et comme lieu de fête urbaine et d'activité artistique; l'établissement d'installations de formation, de recherches et de production orientées vers l'avenir entre la Ernst-Reuter-Platz/Charlottenburger Tor et le canal du port occidental.
L'élément central de notre projet est le canal de jonction de Charlottenburg. Le canal et ses berges devront servir sur toute leur longueur de support d'expérimentation et d'exposition de concepts urbanistiques et architectoniques. Le canal sera subdivisé en cinq sections dont l'étendue sera déterminée par un nouveau pont et qui seront liées à d'autres structures urbaines attenantes dans le sens est-ouest. A l'extrémité nord du canal, un château d'eau servant de réservoir d'eau de pluie. Des installations de laboratoire intégrées pour l'étude de la qualité de l'eau. Une plate-forme offrant une vue sur la ville, des installations à laser.
1. Centre de recherche pour l'élevage d'animaux. Un grand aquarium, l'eau en tant que support alimentaire.
2. Immeuble de l'institut des constructions hydrauliques et du secteur économique de l'eau. Bassin d'eau en tant que champ expérimental.
3. Installation hydraulique, jeu d'eau, appontement pour les bateaux de plaisance. Passage progressif du concept de canal artificiel au «naturel» d'un parc urbain inondé d'eau. Un bâtiment d'exposition, une bibliothèque, une médiathèque.
4. Des immeubles d'habitation le long des berges et dans l'eau, terrasses, hôtels.
5. Le canal est vidé. Au-dessus du lit de canal dégagé, un canal en verre, produisant des vagues par son propre mouvement. Un lieu de baignade, une plage – de l'eau claire séparée de l'eau de la Spree par des môles. Sur cette bande de terrain se situant de l'autre côté, des auberges et des bourses scientifiques. Visite du canal par bateau, tous les jours de 9 h 00 à 22 h 00. (Passage en immersion dans l'aquarium inclus dans le prix.)

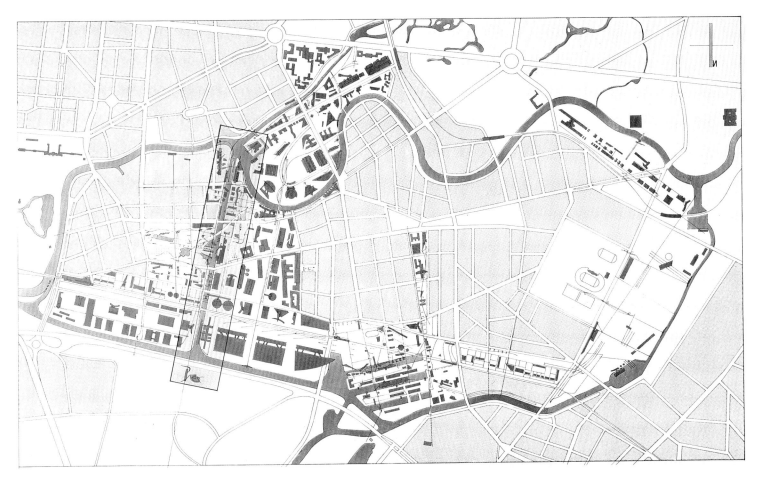

WESTUFER

OSTUFER

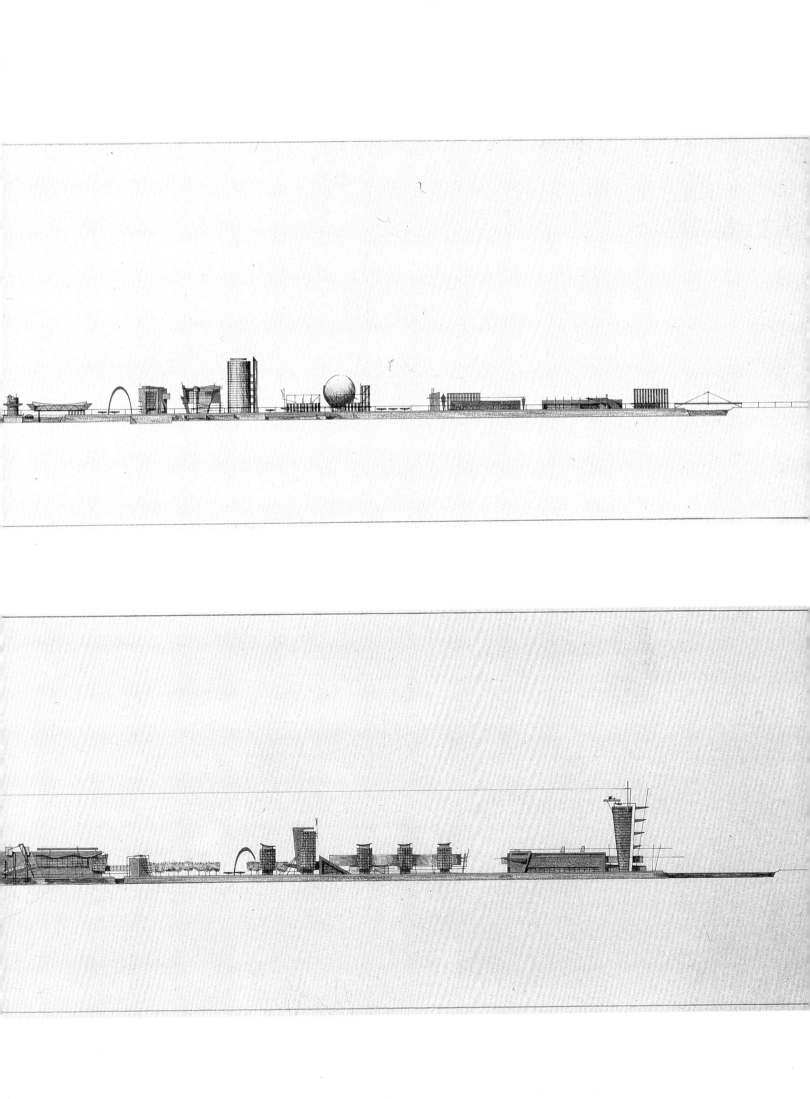

Biographische Notizen

Achatzi, Pit
Geb. 1954 in Hildesheim. Studium an der Technischen Universität Berlin. Lebt in Berlin. Partnerschaft mit Rolf → Backmann (Achatzki + Backmann).

Alsop, William
Geb. 1947. Studium an der Archtitectural Association School of Architecture, London, Lebt in London. Partnerschaft mit John → Lyall.

Ambos, Hellmut
Geb. 1950 in Weiler, Allgäu. Studium an der Technischen Universität München. Lebt in München. Partnerschaft mit Peter → Weidenhammer.

Architecture-Studio
(Jean-François → Bonne, Jean-François → Galmiche, Martin → Robain, Rodo → Tisnado)

Architektursalon Elvira
(Elisabeth → Lux, Martin → Wiedemann)

Assmann, Frank
Geb. 1955 in Hannover. Studium an der Hochschule der Künste, Berlin. Lebt in Berlin. Partnerschaft mit Peter → Salomon und Hermann → Scheidt (Assmann, Salomon und Scheidt).

Backmann, Rolf
Geb. 1952 in Memmingen. Studium an der Technischen Universität Berlin und an der Columbia University, New York. Lebt in Berlin. Partnerschaft mit Pit → Achatzi (Achatzi + Backmann).

Baller, Hinrich
Geb. 1936 in Stargard. Studium an der Technischen Universität Berlin. Lebt in Berlin. Partnerschaft mit Inken → Baller.

Baller, Inken
Geb. 1942 in Tondern, Dänemark. Studium an der Technischen Universität Berlin. Lebt in Berlin. Partnerschaft mit Hinrich → Baller.

Bangert, Dietrich
Geb. 1942 in Berlin. Studium an der Technischen Hochschule Darmstadt und der Technischen Universität Berlin. Lebt in Berlin. Partnerschaft mit Bernd → Jansen, Stephan → Scholz und Axel → Schultes (Bangert, Jansen, Scholz, Schultes).

Bates, Donald L.
Geb. 1953 in Texas. Studium an der University of Houston und an der Cranbrook Academy of Art, Bloomfield Hills, Michigan. Lebt in London.

Berghof, Norbert
Geb. 1949 in Karlsruhe. Studium an der Technischen Hochschule Darmstadt. Lebt in Frankfurt a. M. Partnerschaft mit Michael A. → Landes und Wolfgang → Rang (Berghof, Landes, Rang).

Biurrun Salanueva, Francisco Javier
Geb. 1946 in Pamplona. Studium an der ETS Pamplona, an der ETS Barcelona und an der Columbia University, New York. Lebt in Pamplona und New York.

Bock, Günter
Geb. 1918 in Danzig. Studium an der Universität Salzburg. Lebt in Frankfurt a. M. Partnerschaft mit Luise → King.

Bofinger, Helge
Geb. 1940 in Stettin. Studium an der Technischen Universität Braunschweig. Lebt in Wiesbaden. Partnerschaft mit Margret → Bofinger.

Bofinger, Margret
Lebt in Wiesbaden. Partnerschaft mit Helge → Bofinger.

Bohigas, Oriol
Geb. 1925 in Barcelona. Studium an der Escuela Técnica Superior de Arquitectura, Barcelona. Lebt in Barcelona. Partnerschaft mit Josep → Martorell und David → Mackay (Martorell, Bohigas, Mackay).

Böhm, Elisabeth
Geb. in Mindelheim. Lebt in Köln.

Böhm, Gottfried
Geb. 1920 in Offenbach a. M. (als Sohn des Architekten Dominikus Böhm). Studium der Architektur an der Technischen Hochschule München und der Bildhauerei an der Akademie der bildenden Künste, München. Lebt in Köln.

Bonne, Jean-François
Geb. 1949 in Saint-Mandé. Studium an der École Nationale Supérieure des Beaux-Arts, Paris. Lebt in Paris. Partnerschaft mit Martin → Robain, Jean-François → Galmiche und Rodo → Tisnado (Architecture-Studio).

Brandt, Andreas
Geb. 1937 in Bremen. Studium an der Staatlichen Kunstakademie Düsseldorf. Lebt in Berlin. Partnerschaft mit Rudolf Böttcher.

Buehler, Martin
Geb. 1960 in Masein, Graubünden. Studium an der Eidgenössischen Technischen Hochschule, Zürich. Lebt in Zürich. Partnerschaft mit Andreas → Hild, Eva-Maria → Rieping, Miroslav → Šik, Josef → Smolenicky und Daniel → Studer.

Bugrov, Valerij
Geb. 1949 in Moskau. Studium an der Kunstakademie in Leningrad. Lebt in Hamburg.

Bunschoten, Raoul
Geb. 1955 in Deventer, Niederlande. Studium an der Eidgenössischen Technischen Hochschule, Zürich, und an der Cranbrook Academy of Art, Bloomfield Hills, Michigan. Lebt in London.

Bury, Claus
Geb. 1946 in Gelnhausen. Studium an der Kunst- und Werkschule Pforzheim. Lebt in Frankfurt a. M.

Cook, Peter
Geb. 1936 in Southend-on-Sea, Essex. Studium an der Architectural Association School of Architecture, London. Lebt in London.

Coop Himmelblau
(Wolf D. → Prix, Helmut → Swiczinsky).

Derossi, Pietro
Geb. 1933 in Turin. Studium an der Architektur-Fakultät in Turin. Lebt in Turin.

Dudler, Max
Geb. 1949 in Altenrhein, Schweiz. Studium an der Städelschule, Frankfurt a. M., und an der Hochschule der Künste, Berlin. Lebt in Rorschach, Berlin und Frankfurt a. M. Partnerschaft mit Karl Dudler und Pete Welbergen.

Ellis, John Stephen
Geb. 1953 in Methuen, Massachusetts. Studium an der Columbia University und am Pratt Institute, New York. Lebt in New York.

Formalhaut
(Ottmar → Hörl, Gabriela → Seifert, Götz → Stöckmann).

Frost, Flemming
Geb. 1952. Studium an der Architekturschule in Århus. Lebt in Kopenhagen. Partnerschaft mit Helle → Juul.

Fuksas, Massimiliano
Geb. 1944 in Rom. Studium an der Universität in Rom. Lebt in Rom.

Galmiche, Jean-François
Geb. 1943 in Belfort. Studium an der École Nationale Supérieure des Beaux-Arts, Paris. Lebt in Paris. Partnerschaft mit Martin → Robain, Rodo → Tisnado und Jean-François → Bonne (Architecture-Studio).

Ganz, Joachim
Geb. 1942 in Brünn. Studium an der Universität Stuttgart. Lebt in Berlin. Partnerschaft mit Walter → Rolfes (Ganz + Rolfes).

Giencke, Volker
Geb. 1947 in Wolfsberg, Kärnten. Studium der Architektur, Philosophie und Psychologie in Graz. Lebt in Graz.

Girard, Edith
Geb. 1949 in Soisys Montmorency. Studium an der U. P. 8, Paris. Lebt in Paris. Partnerschaft mit Olivier → Girard.

Girard, Olivier
Geb. 1947 in Innsbruck. Studium an der U. P. 8, Paris. Lebt in Paris. Partnerschaft mit Edith → Girard.

Glässel, Joachim W.
Geb. 1950 in Stuttgart. Studium an der Technischen Universität Berlin und am Massachusetts Institute of Technology, Cambridge, Massachusetts. Lebt in Berlin. Partnerschaft mit Andreas → Reidemeister.

Goldapp, Wolfram P. W.
Geb. 1950 in Wuppertal. Studium an der Technischen Universität Hannover. Lebt in Bremen. Partnerschaft mit Thomas → Klumpp (Goldapp + Klumpp).

Grashorn, Burkhard
Geb. 1940 in Oldenburg. Studium an der Hochschule der Künste, Berlin, und der Facoltà di Architettura di Roma. Lebt in Oldenburg.

Grumbach, Antoine
Geb. 1942 in Oran, Algerien. Studium an der École Nationale Supérieure des Beaux-Arts, Paris. Lebt in Paris.

Hadid, Zaha M.
Geb. 1950 in Bagdad. Studium der Mathematik an der Amerikanischen Universität in Beirut und der Architektur an der Architectural Association School of Architecture, London. Lebt in London.

Hejduk, John
Geb. 1929 in New York. Studium an der Cooper Union School of Art and Architecture, New York, an der University of Cincinnati, an der Harvard University, Cambridge, Massachusetts, und an der Universität in Rom. Lebt in New York.

Hild, Andreas
Geb. 1961 in Hamburg. Studium an der Technischen Universität München. Lebt in Zürich. Partnerschaft mit Martin → Buehler, Eva-Maria → Rieping, Miroslav → Šik, Josef → Smolenicky und Daniel → Studer.

Hilmer, Heinz
Geb. 1936 in Münster. Studium an der Technischen Hochschule München. Lebt in München. Partnerschaft mit Christoph → Sattler (Hilmer & Sattler).

Hinrichsmeyer, Ulrich
Geb. 1956 in Aachen. Studium an der Technischen Hochschule Aachen und der Städelschule, Frankfurt a. M. Lebt in Düsseldorf. Partnerschaft mit Dagmar → Richter (MAX).

Hölzinger, Johannes Peter
Geb. 1936 in Bad Nauheim. Studium an der Städelschule, Frankfurt a. M. Lebt in Bad Nauheim.

Hörl, Ottmar
Geb. 1953 in Frankfurt a. M. Studium an der Staatlichen Kunstakademie Düsseldorf. Bildhauer. Lebt in Frankfurt a. M. Partnerschaft mit Götz → Stöckmann und Gabriela → Seifert (Formalhaut).

Huth, Eilfried
Geb. 1930 in Pengalengan, Indonesien. Studium an der Technischen Hochschule Graz. Lebt in Graz und Berlin.

Jansen, Bernd
Geb. 1943 in Büderich. Studium an der Technischen Universität Berlin. Lebt in Berlin. Partnerschaft mit Dietrich → Bangert, Stephan → Scholz und Axel → Schultes (Bangert, Jansen, Scholz, Schultes).

Juel-Christiansen, Carsten
Geb. 1944 in Kopenhagen. Studium an der Kunstakademie in Kopenhagen. Lebt in Kopenhagen. Partnerschaft mit Erik Werner → Petersen.

Juul, Helle
Geb. 1954 in V. Hjermitslev, Dänemark. Studium an der Architekturschule in Århus. Lebt in Kopenhagen. Partnerschaft mit Flemming → Frost.

Karpiński, Daniel
Geb. 1954 in Tarnow, Polen. Studium an der Technischen Hochschule in Krakau und an der Universität Wroclaw (Breslau). Lebt in Wroclaw (Breslau).

King, Luise
Geb. 1939 in Dessau. Studium an der Technischen Hochschule Darmstadt. Lebt in Frankfurt a. M. Partnerschaft mit Günter → Bock.

Klumpp, Thomas
Geb. 1943 in Solingen. Studium an der Technischen Universität Hannover. Lebt in Bremen. Partnerschaft mit Wolfram P. W. → Goldapp (Goldapp + Klumpp).

Kosiński, Wojciech
Geb. 1943 in Lwów, Polen. Studium an der Technischen Hochschule in Krakau. Lebt in Krakau. Partnerschaft mit Wojciech → Oktawiec.

Kowalski, Karla
Geb. 1944 in Graz. Studium an der Technischen Universität Graz. Lebt in Graz. Partnerschaft mit Michael → Szyszkowitz.

Krier, Rob
Geb. 1938 in Grevenmacher, Luxemburg. Studium an der Technischen Universität München. Lebt in Wien.

Landes, Michael A.
Geb. 1948 in Frankfurt. Studium an der Technischen Hochschule Darmstadt. Lebt in Frankfurt a. M. Partnerschaft mit Norbert → Berghof und Wolfgang → Rang (Berghof, Landes, Rang).

Léon, Hilde
Geb. 1953 in Düsseldorf. Studium am Istituto Universitario di Architettura, Venedig. Lebt in Berlin. Partnerschaft mit Konrad → Wohlhage.

Lerup, Lars
Geb. 1940 in Växiö, Schweden. Studium an der University of California, Berkeley. Lebt in San Francisco. Partnerschaft mit Michael Bell, Antonio Lao, Michael Palmore, Tim Rempel (Lars Lerup Studio).

Lewis, Diane
Geb. 1951 in New York. Studium an der Cooper Union School of Art and Architecture, New York. Lebt in New York.

Libeskind, Daniel
Geb. 1946 in Lodz. Studium an der Cooper Union School of Art and Architecture, New York, und an der Universität von Essex. Lebt in Mailand.

Lion, Yves
Geb. 1945 in Casablanca. Studium an der U. P. 6, Paris. Lebt in Paris.

Loegler, Romuald
Geb. 1940 in Sokolow, Polen. Studium an der Technischen Hochschule in Krakau. Lebt in Krakau.

Lohse, Ernst
Geb. 1944 in Kopenhagen. Studium an der Kunstakademie in Kopenhagen und an der Architectural Association School of Architecture, London. Lebt in Kopenhagen.

Lux, Elisabeth
Geb. 1955 in Berlin. Studium an der Hochschule der Künste, Berlin. Lebt in Berlin. Partnerschaft mit Martin → Wiedemann (Architektursalon Elvira).

Lyall, John
Geb. 1949 in Essex, England. Studium an der Architectural Association School of Architecture, London. Lebt in London. Partnerschaft mit William → Alsop.

Mack, Mark
Geb. 1949 in Judenburg, Österreich. Studium an der Akademie der bildenden Künste, Wien. Lebt in San Francisco.

Mackay, David
Geb. 1933 in Eastbourne, Sussex. Studium am Northern Polytechnic, London. Lebt in Barcelona. Partnerschaft mit Josep → Martorell und Oriol → Bohigas (Martorell, Bohigas, Mackay).

Mäckler, Christoph H.
Geb. 1951 in Frankfurt a. M. Studium an der Fachhochschule Darmstadt und an der Technischen Hochschule Aachen. Lebt in Frankfurt a. M.

Magnago Lampugnani, Vittorio
Geb. 1951 in Rom. Studium an der Universität Stuttgart. Lebt in Mailand.

Mallwitz, Detlef
Geb. 1951 in Berlin. Studium an der Hochschule der Künste, Berlin, und an der Universität Stuttgart. Lebt in Berlin. Partnerschaft mit Friedrich → Mallwitz.

Mallwitz, Friedrich
Geb. 1955 in Athen. Studium an der Hochschule der Künste, Berlin. Lebt in Berlin. Partnerschaft mit Detlef → Mallwitz.

Mankowski, Milosz
Geb. 1958 in Darlowo, Polen. Studium an der Technischen Hochschule in Danzig und an der Staatlichen Kunstakademie Düsseldorf. Lebt in Düsseldorf.

Martorell, Josep
Geb. 1925 in Barcelona. Studium an der Escuela Técnica Superior de Arquitectura, Barcelona. Lebt in Barcelona. Partnerschaft mit Oriol → Bohigas und David → Mackay (Martorell, Bohigas, Mackay).

MAX
(Ulrich → Hinrichsmeyer, Dagmar → Richter).

Mayne, Thom
Geb. 1944 in Waterburg, Connecticut. Studium an der Harvard University, Cambridge, Massachusetts, und an der University of Southern California, Los Angeles. Lebt in Santa Monica, Kalifornien. Partnerschaft mit Michael → Rotondi (Morphosis).

Morphosis
(Thom → Mayne, Michael → Rotondi).

Mussotter, Michael
Geb. 1959 in Riedlingen. Studium an der Technischen Universität Berlin und an der Rice University, Houston. Lebt in Houston.

Noebel, Walter Arno
Geb. 1953 in Köln. Studium an der Technischen Universität Berlin. Lebt in Mailand.

Oktawiec, Wojciech
Geb. 1958 in Sokolow, Polen. Studium an der Technischen Hochschule in Krakau. Lebt in Krakau. Partnerschaft mit Wojciech → Kosiński.

Peichl, Gustav
Geb. 1928 in Wien. Studium an der Staatsgewerbeschule in Wien-Mödling, der Bundesgewerbeschule in Linz und der Akademie der bildenden Künste, Wien. Lebt in Wien.

Petersen, Erik Werner
Geb. 1950 in Kopenhagen. Studium an der Universität und der Kunstakademie in Kopenhagen. Lebt in Kopenhagen. Partnerschaft mit Carsten → Juel-Christiansen.

Podrecca, Boris
Geb. 1940 in Belgrad. Studium an der Akademie der bildenden Künste, Wien. Lebt in Wien.

Price, Cedric
Geb. 1934 in Stone, Staffordshire. Studium an der University of Cambridge und an der Architectural Association School of Architecture, London. Lebt in London.

Prix, Wolf D.
Geb. 1942 in Wien. Lebt in Wien und Los Angeles. Partnerschaft mit Helmut → Swiczinsky (Coop Himmelblau).

Raev, Svetlozar
Geb. in Tarnowo, Bulgarien. Lebt in Köln.

Rang, Wolfgang
Geb. 1949 in Essen. Studium an der Technischen Hochschule Darmstadt und an der University of California, Los Angeles. Lebt in Frankfurt a. M. Partnerschaft mit Norbert → Berghof und Michael A. → Landes (Berghof, Landes, Rang).

Reidemeister, Andreas
Geb. 1937 in Berlin. Studium an der Technischen Universität Berlin. Lebt in Berlin. Partnerschaft mit Joachim W. → Glässel.

Ressler, Berthold
Geb. 1958 in Frankfurt a. M. Studium an der Städelschule, Frankfurt a. M. Lebt in Frankfurt a. M.

Richter, Dagmar
Geb. 1955 in Ludwigshafen. Studium an den Universitäten Stuttgart und Kopenhagen und an der Städelschule, Frankfurt a. M. Lebt in Boston. Partnerschaft mit Ulrich → Hinrichsmeyer (MAX).

Riehm, Jürgen
Geb. 1955 in Konz. Studium an der Fachhochschule Rheinland-Pfalz, Trier, und an der Städelschule, Frankfurt a. M. Lebt in New York. Partnerschaft mit Ines Elskop, David Piscuskas und Walter F. Chatham (1100 Architects).

Riemann, Peter C.
Geb. 1945 in Eschwege. Studium an der Technischen Universität Braunschweig und an der Cornell University, Ithaca, New York. Lebt in Bonn.

Rieping, Eva-Maria
Geb. 1960 in Bonn. Studium an der Universität Stuttgart. Lebt in Zürich. Partnerschaft mit Martin → Buehler, Andreas → Hild, Miroslav → Šik, Josef → Smolenicky und Daniel → Studer.

Robain, Martin
Geb. 1943 in Paris. Studium an der École Nationale Supérieure des Beaux-Arts, Paris. Lebt in Paris. Partnerschaft mit Jean-François → Galmiche, Rodo → Tisnado und Jean-François → Bonne (Architecture-Studio).

Rolfes, Walter
Geb. 1943 in Prüm. Studium an der Technischen Hochschule Darmstadt. Lebt in Berlin. Partnerschaft mit Joachim → Ganz (Ganz + Rolfes).

Rotondi, Michael
Geb. 1949 in Los Angeles. Studium am Southern California Institute of Architecture, Los Angeles. Lebt in Santa Monica, Kalifornien. Partnerschaft mit Thom → Mayne (Morphosis).

Salomon, Peter
Geb. 1957 in Würzburg. Studium an der Hochschule der Künste, Berlin. Lebt in Berlin. Partnerschaft mit Frank → Assmann und Hermann → Scheidt (Assmann, Salomon und Scheidt).

Sánchez, Miguel
Geb. 1954 in Salamanca. Studium an der Gesamthochschule Kassel. Lebt in Salamanca.

Sarnitz, August
Geb. 1956 in Innsbruck. Studium an der Akademie der bildenden Künste, Wien, am Massachusetts Institute of Technology, Cambridge, Massachusetts, und an der Technischen Hochschule Wien. Lebt in Wien.

Sattler, Christoph
Geb. 1938 in München. Studium an der Technischen Hochschule München und am Illinois Institute of Technology, Chicago. Lebt in München. Partnerschaft mit Heinz → Hilmer (Hilmer & Sattler).

Sauerbruch, Matthias
Geb. 1955 in Konstanz. Studium an der Hochschule der Künste, Berlin, und an der Architeetural Association School of Architecture, London. Lebt in London und Berlin. Partnerschaft mit Louisa Hutton.

Schaal, Hans Dieter
Geb. 1943 in Ulm/D. Studium der Kunstgeschichte, Philosophie und Germanistik an den Universitäten Tübingen und München sowie der Architektur an den Technischen Hochschulen Hannover und Stuttgart. Lebt in Attenweiler bei Biberach.

Scheidt, Hermann
Geb. 1957 in Duisburg. Studium an der Hochschule der Künste, Berlin. Lebt in Berlin. Partnerschaft mit Frank → Assmann und Peter → Salomon (Assmann, Salomon und Scheidt).

Scholz, Stephan
Geb. 1938 in Königshütte. Studium an der Technischen Hochschule in Krakau und an der Technischen Universität Berlin. Lebt in Berlin. Partnerschaft mit Dietrich → Bangert, Bernd → Jansen und Axel → Schultes (Bangert, Jansen, Scholz, Schultes).

Schultes, Axel
Geb. 1943 in Dresden. Studium an der Technischen Universität Berlin. Lebt in Berlin. Partnerschaft mit Dietrich → Bangert, Bernd → Jansen und Stephan → Scholz (Bangert, Jansen, Scholz, Schultes).

Seifert, Gabriela
Geb. 1953 in Frankfurt a. M. Studium an der Städelschule, Frankfurt a. M. Lebt in Frankfurt a. M. Partnerschaft mit Ottmar → Hörl und Götz → Stöckmann (Formalhaut).

Šik, Miroslav
Geb. 1953 in Prag. Studium an der Eidgenössischen Technischen Hochschule, Zürich. Lebt in Zürich. Partnerschaft mit Martin → Buehler, Andreas → Hild, Eva-Maria → Rieping, Josef → Smolenicky und Daniel → Studer.

Smithson, Alison
Geb. 1928 in Sheffield. Studium an der University of Durham. Lebt in London. Partnerschaft mit Peter → Smithson.

Smithson, Peter
Geb. 1923 in Stockton-on-Tees, Durham. Studium an der University of Durham und an den Royal Academy Schools, London. Lebt in London. Partnerschaft mit Alison → Smithson.

Smolenicky, Josef
Geb. 1960 in Modra, Tschechoslowakei. Studium an der Eidgenössischen Technischen Hochschule, Zürich. Lebt in Zürich. Partnerschaft mit Martin → Buehler, Andreas → Hild, Eva-Maria → Rieping, Miroslav → Šik und Daniel → Studer.

Spangenberg, Gerhard
Geb. 1940 in Hamburg. Studium an der Technischen Universität Berlin. Lebt in Berlin.

Steidle, Otto
Geb. 1943 in München. Studium an der Staatsbauschule, München, und an der Akademie der bildenden Künste, Wien. Lebt in München.

Stella, Franco
Geb. 1943 in Thiene, Vicenza. Studium am Istituto Universitario di Architettura, Venedig. Lebt in Venedig.

Stöckmann, Götz
Geb. 1953 in Frankfurt a. M. Studium an der Städelschule, Frankfurt a. M., und an der Architectural Association School of Architecture, London. Lebt in Frankfurt a. M. Partnerschaft mit Ottmar → Hörl und Gabriela → Seifert (Formalhaut).

Studer, Daniel
Geb. 1962 in Gunzgen, Solothurn. Studium an der Eidgenössischen Technischen Hochschule, Zürich. Lebt in Zürich. Partnerschaft mit Martin → Buehler, Andreas → Hild, Eva-Maria → Rieping, Miroslaw → Šik und Josef → Smolenicky.

Stürzebecher, Peter
Geb. 1941 in Heilbronn. Studium an der Technischen Universität Berlin. Lebt in Berlin und München.

Swiczinsky, Helmut
Geb. 1944 in Posen. Lebt in Wien und Los Angeles. Partnerschaft mit Wolf D. → Prix (Coop Himmelblau).

Szyszkowitz, Michael
Geb. 1941 in Beuthen. Studium an der Technischen Hochschule Darmstadt und an der Architectural Association School of Architecture, London. Lebt in Graz. Partnerschaft mit Karla → Kowalski.

Tesar, Heinz
Geb. 1939 in Innsbruck. Studium an der Akademie der bildenden Künste, Wien. Lebt in Wien.

Tigerman, Stanley
Geb. 1930 in Chicago. Studium am Massachusetts Institute of Technology, Cambridge, Massachusetts, am Institute of Design, Chicago, und an der Yale University, New Haven, Connecticut. Lebt in Chicago.

Tisnado, Rodo
Geb. 1940 in Cajamarca, Peru. Studium an der Nationaluniversität für Ingenieurwesen in Lima. Lebt in Paris. Partnerschaft mit Martin → Robain, Jean-François → Galmiche und Jean-François → Bonne (Architecture-Studio).

Tschumi, Bernard
Geb. 1944 in Lausanne. Studium an der Eidgenössischen Technischen Hochschule, Zürich. Lebt in New York und Paris.

Wang, Wilfried
Geb. 1957 in Hamburg. Studium am Bartlett School University College, London. Lebt in Cambridge, Massachusetts.

Weidenhammer, Peter
Geb. 1949 in Erlangen. Studium an der Technischen Universität München. Lebt in München. Partnerschaft mit Hellmut → Ambos.